钟旭洲 ◆ 主编

南宋钱汇·铜钱编

文物出版社

图书在版编目（CIP）数据

南宋钱汇．铜钱编／钟旭洲主编．--北京：文物
出版社，2021.9

ISBN 978－7－5010－7170－8

Ⅰ．①南⋯　Ⅱ．①钟⋯　Ⅲ．①铜币（考古）－研究－中
国－南宋　Ⅳ．①K875.64

中国版本图书馆 CIP 数据核字（2021）第 143751 号

南宋钱汇·铜钱编

主　　编：钟旭洲

责任编辑：许海意
装帧设计：程星涛
责任印制：苏　林

出版发行：文物出版社
社　　址：北京市东城区东直门内北小街 2 号楼
邮　　编：100007
网　　址：http：//www.wenwu.com
经　　销：新华书店
印　　刷：宝蕾元仁浩（天津）印刷有限公司
开　　本：889mm×1194mm　1/16
印　　张：52.75
版　　次：2021 年 9 月第 1 版
印　　次：2021 年 9 月第 1 次印刷
书　　号：ISBN 978－7－5010－7170－8
定　　价：380.00 元

《南宋钱汇》总序

戴志强

在钱币学上，宋钱是集藏和研究的一个重要领域。宋钱（包括南宋钱币）数量多、种类多、版式多，讲究钱文的书法艺术和铸造工艺的技术精良。南宋至今已有八九百年的历史，富有厚实的文化积淀。新坑出土者布满鲜艳的红绿锈色，老坑出土者虽锈色渐退，却添有传世古色，不同的锈色，含有不同的文化情趣，受到古泉爱好者的青睐。

在前辈学者中，集藏和研究宋钱者甚众，成果丰硕。但对于宋钱的版别研究，多注重于北宋铜钱，相对而言，专门致力于南宋钱币的研究者却是不多。我和钟旭洲相识于1992年，他来中国钱币学会秘书处访我，并带来几十枚南宋铜钱，这批南宋钱个个品相绝佳，引起了我的兴趣。当时，陕西、河南等地钱币学会正在组织开展对北宋钱币的系统研究，旭洲生活工作在杭州，正是南宋京城所在地，对于集藏和研究南宋钱币有地利之便。于是，我希望他能在南宋钱这个专题上多下功夫，争取编一本南宋钱谱。他高兴地接受了这个建议，并付诸了实践。此后，他每每进京来访，都会带来有关南宋钱的新消息、新发现和新收获。

钟旭洲为南宋钱币的收集和研究花费了大量心血，他参与了《中国钱币大辞典》

的编纂工作，并担任《南宋卷》主编。在他和大辞典编辑部同仁们的共同努力下，《南宋卷》于 2005 年由中华书局正式出版。

他在古稀之年仍孜孜以求，全身心地投入。有一件事让我印象深刻。2015 年 11 月，我去南宁参加一个讲座，有位广西钱币学会的会员请我鉴定钱币，其中，居然有一枚出水的绍兴通宝直读折十大钱。回京的第二天，旭洲正好来访，便谈及此事。当时他大病初愈，身体还比较虚弱，没想到他不顾车马劳累，居然离京便去了南宁，并把这枚绍兴通宝收入囊中。我闻之，确实为他的雷厉风行所感动。看来要成功一件事情，必需有这样的热情、这样的执著精神。

《南宋钱汇》分为四编：《铜钱编》《金银铤编》《铁钱编》《民俗钱编》。《铜钱编》和《铁钱编》由钟旭洲主编，《金银铤编》由李晓萍主编，《民俗钱编》由陆昕主编。邀请汪圣铎先生书写《南宋钱币概论》。汪先生是宋史大家，由他来写概论，可以站在宋史研究的高度，总揽南宋钱币，解析各类南宋钱币的内在关联，也是我们提倡货币史研究和钱币学研究相结合的又一次实践。

我和李晓萍相识于 1985 年 3 月的"钱币整理工作骨干人员培训班"。这个学习班由中国钱币学会积极推动，文化部文物局出面组织，在河南郑州文物培训中心（河南省文物研究所）举办，历时 3 个月，先用两个月时间讲授中国钱币基础知识和有关专题，再用一个月做钱币整理实习，最后每个学员都要写出整理报告。担任讲授的老师是从全国各地请来的钱币学家、货币史学家和考古学家，有朱活、郝本性、汪庆正、吴镇锋、蒋若是、陈尊祥、耿宗仁、戴志强、牛达生、郭若愚、王贵忱、王松麟、郭彦岗等，实习指导老师是唐石父、高桂云、孟宪民。学员是由全国各地博物馆和钱币学会推荐的从业人员。我在这个班上主讲两宋钱币和钱币专用名词，用时 10 天。这是至今历时最长、讲解最翔实、结合实物鉴定效果最好的一次钱币专业培训班，培养了一批钱币研究的骨干，成为后来的中坚力量。晓萍是浙江博物馆派送的学员，后来一直从事钱币研究工作，尤其是专攻金银铤研究，成果丰硕，先后在文物出版社、浙江大学出版社等出版过多部有关金银铤研究的专著，是该领域的学术带头人。现在还兼任中国钱币学会金银货币专业委员会秘书长。

陆昕是我的入门弟子，专攻民俗钱币的集藏和研究，是中国民俗钱币学会会长，在他和中国民俗钱币学会同仁的带动下，不仅掀起了民俗钱币的集藏高潮，还倡导并开展了学术研究，深化了对民俗钱币的认识，探索了民俗钱币的沿革历史，为创新和完善当代中国钱币学的学科架构做出了贡献。

由他们几位担纲，这部《南宋钱汇》可以客观地反映当前我们在这个领域的集藏规模和研究深度。两宋铸钱数量浩大，钱监林立，且常有兴废变化。尽管中央皇朝有统一的样钱颁布，并有比较严格的铸钱工艺流程，但不同时期、不同钱监，在雕刻母钱和翻铸子钱时，不可避免地会出现某些差异，造成不同的版式。所以，对南宋钱版式的分类研究，不仅需要理清它们的历史演变轨迹，而且需要分清不同地区、不同钱监之间的差别，才能科学地反映南宋钱币版别区分的学术价值和意义。但是宋钱距今时代久远，我们没有现成的文献资料和完整的考古依据，所以对版式的分类研究，主要还是依靠钱币学的方法，对它们的制作气息和钱文书法等做排比对照，逐步理清，逐步归类，逐步形成不同版别的定位，这是一项繁杂而艰难的工程，需要几代人持续的推进，方可完成。今天《南宋钱汇》的编纂成功，是南宋钱币研究的阶段性成果、基础性成果。它必将为后学者的继续研究，提供便利，创造条件。

2020 年春字于北京续斋

南宋钱币概论

汪圣铎

公元 1127 年，宋徽宗的第九子赵构在南京应天府（今河南商丘）即皇帝位，重建宋朝，史称南宋。南宋立国于忧患之中，统治者重视发展生产和贸易，经济较快地得到恢复和发展。南宋同北宋相比，虽然丧失了大片领土，但是当时经济较发达的东南地区及四川地区仍在版图之内，这给经济进一步发展提供了基本条件。特别是在宋金绍兴议和以后，至蒙宋联合灭金以前的近百年时间里，战争较少，战争对生产的破坏较少，相对安定的环境给经济持续发展提供了基本的条件。北宋末年，战乱中北方大量人口的南迁，促进了土地资源的开发。圩田、坝田、梯田等的建设，双季稻、耐旱稻的种植和推广，提高了农作物的单产量。南宋定都于江南，重视水利设施的建设。当时有识之士已有较明确的统筹利用水利资源的意识，官方颁行了一系列禁止以兴修水利为名而破坏环境、以邻为壑的施工行为的法规，产生了积极效果。甘蔗、棉花、蔬果等经济作物的广泛种植，或多或少改善了农民的生活状况，也推动了家庭副业的发展。大都市中工商业、服务业门类显著增加，交易额增大。南宋时期又出现了前所未有的小城镇、草市的发展，这使商品生产有了新的发展空间。南宋官方重视发展海外贸易，市舶贸易的发展，刺激了纺织业、陶瓷业、造纸业等的发展。商品经济的发展，是货币经济发展的基础。南宋钱币品类众多，争奇斗艳，归根结底，是当时商品货币经济发展的体现。

南宋钱币同前后时代相比，有许多独特的特点。南宋是典型的中央政权统一安排下多种货币混合流通的货币体制。在当时流通领域中，有铜钱，有铁钱，有金银，有纸币，还有局部地区的贝币等。此外，还存在许多种具有某些货币职能的物品，如便钱券、钞引等有价证券及绢帛等，这种多种货币并存的均衡性、复杂性，是其前代、后代都不具备的。

南宋时期，铜钱仍是主币，是作为最重要价值尺度的基准货币，是具有无限法偿能力的货币。发行数量最大、行用地区最广的纸币会子是以铜钱为面额的，衡量会子贬值程度的会价，也是以铜钱计的。南宋流通领域里行用的铜钱，有相当一部分是北宋时期铸造的，同时也有相当一部分是南宋新铸造的。同北宋相比，铸造铜钱的钱监减少（有关铸钱监的情况详见列表），铸造铜钱的数量减少到只有北宋的七分之一以下。由于冶铜成本提高，南宋较多地依靠胆铜铸钱。所谓胆铜，即近代所谓湿式（不经冶炼）产铜，系用胆水置换法生产的原铜。宋代胆铜生产在世界冶金史上占有重要地位。南宋时期铜、铁钱在形制上大多沿行北宋已有制度，但也有变化，也有一些不同于北宋时期的特点。例如，南宋自淳熙七年（1180 年）以后，钱背纪年，这是具有重要意义的创新。宁宗庆元以后，钱币面文打破了北宋时期"对钱"的惯例，只用一色真书（后世称为宋体字）。南宋时期钱币有背文者增多，有标钱监的，有标价值的，有标年分的。这些都是有别于北宋的，也是一种积极创新。

南宋中期，在与金朝交界的地区，构建了一个东西贯通的铁钱带，它由四川、京湖、淮南三大铁钱区合成。这种格局是很独特的。与此相应，除原有的供应四川地区的铁钱监外，又新增了供应淮南、京湖地区行用的铁钱监，如蕲春监、汉阳监等，这使得南宋的铁钱年铸行量，一度超过北宋。铁钱的行用，受到区域的限制，官方规定，非铁钱区不得行用铁钱，也不许将铁钱上供朝廷，这使铁钱的法偿能力受到很大限制。

钱牌是南宋时期出现的一种特殊货币，它们实际是某种货币的替代者，是因某种特定货币不能满足市场需求而产生的。然而南宋钱牌却在中国古代货币史上占有独特的地位。

南宋货币发行的最终决策权统一于朝廷。各种货币发行的具体操作，则分别由一些专门机构实施。提点坑冶铸钱司（提点东南九路坑冶铸钱司、都大提点坑冶铸钱司）仍然是具体负责铸造铜钱的主要机构。北宋后期，设提点坑冶铸钱二员，分驻饶州、虔州。南宋绍兴五年（1135年），战乱中军费不足，精简机构以减少开支，将饶州司合并于虔州司。绍兴二十六年（1156年），宋廷下令裁撤提点坑冶铸钱司。原因是此司驻地远离都城，而铸钱司是跨路机构，与路、州、县时时发生矛盾。于是，将坑冶铸钱事务转交有关路、州、县承担。在都城设提领坑冶铸钱一职，由户部侍郎兼任。新制一行，问题复出：提领端坐都城，远离坑冶及钱监，而路、州、县众务纷繁，对开矿、铸钱事并不重视。于是又恢复旧制，于饶州、虔州（后改名赣州）分设提点坑冶铸钱官。宋孝宗乾道六年（1170年）复设发运使，将坑冶铸钱事归于发运使，裁撤坑冶铸钱司，发运司不但管铸铜钱，同时也兼管铁钱铸造。发运使存在时间不长，复被裁撤，重设二坑冶铸钱司。淳熙二年（1175年），裁撤赣州司，并于饶州司，改设一员提点官，官衔加"都大"二字。提点坑冶铸钱所管涉及数路、数州，属下官员也有相当数量，但级别并不高，大抵与各路提点刑狱相当。这是因为提点坑冶铸钱司只是执行机构，重大决策则由尚书省户、工二部及相关寺监作出。南宋孝宗淳熙五年，创立了一个专门管理江淮铁钱铸造的机构，名为"提点江淮湖北铁冶铸钱司"，其长官由淮西路提点刑狱兼任，其管辖范围是："江淮湖北三路，鄂州江夏、咸宁、通城县，兴国军大冶、永丰县，寿昌军武昌县，安庆府怀宁、太湖、宿松县，蕲州黄梅、广济、蕲春县，并系应办铁课，汉阳、蕲春两监，则掌管鼓铸。"（《永乐大典》卷一四六二七录《宋吏部条法》）此机构存在至南宋后期。

铸钱监是铜、铁钱的生产单位，通常有数百人，下分沙模、冶铸、磨钱、排整等工序。南宋时期为节省成本，较多地使用罪犯作劳工。铜、铁钱不同版别的形成，可能与钱监有较大关系。以下将南宋铸钱监列为一表：

南宋历代皇帝铸钱表

铜钱监院

钱监名称	地　点	存在时间	备　注
永平监	饶州州城东四里	始置于唐肃宗乾元年间，五代十国时期存在，宋灭南唐后不久复置，南宋后期仍存在。	此监是宋代存在时间最久的铜钱监，也是南宋最重要的铜钱监。
永丰监	池州州城东北二里，一说建德县西南二百里	至道元年（955年）置，绍兴二年（1132年），并永丰监于饶州永平监。	

钱监名称	地　　点	存在时间	备　　注
广宁监	江州州城南一百二十步	咸平二年（999 年）置，绍兴二年（1132 年）并广宁监于虔州铸造钱院。	
丰国监	建州（建宁府）州城东北	始见于五代十国，宋咸平二年（999 年）复置，乾道年间停产，庆元元年（1195 年）裁撤。	
永通监	韶州曲江县水西一里	北宋庆历八年（1408 年）置，南宋淳熙十二年（1185 年）停罢。	
神泉监	睦（严）州望云门外，或州东五里	熙宁七年（1074 年）置，南宋绍熙元年（1190 年）罢，庆元三年一度恢复，随罢。	
虔州铸钱院	虔州（赣州）	北宋大观四年（1110 年）置。南宋孝宗时期尚在生产。宁宗庆元元年（1195 年）十二月撤罢，前此已停产多时。	

铁钱监

钱监名称	地　点	存在时间	备　　注
丰远监	嘉州城北五十步	北宋景德二年（1105 年）置，南宋初停产。绍兴末年复，数月罢。嘉定年间有嘉定监，不明是否即此监。	嘉州后改嘉定府。 今存端平铁母中有背带"定"字者。
惠民监	邛州城南六十里	北宋咸平四年（1001 年）置。南宋建炎三年（1128 年）停铸。绍兴二十三年（1153 年）复铸。嘉定初年尚在，此后失载。	此监存在时间较长。产量较高。南宋时曾铸当三、当五大钱。今存宝庆、端平、嘉熙铁母中有背带"惠"字者，端平铁母有背带"邛"字者，被认为是纪监钱，如属实，则端平、嘉熙年间此监尚在。
绍兴监	利州	绍兴十五年（1145 年）置，南宋绍熙末年罢。	绍兴二十年（1150 年）前后岁额折二钱、小平钱各五万贯。今存端平铁母钱背有带"利"字者，被认为是纪监钱，如属实，则此监端平年间尚在。

钱监名称	地 点	存在时间	备 注
广惠监	夔州路南平军城西南一里	北宋时期建，南宋前期曾在，裁撤时间不详。	小钱监，岁额仅数千贯。
广积监	夔州路施州	北宋绍圣三年（1096年）建，南宋前期在，孝宗以后情况失载。	绍兴末年岁额七千贯。
绍兴监	利州	始置时间不详，绍兴十五年（1145年）复置，嘉定三年（1210年）以后情况失载。	绍兴十五年（1145年）定岁铸折二、小平各五万贯。淳熙年间曾铸当三钱，嘉定年间曾铸当五钱。今存端平铁母中有背带"利"字者，被认为是纪监钱，可证此时此监尚在。
和州监	和州	乾道四年（1168年）置，不久废罢。	铸额失载。
同安监	舒州	乾道六年（1170年）置，淳熙初年罢，淳熙五年（1178年）复。嘉泰三年再罢，开禧年间复，嘉定七年（1214年）再罢，此后失载。	乾道六年（1170年）时岁额五十万贯。
宿松监	舒州宿松县	始置时间不详，淳熙十年（1183年）罢，并入同安监。	
蕲春监	蕲州蕲春蕲口镇	乾道六年（1170年）置，淳熙元年（1174年）正月罢，五年（1178年）十二月复，嘉泰三年（1203年）七月再罢，开禧元年（1205年）再复，南宋后期尚在。	淳熙十二年（1185年）岁额二十万贯。绍定年间岁可铸二十七万贯。是南宋存在时间较长的铁钱监。今绍定、端平铁母中有背带"春"字者，被认为是纪监钱，则可证此时期此监存在。
齐安监	黄州	乾道六年（1170年）置，废罢时间不详，似存在时间不长。	铸额失载。
富民监	兴国军大冶县	乾道六年（1170年）置，绍熙年间罢。	乾道八年（1172年）定岁额十万贯。

续表

钱监名称	地 点	存在时间	备 注
广宁监	江州	乾道六年（1170年）置，废罢时间不详，似存在时间不长。	乾道八年（1172年）定岁额十万贯。
丰余监	临江军	乾道六年（1170年）置，废罢时间不详，似存在时间不长。	乾道八年（1172年）定岁额六万贯。
裕国监	抚州	乾道六年（1170年）置，废罢时间不详，似存在时间不长。	乾道八年（1172年）定岁额六万贯。
定城监	光州	淳熙末年置，绍熙年间罢，似存在时间不长。	铸额不详。
汉阳监	汉阳军	绍熙二年（1191年）置，嘉泰三年（1203年）罢，开禧元年（1205年）复，绍定初尚在，废罢时间不详，存在时间较长。	嘉定年间岁铸二三十万贯。是南宋重要铁钱监。

南宋纸币发行量增加，最高发行额曾超过十亿贯。在宋宁宗、理宗、度宗三朝，纸币是当时流通领域内数量最多、所占比重最大的货币。与北宋相比，重要的变化是以铜钱为面额的纸币的数量增加，分别以铜钱、铁钱、白银为面额的多种纸币并行。南宋时期先后发行的纸币有会子（东南会子、京会）、淮南交子、湖北会子（京湖会子）、关外铁钱会子、银会子、四川会子、四川银会、金银见钱关子等，还有自北宋即已存在且南宋继续行用的钱引。南宋纸币发行虽广，但它却不是一种具有无限法偿能力的货币。官方推行的"钱会中半"的政策，规定纳税及购买禁榷商品不能全用纸币。有些种纸币（例如淮交）更是只能在规定区域内行使。令人遗憾的是，迄今未见有南宋纸币实物存留。只有几种纸币印板，即国家博物馆收藏的会子印版、近年新发现的东至关子印板等，尽管学界对它们尚存疑议，但却是研究南宋钱币的不可忽视的珍贵资料。

由于纸币时常出现信用问题，由于货币分区给贸易带来不便，由于铁钱沉重易锈蚀等，同时也由于金银体积小、价值高等优点，就给金银在流通领域进一步发挥作用造成了机会。南宋时期的金银在流通领域的活跃程度，明显超过北宋，更超过了唐、五代。官方明文立法规定，在某些交通不便地区，允许以白银代替铜钱偿纳赋税。又明文规定，在购买禁榷商品时，可以按比例用金银代替铜钱。北宋时期，设立了专营禁榷商品的榷货务。北宋后期，又建立了专营茶的交易的都茶场。此后榷货务都茶场成为官方经营禁榷商品盐酒茶矾香药钞引的核心机构。南宋时期，于都城、镇江、建康、成都四地分设榷货务都茶场，其钞引交易通常都是大宗交易，数额动辄成千上万。白银价值高、体积小，便于携带，较适合钞引交易。起初，白银只是"轻赍"中的一种，与便钱券、绢帛混合使用。宋孝宗乾道八年（1172 年），宋廷颁令，将白银同其他"轻赍"区别，规定购买钞引时十分之二必须缴纳白银。这使白银的法偿地位得到明显提高和加强。这些规定实际上承认了金银作为货币的法偿地位。南宋北部边境全部行用铁钱，军将士兵奉禄赏赐所得铁钱不能用于内地，他们强烈希望增加白银在奉禄赏赐所占比重，这推动了军费中白银数量的增加。南宋颁布了禁止白银出境的法令，这从一个侧面表明了白银在社会生活中地位的提高。南宋金银在形制上颇为灵活，大小多样，便于分割使用，给流通提供了便利。

除了用于流通，作为交换媒介的普通铜、铁钱之外，还有一些主要功能不是用作交换媒介的"钱"。南宋人洪遵在其《泉志》的第十三章《奇品》、第十四章《神品》、第十五章《厌胜钱》中，记载了 20 余种主要不是用于交换的钱。其中有宗教色彩较浓的辟兵钱、青溪宅钱、玄武钱等，也有表示祈福的钱如天下太平钱、（日入）千金钱，还有用于喜庆典礼的龙凤钱、撒帐钱等。依照此书体例，书中所记这些钱都是前代铸行的钱，由于历史的连贯性，南宋也应有性质类似的钱存在，本书也收录了此类钱币。这些非流通钱有铜质、金质、银质、玳瑁、犀角等。从功能上区分，则有厌胜钱、游戏钱、凭证钱等。

南宋时期婚嫁时往往以非流通钱作礼物。宋朝制度规定：亲王娶妻，订亲礼中有"小色金银钱三十千"，女方还礼，要有"银钱千文"（《宋会要辑稿》礼五三之一八、《宋史》卷一一五《礼志》）。宋朝制度又规定：公主出聘后婚后，被选中的附马入谢，皇帝以赐给他许多物品，其中有银钱"二十千，重二千两"。公主出降时，"又赐宰臣、亲王、枢密、参知政事、两制、侍从、内职阁门祗候以上、诸军副指挥以上金银钱胜包子（"胜"疑是"盛"之假借）各有差"（《宋会要辑稿帝系》八之五）。周密记宋理宗时周汉国公主出嫁，"依熙宁式"，"赐宰执、亲王、侍从、内职、管军副都指挥使已上金银钱盛包子有差"（《武林旧事》）卷二《公主下降》、《南渡宫禁典仪》）。受宫廷影响，民间婚嫁也往往使用金银钱。南宋吴自牧《梦粱录》卷二〇《嫁娶》记都城婚嫁风俗："牵新郎回房，讲交拜礼。再坐床。礼官以金银盘盛金银钱、采钱、杂果撒帐。"南宋宰相史浩撰有《撒帐文》

（收在《鄮峰真隐漫录》卷三九），是专门用于间婚嫁的。关于南宋非流通钱用于生子礼。洪迈记："车贺都钱塘以来，皇子在邸生男及女，则戚里、三衙、淅漕、京尹皆有饷献，随即致答，自金币外，洗钱钱果，动以十数合，极其珍巧。"（《容斋四笔》卷六《洗儿金钱》）周密记南宋宫中后妃怀孕核实后，照例颁给赏赐，其中有"银钱三贯足"（《武林旧事》卷八《宫中诞育仪例略》）。吴自牧记南宋都城临安民间风俗："（孩子）满月，则外家以采画钱、金银钱、杂果以及采段……送往其家……亲月亦以金钱、银钱撒于盆中，谓之添盆。"（《梦梁录》卷二〇《育子》）这一习俗似乎与前述得子家以金银等钱予人相反，竟是他人以金银钱作礼物给得子家了。通常，非流通钱的生产成本较高，不少非流通钱都是自皇宫流出（被称为宫钱），特别是金银钱更是如此。从本书收录的宫钱看，它们比以往历代宫钱内容更广泛，品种更多样，铸造更精美，达到了古代宫钱铸造的高峰。

将南宋钱币的图像、资料汇集于一书，为钱币学研究提供一种较为完备的工具书，是学界多年以来的愿望。本书的几十位编者朝此方向作出了艰苦努力，想尽种种办法，动员了大量人力物力，终于取得了可喜的成果。钟旭洲等老先生于髦耋之年，不辞辛苦，奔忙劳碌，所作贡献尤著。在他们的努力下，不少前所未见的钱币及其钱币版别被觅到，使本书的质量得到切实保证。

本书收录的南宋钱币，绝大部分源于实物，从史学的角度看，都可视为实物史料。它们中许多都带有文字，往往可以补充书籍资料记载的不足，为史学研究提供新的资料。例如，宋元文献中记载南宋钱文，只有"通宝""元宝""重宝"三类，而本书所收南宋铜、铁钱钱文，却有"之宝""永宝""珍宝"等，这就打破了唐、五代、北宋以来钱文的惯例。又如，宋元文献中都未言及铸行淳祐当百大钱，本书收录的淳祐当百大钱多达50多个版别，使学界不能不更加重视淳祐年间货币发行问题的研究。对宋理宗一朝的铁钱铸行，史书记载殊少，而本书收录的宝庆元宝铁母背汉、背惠，绍定通宝铁母背春，端平元宝铁母背定、背邛、背利，嘉熙通宝铁母背惠等，不但可以深化学界对宋理宗时期铁钱铸行的认识，而且为研究此时期各钱监的生产活动提供了宝贵的直接资料。本书收录了大量银锭图像，提供了相关数据。其中许多银锭都有文字，有的文字多达100多个。这些文字提供了丰富的信息，使我们不但可以拓展对南宋银铺业、白银流通情况的认识，甚至还可以深化对相关领域的了解。例如有些文字可以使我们增加对食盐禁榷制度变化的了解。总之，本书汇集的大量南宋钱币的图像、资料，不但有利于推动钱币学的发展，填补学术空白，而且可以给史学研究提供新的营养。

《铜钱编》凡例

一、《南宋钱汇》分为《铜钱编》《铁钱编》《金银铤编》《民俗钱币编》，共计 4 部。

二、本编《南宋钱汇·铜钱编》，收录南宋时期（1127~1279 年）所铸的铜钱。

三、本编所用资料为我国改革开放以来出土的南宋铜钱为主（包括少量有关的铅钱），并选用当代各种钱谱（包括国外）所载需用的南宋铜钱，其他各种钱币杂志、拍卖资料等刊物，符合要求的酌情选用。资料收集截至 2020 年 8 月 30 日。

四、钱图顺序按年号先后为序。同年号按面值小平、折二、折三、折五、折十、当百等排列；同折按元宝、通宝、重宝、异名铁母（嘉定钱）、铅钱、私铸钱排列；钱文书体按篆书、楷书、隶书排列；同文按旋读、对读排列；同一种版式一般按从大到小排列。此外，钱牌、招纳信宝、赵宝重兴、会子版、关子版排列在后。

五、本编注重区分钱币的不同版别，从以下 4 个方面区分：

1. 钱币总体上区分：大样、小样、中样、错版、异版、光背、背上月、背下月、背星月、背双星月（错版）、背右一、背右双二、背巨星、不同年号、背不同纪年、背不同局名、背不同面值、背不同范次、背不同方位、正用钱、试样钱、初铸钱、孤品（或仅见品）、官铸、私铸钱、铅钱、钱牌、会子版、关子版。

2. 从钱币文字上区分：大字、小字、中字、狭字、阔字、长字、短字、扁字、粗字、细字、纤字、肥字、昂字、降字、进字、退字、正字、斜字、仰字（字向右倾）、俯字（字向左倾）、圆贝宝、钭肩宝、三角通、隶书脚、长脚宝、短脚宝、长脚平、短脚平。

3.从钱币外轮（轮亦称缘、边）区分：阔轮、狭轮、细轮、纤轮、肥轮、平阔、剪边、阔边、狭边。

4.从钱币内郭（亦称穿）区分：阔郭、狭郭、广郭、细部、纤郭、肥郭、长郭、斜郭、阴郭、四出、四决。

六、钱图左上方标有钱名、币值、书体及背文、等级，用标题下划线标明不同类型钱币板式的首枚；下方（或右方）署有钱币尺寸，重量，钱币特征，选自刊谱名称或藏家姓名。凡未署名为钟旭洲提供。

七、钱图左方为计数用统一编号。

八、根据南宋铜钱多寡，有着不同的市场经济价值和文物价值，以评定不同的等级，南宋铜钱等级分为一、二、三、四、五个等级：一级为珍品，二级为罕见品，三级为稀见品，四级为少见品，五级为多见品。

前　言

　　1127 年北宋被金所灭，赵构在河南商丘称帝，史称南宋。定都临安（今浙江杭州），其疆域为淮水至大散关以南地区，与西夏，金朝对峙。至 1279 年，南宋为元所灭。历九帝 153 年。末三帝 3 个年号仅 5 年，未铸钱。其余六帝，共有 19 个年号，都铸有新钱。其中 17 个年号铸有年号钱：建炎、绍兴、隆兴、乾道、淳熙、绍熙、庆元、嘉泰、开禧、嘉定、绍定、端平、嘉熙、淳祐、开庆、景定、咸淳等；还有两个年号铸有国号钱：宝庆年号铸大宋钱，宝祐年号铸皇宋钱。南宋初年的钱制，继北宋遗风，仍铸年号钱和对钱。自宋孝宗淳熙七年（1180 年）起钱背纪年，直到咸淳九年（1273 年）。南宋开创纪年钱成为中国钱币史上的新创举，比国外纪年钱早了 300 年左右。南宋的货币基本上是以铜钱为主（兼行铁钱和纸币，也用金银币）。

　　南宋同北宋相比，虽丧失了淮河以北的大片领土，但却保有当时我国经济最发达的地区东南和四川。江淮、浙、闽、荆湖、广南及四川地区，气候温暖，生态环境较好，且具有较好的水利条件。广大人民利用战争相对较少的有利环境，努力恢复经济，兴建水利设施，推广良种，广泛种植茶、甘蔗、药材等经济作物，使农业生产得到迅速发展。在手工业方面制瓷、造纸、印刷、纺织、造船、军工等业都有突出发展。

　　在手工业、农业发展的基础上，商业比北宋时更显兴盛。政府积极鼓励发展海上贸易，也比北宋时期有明显发展，除广州外，泉州、明州等处也都成为海上贸易的重要港口。

南宋商品经济的繁荣，必然带动货币经济的发展。但是，南宋的铜钱铸造业却遇到了巨大的困难，这主要是由于物价上涨，铸钱成本增加，成为赔本生产。在这种情况下，南宋铜钱的年铸造量比北宋大幅度减少，一般年份约铸 15 万贯，有的年份则在 10 万贯以下，且其中折二钱居多，小平钱较少。与此相应，铜钱监的数量也大为减少。南宋初，尚有饶州永平、池州永丰、江州广宁、建州丰国及虔州铸钱院等铜钱监，随后陆续合并、撤销，到宋孝宗在位后期，只剩饶州永平一所铜钱监。此后，虽一度有严州神泉等钱监恢复生产，但不久就又停产。南宋后期，多数时间只有饶州永平一监在维持生产。由于铸钱成本提高，而胆铜相对矿铜生产成本低廉，故官方更加着力发展胆铜生产。而胆铜含铁量较大，造成所铸铜钱质量下降。同时，由于铸钱成本高，官方为降低成本，就减少铜钱的原料用量，从而使每枚成品钱的价值含量降低，比北宋钱更轻，质量更差。南宋前期和中期，民间出现了熔化旧钱造劣质钱的现象，这种钱称"砂毛钱"，流行于江南、湖广等地。加之民间私铸钱严重，造成了一定的混乱。

南宋时期，存在铜钱供应不足，但同时又存在着铜钱被销毁铸造铜器和大量铜钱流出境外，造成了严重的"钱荒"现象。

南宋货币，在商品经济继续发展的情况下，铜钱铸额虽然大为减少，但仍然是主要货币。对南宋铜钱的收藏与研究，特别是我国改革开放以来，在空前规模的基建中，有大量的南宋铜钱出土，其中发现了不少前谱无载的南宋铜钱新品种和大量新的不同版别，这对南宋钱币的深入研究起了重要作用。南宋铜钱中发现的新品种有绍兴元宝篆书折十试样钱；绍兴通宝仿瘦金体旋读折三、折十试样钱，民国时期甚至更早就已发现，已编入《历代古钱图说》中，被誉为孤品。改革开放中又新出土发现了绍兴通宝仿瘦金体旋读小平、折二和折十特大型初铸试样钱；另在南宁附近新发现了绍兴通宝对读折十试样大钱。上海收藏家新发现了隆兴重宝楷书小平钱铁母；乾道元宝篆书小平正用钱的新发现，改变了以往认为乾道元宝无小平铜钱的结论，弥补了钱币史上的空缺；乾道重宝隶书折五钱的新发现，南宋钱币史上又弥补一枚新品种；淳熙元宝楷书折三光背试样钱的新发现，填补了淳熙铸钱品种之遗缺；绍熙元宝楷书折二钱背合二铁母试样钱的新发现，仅见；近些年新发现了开禧通宝楷书折三钱背利试样钱和开禧通宝楷书折十特大型光背试样钱；湖州新发现了嘉定元宝楷书折五试样钱，仅见；嘉定元宝楷书折十背利试样大钱，在湖北首次新发现，仅见；嘉熙通宝楷书折二背上月下四新版别的发现，仅见；皇宋元宝楷书折二背三，皇字从凰的新发现，堪与北宋九叠篆皇宋并称，仅见；咸淳元宝楷书折三背九，80 年代首次从福建省建宁县新发现，使南宋的铸钱史又增加了一年；还新发现了南宋钱牌太平州酒库用贰佰文，仅见；南宋铅钱牌新发现有贰拾文、肆拾文、陆拾文、壹佰文、伍佰文、和州铅钱牌贰佰、使府酒务铅牌叁佰、江州铅牌壹佰，铅钱牌建康府用拾捌界贰佰文，牌如钟型，首次发现；铅酒钱牌一百省背官押，仅见等；安徽东至县新发现了南宋末年铅质当时伪造的“行在榷货务对椿金银见钱关子”版，用于印制假关子混入真币使用，却比较真实地反映了当时真钞的面目，伪钞版亦有着重要的研究价值。以上在我国改革开放中新发现的南宋铜钱新品种和大量不同的新版别，这对我们编纂《南宋钱汇》“铜钱编”，一部系统全面较完整地反映当前南宋铜钱全貌的图谱，起到了补充、丰富、完善的重要作用。

南宋历代皇帝铸钱表

南宋历代皇帝	在位年代	铸造铜钱情况（包括少量铅钱）
南宋第一代皇帝宋高宗赵构，有建炎、绍兴两个年号	1127~1162 年	高宗铸造了建炎、绍兴两种年号钱 建炎年间（1127~1130 年）铸造了建炎元宝、建炎通宝、建炎重宝钱。 绍兴年间（1131~1162 年）铸造了绍兴元宝、绍兴通宝钱。
南宋第二代皇帝宋孝宗赵昚，有隆兴、乾道、淳熙 3 个年号	1163~1189 年	孝宗铸造了隆兴、乾道、淳熙 3 种年号钱，自淳熙七年（1180 年）起，实行钱背记年，直至南宋末年。 隆兴年间（1163~1164 年）铸造了隆兴元宝、隆兴重宝（铁母）钱； 乾道年间（1165~1173 年）铸造了乾道元宝、乾道通宝、乾道重宝钱； 淳熙年间（1174~1189 年）铸造了淳熙元宝、淳熙通宝钱。
南宋第三代皇帝宋光宗赵惇，仅有绍熙一个年号	1190~1194 年	光宗铸造了绍熙一种年号纪年钱 绍熙年间（1190~1194 年）铸造了绍熙元宝、绍熙通宝钱。

南宋历代皇帝	在位年代	铸造铜钱情况（包括少量铅钱）
南宋第四代皇帝宋宁宗赵扩，有庆元、嘉泰、开禧、嘉定4个年号	1195~1224年	宁宗铸造了庆元、嘉泰、开禧、嘉定4种年号纪年钱。 庆元年间（1195~1200年）铸造了庆元元宝（铁母）、庆元通宝钱； 嘉泰年间（1201~1204年）铸造了嘉泰元宝（铁母）、嘉泰通宝钱； 开禧年间（1205~1207年）铸造了开禧元宝（铁母）、开禧通宝钱； 嘉定年间（1208~1224年）铸造了嘉定元宝、嘉定通宝、嘉定重宝（铁母）、嘉定之宝、永宝、珍宝异名钱（铁母）。
南宋第五代皇帝宋理宗赵昀，有宝庆、绍定、端平、嘉熙、淳祐、宝祐、开庆、景定8个年号	1225~1264年	理宗铸造了（宝庆）、大宋、绍定、端平、嘉熙、淳祐、皇宋、开庆、景定等6个年号纪年钱，2个国号（大宋、皇宋）纪年钱。 宝庆年间（1125~1127年）铸造了宝庆元宝（铁母）、大宋元宝、大宋通宝钱； 绍定年间（1128~1233年）铸造了绍定元宝（试样钱）、绍定通宝钱； 端平年间（1234~1236年）铸造了端平元宝、端平通宝、端平重宝钱； 嘉熙年间（1237~1240年）铸造了嘉熙通宝、嘉熙重宝钱； 淳祐年间（1241~1252年）铸造了淳祐元宝、淳祐通宝钱； 宝祐年间（1253~1258年）铸造了皇宋通宝钱； 开庆年间（1259年）铸造了开庆通宝钱； 景定年间（1260~1264年）铸造了景定元宝钱。
南宋第六代皇帝宋度宗赵禥，仅有咸淳一个年号	1265~1274年	度宗铸造了咸淳一种年号纪年钱。 咸淳年间（1265–1274）铸造了咸淳元宝钱。
南宋另类钱币：临安府钱牌，行使于京都临安府，今杭州。 另有铜钱牌太平州、铅钱牌和州、江州、使府、行使于太平州、和州、江州、使府等地。	铸造于景定年间前后（后不超过咸淳元年七月），时间短暂	临安府钱牌这是一种临时代用币，有铜、铅两种： 铜钱牌有贰佰文、叁佰文、伍佰文3种； 铅钱牌有壹拾文、贰拾文、肆拾文、陆拾文、壹佰文、伍佰文6种； 另有铜钱牌：太平州酒库用，拾捌界贰佰文； 铅钱牌：和州行用拾捌界贰佰、和州行用十文拾捌界贰伯。建康府用拾捌界贰佰文；使府酒务细酒拾捌界叁佰、酒钱牌一百省。

南宋历代皇帝	在位年代	铸造铜钱情况（包括少量铅钱）
"招纳信宝"钱，非流通钱。	1130 年	南宋将领刘光世于高宗建炎四年（1130 年）在镇江铸造"招纳信宝"钱，铸有金、银、铜三种。仅作招降金兵证物之用。
"赵宝重兴"		传南宋末年抗元将领所铸。
附：南宋会子版、关子版		
南宋第七代皇帝宋恭帝赵㬎，年号德祐；	1275~1276 年	南宋末年最后 3 位小皇帝，在元军的追击下南逃，前后仅五年，都未铸钱。1279 年南宋灭亡。
南宋第八代皇帝宋端宗赵昰，年号景炎；	1276~1278 年	
南宋第九代皇帝末帝赵昺，年号祥兴。	1278~1279 年	
综述		

综述

南宋（1127~1279 年）前后 153 年，共传九帝，末三帝 3 个年号仅 5 年，未铸钱。其余 6 位皇帝，有 18 个年号，都铸有新钱，其中有 16 个年号钱有年号钱，2 个年号铸有国号钱。南宋初年钱制继北宋遗风，仍铸年号钱和对钱，直至淳熙柒年（1180 年）起实行钱背纪年，直到咸淳九年（1273 年）。南宋开创纪年钱成为中国钱币史上又一新创举，比国外纪年钱早了 300 年左右。

南宋铜钱图谱目录

南宋钱汇
铜钱编

南宋铜钱图谱

高宗朝钱

宋高宗期间（1127~1162 年）共有"建炎""绍兴"两个年号，都铸行了年号钱。建炎年间（1127~1130 年）铸造了"建炎元宝""建炎通宝""建炎重宝"铜钱；绍兴年间（1131~1162 年）铸造了"绍兴元宝""绍兴通宝"铜钱。

建炎钱

宋高宗建炎年间（1127~1130 年）铸造的钱币。铜钱有"建炎元宝""建炎通宝""建炎重宝"三种钱文。有小平钱、折二钱、折三钱、折十钱四种币值。篆、楷、隶三种书体，旋读、对读两种读法。

建炎元宝钱

南宋钱币，高宗建炎年间（1127~1130 年）铸造。青铜质。钱文"建炎元宝"，有小平钱、折二钱两种币值，篆、隶两种书体，旋读。小平钱有篆、隶书各式版别，折二钱仅见隶书版式一种。一般小平钱径 22.7~23.7 毫米，重 2.1~3.8 克；折二钱径 26 毫米。

0001 **建炎元宝小平钱 篆书**

一级
径 23.3、穿 6 毫米；重 2.6 克
降宝
戴葆庭旧藏

0002 **建炎元宝小平钱 篆书**

一级
径 23.0、穿 6.0 毫米；重 2.4 克
阔元
罗伯昭旧藏

0003　**建炎元宝小平钱　篆书**

一级
径 23.0、穿 6.0 毫米
长阔炎
日本淳丰堂藏

0004　**建炎元宝小平钱　篆书**

一级
径 22.0、穿 6.0 毫米
狭炎
选自《中国古钱鉴赏与收藏》

0005　**建炎元宝小平钱　隶书**

一级
径 23.5、穿 6.0、厚 1.4 毫米；重 3.0 克
阔轮 阴郭 仰建

0006　**建炎元宝小平钱　隶书**

一级
径 23.1、穿 6.0 毫米；重 2.5 克
阔轮 短炎
戴葆庭旧藏

0007　**建炎元宝小平钱　隶书**

一级
径 23.0、穿 6 毫米；重 2.3 克
阔轮 阔建
沈子槎旧藏

0008　**建炎元宝小平钱　隶书**

一级
径 23.0、穿 6 毫米；重 3.8 克
狭轮 俯建 长炎
日本淳丰堂（吉田昭二）藏

0009

建炎元宝小平钱 隶书

一级
径 23.0、穿 6 毫米；重 2.8 克
粗字 阔炎
戴葆庭旧藏

0010

建炎元宝小平钱 隶书

一级
径 22.7、穿 6 毫米；重 2.1 克
粗字 正字
戴葆庭旧藏

0011

建炎元宝折二钱 隶书

一级
径 26.8、穿 7.0 毫米
狭轮 小字
方药雨旧藏

0012

建炎元宝折二钱 隶书

一级
径 26.8、穿 7.0 毫米
阔轮大字
选自《古钱大辞典》

建炎通宝钱

　　南宋钱币。高宗建炎年间（1127~1130 年）铸造。青铜质。钱文"建炎通宝"，有小平钱、折二钱、折三钱 3 种币值，篆、楷两种书体，对读。小平钱有光背、铁母、点建、背上川、上川下月；折二钱有光背篆、楷两种书体，点建、异版点建，仅有楷书；折三钱亦有光背、篆、楷两种书体、点建，仅有楷书。另附私铸折二钱光背，有篆书省笔宝和篆、楷两种书体。按钱币文字和特点的不尽相同，区分每枚钱币的不同版别特征。一般小平钱径 23.8~25.6 毫米，重 2~4.7 克；折二钱径 25.5~31.0 毫米，重 2.2~8.9 克；折三钱径 31.4~32.6 毫米，重 6.3~8.4 克。

0013 **建炎通宝小平钱 篆书 扁炎**

四级
径 25.0、穿 6.5 毫米
斜宝 背四决
选自《简明钱币辞典》

0014 **建炎通宝小平钱 篆书 扁炎**

四级
径 24.0、穿 7 毫米
宝字隶书脚
陈光扬集藏

0015 **建炎通宝小平钱 篆书 扁炎**

四级
径 24.0、穿 6.5 毫米
大字 阔宝
陈光扬集藏

0016 **建炎通宝小平钱 篆书 扁炎**

四级
径 24.0、穿 7 毫米
昂建
陈光扬集藏

0017 **建炎通宝小平钱 篆书 扁炎**

四级
径 24.0、穿 6、厚 1.5 毫米；重 3.5 克
俯通

0018 **建炎通宝小平钱 篆书 扁炎**

五级
径 23.8、穿 6、厚 1.6 毫米；重 3.8 克
仰建

0019　**建炎通宝小平钱 篆书 扁炎**

四级
径 23.8、穿 6、厚 1.6 毫米；重 3.3 克
俯建

0020　**建炎通宝小平钱 篆书 扁炎**

五级
径 23.7、穿 6、厚 1.3 毫米；重 3.2 克
短通

0021　**建炎通宝小平钱 篆书 扁炎**

四级
径 23.6、穿 6、厚 1.3 毫米；重 3.2 克
粗字 阔宝

0022　**建炎通宝小平钱 篆书 扁炎**

四级
径 23.4、穿 6、厚 1.6 毫米；重 3.6 克
俯通 小样

0023　**建炎通宝小平钱 篆书 扁炎**

四级
径 23.3、穿 6、厚 1.6 毫米；重 3.7 克
斜宝 小样

0024　**建炎通宝小平钱 篆书 扁炎**

四级
径 24.0、穿 7.2 毫米
面四决 中穿 狭炎
陈光扬集藏

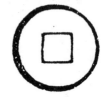

0025 **建炎通宝小平钱 篆书 长炎**

四级
径 24.4、穿 6、厚 1.3 毫米；重 3.2 克
细字 昂宝

0026 **建炎通宝小平钱 篆书 长炎**

四级
径 24.4、穿 6、厚 1.6 毫米；重 4.0 克
仰建

0027 **建炎通宝小平钱 篆书 长炎**

四级
径 24.0、穿 6 毫米；重 3.6 克
阔炎
上海博物馆藏

0028 **建炎通宝小平钱 篆书 长炎**

四级
径 23.6、穿 6 毫米
阴郭 狭通
亭固孔村中旧藏

0029 **建炎通宝小平钱 篆书 长炎**

四级
径 23.5、穿 6、厚 1.5 毫米；重 4.0 克
粗字 俯通

0030 **建炎通宝小平钱 篆书 长炎**

四级
径 22.6、穿 7、厚 0.9 毫米；重 2.0 克
中穿 阴郭 退炎

0031 **建炎通宝小平钱 篆书 长炎**

四级
径 25.1、穿 6、厚 1.2 毫米；重 3.1 克
长炎 短宝

0032 **建炎通宝小平钱 篆书 长炎**

四级
径 25.1、穿 6、厚 1.4 毫米；重 3.5 克
花穿 细字

0033 **建炎通宝小平钱 篆书 长炎**

三级
径 24.6、穿 6、厚 1.5 毫米；重 3.8 克
阔郭 圆贝宝

0034 **建炎通宝小平钱 篆书 长炎**

三级
径 24.0、穿 6、厚 1.2 毫米；重 3.9 克
长阔炎

0035 **建炎通宝小平钱 篆书 长炎**

四级
径 23.0、穿 6 毫米
细字 狭炎
陈光扬集藏

0036 **建炎通宝小平钱 篆书 方炎**

四级
径 25.3、穿 6.4、厚 1.4 毫米；重 4.4 克
正字

0037　**建炎通宝小平钱　篆书　方炎**

四级
径 25.0、穿 6.3、厚 1.5 毫米；重 4.5 克
仰建

0038　**建炎通宝小平钱　篆书　方炎**

四级
径 24.8、穿 6.5、厚 1.0 毫米；重 2.8 克
阔建

0039　**建炎通宝小平钱　篆书　方炎**

四级
径 24.8、穿 7、厚 1.0 毫米；重 3.4 克
狭宝

0040　**建炎通宝小平钱　篆书　方炎**

四级
径 24.5、穿 7、厚 1.2 毫米；重 3.8 克
粗字　仰建

0041　**建炎通宝小平钱　篆书　方炎**

四级
径 24.3、穿 6.5、厚 1 毫米；重 3.1 克
阔炎

0042　**建炎通宝小平钱　篆书　方炎**

四级
径 24.2、穿 7、厚 0.9 毫米；重 2.9 克
粗字　仰炎

0043　**建炎通宝小平钱　篆书　方炎**

四级
径 24.0、穿 7、厚 1 毫米；重 2.7 克
小样　狭炎

0044　**建炎通宝小平钱　篆书　箭尾炎**

四级
径 25.6、穿 7、厚 1.5 毫米；重 3.9 克
进建　进炎

0045　**建炎通宝小平钱　篆书　箭尾炎**

四级
径 24.8、穿 7、厚 1.5 毫米；重 2.3 克
狭炎

0046　**建炎通宝小平钱　篆书　箭尾炎**

四级
径 24.7、穿 7、厚 1.5 毫米；重 4.2 克
粗字　俯建

0047　**建炎通宝小平钱　篆书　箭尾炎**

四级
径 24.2、穿 7 毫米；重 4.1 克
细字　进建
上海博物馆藏

0048　**建炎通宝小平钱　篆书　箭尾炎**

四级
径 24.2、穿 7、厚 1.5 毫米；重 4.3 克
仰炎

0049 **建炎通宝小平钱 篆书 箭尾炎**

四级
径 24.1、穿 7、厚 1.2 毫米；重 3.4 克
仰宝

0050 **建炎通宝小平钱 篆书 箭尾炎**

四级
径 24.1、穿 7、厚 1.3 毫米；重 3.7 克
斜肩宝

0051 **建炎通宝小平钱 篆书 箭尾炎**

四级
径 23.9、穿 7、厚 1.3 毫米；重 3.7 克
进建 降通

0052 **建炎通宝小平钱 篆书 箭尾炎**

四级
径 23.8、穿 6.4、厚 1.1 毫米；重 3.4 克
阔郭 粗字

0053 **建炎通宝小平钱 篆书 箭尾炎**

四级
径 22.3、穿 6.3 毫米；重 2.6 克
俯建 小样
上海博物馆藏

0054 **建炎通宝小平钱 篆书 狭炎**

四级
径 24.5、穿 7、厚 1.8 毫米；重 4.5 克
面四决 阔建
桐乡市钟旭洲钱币艺术博物馆藏

0055   **建炎通宝小平钱 篆书 狭炎**

四级
径 23.0、穿 6.3 毫米
进建
亭固孔村中旧藏

0056   **建炎通宝小平钱 篆书 狭炎**

四级
径 23.0、穿 7 毫米
细字 进炎
选自《简明钱币辞典》

0057   **建炎通宝小平钱 篆书 狭炎**

四级
径 23.0、穿 7 毫米
细字 仰通
陈光扬集藏

0058   **建炎通宝小平钱 篆书 狭炎**

四级
径 23.0、穿 6 毫米
长通
陈光扬集藏

0059   **建炎通宝小平钱 篆书 狭炎**

四级
径 23.0、穿 6.3 毫米
仰宝
亭固孔村中旧藏

0060   **建炎通宝小平钱 篆书 铁母**

一级
径 22.0、穿 7 毫米
广穿 阔炎 仰宝
选自《戴葆庭集拓中外钱币珍品》

0061 **建炎通宝小平钱 楷书 俯建**

五级
径 24.6、穿 6、厚 1.5 毫米；重 3.2 克
俯建 俯通

0062 **建炎通宝小平钱 楷书 俯建**

四级
径 23.8、穿 6、厚 1.5 毫米；重 3.6 克
俯建 阔俯通

0063 **建炎通宝小平钱 楷书 俯建**

五级
径 23.8、穿 6、厚 1.6 毫米；重 3.3 克
俯建 仰宝

0064 **建炎通宝小平钱 楷书 俯建**

五级
径 23.9、穿 6、厚 1.5 毫米；重 3.5 克
俯建 小通

0065 **建炎通宝小平钱 楷书 俯建**

五级
径 23.7、穿 6、厚 1.6 毫米；重 3.7 克
俯建 短通

0066 **建炎通宝小平钱 楷书 俯建**

五级
径 23.7、穿 6、厚 1.4 毫米；重 3.2 克
俯建 仰炎
上海博物馆藏

0067 **建炎通宝小平钱 楷书 俯建**

五级
径 23.5、穿 6、厚 1.4 毫米；重 2.9 克
俯建 俯宝

0068 **建炎通宝小平钱 楷书 俯建**

四级
径 23.6、穿 6、厚 1.8 毫米；重 3.8 克
俯建 斜宝

0069 **建炎通宝小平钱 楷书 俯建**

四级
径 23.5、穿 6 毫米；重 3.0 克
大字 阔炎
陈光扬集藏

0070 **建炎通宝小平钱 楷书 俯建**

五级
径 23.4、穿 6、厚 1.4 毫米；重 3.2 克
俯建 俯通

0071 **建炎通宝小平钱 楷书 俯建**

四级
径 22.7、穿 6 毫米；重 2.1 克
俯阔建
上海博物馆藏

0072 **建炎通宝小平钱 楷书 长炎**

四级
径 24.4、穿 6.4 毫米；重 3.7 克
退建
戴葆庭旧藏

0073 **建炎通宝小平钱 楷书 长炎**

四级
径 24.3、穿 6、厚 1.5 毫米；重 3.2 克
进炎

0074 **建炎通宝小平钱 楷书 长炎**

四级
径 24.3、穿 6、厚 1.5 毫米；重 3.9 克
俯炎

0075 **建炎通宝小平钱　楷书 长炎**

四级
径 24.2、穿 6、厚 1.4 毫米；重 3.5 克
粗炎

0076 **建炎通宝小平钱 楷书 长炎**

四级
径 24.0、穿 6、厚 1.3 毫米；重 4.5 克
小字俯宝

0077 **建炎通宝小平钱 楷书 长炎**

四级
径 23.8、穿 6.3 毫米；重 2.8 克
退建　进炎
上海博物馆藏

0078 **建炎通宝小平钱 楷书 长炎**

四级
径 23.8、穿 6 毫米
花穿　阔俯建
王荫嘉旧藏

0079   **建炎通宝小平钱 楷书 长炎**

四级
径 23.2、穿 6、厚 1.5 毫米；重 3.2 克
进炎 仰宝
桐乡市钟旭洲钱币艺术博物馆藏

0080   **建炎通宝小平钱 楷书 长炎**

四级
径 23.2、穿 6 毫米
仰建
莊蕙丽尾平旧藏

0081   **建炎通宝小平钱 楷书 阔腰炎**

四级
径 25.2、穿 6.3、厚 1.4 毫米；重 4.1 克
进炎

0082   **建炎通宝小平钱 楷书 阔腰炎**

四级
径 25.2、穿 6.5、厚 1.2 毫米；重 3.4 克
仰宝

0083   **建炎通宝小平钱 楷书 阔腰炎**

四级
径 25.1、穿 6.3、厚 1.5 毫米；重 4.1 克
短炎

0084   **建炎通宝小平钱 楷书 阔腰炎**

四级
径 25.0、穿 6.4、厚 1.2 毫米；重 3.3 克
小炎

0085 | **建炎通宝小平钱 楷书 阔腰炎**

四级
径 24.8、穿 6.4、厚 1.5 毫米；重 4.4 克
退俯炎

0086 | **建炎通宝小平钱 楷书 阔腰炎**

四级
径 24.6、6.4 毫米
阔粗炎
王荫嘉旧藏

0087 | **建炎通宝小平钱 楷书 阔腰炎**

四级
径 24.6、穿 6.3、厚 1.4 毫米；重 3.8 克
仰通

0088 | **建炎通宝小平钱 楷书 阔腰炎**

四级
径 24.6、穿 6.4、厚 1.1 毫米；重 3.0 克
俯长炎

0089 | **建炎通宝小平钱 楷书 阔腰炎**

四级
径 24.3、穿 6.4、厚 1.2 毫米；重 3.8 克
斜宝

0090 | **建炎通宝小平钱 楷书 方炎**

四级
径 24.7、穿 7、厚 1.6 毫米；重 4.0 克
仰通 仰宝

0091　**建炎通宝小平钱 楷书 方炎**

四级
径 24.6、穿 7、厚 1.3 毫米；重 3.1 克
细郭 正字

0092　**建炎通宝小平钱 楷书 方炎**

四级
径 24.4、穿 7、厚 1.2 毫米；重 3.1 克
阔仰建

0093　**建炎通宝小平钱 楷书 方炎**

四级
径 24.4、穿 7、厚 1.4 毫米；重 3.0 克
粗字 阔通

0094　**建炎通宝小平钱 楷书 方炎**

四级
径 24.4、穿 6、厚 1.4 毫米；重 3.1 克
细字 正字

0095　**建炎通宝小平钱 楷书 方炎**

四级
径 24.3、穿 7、厚 1.2 毫米；重 3.1 克
花穿 仰宝

0096　**建炎通宝小平钱 楷书 方炎**

四级
径 24.1、穿 7、厚 1.0 毫米；重 3.1 克
狭炎

0097

建炎通宝小平钱 楷书 狭炎

四级
径 25.0、穿 6.4 毫米
细字 背四决
陈光扬集藏

0098

建炎通宝小平钱 楷书 狭炎

四级
径 24.1、穿 7、厚 1.1 毫米；重 3.3 克
仰建

0099

建炎通宝小平钱 楷书 狭炎

四级
径 23.9、穿 7、厚 1.2 毫米；重 3.0 克
粗字 退炎

0100

建炎通宝小平钱 楷书 狭炎

四级
径 23.8、穿 6.3 毫米
粗字 仰建
莊惥丽尾平旧藏

0101

建炎通宝小平钱 楷书 狭炎

四级
径 23.2、穿 7 毫米
小字 仰建
选自《简明钱币辞典》

0102

建炎通宝小平钱 楷书 狭炎

四级
径 23.0、穿 6.7 毫米
小字 狭建
陈光扬集藏

0103

建炎通宝小平钱 楷书 川字版

五级
径 24.7、穿 7、厚 1.6 毫米；重 3.7 克
狭建

0104

建炎通宝小平钱 楷书 川字版

五级
径 23.8、穿 7、厚 1.8 毫米；重 3.8 克
俯建 俯通

0105

建炎通宝小平钱 楷书 川字版

五级
径 23.8、穿 6.7、厚 1.8 毫米；重 4.5 克
退建 俯通

0106

建炎通宝小平钱 楷书 川字版

四级
径 23.7、穿 7、厚 1.5 毫米；重 3.7 克
俯建 正通

0107

建炎通宝小平钱 楷书 川字版

五级
径 23.3、穿 7、厚 1.3 毫米；重 3.3 克
粗大字 退建

0108

建炎通宝小平钱 楷书 川字版

五级
径 23.7、穿 6.8、厚 2.0 毫米；重 4.8 克
阴郭 俯通

0109 **建炎通宝小平钱 楷书 川字版**

五级
径 23.2、穿 7、厚 1.6 毫米；重 3.6 克
细字 俯通

0110 **建炎通宝小平钱 楷书 川字版**

五级
径 23.0、穿 7、厚 1.5 毫米；重 3.4 克
粗大字 阔炎

0111 **建炎通宝小平钱 楷书 川字版**

五级
径 22.8、穿 7、厚 1.0 毫米；重 2.3 克
粗字 退炎

0112 **建炎通宝小平钱 楷书 川字版**

四级
径 22.6、穿 7、厚 1.6 毫米；重 3.9 克
粗字 俯通

0113 **建炎通宝小平钱 楷书 背川**

四级
径 24.4、穿 6、厚 2.1 毫米；重 4.2 克
俯建 背仰川

0114 **建炎通宝小平钱 楷书 背川**

四级
径 24.4、穿 6、厚 2.1 毫米；重 4.2 克
正建 背狭川

0115 　**建炎通宝小平钱　楷书　背川**

四级
径 23.8、穿 6、厚 1.8 毫米；重 4.5 克
仰通　背阔川
上海博物馆藏

0116 　**建炎通宝小平钱　楷书　背川**

四级
径 22.3、穿 5、厚 0.8 毫米；重 29.4 克
仰建　背长川

0117 　**建炎通宝小平钱　楷书　背川**

四级
径 23.2、穿 6 毫米；重 4.5 克
俯建　背川月

0118 　**建炎通宝小平钱　楷书　背川**

四级
径 23.7、穿 7、厚 1.8 毫米；重 4.0 克
中穿　俯通

0119 　**建炎通宝小平钱　楷书　背川**

四级
径 23.2、穿 7、厚 1.5 毫米；重 3.7 克
中穿　背退穿

0120 　**建炎通宝小平钱　楷书　点建**

四级
径 25.5、穿 7、厚 2.4 毫米；重 3.8 克
细字　俯建

0121 **建炎通宝小平钱 楷书 点建**

四级
径 25.1、穿 7、厚 1.3 毫米；重 3.0 克
粗字 阔炎

0122 **建炎通宝小平钱 楷书 点建**

四级
径 25.1、穿 7、厚 1.7 毫米；重 3.8 克
粗字 阔建

0123 **建炎通宝小平钱 楷书 点建**

四级
径 24.8、穿 7、厚 1.8 毫米；重 4.2 克
俯建

0124 **建炎通宝小平钱 楷书 点建**

四级
径 24.3、穿 6.2、厚 1.7 毫米；重 4.3 克
俯炎 仰通

0125 **建炎通宝小平钱 楷书 点建**

四级
径 24.0、穿 7、厚 1.1 毫米；重 2.4 克
阴郭 俯建

0126 **建炎通宝小平钱 楷书 点建**

四级
径 24.0、穿 6.4、厚 1.2 毫米；重 3.8 克
俯建 背阔郭

0127 　**建炎通宝小平钱　楷书　点建**

四级
径 23.9、穿 7、厚 1.9 毫米；重 4.4 克
广郭　退炎

0128 　**建炎通宝小平钱　楷书　点建**

四级
径 23.7、穿 6.2、厚 1.2 毫米；重 3.0 克
长脚宝

0129 　**建炎通宝小平钱　楷书　点建**

四级
径 23.7、穿 7、厚 1.6 毫米；重 3.9 克
粗字　退俯炎

0130 　**建炎通宝小平钱　楷书　点建**

四级
径 23.4、穿 6.2、厚 1.0 毫米；重 2.5 克
仰通　阔炎

0131 　**建炎通宝小平钱　楷书　点建**

四级
径 23.8、穿 7、厚 1.4 毫米；重 3.1 克
小字　小通

0132 　**建炎通宝小平钱　楷书　点建**

四级
径 24.9、穿 7、厚 2.3 毫米；重 3.9 克
退炎　双点通

0133　　**建炎通宝小平钱　楷书　点建**

四级
径 24.0、穿 6、厚 1.2 毫米；重 3.5 克
俯建　双点通

0134　　**建炎通宝小平钱　楷书　点建**

四级
径 23.1、穿 7、厚 1.5 毫米；重 3.4 克
俯通　双点通

0135　　**建炎通宝小平钱　楷书　点建**

四级
径 23.1、穿 7、厚 1.3 毫米；重 2.7 克
细字　双点通

0136　　**建炎通宝小平钱　楷书　铁母**

一级
径 22.0、穿 6.8 毫米
广穿　阔炎　长宝
选自《历代古钱图说》

0137　　**建炎通宝折二钱　篆书　俯炎**

五级
径 28.9、厚 1.6 毫米；重 5.8 克
俯建　退炎

0138　　**建炎通宝折二钱　篆书　俯炎**

五级
径 28.8、穿 7、厚 1.3 毫米；重 4.9 克
花穿　俯通

0139　**建炎通宝折二钱 篆书 俯炎**

五级
径 28.7、厚 1.6 毫米；重 5.8 克
俯建　俯炎

0140　**建炎通宝折二钱 篆书 俯炎**

五级
径 28.1、穿 7 毫米；重 5.5 克
阔俯炎

0141　**建炎通宝折二钱 篆书 俯炎**

五级
径 28.0、穿 7 毫米；重 5.4 克
粗字　阔通
上海博物馆藏

0142　**建炎通宝折二钱 篆书 俯炎**

五级
径 28.0、穿 7、厚 1.5 毫米；重 4.6 克
退炎　俯通

0143　**建炎通宝折二钱 篆书 俯炎**

五级
径 27.6、厚 1.6 毫米；重 4.7 克
退炎　狭宝

0144　**建炎通宝折二钱 篆书 俯炎**

五级
径 27.5、穿 7、厚 1.7 毫米；重 4.8 克
退炎　阔宝

0145　**建炎通宝折二钱 篆书 俯炎**

五级
径 27.5、穿 6.2、厚 1.6 毫米；重 4.9 克
俯通 仰宝

0146　**建炎通宝折二钱 篆书 俯炎**

五级
径 27.5、厚 1.4 毫米；重 5.1 克
大字 俯建

0147　**建炎通宝折二钱 篆书 俯炎**

五级
径 27.4、穿 7、厚 1.5 毫米；重 4.7 克
退狭炎

0148　**建炎通宝折二钱 篆书 俯炎**

五级
径 27.2、厚 1.4 毫米；重 5.1 克
退炎 俯宝 小样

0149　**建炎通宝折二钱 篆书 阔轮 小字**

五级
径 31、厚 2.5 毫米；重 8.2 克
进建 俯炎

0150　**建炎通宝折二钱 篆书 阔轮 小字**

五级
径 30.4、穿 8、厚 2 毫米；重 8.4 克
粗字 仰宝

0151 | **建炎通宝折二钱 篆书 阔轮 小字**

四级
径 30.3、穿 7.5、厚 1.9 毫米；重 8.9 克
细字 俯通

0152 | **建炎通宝折二钱 篆书 阔轮 小字**

五级
径 30.3、穿 8、厚 1.7 毫米；重 7.1 克
粗字 阔建

0153 | **建炎通宝折二钱 篆书 阔轮 小字**

五级
径 30.2、穿 8、厚 1.6 毫米；重 6.9 克
仰建

0154 | **建炎通宝折二钱 篆书 阔轮 小字**

四级
径 30.2、厚 1.6 毫米；重 7.2 克
进建 退炎

0155 | **建炎通宝折二钱 篆书 阔轮 小字**

四级
径 30.1、穿 7.4、厚 1.6 毫米；重 8.0 克
阔炎

0156 | **建炎通宝折二钱 篆书 阔轮 小字**

五级
径 30、穿 7.3、厚 1.8 毫米；重 8.0 克
粗字 俯建

0157 **建炎通宝折二钱 篆书 阔轮 小字**

五级
径 30、穿 8、厚 1.6 毫米；重 7.5 克
粗字 仰宝

0158 **建炎通宝折二钱 篆书 阔轮 小字**

五级
径 30、穿 8、厚 1.4 毫米；重 5.7 克
狭炎

0159 **建炎通宝折二钱 篆书 阔轮 小字**

五级
径 29.9、穿 8、厚 1.7 毫米；重 7.8 克
俯建 俯通

0160 **建炎通宝折二钱 篆书 阔轮 小字**

四级
径 29.8、穿 8、厚 1.4 毫米；重 6.6 克
仰建 仰通

0161 **建炎元宝折二钱 篆书 阔轮大字**

四级
径 29.5、厚 1.5 毫米；重 4.9 克
阔建 斜宝

0162 **建炎元宝折二钱 篆书 阔轮大字**

四级
径 29.4、穿 8、厚 1.3 毫米；重 5.4 克
广郭 昂宝

0163　**建炎元宝折二钱　篆书　阔轮大字**

五级
径 29.4、穿 8、厚 1.5 毫米；重 5.5 克
阔炎

0164　**建炎元宝折二钱　篆书　阔轮大字**

四级
径 29.3、穿 8、厚 1.4 毫米；重 5.4 克
俯阔宝

0165　**建炎元宝折二钱　篆书　阔轮大字**

四级
径 29.3、厚 1.8 毫米；重 6.4 克
进炎

0166　**建炎元宝折二钱　篆书　阔轮大字**

五级
径 29.2、穿 8、厚 1.4 毫米；重 5.7 克
粗字　阔通

0167　**建炎元宝折二钱　篆书　阔轮大字**

四级
径 29.1、穿 8、厚 1.5 毫米；重 6.0 克
仰建

0168　**建炎元宝折二钱　篆书　阔轮大字**

四级
径 29.1、厚 1.4 毫米；重 5.5 克
广郭　昂宝

0169　**建炎元宝折二钱　篆书　阔轮大字**

　　五级
　　径 29.0、穿 8、厚 1.3 毫米；重 4.8 克
　　花穿　仰炎

0170　**建炎元宝折二钱　篆书　阔轮大字**

　　四级
　　径 28.8、穿 8、厚 1.3 毫米；重 4.9 克
　　俯宝　小样

0171　**建炎通宝折二钱　篆书　阔轮长炎**

　　五级
　　径 31.8、穿 7、厚 1.8 毫米；重 7.9 克
　　阔轮　进炎

0172　**建炎通宝折二钱　篆书　阔轮长炎**

　　五级
　　径 31.1、穿 7、厚 1.6 毫米；重 7.7 克
　　阔轮　俯通

0173　**建炎通宝折二钱　篆书　阔轮长炎**

　　五级
　　径 31.1、穿 7、厚 1.7 毫米；重 7.7 克
　　阴郭　进建

0174　**建炎通宝折二钱　篆书　阔轮长炎**

　　五级
　　径 31、穿 7 毫米；重 6.1 克
　　大字　俯炎
　　上海博物馆藏

0175

建炎通宝折二钱 篆书 阔轮长炎

五级
径 30.9、穿 7、厚 1.6 毫米；重 7.4 克
俯通

0176

建炎通宝折二钱 篆书 阔轮长炎

五级
径 30.5、穿 7、厚 1.8 毫米；重 7.7 克
狭炎

0177

建炎通宝折二钱 篆书 阔轮长炎

四级
径 30.4、穿 7、厚 1.5 毫米；重 5.8 克
俯通 俯宝

0178

建炎通宝折二钱 篆书 阔轮长炎

五级
径 30.4、穿 7、厚 1.6 毫米；重 6.1 克
进炎 仰通

0179

建炎通宝折二钱 篆书 阔轮长炎

五级
径 30.3、穿 7、厚 1.5 毫米；重 6.6 克
平阔 进炎

0180

建炎通宝折二钱 篆书 阔轮长炎

五级
径 30.2、穿 7、厚 1.9 毫米；重 7.3 克
进炎 降宝

0181 **建炎通宝折二钱 篆书 阔轮长炎**

五级
径 30.2、穿 7、厚 1.7 毫米；重 6.4 克
粗字 仰建

0182 **建炎通宝折二钱 篆书 阔轮长炎**

五级
径 29.8、穿 7、厚 1.4 毫米；重 5.1 克
进炎 俯通

0183 **建炎通宝折二钱 篆书 阔轮长炎**

五级
径 29.5、穿 7、厚 1.7 毫米；重 6.4 克
阴郭 仰通

0184 **建炎通宝折二钱 篆书 阔轮长炎**

五级
径 29.5、穿 7、厚 1.7 毫米；重 6.0 克
进炎 仰宝

0185 **建炎通宝折二钱 篆书 阔轮长炎**

四级
径 27.5、厚 1.4 毫米；重 5.3 克
狭轮 俯炎 小样

0186 **建炎通宝折二钱 篆书 阔轮长炎**

五级
径 30.6、穿 8、厚 2.0 毫米；重 8.5 克
异版 短通

0187 **建炎通宝折二钱 篆书 阔轮长炎**

五级
径 28.9、穿 7.3、厚 1.5 毫米；重 5.0 克
阔轮 斜炎 小样

0188 **建炎通宝折二钱 篆书 狭俯炎**

五级
径 29.5、穿 7、厚 1.8 毫米；重 8.0 克
阔轮 斜炎

0189 **建炎通宝折二钱 篆书 狭俯炎**

五级
径 29.0、穿 7 毫米；重 5.0 克
粗字 阔建
上海博物馆藏

0190 **建炎通宝折二钱 篆书 狭俯炎**

五级
径 29.0、穿 7 毫米；重 6.0 克
阔轮 俯通
上海博物馆藏

0191 **建炎通宝折二钱 篆书 狭俯炎**

五级
径 28.8、厚 1.8 毫米；重 6.8 克
阔俯通

0192 **建炎通宝折二钱 篆书 狭俯炎**

五级
径 28.7、穿 7、厚 1.6 毫米；重 6.0 克
仰建

0193 **建炎通宝折二钱 篆书 狭俯炎**

五级
径 28.7、穿 7、厚 1.6 毫米；重 6.5 克
粗字 背错位

0194 **建炎通宝折二钱 篆书 狭俯炎**

五级
径 28.4、穿 7、厚 1.6 毫米；重 6.1 克
退狭炎

0195 **建炎通宝折二钱 篆书 狭俯炎**

五级
径 28.3、穿 7、厚 1.5 毫米；重 5.4 克
仰建 斜炎

0196 **建炎通宝折二钱 篆书 狭俯炎**

五级
径 27.8、厚 1.3 毫米；重 4.6 克
退炎 仰宝

0197 **建炎通宝折二钱 篆书 狭俯炎**

五级
径 27.6、穿 7、厚 1.7 毫米；重 5.2 克
仰建 狭炎

0198 **建炎通宝折二钱 篆书 狭俯炎**

五级
径 26.3、穿 7、厚 1.5 毫米；重 5.2 克
狭轮 粗字 小样

0199 **建炎通宝折二钱 篆书 阔俯炎**

五级
径 30、穿 7.0、厚 1.7 毫米；重 6.3 克
阔轮 退建

0200 **建炎通宝折二钱 篆书 阔俯炎**

五级
径 29.9、穿 7.0、厚 1.4 毫米；重 6.6 克
仰建 仰通
上海博物馆藏

0201 **建炎通宝折二钱 篆书 阔俯炎**

四级
径 29.8、厚 1.3 毫米；重 5.6 克
仰建 仰宝

0202 **建炎通宝折二钱 篆书 阔俯炎**

五级
径 29.6、厚 1.2 毫米；重 5.3 克
退炎 仰宝

0203 **建炎通宝折二钱 篆书 阔俯炎**

五级
径 29.2、厚 1.8 毫米；重 7.8 克
面四决 俯建

0204 **建炎通宝折二钱 篆书 狭俯炎**

五级
径 28.9、穿 7、厚 1.6 毫米；重 6.0 克
粗大字 阔炎

0205 **建炎通宝折二钱 篆书 阔俯炎**

五级
径 28.7、穿 7.4、厚 1.6 毫米；重 6.8 克
狭轮 四决 俯炎

0206 **建炎通宝折二钱 篆书 阔俯炎**

五级
径 28.6、厚 1.8 毫米；重 6.8 克
阔炎

0207 **建炎通宝折二钱 篆书 阔俯炎**

五级
径 28.6、厚 1.1 毫米；重 3.9 克
仰建 长脚宝

0208 **建炎通宝折二钱 篆书 阔俯炎**

五级
径 28.5、厚 2.1 毫米；重 7.9 克
狭轮 仰通

0209 **建炎通宝折二钱 篆书 阔俯炎**

五级
径 28.4、厚 1.0 毫米；重 4.0 克
阔轮 仰建

0210 **建炎通宝折二钱 篆书 阔俯炎**

五级
径 28.2、穿 7.0、厚 1.1 毫米；重 4.5 克
粗字 仰宝

0211 **建炎通宝折二钱 篆书 阔俯炎**

五级
径 28.0、穿 7.0、厚 1.2 毫米；重 4.3 克
仰建 仰宝

0212 **建炎通宝折二钱 篆书 阔俯炎**

五级
径 27.9、穿 7.0、厚 1.4 毫米；重 4.3 克
退炎 斜肩宝

0213 **建炎通宝折二钱　篆书 阔俯炎**

五级
径 27.8、厚 1.1 毫米；重 3.7 克
俯通 仰宝

0214 **建炎通宝折二钱 篆书 阔俯炎**

五级
径 27.5、穿 7.0、厚 1.3 毫米；重 4.9 克
退仰建 仰宝

0215 **建炎通宝折二钱 篆书 阔俯炎**

五级
径 26.6、穿 7.0、厚 1.2 毫米；重 4.7 克
狭轮 大字 小样

0216 **建炎通宝折二钱 篆书 阔俯炎**

五级
径 30.0、穿 7.3、厚 2.0 毫米；重 7.2 克
退建 进炎

0217 **建炎通宝折二钱 篆书 阔俯炎**

五级
径 29.9、穿 7.3、厚 1.7 毫米；重 7.2 克
俯建 仰通

0218 **建炎通宝折二钱 篆书 阔俯炎**

五级
径 29.9、穿 7.4、厚 1.6 毫米；重 7.0 克
俯建 俯炎

0219 **建炎通宝折二钱 篆书 阔俯炎**

五级
径 29.8、穿 7.2、厚 2.4 毫米；重 12.1 克
细字 仰通

0220 **建炎通宝折二钱 篆书 阔俯炎**

五级
径 29.8、穿 7.2、厚 1.9 毫米；重 7.9 克
俯炎 仰通

0221 **建炎通宝折二钱 篆书 阔俯炎**

五级
径 29.6、穿 7、厚 2.3 毫米；重 9.2 克
阔建 仰宝

0222 **建炎通宝折二钱 篆书 阔俯炎**

五级
径 29.6、穿 7.3、厚 1.7 毫米；重 7.5 克
阴郭 昂宝

0223　**建炎通宝折二钱 篆书 阔俯炎**

五级
径 29.4、穿 7.2、厚 1.7 毫米；重 7.6 克
俯建 仰通

0224　**建炎通宝折二钱 篆书 阔俯炎**

五级
径 29.0、穿 7.4、厚 2.0 毫米；重 7.5 克
面四决 粗字 进炎

0225　**建炎通宝折二钱 篆书 阔俯炎**

五级
径 28.8、穿 7.0、厚 1.9 毫米；重 6.9 克
细字 狭宝

0226　**建炎通宝折二钱 篆书 阔俯炎**

五级
径 28.8、穿 7.2、厚 2.1 毫米；重 8.9 克
仰通 仰宝

0227　**建炎通宝折二钱 篆书 阔俯炎**

五级
径 28.4、穿 7、厚 2.1 毫米；重 8.8 克
退炎 小样

0228　**建炎通宝折二钱 篆书 方炎长脚宝**

四级
径 31.2、穿 8、厚 1.7 毫米；重 7.4 克
面四决 背错版

0229 **建炎通宝折二钱 篆书 方炎长脚宝**

四级
径 31、穿 8 毫米
四决 细字 小建
中村孔固亭旧藏

0230 **建炎通宝折二钱 篆书 方炎长脚宝**

四级
径 31、穿 8、厚 1.4 毫米；重 6.3 克
四决 正字

0231 **建炎通宝折二钱 篆书 方炎长脚宝**

五级
径 31、穿 7.2、厚 1.9 毫米；重 6 克
花穿 狭炎

0232 **建炎通宝折二钱 篆书 方炎长脚宝**

五级
径 30、穿 7.6、厚 1.7 毫米；重 6.7 克
阔炎

0233 **建炎通宝折二钱 篆书 方炎长脚宝**

五级
径 30、穿 7.3、厚 1.7 毫米；重 7.6 克
降炎 阔宝

0234 **建炎通宝折二钱 篆书 方炎长脚宝**

五级
径 29.7、穿 7.4、厚 2 毫米；重 8.4 克
花穿 仰炎

0235 **建炎通宝折二钱 篆书 方炎长脚宝**

五级
径 29.5、穿 8、厚 1.7 毫米；重 5.8 克
斜炎 仰宝

0236 **建炎通宝折二钱 篆书 方炎长脚宝**

五级
径 29.5、穿 7.2、厚 1.7 毫米；重 6.6 克
进炎 狭通

0237 **建炎通宝折二钱 篆书 方炎长脚宝**

五级
径 29.3、穿 7.2、厚 1.8 毫米；重 7.2 克
广郭 进炎

0238 **建炎通宝折二钱 篆书 方炎长脚宝**

五级
径 29.3、穿 7.1、厚 2.1 毫米；重 7.5 克
花穿 粗字

0239 **建炎通宝折二钱 篆书 方炎长脚宝**

五级
径 29.3、穿 7.2、厚 1.6 毫米；重 6.9 克
俯建 俯宝

0240 **建炎通宝折二钱 篆书 方炎长脚宝**

五级
径 29.2、穿 7.2、厚 1.8 毫米；重 7.6 克
俯建 俯通

0241 | **建炎通宝折二钱 篆书 方炎长脚宝**

四级
径 29.2、穿 7.2、厚 1.8 毫米；重 6.6 克
狭宝

0242 | **建炎通宝折二钱 篆书 方炎长脚宝**

五级
径 29、穿 7.2、厚 1.6 毫米；重 6 克
粗字 俯建

0243 | **建炎通宝折二钱 篆书 方炎长脚宝**

五级
径 29、穿 8、厚 1.5 毫米；重 5.9 克
粗字 阔通

0244 | **建炎通宝折二钱 篆书 方炎长脚宝**

五级
径 28.8、穿 7.4、厚 1.5 毫米；重 5.9 克
正郭 进炎

0245 | **建炎通宝折二钱 篆书 方炎长脚宝**

五级
径 28.8、穿 7.3、厚 1.2 毫米；重 4.1 克
粗字 进仰炎

0246 | **建炎通宝折二钱 篆书 方炎长脚宝**

五级
径 28.7、穿 8、厚 1.4 毫米；重 5.1 克
细字 狭建

0247　**建炎通宝折二钱 篆书 方炎长脚宝**

　　五级
　　径 28.5、穿 7、厚 1.3 毫米；重 3.9 克
　　粗字 俯通

0248　**建炎通宝折二钱 篆书 方炎长脚宝**

　　五级
　　径 28.4、厚 1.3 毫米；重 3.5 克
　　进炎 俯通

0249　**建炎通宝折二钱 篆书 方炎长脚宝**

　　五级
　　径 28.4、穿 8、厚 1.7 毫米；重 4.7 克
　　狭轮 俯建

0250　**建炎通宝折二钱 篆书 方炎长脚宝**

　　五级
　　径 27.8、穿 0.7、厚 0.11 毫米；重 3.6 克
　　粗字 狭炎

0251　**建炎通宝折二钱 篆书 方炎长脚宝**

　　五级
　　径 27.6、穿 7.3、厚 1.3 毫米；重 4 克
　　粗字 进炎

0252　**建炎通宝折二钱 篆书 方炎长脚宝**

　　五级
　　径 27.5、穿 7.2、厚 1.3 毫米；重 4.5 克
　　细字 俯通

0253 **建炎通宝折二钱 篆书 方炎长脚宝**

五级
径 27.3、穿 7.2、厚 1.1 毫米；重 4 克
广郭 仰炎

0254 **建炎通宝折二钱 篆书 方炎长脚宝**

五级
径 27、穿 7.3、厚 1.4 毫米；重 4.2 克
细字 俯通 小样

0255 **建炎通宝折二钱 篆书 方炎长脚宝**

五级
径 26.8、穿 7.2、厚 1.7 毫米；重 4 克
退炎 俯通 小样

0256 **建炎通宝折二钱 篆书 梯形炎**

五级
径 31.3、穿 8、厚 1.9 毫米；重 8.5 克
正字 大样

0257 **建炎通宝折二钱 篆书 梯形炎**

四级
径 31.0、穿 8.0、毫米；重 8.6 克
阔轮 圆贝宝
上海博物馆藏

0258 **建炎通宝折二钱 篆书 梯形炎**

四级
径 30.8、穿 8、厚 1.7 毫米；重 6.2 克
俯炎 俯宝

0259 **建炎通宝折二钱 篆书 梯形炎**

五级
径 30.8、穿 8、厚 2.3 毫米；重 8.8 克
狭长炎 狭宝

0260 **建炎通宝折二钱 篆书 梯形炎**

五级
径 30.8、穿 8、厚 1.8 毫米；重 7.1 克
细字 长炎

0261 **建炎通宝折二钱 篆书 梯形炎**

四级
径 30.7、穿 8、厚 1.7 毫米；重 6.8 克
细字 短炎 离郭

0262 **建炎通宝折二钱 篆书 梯形炎**

五级
径 30.6、穿 8 毫米；重 8.1 克
退炎 仰宝

0263 **建炎通宝折二钱 篆书 梯形炎**

五级
径 30.5、穿 8、厚 1.8 毫米；重 7.6 克
细字 俯通

0264 **建炎通宝折二钱 篆书 梯形炎**

四级
径 30.2 毫米；重 9.1 克
短阔炎

0265　**建炎通宝折二钱　篆书　梯形炎**

五级
径 30.2、穿 8、厚 1.8 毫米；重 7 克
俯通　仰宝

0266　**建炎通宝折二钱　篆书　梯形炎**

五级
径 30、穿 7.2、厚 2 毫米；重 7.7 克
大字　阔长炎

0267　**建炎通宝折二钱　篆书　梯形炎**

五级
径 29.9、穿 7.6、厚 1.7 毫米；重 6.9 克
狭斜炎

0268　**建炎通宝折二钱　篆书　梯形炎**

五级
径 29.6、穿 8、厚 1.5 毫米；重 5.5 克
粗大字　俯通

0269　**建炎通宝折二钱　篆书　梯形炎**

五级
径 29.5、穿 8、厚 1.3 毫米；重 4.2 克
细字　正字

0270　**建炎通宝折二钱　篆书　梯形炎**

五级
径 29.5、穿 8、厚 1.4 毫米；重 5.7 克
细字　俯通

0271　**建炎通宝折二钱　篆书　梯形炎**

五级
径 29.5、穿 8、厚 1.7 毫米；重 6.2 克
退炎　俯通

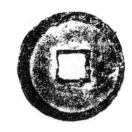

0272　**建炎通宝折二钱　篆书　梯形炎**

五级
径 29.4、穿 8、厚 1.4 毫米；重 5.7 克
细字　狭斜宝

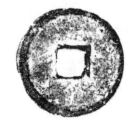

0273　**建炎通宝折二钱　篆书　梯形炎**

五级
径 29.3、穿 8、厚 1.1 毫米；重 5.6 克
细字　俯通

0274　**建炎通宝折二钱　篆书　梯形炎**

五级
径 29.2、穿 8、厚 1.7 毫米；重 4.8 克
粗字　仰建

0275　**建炎通宝折二钱　篆书　梯形炎**

五级
径 28.8、穿 7.2、厚 1.3 毫米；重 4.3 克
细字　退炎

0276　**建炎通宝折二钱　篆书　梯形炎**

五级
径 27.8、穿 7.2、厚 1.2 毫米；重 3.5 克
粗字　俯建

0277 **建炎通宝折二钱 篆书 梯形炎**

五级
径 27.4、穿 7、厚 1.5 毫米；重 4.9 克
俯通 小样

0278 **建炎通宝折二钱 篆书 梯形炎**

五级
径 27.2、穿 7、厚 1.4 毫米；重 4.3 克
粗字 俯建 小样

0279 **建炎通宝折二钱 篆书 方俯炎**

四级
径 30.4、穿 7.6、厚 1.6 毫米；重 7 克
俯炎 俯通

0280 **建炎通宝折二钱 楷书 俯炎**

五级
径 28.9、穿 6.0、厚 1.5 毫米；重 5.3 克
俯宝

0281 **建炎通宝折二钱 楷书 俯炎**

五级
径 28.8、穿 7.0、厚 1.5 毫米；重 5.4 克
俯建

0282 **建炎通宝折二钱 楷书 俯炎**

五级
径 28.8、穿 7.0、厚 1.7 毫米；重 5.5 克
粗字 降宝

0283　**建炎通宝折二钱 楷书 俯炎**

五级
径 28.7、穿 7.0 毫米；重 5.5 克
阔轮 粗字 阔建
上海博物馆藏

0284　**建炎通宝折二钱 楷书 俯炎**

五级
径 28.7、穿 7.3、厚 1.5 毫米；重 5.1 克
粗字 俯通

0285　**建炎通宝折二钱 楷书 俯炎**

五级
径 28.4、穿 7、厚 1.4 毫米；重 5.3 克
俯建 仰通

0286　**建炎通宝折二钱 楷书 俯炎**

五级
径 28.1、穿 7 、厚 1.5 毫米；重 5.3 克
狭炎

0287　**建炎通宝折二钱 楷书 俯炎**

五级
径 27.8、穿 7 、厚 1.7 毫米；重 5.4 克
粗字 俯宝

0288　**建炎通宝折二钱 楷书 俯炎**

五级
径 27.7、厚 1.5 毫米；重 5.0 克
俯建

0289 **建炎通宝折二钱 楷书 俯炎**

五级
径 27.6、厚 1.5 毫米；重 5.0 克
阔通

0290 **建炎通宝折二钱 楷书 俯炎**

五级
径 27.5、穿 7、厚 1.5 毫米；重 4.7 克
俯建 俯宝

0291 **建炎通宝折二钱 楷书 俯炎**

五级
径 27.3、厚 1.6 毫米；重 5.4 克
仰建

0292 **建炎通宝折二钱 楷书 俯炎**

五级
径 27.3、厚 1.3 毫米；重 3.9 克
仰通 俯宝

0293 **建炎通宝折二钱 楷书 俯炎**

五级
径 27.2、厚 1.2 毫米；重 4.4 克
阴郭 斜宝

0294 **建炎通宝折二钱 楷书 俯炎**

五级
径 25.5、穿 6.1、厚 1.2 毫米；重 3.6 克
粗字 降宝

0295 | **建炎通宝折二钱 楷书 俯炎**

五级
径 23.9、穿 7、厚 1.9 毫米；重 4.4 克
细轮　仰建

0296 | **建炎通宝折二钱 楷书 阔轮 小字**

四级
径 30.4、穿 8、厚 1.4 毫米；重 6.1 克
阔炎

0297 | **建炎通宝折二钱 楷书 阔轮 小字**

五级
径 30.4、穿 8、厚 1.6 毫米；重 5.6 克
进建

0298 | **建炎通宝折二钱 楷书 阔轮 小字**

四级
径 30.5、穿 8、厚 1.6 毫米；重 7.1 克
仰建　仰宝

0299 | **建炎通宝折二钱 楷书 阔轮 小字**

五级
径 27.8、穿 7 、厚 1.7 毫米；重 5.4 克
粗字　俯宝

0300 | **建炎通宝折二钱 楷书 阔轮 小字**

五级
径 30.3、穿 8、厚 1.6 毫米；重 6.8 克
粗字　仰宝

0301　**建炎通宝折二钱 楷书 阔轮 小字**

四级
径 30.1、穿 8、厚 1.7 毫米；重 6.9 克
俯通　俯宝

0302　**建炎通宝折二钱 楷书 阔轮 小字**

四级
径 30.0、穿 8、厚 1.5 毫米；重 7.0 克
粗字　阔炎

0303　**建炎通宝折二钱 楷书 阔轮 小字**

四级
径 30.0、穿 7.6、厚 1.6 毫米；重 7.4 克
细字　俯通

0304　**建炎通宝折二钱 楷书 阔轮 小字**

五级
径 30.0、穿 8、厚 1.4 毫米；重 6.2 克
俯通　俯宝

0305　**建炎通宝折二钱 楷书 阔轮 小字**

五级
径 29.9、穿 8、厚 1.4 毫米；重 5.8 克
狭建

0306　**建炎通宝折二钱 楷书 阔轮 小字**

四级
径 29.6、穿 8、厚 1.4 毫米；重 5.8 克
仰宝

0307 **建炎通宝折二钱 楷书 阔轮 小字**

五级
径 27.0、穿 8、厚 1.3 毫米；重 4.5 克
粗字 俯通 小样

0308 **建炎通宝折二钱 楷书 阔轮大字**

四级
径 30.4、穿 7、厚 1.0 毫米；重 5.6 克
进炎 俯通

0309 **建炎通宝折二钱 楷书 阔轮大字**

五级
径 29.7、穿 8、厚 1.8 毫米；重 6.7 克
粗字 斜炎

0310 **建炎通宝折二钱 楷书 阔轮大字**

四级
径 29.3、穿 8、厚 1.5 毫米；重 5.9 克
俯通

0311 **建炎通宝折二钱 楷书 阔轮大字**

五级
径 29.3、穿 8、厚 1.2 毫米；重 6.8 克
俯三角头通

 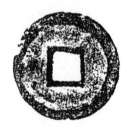

0312 **建炎通宝折二钱 楷书 阔轮大字**

五级
径 29.1、穿 8、厚 1.4 毫米；重 5.4 克
粗字 退炎

0313 建炎通宝折二钱 楷书 阔轮大字

四级
径 29、穿 7.8 毫米；重 5.6 克
阔通 背肥郭
上海博物馆藏

0314 建炎通宝折二钱 楷书 阔轮大字

四级
径 29、穿 8、厚 1.5 毫米；重 6.1 克
进建

0315 建炎通宝折二钱 楷书 阔轮大字

四级
径 29、穿 8、厚 1.5 毫米；重 5.8 克
仰建 俯通

0316 建炎通宝折二钱 楷书 阔轮大字

四级
径 28.9、穿 8、厚 1.4 毫米；重 5.0 克
狭宝

0317 建炎通宝折二钱 楷书 阔轮大字

五级
径 29.3、厚 1.5 毫米；重 5.4 克
粗字 阔建

0318 建炎通宝折二钱 楷书 阔轮大字

四级
径 28.8、穿 8、厚 1.4 毫米；重 5.0 克
小字 狭炎

0319

建炎通宝折二钱 楷书 阔轮长炎

五级
径 31.2、穿 7.0、厚 2.3 毫米；重 10.6 克
退炎 俯通

0320

建炎通宝折二钱 楷书 阔轮长炎

五级
径 31.5、穿 6.5 毫米；重 9.2 克
粗字 俯建
上海博物馆藏

0321

建炎通宝折二钱 楷书 阔轮长炎

四级
径 30.8、穿 7.0、厚 1.6 毫米；重 6.9 克
俯通

0322

建炎通宝折二钱 楷书 阔轮长炎

五级
径 30.7、穿 7.0、厚 1.7 毫米；重 7.0 克
花穿 俯建

0323

建炎通宝折二钱 楷书 阔轮长炎

五级
径 30.6、穿 6.7、厚 1.8 毫米；重 5.7 克
广郭 俯宝

0324

建炎通宝折二钱 楷书 阔轮长炎

五级
径 30.5、穿 7.0、厚 1.5 毫米；重 6.9 克
小字 狭炎

0325 **建炎通宝折二钱 楷书 阔轮长炎**

四级
径 30.4、穿 7.0、厚 1.4 毫米；重 5.4 克
俯建

0326 **建炎通宝折二钱 楷书 阔轮长炎**

五级
径 30.4、穿 6.8、厚 1.6 毫米；重 6.9 克
粗字 仰建

0327 **建炎通宝折二钱 楷书 阔轮长炎**

五级
径 30.3、穿 7.0、厚 1.8 毫米；重 7.2 克
俯通

0328 **建炎通宝折二钱 楷书 阔轮长炎**

五级
径 30.1、穿 7.0、厚 1.5 毫米；重 5.9 克
仰阔通

0329 **建炎通宝折二钱 楷书 阔轮长炎**

五级
径 30.1、穿 7.0、厚 1.5 毫米；重 5.0 克
俯建 俯通

0330 **建炎通宝折二钱 楷书 阔轮长炎**

五级
径 28.5、穿 7.0、厚 1.5 毫米；重 5.7 克
俯通 小样

0331　**建炎通宝折二钱 楷书 长俯炎**

五级
径 30.0、穿 7 毫米；重 8.1 克
俯建
上海博物馆藏

0332　**建炎通宝折二钱 楷书 长俯炎**

五级
径 29.9、穿 7.2、厚 2.0 毫米；重 7.5 克
俯通

0333　**建炎通宝折二钱 楷书 长俯炎**

五级
径 29.9、穿 7.3、厚 1.8 毫米；重 7.6 克
退俯炎 昂宝

0334　**建炎通宝折二钱 楷书 长俯炎**

五级
径 29.8、穿 7.3、厚 1.7 毫米；重 7.9 克
俯建 仰宝

0335　**建炎通宝折二钱 楷书 长俯炎**

五级
径 29.2、穿 7.0、厚 2.0 毫米；重 7.4 克
狭俯建

0336　**建炎通宝折二钱 楷书 长俯炎**

五级
径 29.2、穿 7、厚 2.2 毫米；重 9.0 克
阔建

0337 | **建炎通宝折二钱 楷书 长俯炎**

五级
径 29.1、穿 7、厚 2.0 毫米；重 8.2 克
俯建 俯宝

0338 | **建炎通宝折二钱 楷书 长俯炎**

五级
径 29.1、穿 7.1、厚 1.8 毫米；重 7.0 克
俯建 仰通

0339 | **建炎通宝折二钱 楷书 长俯炎**

五级
径 29.0、穿 7、厚 2.0 毫米；重 8.4 克
广郭 俯建

0340 | **建炎通宝折二钱 楷书 长俯炎**

五级
径 28.7、穿 7.2、厚 1.4 毫米；重 4.7 克
阴郭 仰宝

0341 | **建炎通宝折二钱 楷书 长俯炎**

五级
径 28.7、穿 7.2、厚 2.1 毫米；重 7.9 克
小字 狭建

0342 | **建炎通宝折二钱 楷书 长俯炎**

五级
径 28.4、穿 7.2、厚 1.1 毫米；重 5.6 克
粗字 阔通

0343 建炎通宝折二钱 楷书 长俯炎

五级
径 28.2、穿 7.2、厚 1.8 毫米；重 6.6 克
俯建 仰宝

0344 建炎通宝折二钱 楷书 长俯炎

五级
径 27.7、穿 7.2、厚 1.6 毫米；重 5.0 克
俯建 退炎

0345 建炎通宝折二钱 楷书 长俯炎

五级
径 27.5、穿 7、厚 1.5 毫米；重 5.0 克
粗字 俯建

0346 建炎通宝折二钱 楷书 长俯炎

五级
径 27.2、穿 7、厚 1.5 毫米；重 5.1 克
俯建 俯通 小样

0347 建炎通宝折二钱 楷书 阔轮短炎

五级
径 29.4、穿 7、厚 1.8 毫米；重 5.9 克
俯通

0348 建炎通宝折二钱 楷书 阔轮短炎

五级
径 29.2、穿 6.8、厚 1.8 毫米；重 7.4 克
狭宝

0349 | **建炎通宝折二钱 楷书 阔轮短炎**

五级
径 29.0、穿 7、厚 1.9 毫米；重 7.9 克
仰建

0350 | **建炎通宝折二钱 楷书 阔轮短炎**

五级
径 29.0、厚 1.6 毫米；重 7.0 克
阔炎

0351 | **建炎通宝折二钱 楷书 阔轮短炎**

五级
径 28.9、穿 7.0、厚 1.6 毫米；重 6.2 克
阔郭 退炎

0352 | **建炎通宝折二钱 楷书 阔轮短炎**

五级
径 28.9、穿 7、厚 1.6 毫米；重 6.4 克
仰建 仰三角通

0353 | **建炎通宝折二钱 楷书 阔轮短炎**

五级
径 28.7、厚 1.7 毫米；重 6.3 克
俯通

0354 | **建炎通宝折二钱 楷书 阔轮短炎**

五级
径 28.7、穿 7.0、厚 1.8 毫米；重 6.8 克
俯建

0355 **建炎通宝折二钱 楷书 阔轮短炎**

五级
径 28.7、穿 7.0、厚 1.6 毫米；重 6.8 克
短小炎

0356 **建炎通宝折二钱 楷书 阔轮短炎**

五级
径 28.4、穿 7.0、厚 1.7 毫米；重 6.6 克
粗阔炎

0357 **建炎通宝折二钱 楷书 阔轮短炎**

五级
径 28.4、穿 7.0、厚 1.6 毫米；重 6.3 克
细字 俯通

0358 **建炎通宝折二钱 楷书 阔轮短炎**

五级
径 28.3、穿 7.0、厚 1.6 毫米；重 6.2 克
粗字 阔宝

0359 **建炎通宝折二钱 楷书 阔轮短炎**

五级
径 28.0、穿 7、厚 1.8 毫米；重 6.7 克
仰宝

0360 **建炎通宝折二钱 楷书 阔轮短炎**

五级
径 28.0、穿 6.5、厚 1.6 毫米；重 6.3 克
仰建

0361　建炎通宝折二钱　楷书　阔轮短炎

五级
径 27.7、穿 7.0、厚 1.6 毫米；重 5.3 克
退炎

0362　建炎通宝折二钱　楷书　阔轮短炎

五级
径 25.8、穿 7.2、厚 1.1 毫米；重 3.7 克
粗字　阔建

0363　建炎通宝折二钱　楷书　阔轮短炎

五级
径 25.2、穿 7、厚 1.2 毫米；重 3.3 克
俯建　阔脚炎

0364　建炎通宝折二钱　楷书　阔轮短炎

五级
径 25.1、穿 6.5、厚 1.2 毫米；重 3.2 克
俯通　阔脚炎

0365　建炎通宝折二钱　楷书　阔轮短炎

五级
径 24.7、穿 6.5、厚 1.4 毫米；重 4.1 克
狭轮　仰建　小样

0366　建炎通宝折二钱　楷书　阔轮短炎

五级
径 24.6、穿 7、厚 1.6 毫米；重 4.2 克
小字　小样

0367 **建炎通宝折二钱 楷书 方炎长脚宝**

四级
径 31.5、穿 7.4、厚 1.6 毫米；重 8.0 克
四决 阔炎

0368 **建炎通宝折二钱 楷书 方炎长脚宝**

四级
径 31.2、穿 7.3、厚 1.8 毫米；重 8.1 克
俯建

0369 **建炎通宝折二钱 楷书 方炎长脚宝**

四级
径 31.0、穿 7.5 毫米；重 6.8 克
四决 进建
上海博物馆藏

0370 **建炎通宝折二钱 楷书 方炎长脚宝**

五级
径 30.9、穿 7.4、厚 1.7 毫米；重 7.0 克
四决 俯建

0371 **建炎通宝折二钱 楷书 方炎长脚宝**

五级
径 30.8、穿 7.4、厚 1.6 毫米；重 7.1 克
四决 狭建

0372 **建炎通宝折二钱 楷书 方炎长脚宝**

五级
径 29.7、穿 7.4、厚 1.1 毫米；重 3.9 克
面四决 进建

0373 建炎通宝折二钱 楷书 方炎长脚宝

五级
径 29.6、穿 7.2、厚 1.7 毫米；重 7.1 克
进炎 仰通

0374 建炎通宝折二钱 楷书 方炎长脚宝

五级
径 29.6、穿 7.6、厚 1.5 毫米；重 5.6 克
面四决 仰宝

0375 建炎通宝折二钱 楷书 方炎长脚宝

五级
径 29.4、穿 7.6、厚 2 毫米；重 7.1 克
仰建

0376 建炎通宝折二钱 楷书 方炎长脚宝

五级
径 29.3、穿 7.2、厚 2 毫米；重 7.4 克
进建 进炎

0377 建炎通宝折二钱 楷书 方炎长脚宝

五级
径 29、穿 7.5、厚 1.8 毫米；重 6.5 克
进炎 仰宝

0378 建炎通宝折二钱 楷书 方炎长脚宝

五级
径 28.8、穿 8、厚 1.8 毫米；重 6.7 克
细字 进炎

0379　**建炎通宝折二钱 楷书 方炎长脚宝**

五级
径 28.7、穿 8、厚 1.6 毫米；重 6.5 克
俯建　进炎

0380　**建炎通宝折二钱 楷书 方炎长脚宝**

五级
径 28.7、穿 1.9 毫米；重 7.1 克
进俯建

0381　**建炎通宝折二钱 楷书 方炎长脚宝**

五级
径 28.5、穿 8、厚 1.2 毫米；重 4 克
俯建　俯通

0382　**建炎通宝折二钱 楷书 方炎长脚宝**

五级
径 28.1、穿 8、厚 1 毫米；重 3.3 克
粗字　进炎

0383　**建炎通宝折二钱 楷书 方炎长脚宝**

五级
径 27.7、穿 8、厚 1 毫米；重 3 克
进炎　仰宝

0384　**建炎通宝折二钱 楷书 方炎长脚宝**

五级
径 27.2、穿 8、厚 0.9 毫米；重 3 克
仰建　进炎

0385 | **建炎通宝折二钱 楷书 方炎长脚宝**

五级
径 26.9、穿 8、厚 1.3 毫米；重 4.9 克
粗字 进炎 小样

0386 | **建炎通宝折二钱 楷书 方炎长脚宝**

五级
径 26.6、穿 7、厚 1.2 毫米；重 4.1 克
狭轮 仰建 小样

0387 | **建炎通宝折二钱 楷书 方炎短脚宝**

四级
径 31.5、穿 7.4、厚 2.2 毫米；重 9 克
仰建

0388 | **建炎通宝折二钱 楷书 方炎短脚宝**

五级
径 31.1、穿 7.4、厚 2.5 毫米；重 8.9 克
进炎

0389 | **建炎通宝折二钱 楷书 方炎短脚宝**

五级
径 30.9、穿 8、厚 1.5 毫米；重 4.7 克
狭宝

0390 | **建炎通宝折二钱 楷书 方炎短脚宝**

五级
径 30.8、穿 8、厚 1.7 毫米；重 7.5 克
俯狭通

0391　建炎通宝折二钱 楷书 方炎短脚宝

五级
径 30.8、穿 7.2、厚 1.7 毫米；重 1.7 克
仰宝

0392　建炎通宝折二钱 楷书 方炎短脚宝

四级
径 30.7、穿 7.2、厚 1.5 毫米；重 6.3 克
细字 俯通

0393　建炎通宝折二钱 楷书 方炎短脚宝

五级
径 30.7、穿 7.2、厚 1.8 毫米；重 7.8 克
俯通 背阔郭

0394　建炎通宝折二钱 楷书 方炎短脚宝

五级
径 30.5、穿 8、厚 1.9 毫米；重 8.7 克
进阔炎

0395　建炎通宝折二钱 楷书 方炎短脚宝

五级
径 30.5、穿 8、厚 1.8 毫米；重 7.1 克
狭建

0396　建炎通宝折二钱 楷书 方炎短脚宝

五级
径 30.4、穿 8、厚 1.8 毫米；重 8.2 克
阔炎 俯通

0397 **建炎通宝折二钱 楷书 方炎短脚宝**

五级
径 30.3、穿 8、厚 2 毫米；重 7.8 克
进俯炎

0398 **建炎通宝折二钱 楷书 方炎短脚宝**

五级
径 30.3、穿 8、厚 1.6 毫米；重 6.5 克
俯通 仰宝

0399 **建炎通宝折二钱 楷书 方炎短脚宝**

五级
径 30.2、穿 7.3、厚 1.7 毫米；重 7 克
粗字 进炎

0400 **建炎通宝折二钱 楷书 方炎短脚宝**

五级
径 30.2、穿 8、厚 1.9 毫米；重 7.2 克
细字 俯通

0401 **建炎通宝折二钱 楷书 方炎短脚宝**

五级
径 30 毫米；重 7.2 克
广郭 进炎
上海博物馆藏

0402 **建炎通宝折二钱 楷书 方炎短脚宝**

五级
径 29.9、穿 8、厚 1.6 毫米；重 6.5 克
细小字 俯通

0403 **建炎通宝折二钱 楷书 方炎短脚宝**

五级
径 29.9、穿 8、厚 1.6 毫米；重 6.8 克
阴郭 斜炎

0404 **建炎通宝折二钱 楷书 方炎短脚宝**

五级
径 28.8、厚 1.6 毫米；重 5.9 克
小字 狭建

0405 **建炎通宝折二钱 楷书 方炎短脚宝**

五级
径 29.7、穿 7.6、厚 1.6 毫米；重 5.8 克
俯建 俯通

0406 **建炎通宝折二钱 楷书 方炎短脚宝**

五级
径 29.5、穿 8、厚 1.6 毫米；重 6.4 克
仰建 仰通

0407 **建炎通宝折二钱 楷书 方炎短脚宝**

五级
径 29.5、穿 8、厚 1.6 毫米；重 6.4 克
进炎 仰宝

0408 **建炎通宝折二钱 楷书 方炎短脚宝**

五级
径 29.5、穿 8、厚 1.4 毫米；重 5.3 克
阴郭 狭炎

0409 **建炎通宝折二钱 楷书 方炎短脚宝**

五级
径 29.4、穿 8、厚 1.5 毫米；重 5.3 克
仰建 进炎

0410 **建炎通宝折二钱 楷书 方炎短脚宝**

五级
径 29.4、穿 8、厚 1.7 毫米；重 6.8 克
仰建 俯通

0411 **建炎通宝折二钱 楷书 方炎短脚宝**

五级
径 29.1、穿 8、厚 1.4 毫米；重 5.7 克
进炎 俯通

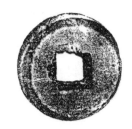

0412 **建炎通宝折二钱 楷书 方炎短脚宝**

五级
径 28.8、穿 8、厚 1.6 毫米；重 5.8 克
俯炎 俯通

0413 **建炎通宝折二钱 楷书 方炎短脚宝**

五级
径 28.7、穿 8、厚 1.4 毫米；重 5.1 克
细字 仰建

0414 **建炎通宝折二钱 楷书 方炎短脚宝**

五级
径 28.6、穿 1.8、厚 1.5 毫米；重 5.6 克
阴郭 俯炎

0415 **建炎通宝折二钱 楷书 方炎短脚宝**

五级
径 26、穿 7.2、厚 0.9 毫米；重 2.8 克
狭轮 俯通

0416 **建炎通宝折二钱 楷书 方炎短脚宝**

五级
径 25.8、穿 7.6、厚 0.8 毫米；重 2.2 克
狭轮 仰宝

0417 **建炎通宝折二钱 楷书 方炎短脚宝**

五级
径 25.2、穿 7.2、厚 1.1 毫米；重 2.9 克
长通 小样（异版）

0418 **建炎通宝折二钱 楷书 方炎短脚宝**

五级
径 25.2、穿 7.6、厚 1 毫米；重 2.7 克
细字 狭炎 小样

0419 **建炎通宝折二钱 楷书 俯建俯炎**

五级
径 29.8、穿 7.3、厚 2.5 毫米；重 9.9 克
面四决 俯建 仰通

0420 **建炎通宝折二钱 楷书 俯建俯炎**

五级
径 29.5、穿 7.4、厚 1.8 毫米；重 7.6 克
面四决 进炎 仰宝

0421　**建炎通宝折二钱　楷书　俯建俯炎**

五级
径 29、穿 7.3 毫米；重 6.6 克
面四决　粗字　俯建

0422　**建炎通宝折二钱　楷书　俯建俯炎**

五级
径 29、穿 7.4、厚 1.8 毫米；重 7.3 克
面四决　花穿　俯建

0423　**建炎通宝折二钱　楷书　俯建俯炎**

五级
径 29、穿 7.3、厚 1.8 毫米；重 6.5 克
面四决　退俯炎

0424　**建炎通宝折二钱　楷书　俯建俯炎**

五级
径 29、穿 7.6、厚 1.7 毫米；重 6.4 克
面四决　俯建　俯通

0425　**建炎通宝折二钱　楷书　俯建俯炎**

五级
径 28.8、穿 7.3、厚 1.8 毫米；重 6.1 克
面四决　俯建　仰宝

0426　**建炎通宝折二钱　楷书　俯建俯炎**

五级
径 28.6、穿 7.2、厚 1.7 毫米；重 6.7 克
面四决　狭俯建

0427 **建炎通宝折二钱 楷书 俯建俯炎**

五级
径 28.6、穿 7、厚 1.6 毫米；重 6.6 克
面四决 俯建 仰宝

0428 **建炎通宝折二钱 楷书 俯建俯炎**

五级
径 28.4、穿 7、厚 1.6 毫米；重 6.4 克
面四决 俯通

0429 **建炎通宝折二钱 楷书 俯建俯炎**

五级
径 28.3、穿 7.3、厚 1.6 毫米；重 5.7 克
面四决 阔俯建

0430 **建炎通宝折二钱 楷书 俯建俯炎**

五级
径 29.1、穿 7.3、厚 1.7 毫米；重 6.6 克
面四决 俯建 俯炎

0431 **建炎通宝折二钱 楷书 点建**

三级
径 27.8、穿 7、厚 1.8 毫米；重 6.5 克
阔轮 俯建

0432 **建炎通宝折二钱 楷书 点建**

三级
径 27.6、穿 7.3、厚 1.6 毫米；重 5 克
俯建 阔通

0433 建炎通宝折二钱 楷书 点建

三级
径 27.4、穿 7.3、厚 1.6 毫米；重 5.4 克
退炎 仰通

0434 建炎通宝折二钱 楷书 点建

四级
径 27.4、穿 7.3、厚 1.7 毫米；重 5.8 克
细郭 退炎

0435 建炎通宝折二钱 楷书 点建

三级
径 27.2、穿 7.2、厚 1.7 毫米；重 5.7 克
粗字 昂宝

0436 建炎通宝折二钱 楷书 点建

三级
径 27.2、穿 7.4、厚 1.7 毫米；重 5.1 克
退炎 仰通

0437 建炎通宝折二钱 楷书 点建

四级
径 27.2、穿 7.2、厚 1.8 毫米；重 6.3 克
广郭 退炎

0438 建炎通宝折二钱 楷书 点建

四级
径 28、穿 7、厚 1 毫米；重 4.2 克
退小炎

0439 **建炎通宝折二钱 楷书 异版点建**

四级
径 29.4、穿 7、厚 2 毫米；重 8 克
阔轮 狭建

0440 **建炎通宝折二钱 楷书 异版点建**

四级
径 28.8、穿 7、厚 1.8 毫米；重 5.8 克
俯建 仰通

0441 **建炎通宝折二钱 楷书 异版点建**

四级
径 28.3、穿 7、厚 1.8 毫米；重 7.1 克
仰通 仰宝

0442 **建炎通宝折二钱 楷书 异版点建**

四级
径 28.3、穿 7、厚 1.8 毫米；重 5.6 克
粗字 俯建

0443 **建炎通宝折二钱 楷书 异版点建**

四级
径 27.3、穿 7.0、厚 1.4 毫米；重 4.3 克
粗字 阔俯建 仰宝

0444 **建炎通宝折二钱 楷书 异版点建**

四级
小字 俯建 仰通

0445 **建炎通宝折二钱 楷书 异版点建**

四级
径 26.8、穿 7.0、厚 1.4 毫米；重 4.5 克
粗字 俯建 阔通

0446 **建炎通宝折三钱 篆书 阔轮俯炎**

四级
径 33.2、穿 7.0、厚 1.8 毫米；重 9.0 克
阔轮 仰建

0447 **建炎通宝折三钱 篆书 阔轮俯炎**

四级
径 32.6、穿 7.0、厚 1.5 毫米；重 7.2 克
阔轮 仰宝

0448 **建炎通宝折三钱 篆书 阔轮俯炎**

四级
径 32.5、穿 7.0、厚 1.6 毫米；重 6.3 克
大字 阔建

0449 **建炎通宝折三钱 篆书 阔轮俯炎**

四级
径 32.3、穿 7.0、厚 1.6 毫米；重 8.4 克
阔轮 昂宝

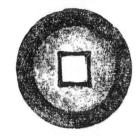

0450 **建炎通宝折三钱 篆书 阔轮俯炎**

四级
径 32.3、穿 7.0、厚 1.5 毫米；重 8.5 克
大字 俯建

0451 建炎通宝折三钱 篆书 阔轮俯炎

四级
径 32.2、穿 7.0、厚 1.5 毫米；重 7.9 克
狭宝

0452 建炎通宝折三钱 篆书 阔轮俯炎

四级
径 32.2、穿 7.0、厚 1.5 毫米；重 7.3 克
粗字 狭建

0453 建炎通宝折三钱 篆书 阔轮俯炎

四级
径 32.2、穿 7.0、厚 1.5 毫米；重 8.4 克
退建 退炎

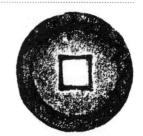

0454 建炎通宝折三钱 篆书 阔轮俯炎

四级
径 32.2、穿 7.2、厚 1.6 毫米；重 8.5 克
广郭 仰宝

0455 建炎通宝折三钱 篆书 阔轮俯炎

四级
径 32.0、穿 7.0、厚 1.8 毫米；重 7.9 克
细字 仰建

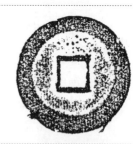

0456 建炎通宝折三钱 篆书 阔轮俯炎

四级
径 32.1、穿 7.0、厚 1.7 毫米；重 9.2 克
粗字 仰建 仰宝

0457 **建炎通宝折三钱 篆书 阔轮俯炎**

四级
径 32.1、穿 7.0、厚 1.8 毫米；重 7.3 克
退仰建

0458 **建炎通宝折三钱 篆书 阔轮俯炎**

四级
径 31.8、穿 7.0、厚 1.5 毫米；重 7.6 克
粗字 阔宝

0459 **建炎通宝折三钱 篆书 阔轮俯炎**

四级
径 31.7、穿 7.0、厚 1.7 毫米；重 7.7 克
细字 狭炎

0460 **建炎通宝折三钱 篆书 阔轮俯炎**

四级
径 31.6、穿 7、厚 1.4 毫米；重 7.2 克
仰建 仰宝

0461 **建炎通宝折三钱 篆书 阔轮俯炎**

四级
径 31.6、穿 7、厚 1.5 毫米；重 6.9 克
粗字 仰建

0462 **建炎通宝折三钱 篆书 阔轮俯炎**

四级
径 32.0、穿 8.0 毫米
四决 长脚宝
选自《历代古钱图说》

0463 **建炎通宝折三钱 楷书 阔轮方炎**

四级
径 32.7、穿 7.0、厚 1.5 毫米；重 6.4 克
阔轮 仰宝

0464 **建炎通宝折三钱 楷书 阔轮方炎**

四级
径 32.1、穿 7.0、厚 1.5 毫米；重 7.3 克
阔轮 俯建

0465 **建炎通宝折三钱 楷书 阔轮方炎**

四级
径 32、穿 7.2、厚 1.6 毫米；重 7.3 克
粗字 俯建

0466 **建炎通宝折三钱 楷书 阔轮方炎**

四级
径 31.9、穿 7.2、厚 1.5 毫米；重 7.5 克
粗大字 阔郭 阔建

0467 **建炎通宝折三钱 楷书 阔轮方炎**

四级
径 31.6、穿 7.0、厚 1.4 毫米；重 6.3 克
阔轮 细字

0468 **建炎通宝折三钱 楷书 阔轮方炎**

四级
径 31.5、穿 7.0、厚 1.6 毫米；重 7.8 克
广郭 仰宝

0469　**建炎通宝折三钱 楷书 阔轮方炎**

四级
径 31.4、穿 7.0、厚 1.5 毫米；重 6.9 克
广郭　正字

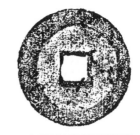

0470　**建炎通宝折三钱 楷书 阔轮方炎**

四级
径 31.4、穿 7.0、厚 1.5 毫米；重 6.7 克
粗字　仰宝

0471　**建炎通宝折三钱 楷书 阔轮方炎**

四级
径 30.8、穿 7.0、厚 1.5 毫米；重 7.1 克
狭建　小样

0472　**建炎通宝折三钱 楷书 阔轮方炎**

四级
径 32.0、穿 8.0 毫米
俯建　退炎
选自《历代古钱图说》

0473　**建炎通宝折三钱 楷书 点建**

二级
径 31.4、穿 9.0、厚 2.2 毫米；重 8.6 克
进炎　仰宝

0474　**建炎通宝折三钱 楷书 点建**

二级
径 31、穿 8.0、厚 1.7 毫米；重 6 克
俯建　俯炎

0475 **建炎通宝折三钱 楷书 点建**

二级
径 31、穿 8.0、厚 1.8 毫米；重 7 克
细字 俯建

0476 **建炎通宝折三钱 楷书 点建**

二级
径 30.9、穿 8.0、厚 2.2 毫米；重 6 克
粗字 进炎 仰通

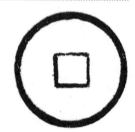

0477 **建炎通宝折三钱 楷书 点建**

二级
径 30.8、穿 8.0 毫米；重 6.6 克
大字 进炎 昂宝
上海博物馆藏

0478 **建炎通宝折三钱 楷书 点建**

二级
径 30.3、穿 8.0、厚 1.9 毫米；重 7.4 克
粗字 仰通

0479 **建炎通宝折三钱 楷书 点建**

二级
径 30、穿 8.0、厚 1.8 毫米；重 6 克
小字 狭建

0480 **建炎通宝折三钱 楷书 点建**

三级
径 30、穿 7.0、厚 1.2 毫米；重 5.8 克
进炎 仰通

0481　**建炎通宝折三钱 楷书 点建**

三级
径 29.7、穿 8.0、厚 2 毫米；重 7.8 克
粗字 进炎

0482　**建炎通宝折三钱 楷书 点建**

二级
径 29.7、穿 8.0、厚 1.9 毫米；重 7.8 克
阔炎

0483　**建炎通宝折三钱 楷书 点建**

三级
径 29.5、穿 8.0、厚 1.8 毫米；重 7 克
粗字 狭炎

0484　**建炎通宝折三钱 楷书 点建**

三级
径 29、穿 8.0 毫米；重 6.9 克
粗大字 仰通 阔宝

建炎重宝钱

　　南宋钱币。高宗建炎年间（1127~1130 年）铸造。青铜质。钱文"建炎重宝"，仅有折十钱；篆书，对读；有光背、合背两种；钱径 31.3~34.7 毫米，重 5.5~10.6 克。

0485　建炎重宝折十钱 篆书 光背

二级
径 34.7、穿 10、厚 0.2 毫米；重 9.9 克
粗字　狭贝宝

0486　建炎重宝折十钱 篆书 光背

二级
径 34.6、穿 10、厚 1.7 毫米；重 9.2 克
俯建

0487　建炎重宝折十钱 篆书 光背

二级
径 34.6 毫米；重 11 克
长郭
王荫嘉旧藏

0488　建炎重宝折十钱 篆书 光背

二级
径 34.4 毫米
细字　小炎
曾泽禄藏

0489　建炎重宝折十钱 篆书 光背

二级
径 34、穿 10 毫米；重 8.6 克
细字　退炎
上海博物馆藏

0490　**建炎重宝折十钱 篆书 光背**

二级
径 34 毫米；重 9.2 克
阔轮 粗字 短建
选自《太仓藏泉选粹》

0491　**建炎重宝折十钱 篆书 光背**

二级
径 34 毫米；重 8.2 克
粗字 广郭 背肥郭
存云亭藏

0492　**建炎重宝折十钱 篆书 光背**

二级
径 34 毫米；重 7.6 克
狭轮 细字
段国清藏

0493　**建炎重宝折十钱 篆书 光背**

二级
径 33.82、穿 10 毫米；重 7.3 克
细字 扁炎
孙仲汇提供

0494　**建炎重宝折十钱 篆书 光背**

二级
径 33.8、穿 10、厚 1.7 毫米；重 8.0 克
细郭 正字

0495 建炎重宝折十钱 篆书 光背

二级
径 33.6、穿 10、厚 2.2 毫米；重 10.6 克
广郭 阔炎

0496 建炎重宝折十钱 篆书 光背

二级
径 33.8 毫米
细郭 俯建
张燕庭旧藏

0497 建炎重宝折十钱 篆书 光背

二级
径 33.5、穿 10、厚 2.3 毫米；重 10.6 克
广郭 狭重

0498 建炎重宝折十钱 篆书 光背

二级
径 33.5 毫米
粗字 短阔宝
崔家平旧藏

0499 建炎重宝折十钱 篆书 光背

二级
径 33.4、穿 10、厚 1.9 毫米；重 8.9 克
大字 阔建

0500　　**建炎重宝折十钱　篆书　光背**

二级
径 33.4 毫米
大字　阔炎
选自《无锡钱币藏珍选》

0501　　**建炎重宝折十钱　篆书　光背**

三级
径 33.2 毫米
小字　狭炎
蔡养吾藏

0502　　**建炎重宝折十钱　篆书　光背**

三级
径 33.06 毫米；重 7.22 克
阔轮　粗短字
宁夏回族自治区钱币学会提供

0503　　**建炎重宝折十钱　篆书　光背**

三级
径 32.8 毫米；重 5.5 克
粗字　阔重
野本晴治旧藏

0504　　**建炎重宝折十钱　篆书　光背**

二级
径 32.5、穿 10 毫米
平阔　正字
平尾丽惠庄旧藏

0505 建炎重宝折十钱 篆书 光背

三级
径 32.3、穿 9、厚 1.6 毫米；重 6.4 克
粗字 扁阔炎

0506 建炎重宝折十钱 篆书 光背

三级
径 32.1、穿 9、厚 2.1 毫米；重 8.5 克
细字 扁阔炎

0507 建炎重宝折十钱 篆书 光背

三级
径 32、穿 8.7、厚 1.8 毫米；重 6.5 克
狭轮 细字 狭炎

0508 建炎重宝折十钱 篆书 合背

二级
径 32.3、穿 9.0 毫米
合背钱
浙江博物馆藏

附：私铸建炎通宝折二钱

南宋钱币。高宗建炎年间（1127~1130 年）铸造。青铜质。钱文"建炎通宝"，楷、篆两种书体，其中篆书另有省笔宝，对读。私铸。一般制作粗劣、文字浅平，肉薄，穿宽、平背、重量轻。折二钱径 22~28.9 毫米，重 1.7~5 克。

0509　**私铸建炎通宝折二钱 篆书 省笔宝**

五级

径 27.6、穿 7、厚 1.4 毫米；重 3 克

细字 仰建

0510　**私铸建炎通宝折二钱 篆书 省笔宝**

四级

径 27.3、穿 7、厚 1.3 毫米；重 3.8 克

粗字 进炎

0511　**私铸建炎通宝折二钱 篆书 省笔宝**

五级

径 27.3、穿 7、厚 1.5 毫米；重 4 克

粗字 阔建

0512　**私铸建炎通宝折二钱 篆书 省笔宝**

五级

径 27.3、穿 7、厚 1.4 毫米；重 3.7 克

细字 小建

0513　**私铸建炎通宝折二钱 篆书 省笔宝**

五级

径 27.2、穿 7、厚 1.3 毫米；重 3.7 克

仰炎 仰宝

0514　**私铸建炎通宝折二钱 篆书 省笔宝**

五级

径 27.2、穿 7、厚 1.1 毫米；重 3.6 克

粗字 阔炎

0515　**私铸建炎通宝折二钱　篆书　省笔宝**

五级
径 27、穿 7、厚 1.1 毫米；重 3.2 克
广郭　进炎

0516　**私铸建炎通宝折二钱　篆书　省笔宝**

五级
径 27、穿 7、厚 1.1 毫米；重 3.2 克
进狭炎

0517　**私铸建炎通宝折二钱　篆书　省笔宝**

五级
径 27、穿 7、厚 1.3 毫米；重 4.2 克
长郭　进炎

0518　**私铸建炎通宝折二钱　篆书　省笔宝**

五级
径 26.9、穿 7、厚 1.2 毫米；重 2.9 克
进炎　仰宝

0519　**私铸建炎通宝折二钱　篆书　省笔宝**

五级
径 26.7、穿 7、厚 1.3 毫米；重 3.3 克
阔炎　仰宝

0520　**私铸建炎通宝折二钱　篆书　省笔宝**

五级
径 26.6、穿 7、厚 1.2 毫米；重 3.1 克
小字　小炎

0521

私铸建炎通宝折二钱 篆书 省笔宝

五级
径 26.1、穿 7、厚 0.9 毫米；重 3 克
广郭 粗字 小样

0522

私铸建炎通宝折二钱 篆书 省笔宝

五级
径 26、穿 7、厚 1.2 毫米；重 3.3 克
粗字 进炎 小样

0523

私铸建炎通宝折二钱 篆书

五级
径 28.1、穿 8.0、厚 1.0 毫米；重 4.0 克
阴郭 退斜炎

0524

私铸建炎通宝折二钱 篆书

五级
径 27.6、穿 7.0、厚 1.0 毫米；重 3.9 克
斜炎 俯通

0525

私铸建炎通宝折二钱 篆书

五级
径 27.5、穿 7.3、厚 1.0 毫米；重 3.3 克
仰建 仰宝

0526

私铸建炎通宝折二钱 篆书

五级
径 27.4、穿 7.3、厚 1.3 毫米；重 3.8 克
阴郭 仰建

0527　**私铸建炎通宝折二钱 篆书**

五级
径 25.2、穿 7.0、厚 1.0 毫米；重 3.2 克
俯通 斜宝

0528　**私铸建炎通宝折二钱 楷书**

五级
径 28.9、穿 9、厚 1.0 毫米；重 3.8 克
阴郭 进仰炎

0529　**私铸建炎通宝折二钱 楷书**

五级
径 24.7、穿 0.8 毫米；重 2.0 克
进建 进炎

0530　**私铸建炎通宝折二钱 楷书**

五级
径 24.5、穿 0.8 毫米；重 2.3 克
进仰建 斜宝

0531　**私铸建炎通宝折二钱 楷书**

五级
径 23、穿 7.6、厚 0.9 毫米；重 1.7 克
进建

0532　**私铸建炎通宝折二钱 楷书**

五级
径 28.8、穿 8.0、厚 1.4 毫米；重 5.0 克
细字 进炎 俯宝

0533 **私铸建炎通宝折二钱 楷书**

五级
径 28.4、穿 8.0、厚 1.3 毫米；重 4.9 克
进仰建

0534 **私铸建炎通宝折二钱 楷书**

五级
径 26、穿 8.0、厚 1.2 毫米；重 3.1 克
仰建 俯通

0535 **私铸建炎通宝折二钱 楷书**

五级
径 25.7、穿 7.2、厚 1.2 毫米；重 3.4 克
细字 进炎 俯通

0536 **私铸建炎通宝折二钱 楷书**

五级
径 24.3、穿 7.0、厚 0.9 毫米；重 2.3 克
广郭 粗字 俯通

0537 **私铸建炎通宝折二钱 楷书**

五级
径 24.2、穿 8、厚 0.8 毫米；重 2.0 克
狭轮 大字 阔宝

绍兴钱

宋高宗绍兴期间（1131~1162 年）铸造的钱币。铜钱有"绍兴元宝""绍兴通宝"两种钱文；小平钱、折二钱、折三钱、折十钱 4 种币值；篆、楷两种书体；旋读、对读两种读法。

绍兴元宝钱

南宋钱币。高宗绍兴年间（1131~1162 年）铸造。青铜质。钱文"绍兴元宝"，有小平、折二钱、折三钱、折十钱 4 种币值，篆、楷两种书体，旋读。小平钱、折三钱、折十钱均光背，折二钱有光背、背月、背星月三种版式。另有发现折二背双星双月（错版）、背井纹等新版式。折十钱仅发现有篆书一种书体，按钱币文字和特点分，可区分许多版式。一般小平钱钱径 22.5~25.0 毫米，重 3.5~4.3 克。折二钱钱径 27~31.8 毫米，重 2.1~8.5 克。折三钱径 32.0~34 毫米，重 8.7 克。折十钱径 40 毫米，重 13.0 克。

0538　**绍兴元宝小平钱　篆书**

二级
径 25.0、穿 6.0 毫米
阔轮大字　仰宝
选自《历代古钱图说》

0539　**绍兴元宝小平钱　篆书**

二级
径 24.3、穿 5.3、厚 1.5 毫米；重 4.0 克
细字　斜贝宝

0540　**绍兴元宝小平钱　篆书**

二级
径 24.2 毫米；重 4.1 克
阔轮　粗字　俯兴
戴葆庭旧藏

0541　**绍兴元宝小平钱　篆书**

二级
径 24.2、穿 6.0、厚 1.5 毫米；重 4.0 克
纤字　细郭

0542 **绍兴元宝小平钱 篆书**

二级
径 24、穿 5.2、厚 1.3 毫米；重 3.5 克
细字 圆足宝

0543 **绍兴元宝小平钱 篆书**

二级
径 24、穿 5.2、厚 1.5 毫米；重 4.1 克
细字 园贝宝

0544 **绍兴元宝小平钱 篆书**

二级
重 4.1 克
俯兴 狭元
罗伯昭旧藏

0545 **绍兴元宝小平钱 篆书**

二级
径 23.7、穿 5.1、厚 1.5 毫米；重 3.9 克
狭贝宝

0546 **绍兴元宝小平钱 篆书**

二级
径 23.6 毫米；重 4.0 克
粗字 仰宝
张绚红伯旧藏

0547 **绍兴元宝小平钱 篆书**

三级
径 23.5、穿 6.0、厚 1.4 毫米；重 3.58 克
细字 狭绍

0548 **绍兴元宝小平钱 篆书**

二级
径 23.0、穿 6.0 毫米
阔轮大字
戴葆庭旧藏

0549 **绍兴元宝小平钱 篆书**

三级
径 23.0、穿 6.0 毫米
小字 小绍
中村孔固亭旧藏

0550 **绍兴元宝小平钱 篆书**

三级
径 23.0、穿 6.0 毫米
长郭 昂宝
平尾赞平 旧藏

0551 **绍兴元宝小平钱 楷书**

二级
径 24.3、穿 6.0、厚 1.3 毫米；重 3.5 克
细字 仰宝

0552 **绍兴元宝小平钱 楷书**

二级
径 24.2、穿 6.0、厚 1.5 毫米；重 3.6 克
大字 阔宝

0553 **绍兴元宝小平钱 楷书**

二级
径 24.0 毫米；重 3.5 克
进绍 俯兴
上海博物馆藏

0554 绍兴元宝小平钱 楷书

二级
径 24.0、穿 6.0 毫米；重 3.5 克
阔轮 粗字
上海博物馆藏

0555 绍兴元宝小平钱 楷书

二级
径 23.9 毫米；重 3.5 克
细字 正字
戴葆庭旧藏

0556 绍兴元宝小平钱 楷书

二级
径 23.7、穿 5.0、厚 1.5 毫米；重 3.9 克
粗字 狭兴

0557 绍兴元宝小平钱 楷书

二级
径 2.3、穿 6.0 毫米
阔轮 粗字 阔元

0558 绍兴元宝小平钱 楷书

二级
径 22.8、穿 6.0、厚 1.6 毫米；重 4.3 克
长郭 进绍 俯兴

0559 绍兴元宝小平钱 楷书

二级
径 22.6、穿 6.0、厚 1.5 毫米；重 3.7 克
阴郭 俯宝

0560

绍兴元宝小平钱 楷书

二级
径 22.5、穿 6.0 毫米
长郭 进绍 小样
平尾赞平旧藏

0561

绍兴元宝折二钱 篆书 光背

五级
径 31.2、穿 7.3、厚 2.0 毫米、重 7.4 克
细字 狭元 仰宝 大样

0562

绍兴元宝折二钱 篆书 光背

五级
径 30.8、穿 7.3 、厚 1.7 毫米、重 7.6 克
广郭 短阔元

0563

绍兴元宝折二钱 篆书 光背

五级
径 30.8、穿 7.0 、厚 1.9 毫米、重 8.7 克
阔轮 细字 正字

0564

绍兴元宝折二钱 篆书 光背

五级
径 30.7、穿 7.6 、厚 1.6 毫米、重 6.3 克
大字 仰宝

0565

绍兴元宝折二钱 篆书 光背

五级
径 30.6 、穿 7.2 、厚 1.8 毫米；重 7.0 克
斜元

0566 　**绍兴元宝折二钱 篆书 光背**

五级
径 30.2、穿 7.0 、厚 1.7 毫米、重 8.4 克
阔轮 广郭 正字

0567 　**绍兴元宝折二钱 篆书 光背**

五级
径 30.1、穿 7.4 、厚 1.8 毫米、重 6.4 克
细郭 细字 俯兴

0568 　**绍兴元宝折二钱 篆书 光背**

五级
径 29.7、穿 7.3、厚 1.5 毫米；重 6.5 克
进俯绍 俯兴

0569 　**绍兴元宝折二钱 篆书 光背**

五级
径 29.7、穿 7.3、厚 1.5 毫米；重 6.1 克
小字 俯绍 斜元

0570 　**绍兴元宝折二钱 篆书 光背**

五级
径 29.6、穿 7.0、厚 1.8 毫米；重 7.3 克
俯绍 俯兴

0571 　**绍兴元宝折二钱 篆书 光背**

五级
径 29.5、穿 7.0、厚 1.6 毫米；重 6.5 克
阔轮 圆贝宝

0572 **绍兴元宝折二钱 篆书 光背**

五级
径 29.5、穿 7.0、厚 1.6 毫米；重 6.5 克
阔兴 降宝

0573 **绍兴元宝折二钱 篆书 光背**

五级
径 29.5、穿 8.0、厚 1.8 毫米；重 7.1 克
阔短兴 昂宝

0574 **绍兴元宝折二钱 篆书 光背**

五级
径 29.2、穿 7.3、厚 1.5 毫米；重 5.1 克
细字 俯兴

0575 **绍兴元宝折二钱 篆书 光背**

五级
径 29.2、穿 7.6、厚 1.7 毫米；重 6.3 克
俯兴 昂宝

0576 **绍兴元宝折二钱 篆书 光背**

五级
径 29.1、穿 7.2、厚 2.0 毫米；重 7.3 克
阔兴 斜元

0577 **绍兴元宝折二钱 篆书 光背**

五级
径 29.1、穿 7.6、厚 1.8 毫米；重 7.1 克
细字 俯兴

0578　**绍兴元宝折二钱　篆书　光背**

五级
径 28.6、穿 8.0、厚 1.2 毫米；重 3.9 克
狭轮　阴郭　粗大字

0579　**绍兴元宝折二钱　篆书　光背**

五级
径 28.6、穿 7.0、厚 1.4 毫米；重 5.4 克
阔轮　俯兴

0580　**绍兴元宝折二钱　篆书　光背**

五级
径 28.2、穿 8.0、厚 1.3 毫米；重 3.5 克
狭轮　粗大字

0581　**绍兴元宝折二钱　篆书　光背**

五级
径 28、穿 8.0、厚 1.4 毫米；重 4.9 克
细郭　正字

0582　**绍兴元宝折二钱　篆书　光背**

五级
径 27.4、穿 8.0、厚 1.3 毫米；重 4.8 克
仰元　仰宝

0583　**绍兴元宝折二钱　篆书　光背**

五级
径 27.4、穿 8.0、厚 1.4 毫米；重 4.5 克
阔轮　小绍

0584 绍兴元宝折二钱 篆书 光背

五级
径 26.5、穿 7.0、厚 1.0 毫米；重 3.1 克
进绍 小样

0585 绍兴元宝折二钱 篆书 背上月

五级
径 30.6、穿 8.2、厚 1.5 毫米；重 6.3 克
细郭 俯绍

0586 绍兴元宝折二钱 篆书 背上月

五级
径 30.3、穿 8.0、厚 1.3 毫米；重 6.0 克
昂宝

0587 绍兴元宝折二钱 篆书 背上月

四级
径 29.1、穿 7.3、厚 1.6 毫米；重 5.8 克
正字 背四决

0588 绍兴元宝折二钱 篆书 背上月

五级
径 28.9、穿 7.0、厚 1.6 毫米；重 6.4 克
广郭 粗字 俯兴

0589 绍兴元宝折二钱 篆书 背上月

五级
径 28.9、穿 7.0、厚 1.5 毫米；重 6.3 克
广郭 粗字 短元

0590 **绍兴元宝折二钱 篆书 背上月**

五级
径 28.7、穿 7.0、厚 1.8 毫米；重 6.2 克
细字 狭宝

0591 **绍兴元宝折二钱 篆书 背上月**

五级
径 28.5、穿 7.2、厚 1.9 毫米；重 6.6 克
广郭 阔宝

0592 **绍兴元宝折二钱 篆书 背上月**

五级
径 28.4、穿 7.0、厚 1.8 毫米；重 6.4 克
广郭 正字

0593 **绍兴元宝折二钱 篆书 背上月**

五级
径 28、穿 7.0、厚 1.4 毫米；重 4.8 克
粗字 俯兴 小样

0594 **绍兴元宝折二钱 篆书 背上月**

五级
径 27.2、穿 0.7 毫米；重 5.2 克
狭轮 粗字 小样
上海博物馆藏

0595 **绍兴元宝折二钱 篆书 背上月**

五级
径 30.4、穿 8.0 毫米；重 6.9 克
阔轮 正字
上海博物馆藏

0596 绍兴元宝折二钱 篆书 背上月

五级
径 30.3、穿 8.0、厚 1.5 毫米；重 6.0 克
正郭 阔仰兴

0597 绍兴元宝折二钱 篆书 背上月

五级
径 29.9、穿 8.0、厚 1.5 毫米；重 5.8 克
广郭 俯兴

0598 绍兴元宝折二钱 篆书 背上月

五级
径 29.6、穿 8.0、厚 1.4 毫米；重 5.3 克
正郭 昂宝

0599 绍兴元宝折二钱 篆书 背上月

五级
径 29.6、穿 7.4、厚 1.7 毫米；重 6.0 克
广郭 小字 扁元

0600 绍兴元宝折二钱 篆书 背上月

五级
径 29.5、穿 8.0、厚 1.5 毫米；重 5.8 克
细郭 阔元

0601 绍兴元宝折二钱 篆书 背上月

五级
径 29.1、穿 8、厚 1.4 毫米；重 5.8 克
狭贝宝

0602 **绍兴元宝折二钱 篆书 背上月**

五级
径 28.6、穿 7.2、厚 1.8 毫米；重 7.2 克
俯绍 俯兴

0603 **绍兴元宝折二钱 篆书 背上月**

五级
径 29.6、穿 8.0、厚 1.9 毫米；重 7.1 克
细字 扁元

0604 **绍兴元宝折二钱 篆书 背上月**

四级
径 29.5、穿 8.0、厚 1.7 毫米；重 6.2 克
广郭 俯绍 阔元

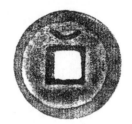

0605 **绍兴元宝折二钱 篆书 背上月**

四级
径 29.5、穿 8.0、厚 1.7 毫米；重 6.2 克
细字 狭宝

0606 **绍兴元宝折二钱 篆书 背上月**

五级
径 29.4、穿 8.0、厚 1.8 毫米；重 7.5 克
广郭 粗字 俯绍

0607 **绍兴元宝折二钱 篆书 背上月**

五级
径 29.4、穿 8.0、厚 1.9 毫米；重 6.4 克
广郭 进绍

0608 **绍兴元宝折二钱 篆书 背上月**

五级
径 29.2、穿 8.0、厚 1.5 毫米；重 6.3 克
广郭 粗大字 阔绍

0609 **绍兴元宝折二钱 篆书 背上月**

五级
径 29.0、穿 8.0、厚 1.4 毫米；重 5.5 克
细字 俯绍

0610 **绍兴元宝折二钱 篆书 背星月**

四级
径 31.5、穿 8.0 毫米；重 5.9 克
阔轮 狭兴 进元
上海博物馆藏

0611 **绍兴元宝折二钱 篆书 背星月**

四级
径 30.0、穿 8.2 毫米；重 5.7 克
细字 俯绍
上海博物馆藏

0612 **绍兴元宝折二钱 篆书 背星月**

五级
径 29.6、穿 8.0、厚 1.8 毫米；重 7.0 克
俯绍 进元

0613 **绍兴元宝折二钱 篆书 背星月**

四级
径 29.3、穿 8.0、厚 1.7 毫米；重 6.2 克
正郭 阔兴 进元

0614 | **绍兴元宝折二钱 篆书 背星月**

四级
径 29.2、穿 8.0、厚 2.0 毫米；重 7.2 克
正郭 正字

0615 | **绍兴元宝折二钱 篆书 背星月**

四级
径 29.2、穿 8.0、厚 1.6 毫米；重 6.1 克
进元

0616 | **绍兴元宝折二钱 篆书 背星月**

五级
径 29.2、穿 8.0、厚 1.8 毫米；重 6.9 克
短元 斜宝

0617 | **绍兴元宝折二钱 篆书 背星月**

五级
径 29.2、穿 8.0、厚 1.7 毫米；重 6.6 克
阔元

0618 | **绍兴元宝折二钱 篆书 背星月**

五级
径 29.1、穿 8.0、厚 1.7 毫米；重 7.0 克
平阔 俯兴
钟旭洲提供

0619 | **绍兴元宝折二钱 篆书 背星月**

五级
径 29.1、穿 8.0、厚 1.9 毫米；重 7.0 克
阔兴 俯宝
钟旭洲提供

0620　**绍兴元宝折二钱 篆书 背星月**

五级
径 29.0、穿 8.0、厚 1.6 毫米；重 5.7 克
细字 俯兴
上海博物馆藏

0621　**绍兴元宝折二钱 篆书 背星月**

五级
径 28.7、穿 8.0、厚 1.6 毫米；重 6.0 克
正郭 正字

0622　**绍兴元宝折二钱 篆书 背星月**

五级
径 28.6、穿 8.0、厚 1.6 毫米；重 6.9 克
粗字 短元 昂宝

0623　**绍兴元宝折二钱 篆书 背星月**

五级
径 27.8、穿 8.0、厚 1.5 毫米；重 5.5 克
进狭元

0624　**绍兴元宝折二钱 篆书 背星月**

五级
径 30.5、穿 8.0、厚 1.6 毫米；重 6.5 克
狭轮 俯绍

0625　**绍兴元宝折二钱 篆书 背星月**

五级
径 30.2、穿 7.3、厚 1.5 毫米；重 5.8 克
俯兴 退元

0626 **绍兴元宝折二钱 篆书 背星月**

五级
径 30.1、穿 7.6、厚 1.4 毫米；重 6.4 克
俯兴 背四决

0627 **绍兴元宝折二钱 篆书 背星月**

五级
径 30.0、穿 7.3 毫米；重 7.0 克
俯绍 背四决
上海博物馆藏

0628 **绍兴元宝折二钱 篆书 背星月**

五级
径 29.9、穿 8.0、厚 1.7 毫米；重 6.6 克
俯绍 阔元

0629 **绍兴元宝折二钱 篆书 背星月**

五级
径 29.8、穿 7.2、厚 1.8 毫米；重 6.4 克
广郭 俯兴

0630 **绍兴元宝折二钱 篆书 背星月**

五级
径 29.7、穿 7.3、厚 1.7 毫米；重 6.6 克
俯兴 背四决

0631 **绍兴元宝折二钱 篆书 背星月**

五级
径 29.6、穿 8.0、厚 1.5 毫米；重 6.7 克
粗大字 阔绍

0632 **绍兴元宝折二钱 篆书 背星月**

五级
径 29.6、穿 7.6、厚 1.7 毫米；重 4.9 克
阔兴 退元

0633 **绍兴元宝折二钱 篆书 背星月**

五级
径 29.6、穿 7.2、厚 1.7 毫米；重 6.9 克
阔轮 狭俯绍

0634 **绍兴元宝折二钱 篆书 背星月**

五级
径 29.6、穿 7.2、厚 1.8 毫米；重 6.1 克
俯兴 背四决

0635 **绍兴元宝折二钱 篆书 背星月**

五级
径 29.6、穿 7.0、厚 1.8 毫米；重 6.6 克
阔轮 俯绍

0636 **绍兴元宝折二钱 篆书 背星月**

五级
径 29.5、穿 8.0、厚 1.5 毫米；重 6.9 克
大字 俯绍

0637 **绍兴元宝折二钱 篆书 背星月**

五级
径 29.4、穿 7.2、厚 1.8 毫米；重 6.3 克
俯兴 退元

0638 **绍兴元宝折二钱 篆书 背星月**

五级
径 27.3、穿 7.8、厚 1.7 毫米；重 6.1 克
俯绍 小样

0639 **绍兴元宝折二钱 篆书 背星月**

五级
径 27.0、穿 7.0 毫米；重 5.4 克
粗大字 俯绍 阔兴
上海博物馆藏

0640 **绍兴元宝折二钱 篆书
背双星月 错版**

四级
径 29.6、穿 8.0、厚 1.9 毫米；重 7.2 克
背双星 双月

0641 **绍兴元宝折二钱 篆书
背双星月 错版**

四级
径 27.8、穿 7.2、厚 1.3 毫米；重 4 克
粗字 背双星 双月

0642 **绍兴元宝折二钱 篆书 背井纹**

四级
径 29.5、穿 8.0、厚 1.6 毫米；重 6.4 克
俯兴 背井 字纹

0643 **绍兴元宝折二钱 楷书 光背**

五级
径 31.9、穿 7、厚 1.2 毫米；重 5.3 克
阔轮 进绍 大样

0644　**绍兴元宝折二钱 楷书 光背**

五级
径 31.6、穿 7.2、厚 2.3 毫米；重 8.0 克
细字　仰兴

0645　**绍兴元宝折二钱 楷书 光背**

五级
径 30.9、穿 7.2、厚 1.6 毫米，重 6.3 克
广郭　仰绍

0646　**绍兴元宝折二钱 楷书 光背**

五级
径 30.7、穿 7.2、厚 2.0 毫米，重 7.2 克
仰兴　俯宝

0647　**绍兴元宝折二钱 楷书 光背**

五级
径 30.6、穿 7.2、厚 1.7 毫米，重 7.3 克
仰绍　仰兴

0648　**绍兴元宝折二钱 楷书 光背**

五级
径 29.8、穿 7.0、厚 2.0 毫米，重 7.1 克
广郭　进绍　仰兴

0649　**绍兴元宝折二钱 楷书 光背**

五级
径 29.5、穿 7.0、厚 1.5 毫米，重 5.6 克
阔轮　阔兴

0650　绍兴元宝折二钱　楷书　光背

五级
径 29.4、穿 7.0、厚 1.3 毫米，重 5.2 克
进绍　俯宝

0651　绍兴元宝折二钱　楷书　光背

五级
径 29.2、穿 8.0、厚 1.5 毫米；重 6.1 克
阔轮　小字　进仰绍

0652　绍兴元宝折二钱　楷书　光背

五级
径 29.2、穿 7.2、厚 1.5 毫米，重 5.6 克
狭轮　进绍

0653　绍兴元宝折二钱　楷书　光背

五级
径 29、穿 8.0、厚 2.0 毫米，重 6.5 克
粗字　斜宝

0654　绍兴元宝折二钱　楷书　光背

五级
径 28.5、穿 8.0、厚 1.1 毫米，重 3.1 克
大字　阔兴

0655　绍兴元宝折二钱　楷书　光背

五级
径 28.5、穿 8.0、厚 1.8 毫米，重 6.2 克
斜肩　狭宝

0656 **绍兴元宝折二钱 楷书 光背**

五级
径 28.5、穿 8.0、厚 1.1 毫米, 重 4.0 克
进元 昂宝

0657 **绍兴元宝折二钱 楷书 光背**

五级
径 28、穿 8.0、厚 1.4 毫米, 重 4.7 克
狭轮 进绍

0658 **绍兴元宝折二钱 楷书 光背**

五级
径 28、穿 8.0、厚 1.6 毫米, 重 4.9 克
广郭 斜宝

0659 **绍兴元宝折二钱 楷书 光背**

五级
径 27.8、穿 8.0、厚 1.2 毫米; 重 3.7 克
进绍 仰兴

0660 **绍兴元宝折二钱 楷书 光背**

五级
径 27.8、穿 8.0、厚 1.0 毫米, 重 2.9 克
阔轮 进仰绍

0661 **绍兴元宝折二钱 楷书 光背**

五级
径 27.8、穿 8.0、厚 1.2 毫米, 重 3.8 克
小字 仰绍 仰兴

0662	**绍兴元宝折二钱 楷书 光背** 五级 径 27.6、穿 8.0、厚 1.5 毫米，重 5.4 克 粗字 进绍 俯兴		
0663	**绍兴元宝折二钱 楷书 光背** 五级 径 27.5、穿 8.0、厚 1.2 毫米，重 4.7 克 广郭 粗字 仰宝		
0664	**绍兴元宝折二钱 楷书 光背** 五级 径 27.5、穿 8 .0、厚 1.5 毫米, 重 4.3 克 粗字 狭贝宝		
0665	**绍兴元宝折二钱 楷书 光背** 五级 径 27.3、穿 7.8、厚 1.4 毫米，重 4.4 克 粗字 阔绍		
0666	**绍兴元宝折二钱 楷书 光背** 五级 径 27.2、穿 8.0、厚 1.4 毫米，重 4.5 克 进绍 仰宝		
0667	**绍兴元宝折二钱 楷书 光背** 五级 径 27、穿 7.6、厚 1.3 毫米；重 3.8 克 小字 仰绍		

0668 **绍兴元宝折二钱 楷书 光背**

五级
径 26.4、穿 7、厚 1.1 毫米, 重 4.0 克
粗字 仰兴

0669 **绍兴元宝折二钱 楷书 光背**

五级
径 26.4、穿 8.0、厚 1.1 毫米, 重 3.4 克
小绍 仰兴

0670 **绍兴元宝折二钱 楷书 光背**

五级
径 25.4、穿 8.0、厚 1.2 毫米, 重 2.6 克
狭轮 小样

0671 **绍兴元宝折二钱 楷书 光背**

五级
径 29.8、穿 7.6、厚 1.6 毫米, 重 6.1 克
平阔 阔绍

0672 **绍兴元宝折二钱 楷书 光背**

五级
径 29.5、穿 7.0、厚 1.6 毫米, 重 7.1 克
仰绍 仰宝

0673 **绍兴元宝折二钱 楷书 光背**

五级
径 29.5、厚 1.8 毫米, 重 7.9 克
退绍

0674 **绍兴元宝折二钱 楷书 光背**

五级
径 29.3、穿 7.0、厚 1.3 毫米, 重 5.7 克
退绍 狭兴

0675 **绍兴元宝折二钱 楷书 光背**

五级
径 29.2、厚 1.3 毫米; 重 5.6 克
广郭 粗字 正字

0676 **绍兴元宝折二钱 楷书 光背**

五级
径 29.1、穿 7.0、厚 1.4 毫米, 重 6.0 克
广郭 小兴

0677 **绍兴元宝折二钱 楷书 光背**

五级
径 29.1、穿 7.0、厚 1.3 毫米; 重 4.6 克
阔轮 粗字 阔宝

0678 **绍兴元宝折二钱 楷书 光背**

五级
径 29、穿 7.2、厚 1.6 毫米; 重 7.6 克
阴郭 俯宝

0679 **绍兴元宝折二钱 楷书 光背**

五级
径 29、穿 7.0、厚 1.3 毫米; 重 4.9 克
广郭 狭绍

0680 **绍兴元宝折二钱 楷书 光背**

五级
径 29、穿 7.0、厚 1.3 毫米；重 4.6 克
阔轮 狭元

0681 **绍兴元宝折二钱 楷书 光背**

五级
径 28.9、穿 7.6、厚 1.5 毫米；重 5.2 克
狭轮 退绍

0682 **绍兴元宝折二钱 楷书 光背**

五级
径 28.5、穿 7.0、厚 1.3 毫米；重 3.9 克
仰绍

0683 **绍兴元宝折二钱 楷书 光背**

五级
径 28.2、穿 7.0、厚 1.3 毫米；重 5.6 克
狭斜宝

0684 **绍兴元宝折二钱 楷书 光背**

五级
径 27.6、穿 8.0、厚 1.4 毫米；重 3.9 克
狭轮 俯兴

0685 **绍兴元宝折二钱 楷书 光背**

五级
径 27.7、穿 7.6、厚 1.2 毫米；重 3.4 克
粗字 退元 俯宝

0686 **绍兴元宝折二钱 楷书 光背**

五级
径 27.4、穿 8.0、厚 1.0 毫米；重 3.5 克
小字 阴郭 退绍

0687 **绍兴元宝折二钱 楷书 光背**

五级
径 26.8、穿 7.2、厚 1.7 毫米；重 3.7 克
正字 小样

0688 **绍兴元宝折二钱 楷书 光背**

五级
径 26.7、穿 7.2、厚 0.9 毫米；重 3.1 克
短脚兴 小样

0689 **绍兴元宝折二钱 楷书 光背**

五级
径 30.1、穿 7.4、厚 2.0 毫米；重 8.1 克
阔轮 进绍 狭宝

0690 **绍兴元宝折二钱 楷书 光背**

五级
径 29.7、穿 7.6、厚 1.6 毫米；重 6.4 克
进绍 退元

0691 **绍兴元宝折二钱 楷书 光背**

五级
径 29.6、穿 7.2、厚 2.0 毫米；重 6.6 克
粗字 扁绍

0692 | **绍兴元宝折二钱 楷书 光背**

五级
径 29.6、穿 7.8、厚 1.5 毫米；重 6.2 克
广郭 粗字 仰绍

0693 | **绍兴元宝折二钱 楷书 光背**

五级
径 29.6、穿 7.3、厚 1.7 毫米；重 6.8 克
广郭 小字 进绍

0694 | **绍兴元宝折二钱 楷书 光背**

五级
径 29.5、穿 7.3、厚 2.1 毫米；重 7.5 克
广郭 仰绍

0695 | **绍兴元宝折二钱 楷书 光背**

五级
径 29.5、穿 7.6、厚 1.8 毫米；重 7.0 克
广郭 进仰绍

0696 | **绍兴元宝折二钱 楷书 光背**

五级
径 27.5、穿 8.0、厚 2.0 毫米；重 6.3 克
阔兴 仰宝

0697 | **绍兴元宝折二钱 楷书 光背**

五级
径 27.5、穿 8.2、厚 2.1 毫米；重 7.5 克
小字 仰绍 小宝

0698 **绍兴元宝折二钱 楷书 光背**

五级
径 26.9、穿 8.0、厚 2.1 毫米、重 5.8 克
粗字 仰宝 小样

0699 **绍兴元宝折二钱 楷书 光背**

五级
径 28.2、穿 8.0、厚 1.7 毫米、重 5.7 克
细字 狭宝

0700 **绍兴元宝折二钱 楷书 光背**

五级
径 26.7、穿 7.0、厚 1.3 毫米、重 4.0 克
狭轮 花穿 俯兴

0701 **绍兴元宝折二钱 楷书 背上月**

五级
径 30.5、穿 7.6、厚 1.6 毫米；重 6.6 克
阔轮 正字

0702 **绍兴元宝折二钱 楷书 背上月**

五级
径 30.2、穿 8.2、厚 1.7 毫米；重 6.4 克
仰兴

0703 **绍兴元宝折二钱 楷书 背上月**

五级
径 29.7、穿 7.0、厚 1.2 毫米；重 4.2 克
仰宝 背进月

0704 **绍兴元宝折二钱 楷书 背上月**

五级
径 29.4、穿 8.0、厚 1.5 毫米；重 6.5 克
进绍 仰兴

0705 **绍兴元宝折二钱 楷书 背上月**

五级
径 29.3、穿 7.0、厚 1.6 毫米；重 5.6 克
俯宝

0706 **绍兴元宝折二钱 楷书 背上月**

五级
径 29.1、穿 8.0、厚 9.3 毫米；重 4.9 克
广郭 仰绍

0707 **绍兴元宝折二钱 楷书 背上月**

五级
径 29、穿 8.0、厚 1.5 毫米；重 6.6 克
阔轮 背退月

0708 **绍兴元宝折二钱 楷书 背上月**

五级
径 29、穿 8.0、厚 1.1 毫米；重 3.8 克
阔轮 狭绍

0709 **绍兴元宝折二钱 楷书 背上月**

五级
径 28.9、穿 6.3、厚 1.8 毫米；重 7.5 克
正郭 细字 仰绍

0710 绍兴元宝折二钱 楷书 背上月

五级
径 28.9、穿 6.3、厚 1.8 毫米；重 7.5 克
阔轮 阔兴

0711 绍兴元宝折二钱 楷书 背上月

五级
径 28.9、厚 1.4 毫米；重 6.0 克
广郭 进绍

0712 绍兴元宝折二钱 楷书 背上月

五级
径 28.7、穿 7.0、厚 1.5 毫米；重 5.2 克
广郭 仰兴

0713 绍兴元宝折二钱 楷书 背上月

五级
径 28.7、穿 7.0、厚 1.4 毫米；重 4.7 克
细字 进仰绍

0714 绍兴元宝折二钱 楷书 背上月

五级
径 28.5、穿 7.0、厚 1.4 毫米；重 6.1 克
粗字 仰绍 背阔月

0715 绍兴元宝折二钱 楷书 背上月

五级
径 28.3、穿 8.0、厚 1.3 毫米；重 4.3 克
小字 细郭 小绍

0716　**绍兴元宝折二钱 楷书 背上月**

五级
径 28.2、穿 7.0、厚 1.3 毫米；重 4.8 克
广郭 仰绍 背阔月

0717　**绍兴元宝折二钱 楷书 背上月**

五级
径 28.1、穿 6.8、厚 1.4 毫米；重 6.1 克
进绍 背四决

0718　**绍兴元宝折二钱 楷书 背上月**

五级
径 27.9、穿 7.0、厚 1.6 毫米；重 5.5 克
仰兴 仰宝 背阔月

0719　**绍兴元宝折二钱 楷书 背上月**

五级
径 27.5、穿 8.0、厚 1.2 毫米；重 3.9 克
粗字 阔绍 昂宝

0720　**绍兴元宝折二钱 楷书 背上月**

五级
径 27.2、穿 7.0 毫米；重 4.0 克
粗字 背肥月
上海博物馆藏

0721　**绍兴元宝折二钱 楷书 背上月**

五级
径 27.2、穿 6.2、厚 1.6 毫米；重 5.4 克
小字 仰兴

0722 **绍兴元宝折二钱 楷书 背上月**

五级
径 26.9、穿 8.0、厚 1.4 毫米；重 3.3 克
仰绍 小样

0723 **绍兴元宝折二钱 楷书 背上月**

五级
径 30.6、穿 8.0、厚 2.3 毫米；重 9.3 克
花穿 扁绍 狭宝

0724 **绍兴元宝折二钱 楷书 背上月**

五级
径 29.9、穿 8.0、厚 1.7 毫米；重 7.1 克
广郭 俯绍

0725 **绍兴元宝折二钱 楷书 背上月**

五级
径 29.6、穿 8.0、厚 1.5 毫米；重 5.2 克
俯绍 狭俯兴

0726 **绍兴元宝折二钱 楷书 背上月**

四级
径 29.0、穿 8.0、厚 1.3 毫米；重 4.7 克
俯绍 阔元

0727 **绍兴元宝折二钱 楷书 背星月**

四级
径 30.5、穿 8.0 毫米；重 7.4 克
阔轮 仰绍
上海博物馆藏

0728　**绍兴元宝折二钱 楷书 背星月**

五级
径 30.0、穿 8.0、厚 1.9 毫米；重 6.9 克
小字 进绍

0729　**绍兴元宝折二钱 楷书 背星月**

五级
径 29.4、穿 8.0、厚 6.4 毫米；重 6.9 克
细字 仰兴 昂宝

0730　**绍兴元宝折二钱 楷书 背星月**

五级
径 29.2、穿 7.7、厚 1.8 毫米；重 5.6 克
正郭 仰绍 仰兴

0731　**绍兴元宝折二钱 楷书 背星月**

五级
径 29.1、穿 8.0、厚 1.8 毫米；重 7.0 克
仰绍 狭宝

0732　**绍兴元宝折二钱 楷书 背星月**

五级
径 29.1、穿 8.0、厚 1.7 毫米；重 5.7 克
阴郭 仰绍 仰兴

0733　**绍兴元宝折二钱 楷书 背星月**

五级
径 29.0、穿 8.0、厚 1.5 毫米；重 6.0 克
广郭 仰绍

0734 **绍兴元宝折二钱 楷书 背星月**

五级
径：29.0、穿 8.0、厚 1.6 毫米；重 6.3 克
仰绍 阔宝

0735 **绍兴元宝折二钱 楷书 背星月**

五级
径 29.0、穿 8.0、厚 1.7 毫米；重 6.0 克
阔轮 粗字 进仰绍

0736 **绍兴元宝折二钱 楷书 背星月**

五级
径 29.0 毫米、穿 8.0、厚 1.3 毫米；重 4.6 克
阴郭 细字 进元

0737 **绍兴元宝折二钱 楷书 背星月**

五级
径 28.9、穿 8.0、厚 1.4 毫米；重 4.9 克
阴郭 细字 仰绍

0738 **绍兴元宝折二钱 楷书 背星月**

五级
径 28.5、穿 8.0、厚 1.5 毫米；重 6.1 克
进绍 狭宝

0739 **绍兴元宝折二钱 楷书 背星月**

五级
径 28.5、穿 8.0、厚 1.6 毫米；重 6.4 克
粗字 仰绍 斜宝

0740 **绍兴元宝折二钱 楷书 背星月**

五级
径 28.3、穿 8.0、厚 1.4 毫米；重 4.5 克
仰绍 仰兴

0741 **绍兴元宝折二钱 楷书 背星月**

五级
径 28.2、穿 8.0、厚 1.6 毫米；重 6.6 克
花穿 进绍

0742 **绍兴元宝折二钱 楷书 背星月**

五级
径 25.2、穿 8.0、厚 0.8 毫米；重 2.8 克
狭轮 进狭 绍小样

0743 **绍兴元宝折二钱 楷书 背星月**

四级
径 30.4、穿 7.0、厚 1.8 毫米；重 6.4 克
广郭 仰绍

0744 **绍兴元宝折二钱 楷书 背星月**

五级
径 30.0、穿 7.3 毫米；重 7.1 克
阔轮 广郭 进绍
上海博物馆藏

0745 **绍兴元宝折二钱 楷书 背星月**

五级
径 30.0、穿 7.6 毫米；重 6.4 克
广郭 俯兴
上海博物馆藏

0746 **绍兴元宝折二钱 楷书 背星月**

五级
径 30.0、穿 7.2、厚 0.8 毫米；重 6.4 克
长郭 仰兴
上海博物馆藏

0747 **绍兴元宝折二钱 楷书 背星月**

五级
径 29.8、穿 7.4、厚 1.7 毫米；重 6.7 克
广郭 进绍 俯宝

0748 **绍兴元宝折二钱 楷书 背星月**

五级
径 29.8、穿 7.0、厚 2.0 毫米；重 7.8 克
细字 仰兴
钟旭洲提供

0749 **绍兴元宝折二钱 楷书 背星月**

四级
径 29.5、穿 7.2、厚 1.8 毫米；重 6.1 克
广郭 进绍
钟旭洲提供

0750 **绍兴元宝折二钱 楷书 背星月**

五级
径 29.5、穿 7.0、厚 1.6 毫米；重 7.2 克
仰兴 斜宝

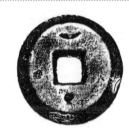

0751 **绍兴元宝折二钱 楷书 背星月**

五级
径 29.5、厚 1.8 毫米；重 6.8 克
细字 仰绍 背四决

0752 绍兴元宝折二钱 楷书 背星月

五级
径 29.5、穿 7.0、厚 1.7 毫米；重 6.5 克
广郭 仰绍 俯宝

0753 绍兴元宝折二钱 楷书 背星月

五级
径 29.4、穿 7.0、厚 1.6 毫米；重 6.6 克
阔轮 广郭 仰兴

0754 绍兴元宝折二钱 楷书 背星月

五级
径 29.4、穿 7.3、厚 1.8 毫米；重 7.4 克
广郭 仰绍 阔元

0755 绍兴元宝折二钱 楷书 背星月

五级
径 29.2、穿 7.2 毫米；重 6.4 克
阔轮 粗字 阔绍
上海博物馆藏

0756 绍兴元宝折二钱 楷书 背星月

五级
径 29.1、穿 7.0、厚 1.7 毫米；重 7.4 克
仰绍 斜宝
钟旭洲提供

0757 绍兴元宝折二钱 楷书 背星月

五级
径 28.9、穿 7.3、厚 1.5 毫米；重 5.5 克
仰兴 仰宝

0758

绍兴元宝折二钱 楷书 背星月

五级
径 28.8、穿 7.0、厚 1.3 毫米；重 5.8 克
仰绍 短兴 小样

0759

绍兴元宝折二钱 楷书 背星月

四级
径 30.2、穿 8.0 毫米；重 6.6 克
广郭 大字 俯绍
上海博物馆藏

0760

绍兴元宝折二钱 楷书 背星月

四级
径 29.4、穿 8.0、厚 1.6 毫米；重 6.4 克
细字 俯绍

0761

绍兴元宝折二钱 楷书 背星月

四级
径 29.3、穿 8.0、厚 1.6 毫米；重 6.1 克
广郭 俯绍 俯兴

0762

绍兴元宝折三钱 篆书 光背

四级
径 32.2、穿 8.0 毫米
粗字 大字 阔绍
选自《历代古钱图说》

0763

绍兴元宝折三钱 篆书 光背

四级
径 32.1、穿 8.0、厚 1.2 毫米；重 8.7 克
阔轮 小字
桐乡市钟旭洲钱币艺术博物馆藏

0764 **绍兴元宝折三钱 楷书 光背**

四级

径 32.2、穿 8.0 毫米

粗字 进绍 仰兴

选自《历代古钱图说》

0765 **绍兴元宝折十钱 篆书**
光背 试样钱

一级

径 40.0、穿 12、厚 3.2 毫米

重 19.5 克

进绍

桐乡市钟旭洲钱币艺术博物馆藏

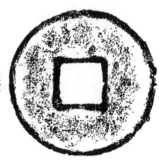

绍兴通宝钱

南宋钱币。高宗绍兴年间（1131~1162 年）铸造。青铜质。钱文"绍兴通宝"，楷书。有小平钱、折二钱、折三钱、折十钱等 4 种币值。有旋读与对读。小平有光背、背一、背利（利州绍兴监，今四川境内），背泉（严州神泉监，今浙江境内）。折二钱有光背、背右双二，折三钱、折十钱皆光背。按钱币文字和特点分，可区分许多版式。一般小平钱径 22.9~25.1 毫米，重 2.5~6.5 克；折二钱径 28.0~31.4 毫米，重 5~11.2 克；折三钱径 32.0~35.5 毫米，重 9.5~18.76 克；折十钱径 40.0~45.0 毫米，重 13.0~25.2 克。

0766 **绍兴通宝小平钱 楷书**

四级

径 25.5、穿 6.0、厚 1.5 毫米；重 4.4 克

阔兴 俯宝

0767 **绍兴通宝小平钱 楷书**

四级

径 25.2、穿 6.0 毫米

俯阔通

0768

绍兴通宝小平钱 楷书

四级
径 25.1、穿 6.0、厚 1.4 毫米；重 4.0 克
斜兴 俯宝

0769

绍兴通宝小平钱 楷书

四级
径 24.6、穿 6.0、厚 1.2 毫米；重 3.2 克
仰绍 狭宝

0770

绍兴通宝小平钱 楷书

四级
径 24.5、穿 6.0、厚 1.3 毫米；重 3.1 克
进兴 俯通

0771

绍兴通宝小平钱 楷书

四级
径 24.3、穿 6.0、厚 1.1 毫米；重 3.2 克
俯通 仰宝
上海博物馆藏

0772

绍兴通宝小平钱 楷书

四级
径 24.2、穿 6.0 毫米；重 3.8 克
阴郭 仰宝
上海博物馆藏

0773

绍兴通宝小平钱 楷书

四级
径 24.0、穿 6.0 毫米
粗大字 阔绍 俯通
燕子堂藏

0774 **绍兴通宝小平钱 楷书**

四级
径 22.5、穿 6.0、厚 1.2 毫米；重 2.5 克
小字 进兴 俯宝

0775 **绍兴通宝小平钱 楷书**

四级
径 23.0、穿 6.0 毫米
狭轮 俯通 小样
平尾丽惠庄旧藏

0776 **绍兴通宝小平钱 仿瘦金体 试样钱**

一级
径 25.5、穿 7.0 毫米；重 5.8 克
仰宝

0777 **绍兴通宝小平钱 仿瘦金体 试样钱**

一级
径 25.0、穿 7.0、厚 1.2 毫米；重 5.74 克
小字 细郭 扁绍

0778 **绍兴通宝小平钱 仿瘦金体 试样钱**

一级
径 25.0、穿 7.0、厚 1.2 毫米；重 2.68 克
广郭 退通

0779 **绍兴通宝小平钱 楷书 光背 铁母**

二级
径 24.3、穿 7.0 毫米
粗大字 阔绍
戴葆庭旧藏

0780 **绍兴通宝小平钱 楷书 光背 铁母**

二级
径 24.0、穿 6.0 毫米
粗大字 仰通
戴葆庭旧藏

0781 **绍兴通宝小平钱 楷书 光背 铁母**

二级
径 24.0、穿 7.0 毫米
狭轮 小字 狭宝
平尾丽惠庄旧藏

0782 **绍兴通宝小平钱 楷书 光背 铁母**

二级
径 23.5、穿 7.0 毫米；重 4.2 克
粗字 俯宝
刘思甫藏

0783 **绍兴通宝小平钱 楷书 光背 铁母**

二级
径 23.2、穿 6.0、厚 1.3 毫米；重 3.4 克
阔兴

0784 **绍兴通宝楷书 小平钱 楷书 背一**

二级
径 23.2、穿 6.0、厚 1.3 毫米；重 3.4 克
阔轮 粗字 俯通

0785 **绍兴通宝楷书 小平钱 楷书 背一**

二级
径 19.5、穿 6.0 毫米；重 1.8 克
狭轮 小字 小样
章国强藏

0786 **绍兴通宝小平钱 楷书 背利 铁母**

一级
径 24.0 毫米；重 4.35 克
退兴 俯通 背利
孙国宝旧藏

0787 **绍兴通宝小平钱 楷书 背泉 铁母**

二级
径 24.1、穿 6.0 毫米；重 4.2 克
阔兴 俯通
选自《钱币博览》

0788 **绍兴通宝折二钱 楷书 光背**

四级
径 31.8、穿 8.3、厚 1.6 毫米；重 7.0 克
狭轮 粗字 面四决

0789 **绍兴通宝折二钱 楷书 光背**

四级
径 31.3、穿 8.0、厚 1.5 毫米；重 6.6 克
阔轮大字 退兴

0790 **绍兴通宝折二钱 楷书 光背**

五级
径 31.2、穿 8.0、厚 1.5 毫米；重 6.6 克
阔郭 正字

0791 **绍兴通宝折二钱 楷书 光背**

五级
径 31.1、穿 8.0、厚 1.5 毫米；重 6.4 克
退兴 阔通

0792 **绍兴通宝折二钱 楷书 光背**

五级
径 31.1、穿 8.0、厚 1.4 毫米；重 6.2 克
退兴 仰宝

0793 **绍兴通宝折二钱 楷书 光背**

五级
径 31.0、穿 8.0、厚 1.7 毫米；重 7.4 克
广郭 小绍

0794 **绍兴通宝折二钱 楷书 光背**

五级
径 31.0、穿 8.0、厚 1.1 毫米；重 5.2 克
细郭 小字 仰通

0795 **绍兴通宝折二钱 楷书 光背**

五级
径 31.0、穿 8.0、厚 1.5 毫米；重 6.8 克
粗大字 阔绍

0796 **绍兴通宝折二钱 楷书 光背**

五级
径 31.0、穿 8.0、厚 1.5 毫米；重 6.5 克
仰通 昂宝

0797 **绍兴通宝折二钱 楷书 光背**

五级
径 30.9、穿 8.2、厚 1.6 毫米；重 6.9 克
花穿 昂宝

0798 绍兴通宝折二钱 楷书 光背

五级
径 30.9、厚 1.7 毫米；重 7.5 克
阔郭 仰通

0799 绍兴通宝折二钱 楷书 光背

五级
径 30.8、穿 8.0、厚 1.5 毫米；重 5.8 克
阔轮 退兴 仰通

0800 绍兴通宝折二钱 楷书 光背

五级
径 30.4、穿 7.6、厚 1.4 毫米；重 5.4 克
狭轮 俯通

0801 绍兴通宝折二钱 楷书 光背

五级
径 30.3、穿 8.0、厚 1.6 毫米；重 5.9 克
仰通 昂宝

0802 绍兴通宝折二钱 楷书 光背

五级
径 30.3、穿 8.0、厚 1.7 毫米；重 6.4 克
小字 狭绍 斜宝

0803 绍兴通宝折二钱 楷书 光背

五级
径 29.5、穿 8.0、厚 1.5 毫米；重 6.5 克
粗字 俯绍 退兴

0804 　　**绍兴通宝折二钱 楷书 光背**

　　五级
　　径 29.5、厚 1.3 毫米；重 5.4 克
　　仰通

0805 　　**绍兴通宝折二钱 楷书 光背**

　　五级
　　径 29.4、穿 8、厚 1.2 毫米；重 5.7 克
　　仰通 仰宝

0806 　　**绍兴通宝折二钱 楷书 光背**

　　五级
　　径 29.3、厚 1.7 毫米；重 7.2 克
　　进兴 阔仰通

0807 　　**绍兴通宝折二钱 楷书 光背**

　　五级
　　径 29.3、厚 1.4 毫米；重 6.1 克
　　仰通 斜宝

0808 　　**绍兴通宝折二钱 楷书 光背**

　　五级
　　径 29.2、穿 8.0、厚 1.4 毫米；重 6.2 克
　　粗字 细郭 长宝

0809 　　**绍兴通宝折二钱 楷书 光背**

　　五级
　　径 29.1、穿 8.0、厚 1.3 毫米；重 4.9 克
　　小字 狭绍 狭宝

0810　绍兴通宝折二钱 楷书 光背

五级
径 29.0、穿 8.0、厚 1.5 毫米；重 6.4 克
进兴 仰通

0811　绍兴通宝折二钱 楷书 光背

五级
径 29.0、穿 8.0、厚 1.9 毫米；重 8.2 克
进兴 狭宝

0812　绍兴通宝折二钱 楷书 光背

五级
径 28.9、厚 1.4 毫米；重 5.8 克
仰通 仰宝

0813　绍兴通宝折二钱 楷书 光背

五级
径 28.9、穿 8.0、厚 1.7 毫米；重 7.0 克
退兴 仰通

0814　绍兴通宝折二钱 楷书 光背

五级
径 28.8、厚 1.5 毫米；重 6.0 克
阔通

0815　绍兴通宝折二钱 楷书 光背

五级
径 28.8、厚 1.6 毫米；重 6.8 克
仰通 昂宝

0816 **绍兴通宝折二钱 楷书 光背**

五级

径 28.7、穿 8.0、厚 1.4 毫米；重 5.6 克

小字 阴郭 仰通

0817 **绍兴通宝折二钱 楷书 光背**

五级

径 28.6、穿 8.0、厚 1.5 毫米；重 5.3 克

阴郭 俯通

0818 **绍兴通宝折二钱 楷书 光背**

五级

径 28.6、穿 8.0、厚 1.4 毫米；重 5.3 克

面四决 仰通

0819 **绍兴通宝折二钱 楷书 光背**

五级

径 28.4、厚 1.5 毫米；重 5.7 克

仰通 小样

0820 **绍兴通宝折二钱 楷书 光背**

五级

径 31.2、穿 8.0、厚 1.5 毫米；重 7.4 克

阔轮 仰通

0821 **绍兴通宝折二钱 楷书 光背**

五级

径 30.1、穿 8.0 毫米；重 7.0 克

广郭 退兴 仰通

0822 **绍兴通宝折二钱 楷书 光背**

五级
径 29.8、厚 1.8 毫米；重 5.8 克
阔仰通 斜贝宝

0823 **绍兴通宝折二钱 楷书 光背**

五级
径 29.6、厚 1.8 毫米；重 6.2 克
正郭 仰通

0824 **绍兴通宝折二钱 楷书 光背**

五级
径 29.5、穿 7.2、厚 2.0 毫米；重 8.4 克
粗字 狭绍

0825 **绍兴通宝折二钱 楷书 光背**

五级
径 29.4、穿 8.0、厚 1.6 毫米；重 5.5 克
粗字 仰通

0826 **绍兴通宝折二钱 楷书 光背**

五级
径 29.3、厚 1.8 毫米；重 6.8 克
阴郭 狭宝

0827 **绍兴通宝折二钱 楷书 光背**

五级
径 29.2、穿 8.0、厚 1.7 毫米；重 6.2 克
粗字 退兴 俯通

0828 **绍兴通宝折二钱 楷书 光背**

五级
径 29.2、穿 7.6、厚 1.8 毫米；重 6.5 克
仰通

0829 **绍兴通宝折二钱 楷书 光背**

五级
径 29.1、穿 7.4、厚 1.8 毫米；重 6.0 克
退斜兴

0830 **绍兴通宝折二钱 楷书 光背**

五级
径 28.5、穿 7.3、厚 1.5 毫米；重 4.8 克
阴郭 退兴

0831 **绍兴通宝折二钱 楷书 光背**

五级
径 28、穿 7.2、厚 1.6 毫米；重 5.3 克
狭轮 粗字 阔通

0832 **绍兴通宝折二钱 楷书 光背**

五级
径 31.3、穿 8.0、厚 2.0 毫米；重 8.0 克
广郭 俯绍

0833 **绍兴通宝折二钱 楷书 光背**

五级
径 31.0、穿 8.0、厚 1.9 毫米；重 8.5 克
粗大字 阔郭 俯通

0834　**绍兴通宝折二钱 楷书 光背**

五级
径 30.8、穿 8.0、厚 1.6 毫米；重 6.9 克
阔轮 俯绍 阔兴

0835　**绍兴通宝折二钱 楷书 光背**

五级
径 30.8、穿 8.0 毫米；重 6.5 克
狭轮 退兴 俯通

0836　**绍兴通宝折二钱 楷书 光背**

五级
径 30.3、穿 8.5、厚 1.4 毫米；重 5.3 克
俯通 狭宝

0837　**绍兴通宝折二钱 楷书 光背**

五级
径 30.0、穿 8.0、厚 1.7 毫米；重 6.7 克
俯绍 俯通

0838　**绍兴通宝折二钱 楷书 光背**

五级
径 30.0、穿 6.8、厚 1.9 毫米；重 7.1 克
阔轮 退绍

0839　**绍兴通宝折二钱 楷书 光背**

五级
径 30.0、穿 7.0、厚 1.6 毫米；重 6.9 克
粗字 小绍 阔兴

0840 **绍兴通宝折二钱 楷书 光背**

五级
径 30.0、穿 7.0、厚 2.1 毫米；重 8.5 克
广郭 俯通

0841 **绍兴通宝折二钱 楷书 光背**

五级
径 29.8、穿 8.0、厚 1.6 毫米；重 6.2 克
狭轮 大字 俯绍

0842 **绍兴通宝折二钱 楷书 光背**

五级
径 29.8、穿 6.8、厚 1.6 毫米；重 7.4 克
阔轮 广郭 退绍

0843 **绍兴通宝折二钱 楷书 光背**

五级
径 29.7、穿 7.0、厚 1.6 毫米；重 7.0 克
退绍 进兴

0844 **绍兴通宝折二钱 楷书 光背**

五级
径 29.7、穿 7.0、厚 1.6 毫米；重 7.6 克
阔轮 肥郭 粗字

0845 **绍兴通宝折二钱 楷书 光背**

五级
径 29.6、穿 7.0、厚 1.8 毫米；重 7.5 克
广郭 退俯绍

0846 **绍兴通宝折二钱 楷书 光背**

五级
径 29.6、穿 7.0、厚 1.4 毫米；重 6.7 克
广郭 进兴

0847 **绍兴通宝折二钱 楷书 光背**

五级
径 29.6、穿 7.0、厚 1.8 毫米；重 6.3 克
广郭 俯通 小宝

0848 **绍兴通宝折二钱 楷书 光背**

五级
径 29.6、穿 7.0、厚 1.8 毫米；重 7.0 克
退狭绍 进兴

0849 **绍兴通宝折二钱 楷书 光背**

五级
径 29.5、穿 7.0、厚 1.8 毫米；重 7.6 克
俯通

0850 **绍兴通宝折二钱 楷书 光背**

五级
径 29.4、穿 8.0、厚 1.4 毫米；重 6.3 克
大字 俯绍

0851 **绍兴通宝折二钱 楷书 光背**

五级
径 29.4、穿 8.0、厚 1.8 毫米；重 6.7 克
进绍 小贝宝

0852 **绍兴通宝折二钱 楷书 光背**

五级
径 29.4、穿 8.0、厚 1.6 毫米；重 6.9 克
大字 俯绍 俯通

0853 **绍兴通宝折二钱 仿瘦金体 试样钱**

一级
径 31.1、穿 8.0、厚 2.2 毫米；重 5.77 克
正字

0854 **绍兴通宝折二钱 仿瘦金体 试样钱**

一级
径 31.0、穿 9.0、厚 2.0 毫米；重 11.24 克
粗字 仰宝

0855 **绍兴通宝折二钱 楷书 光背 铁母**

二级
径 27、穿 8.0 毫米
广郭 粗字
戴葆庭旧藏

0856 **绍兴通宝折二钱 楷书 背双二**

一级
径 28.0、穿 8.0 毫米
仰通 仰宝
选自《历代古钱图说》

0857 **绍兴通宝折二钱 楷书 背双二**

一级
径 28.0、穿 8.0、厚 1.8 毫米；重 5.64 克
粗字 进兴 狭宝

0858 **绍兴通宝折二钱 楷书 背双二**

一级
径 28.0 毫米；重 5.64 克
短阔通
选自《中国珍稀钱币》

0859 **绍兴通宝折三钱 楷书 光背**

四级
径 32.6、穿 8.4、厚 1.6 毫米；重 7.5 克
粗字 阔通

0860 **绍兴通宝折三钱 楷书 光背**

四级
径 32.4、穿 8.2、厚 1.7 毫米；重 7.4 克
广郭 退绍

0861 **绍兴通宝折三钱 楷书 光背**

四级
径 32.4、穿 9.0、厚 1.9 毫米；重 8.8 克
细小字 狭宝

0862 **绍兴通宝折三钱 楷书 光背**

四级
径 32.3、穿 9.0、厚 1.8 毫米；重 8.4 克
退绍 仰宝

0863 **绍兴通宝折三钱 楷书 光背**

四级
径 32.2、穿 8.3、厚 1.5 毫米；重 6.5 克
广郭 退兴 俯通

0864 **绍兴通宝折三钱 楷书 光背**

四级
径 32.2、穿 9.0、厚 1.9 毫米；重 7.8 克
退兴

0865 **绍兴通宝折三钱 楷书 光背**

四级
径 32.1、穿 9.0、厚 1.5 毫米；重 6.9 克
面四决 俯宝

0866 **绍兴通宝折三钱 楷书 光背**

四级
径 32.0、穿 8.6 毫米；重 7.5 克
粗字 阔通
上海博物馆藏

0867 **绍兴通宝折三钱 楷书 光背**

四级
径 32.0、穿 9.0、厚 1.7 毫米；重 7.0 克
阴郭 仰通 仰宝

0868 **绍兴通宝折三钱 仿瘦金体 试样钱**

一级
径 34.0、穿 8.0 毫米
阔兴 昂宝
戴葆庭旧藏

0869 **绍兴通宝折三钱 仿瘦金体 试样钱**

一级
径 34.0、穿 8.0、厚 2.0 毫米；重 9.52 克
大字 阔绍 背阔郭

0870 **绍兴通宝折三钱 仿瘦金体 试样钱**

一级
径 34.0、穿 10、厚 2.0 毫米
重 10.82 克
广穿 小字 扁绍

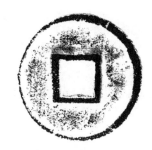

0871 **绍兴通宝折十钱 仿瘦金体 试样钱**

一级
径 41.0、穿 12、厚 2.0 毫米
重 15.4 克
阔通 仰宝
桐乡市钟旭洲钱币艺术博物馆藏

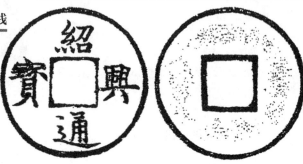

0872 **绍兴通宝折十钱 仿瘦金体 试样钱**

一级
径 41.0、穿 12、厚 1.9 毫米
重 13.63 克
粗字 扁绍 退俯通

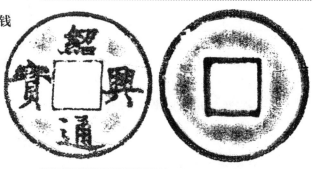

0873 **绍兴通宝折十钱 仿瘦金体 试样钱**

一级
径 41.0、穿 12 毫米
重 15.3 克
细字 进绍

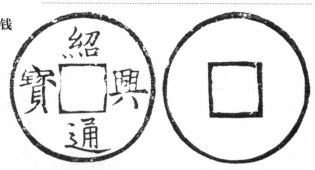

0874 **绍兴通宝折十钱 仿瘦金体 试样钱**

一级
径 40.0、穿 12 毫米
阔轮 粗字 仰宝
戴葆庭旧藏

0875 **绍兴通宝折十钱 仿瘦金体**
特大型 初铸 试样钱

一级
径 44.0、穿 12、厚 2.0 毫米
重 23.3 克
粗大字 阔绍 初铸大样

0876 **绍兴通宝折十钱 楷书 光背**

一级
径 41 毫米
大字体（已变形）
仰通 对读
南宁附近发现（背后一枚
熙宁重宝）

附：私铸绍兴元宝折二钱

南宋钱币。高宗绍兴年间（1131~1162 年）铸造。青铜质。钱文"绍兴元宝"，篆、楷对钱，旋读。一般制作粗劣，文字浅平，肉薄、穿宽、平背、重量轻。有的私铸钱按钱径为小平钱，但私铸者为省铜，穿口大，不符小平规格，故属折二钱。一般折二钱径 23.0~28.2 毫米，重 2.0~6.5 克。

0877 **私铸绍兴元宝折二钱 篆书 光背**

五级
径 28.2、穿 7.0、厚 1.7 毫米；重 6.5 克
细字 昂宝

0878 **私铸绍兴元宝折二钱 篆书 光背**

五级
径 27.4、穿 7.0、厚 1.6 毫米；重 4.7 克
阴郭 进绍

0879 **私铸绍兴元宝折二钱 篆书 光背**

五级
径 27.3、穿 8.0、厚 0.9 毫米；重 2.8 克
广穿 正字

0880 **私铸绍兴元宝折二钱 篆书 光背**

五级
径 25.8、穿 8.0 毫米
粗字 大元
平尾丽惠庄旧藏

0881 **私铸绍兴元宝折二钱 篆书 光背**

五级
径 55.5、穿 7.3 毫米；重 3.1 克
长郭 进绍

0882 **私铸绍兴元宝折二钱 篆书 光背**

五级
径 24.5、穿 7.0 毫米；重 3.0 克
狭轮 阔宝 小样

0883 **私铸绍兴元宝折二钱 楷书 光背**

五级
径 25.5、穿 8.6、厚 0.9 毫米；重 3 克
广穿 粗字

0884 **私铸绍兴元宝折二钱 楷书 光背**

五级
径 25.5、穿 9.0 毫米；重 3.0 克
广穿 退元

0885 **私铸绍兴元宝折二钱 楷书 光背**

五级
径 25.5、穿 8.0 毫米；重 3.7 克
狭斜宝

0886 **私铸绍兴元宝折二钱 楷书 光背**

五级
径 25.5、穿 7.0、厚 1.2 毫米；重 2.78 克
粗字 阔元

0887 **私铸绍兴元宝折二钱 楷书 光背**

五级
径 25.5、穿 8.0 毫米；重 2.0 克
仰兴 斜贝宝
上海博物馆藏

0888 **私铸绍兴元宝折二钱 楷书 光背**

五级
径 25.5、穿 7.0 毫米；重 2.1 克
阔绍 长元
上海博物馆藏

0889 **私铸绍兴元宝折二钱 楷书 光背**

五级
径 25.1、穿 7.0、厚 0.9 毫米；重 2.1 克
粗字 仰兴

0890 **私铸绍兴元宝折二钱 楷书 光背**

五级
径 25.1、穿 8.0 毫米；重 2.0 克
细郭 仰兴

0891 **私铸绍兴元宝折二钱 楷书 光背**

五级
径 25.0、穿 8 毫米；重 2.5 克
细字 进绍
选自《中国珍稀钱币》

0892 **私铸绍兴元宝折二钱 楷书 光背**

五级
径 25.0、穿 8.2 毫米；重 2.3 克
阔轮 小字 扁绍
上海博物馆藏

0893 **私铸绍兴元宝折二钱 楷书 光背**

五级
径 24.3、穿 6.2、厚 1.0 毫米；重 2.5 克
粗字 阔宝

0894 **私铸绍兴元宝折二钱 楷书 光背**

五级
径 24.3、穿 8.0 毫米
仰绍 仰兴
选自《中国珍稀钱币》

0895 **私铸绍兴元宝折二钱 楷书 光背**

五级
径 24.3、穿 7.2、厚 1.0 毫米；重 2.1 克
粗字 仰宝

0896 **私铸绍兴元宝折二钱 楷书 光背**

五级
径 24.0、穿 9.0 毫米
细轮 仰绍 进元
山东微山县出土

0897　**私铸绍兴元宝折二钱 楷书 光背**

五级
径 24.0、穿 8.0 毫米
细郭　进仰绍

0898　**私铸绍兴元宝折二钱 楷书 光背**

五级
径 24.0、穿 8.0 毫米；重 2.7 克
仰绍　仰兴
上海博物馆藏

0899　**私铸绍兴元宝折二钱 楷书 光背**

五级
径 24.0、穿 8.3 毫米；重 2.2 克
昂元

0900　**私铸绍兴元宝折二钱 楷书 光背**

五级
径 24.0、穿 7.0 毫米；重 2.5 克
粗字　仰绍

0901　**私铸绍兴元宝折二钱 楷书 光背**

五级
径 24.0、穿 8.0 毫米；重 2.2 克
仰兴　仰宝

0902　**私铸绍兴元宝折二钱 楷书 光背**

五级
径 25.5、穿 7、厚 1.2 毫米；重 2.78 克
粗大字　仰绍

0903　　**私铸绍兴元宝折二钱 楷书 光背**

五级
径 23.4、穿 7.3、厚 0.9 毫米；重 2.0 克
降元

0904　　**私铸绍兴元宝折二钱 楷书 光背**

五级
径 23.2、穿 7.0 毫米；重 2.6 克
粗字 仰绍 小样

孝宗朝钱

　　宋孝宗期间（1163~1189 年）共有"隆兴""乾道""淳熙"三个年号，都铸行了年号铜钱。隆兴年间（1163~1164 年）铸造了"隆兴元宝""隆兴重宝"钱；乾道年间（1165~1173 年）铸造了"乾道元宝""乾道通宝""乾道重宝"钱；淳熙年间（1174~1189年）铸造了"淳熙元宝""淳熙通宝"钱。

隆兴钱

　　宋孝宗隆兴年间（1163~1164 年）铸造的钱币。铜钱铸有"隆兴元宝""隆兴重宝"两种钱文。隆兴元宝有篆、楷两种书体，旋读。有小平钱、折二钱两种币值。隆兴重宝仅有楷书对读小平钱。

隆兴元宝钱

　　南宋钱币。孝宗隆兴年间（1163~1164 年）铸造。青铜质。钱文"隆兴元宝"，篆、楷两种书体，旋读。有小平钱、折二钱两种币值。小平钱仅见楷书铁母和私铸钱；折二钱有阔隆、长字、阔元、扁元、阔轮 小字等多种版式，小平钱钱径 23.8 毫米；折二钱钱径 27.6~31.0 毫米，重 3.4~8.3 克。

0905 **隆兴元宝小平钱 楷书 铁母**

一级
径 24、穿 6 毫米；重 3.7 克
面四决 降元 昂宝
陈达农旧藏

0906 **隆兴元宝折二钱 篆书 大字**

四级
径 29.2、穿 8.0、厚 1.6 毫米；重 6 克
正字 背四决

0907 **隆兴元宝折二钱 篆书 大字**

四级
径 31、穿 8.0、厚 1.5 毫米；重 6.4 克
仰宝 背四决

0908 **隆兴元宝折二钱 篆书 大字**

四级
径 30.5、穿 8.0 毫米；重 5.1 克
四决 正字
上海博物馆藏

0909 **隆兴元宝折二钱 篆书 大字**

四级
径 30.1、穿 8.0、厚 1.4 毫米；重 6.4 克
细字 背四决

0910 **隆兴元宝折二钱 篆书 大字**

四级
径 30.1、穿 8.0、厚 1.5 毫米；重 6.2 克
小字 仰元

0911　**隆兴元宝折二钱 篆书 大字**

四级
径 30.1、穿 8.0、厚 1.4 毫米；重 5.6 克
粗字 阔兴 斜宝

0912　**隆兴元宝折二钱 篆书 大字**

四级
径 30、穿 8.0、厚 1.4 毫米；重 6.1 克
正郭 正字

0913　**隆兴元宝折二钱 篆书 大字**

四级
径 29.9、穿 8.0、厚 1.2 毫米；重 4.6 克
细字 俯兴 仰宝

0914　**隆兴元宝折二钱 篆书 大字**

四级
径 29.8、穿 8.0、厚 1.6 毫米；重 6.1 克
花穿 进隆

0915　**隆兴元宝折二钱 篆书 大字**

四级
径 29.6、穿 8.0、厚 1.3 毫米；重 5.9 克
阴郭 仰宝

0916　**隆兴元宝折二钱 篆书 大字**

四级
径 29、穿 7.0、厚 1.8 毫米；重 9.75 克
狭隆 进元

0917 **隆兴元宝折二钱 篆书 大字**

四级
径 28.5、穿 8.0、厚 1.4 毫米；重 4.5 克
仰宝 小样

0918 **隆兴元宝折二钱 篆书 阔隆**

四级
径 30.6、穿 8.0、厚 1.7 毫米；重 4.9 克
广郭 俯宝

0919 **隆兴元宝折二钱 篆书 阔隆**

三级
径 30.2、穿 8.0、厚 1.5 毫米；重 6.6 克
广郭 正字

0920 **隆兴元宝折二钱 篆书 阔隆**

四级
径 30、穿 8.0、厚 1.6 毫米；重 6.8 克
阔隆

0921 **隆兴元宝折二钱 篆书 阔隆**

四级
径 30、穿 8.0、厚 1.7 毫米
广郭 粗字 进元
选自《中国古钱大集》

0922 **隆兴元宝折二钱 篆书 阔隆**

四级
径 30、穿 8.0 毫米
俯兴
选自《华夏古钱价格图录》

0923 **隆兴元宝折二钱 篆书 阔隆**

四级
径 29.8、穿 8.0、厚 1.6 毫米；重 5.9 克
俯兴 短元

0924 **隆兴元宝折二钱 篆书 阔隆**

三级
径 282、穿 8.0、厚 1 毫米；重 5.2 克
长元 阔宝 小样

0925 **隆兴元宝折二钱 篆书 阔轮 扁元**

四级
径 29.1、穿 8.0、厚 1.5 毫米；重 6.0 克
阔轮 狭兴

0926 **隆兴元宝折二钱 篆书 阔轮 扁元**

四级
径 29.1、穿 7.4、厚 1.5 毫米；重 6.3 克
进元 降宝

0927 **隆兴元宝折二钱 篆书 阔轮 扁元**

四级
径 28.3、穿 8.0、厚 1.5 毫米；重 4.9 克
进隆 俯宝

0928 **隆兴元宝折二钱 篆书 阔轮 扁元**

四级
径 28.9、穿 8.0、厚 1.7 毫米；重 7.3 克
俯兴

0929

隆兴元宝折二钱 篆书 阔轮 扁元

四级
径 28.7、穿 8.0、厚 1.6 毫米；重 5.5 克
进隆 降宝

0930

隆兴元宝折二钱 篆书 阔轮 扁元

四级
径 28.6、穿 7.3、厚 1.4 毫米；重 5.9 克
仰元 俯宝

0931

隆兴元宝折二钱 篆书 阔轮 扁元

四级
径 28.6、穿 8.0、厚 1.5 毫米；重 6.0 克
进隆 进仰元

0932

隆兴元宝折二钱 篆书 阔轮 扁元

四级
径 28.6、穿 8.0、厚 1.5 毫米；重 6.1 克
进隆 阔兴

0933

隆兴元宝折二钱 篆书 阔轮 扁元

四级
径 28.6、穿 8.0、厚 1.5 毫米；重 6.2 克
小字 狭隆

0934

隆兴元宝折二钱 篆书 阔轮 扁元

四级
径 28.5、穿 8.0、厚 1.1 毫米；重 4.5 克
进元 仰宝

0935　**隆兴元宝折二钱 篆书 阔轮 扁元**

四级
径 28.1、穿 8.0、厚 1.3 毫米；重 5.5 克
进隆 斜宝

0936　**隆兴元宝折二钱 篆书 阔轮 扁元**

四级
径 28.0、穿 8.0、厚 1.4 毫米；重 5.9 克
进俯隆 俯兴

0937　**隆兴元宝折二钱 篆书 阔轮 扁元**

四级
径 27.5、穿 8.0、厚 1.6 毫米；重 4.8 克
进隆 阔元 小样

0938　**隆兴元宝折二钱 篆书 阔轮 扁元**

四级
径 29.2、穿 8.0、厚 1.6 毫米；重 5.6 克
仰兴 扁元

0939　**隆兴元宝折二钱 篆书 阔轮 扁元**

四级
径 29.0、穿 8.0 毫米
俯兴 扁小元
燕子堂藏

0940　**隆兴元宝折二钱 篆书 阔轮 扁元**

四级
径 28.0、穿 8.0 毫米；重 6.2 克
扁阔元
上海博物馆藏

0941　**隆兴元宝折二钱 篆书 阔轮 长元**

四级
径 30.5、穿 6.0 毫米，重 7.8 克
阔轮 俯隆 俯宝
上海博物馆藏

0942　**隆兴元宝折二钱 篆书 阔轮 长元**

四级
径 30.3、穿 6.0、厚 1.3 毫米；重 8.3 克
阔隆 俯兴

0943　**隆兴元宝折二钱 篆书 阔轮 长元**

四级
径 30、穿 7.0、厚 1.7 毫米；重 6.3 克
阔郭 短元

0944　**隆兴元宝折二钱 篆书 阔轮 长元**

四级
径 30.0 毫米；重 7.1 克
仰隆 俯兴
上海博物馆藏

0945　**隆兴元宝折二钱 篆书 阔轮 长元**

四级
径 29.9、穿 6.2、厚 1.9 毫米；重 6.5 克
狭元

0946　**隆兴元宝折二钱 篆书 阔轮 长元**

四级
径 29.9、穿 7.0、厚 1.9 毫米；重 6.8 克
阔兴 俯宝

0947 **隆兴元宝折二钱 篆书 阔轮 长元**

四级
径 29.9、穿 7.0、厚 2.1 毫米；重 6.8 克
俯隆 俯兴

0948 **隆兴元宝折二钱 篆书 阔轮 长元**

四级
径 29.8、穿 6.3、厚 1.9 毫米；重 7.1 克
俯兴 昂宝

0949 **隆兴元宝折二钱 篆书 阔轮 长元**

四级
径 29.9、穿 6.2、厚 1.9 毫米；重 6.5 克
俯兴 进元

0950 **隆兴元宝折二钱 篆书 阔轮 长元**

四级
径 29.7、穿 7.0、厚 1.5 毫米；重 5.6 克
俯兴 短阔元

0951 **隆兴元宝折二钱 篆书 阔轮 长元**

四级
径 29.6、穿 7.0、厚 1.7 毫米；重 7.2 克
小字 狭兴

0952 **隆兴元宝折二钱 篆书 阔轮 长元**

四级
径 29.6、穿 6.1、厚 1.7 毫米；重 7.2 克
进元 仰宝

0953 **隆兴元宝折二钱 篆书 阔轮 长元**

四级
径 29.6、穿 6.0、厚 1.4 毫米；重 5.4 克
长郭 阔兴

0954 **隆兴元宝折二钱 篆书 阔轮 长元**

四级
径 29.6、穿 6.2、厚 1.9 毫米；重 6.3 克
俯隆 俯兴

0955 **隆兴元宝折二钱 篆书 阔轮 长元**

四级
径 29.3、穿 7.0、厚 1.7 毫米；重 6.3 克
俯兴 进元

0956 **隆兴元宝折二钱 篆书 阔轮 长元**

四级
径 29.2、穿 6.0、厚 1.7 毫米；重 6.5 克
粗字 阔俯隆

0957 **隆兴元宝折二钱 篆书 狭轮 长元**

四级
径 28.3、穿 8.0、厚 1.8 毫米；重 4.8 克
狭轮 俯隆

0958 **隆兴元宝折二钱 篆书 狭轮 长元**

四级
径 28.2、穿 0.8 毫米；重 5.8 克
粗大字 阔隆 俯宝
上海博物馆藏

0959 **隆兴元宝折二钱 篆书 狭轮 长元**

四级
径 28.2、穿 8.0、厚 2.0 毫米；重 6.5 克
退隆 退元

0960 **隆兴元宝折二钱 篆书 狭轮 长元**

四级
径 28.2、穿 8.0、厚 1.9 毫米；重 6.4 克
细字 俯宝

0961 **隆兴元宝折二钱 篆书 狭轮 长元**

四级
径 28.2、穿 8.0、厚 2.1 毫米；重 6.3 克
俯隆 俯兴

0962 **隆兴元宝折二钱 篆书 狭轮 长元**

四级
径 27.6、穿 8.0、厚 1.8 毫米；重 5.5 克
细轮 小样

0963 **隆兴元宝折二钱 篆书 阔轮 圆贝宝**

三级
径 30.0、穿 8.0 毫米
进元 狭宝
选自《简明钱币辞典》

0964 **隆兴元宝折二钱 篆书 阔轮 圆贝宝**

三级
径 30.0、穿 7.0、厚 1.3 毫米；重 7.9 克
粗字 阔圆贝宝

0965 　**隆兴元宝折二钱 篆书 阔轮 圆贝宝**

三级
径 28.8、穿 8.0、厚 1.4 毫米；重 7.8 克
阔隆

0966 　**隆兴元宝折二钱 篆书 阔轮 圆贝宝**

三级
径 28.0、穿 7.0、厚 1.2 毫米；重 7.1 克
仰阔兴

0967 　**隆兴元宝折二钱 楷书 大字**

四级
径 30.2、穿 8、厚 1.8 毫米；重 7.5 克
阔轮 阔隆

0968 　**隆兴元宝折二钱 楷书 大字**

四级
径 30.2、穿 8、厚 1.6 毫米；重 6.5 克
阴郭 狭宝

0969 　**隆兴元宝折二钱 楷书 大字**

四级
径 30.1、穿 8、厚 1.6 毫米；重 5.8 克
粗字 阔宝

0970 　**隆兴元宝折二钱 楷书 大字**

四级
径 30、穿 8、厚 1.4 毫米；重 5.7 克
狭轮 仰元

0971　隆兴元宝折二钱 楷书 大字

四级
径 30、穿 8、厚 1.6 毫米；重 6.0 克
俯隆 狭兴

0972　隆兴元宝折二钱 楷书 大字

四级
径 30、穿 8、厚 1.4 毫米；重 4.8 克
花穿 进隆

0973　隆兴元宝折二钱 楷书 大字

四级
径 29.9、穿 8、厚 1.4 毫米；重 6.3 克
平阔 俯兴

0974　隆兴元宝折二钱 楷书 大字

四级
径 29.9、穿 7.0、厚 1.7 毫米；重 6.7 克
小字 俯兴 仰元

0975　隆兴元宝折二钱 楷书 大字

四级
径 29.6、穿 8、厚 1.3 毫米；重 5.2 克
小字 狭隆

0976　隆兴元宝折二钱 楷书 大字

四级
径 29.6、穿 8、厚 1.4 毫米；重 5.7 克
仰元 仰宝

0977 **隆兴元宝折二钱 楷书 大字**

四级
径 29.6、穿 6.2、厚 2 毫米；重 7.3 克
阔长郭 俯兴

0978 **隆兴元宝折二钱 楷书 大字**

四级
径 29.4、穿 8、厚 1.6 毫米；重 6.4 克
大字 阔隆

0979 **隆兴元宝折二钱 楷书 大字**

四级
径 29.3、穿 7、厚 1.6 毫米；重 6.1 克
俯兴 昂宝

0980 **隆兴元宝折二钱 楷书 大字**

四级
径 29、穿 7.2、厚 1.2 毫米；重 5.1 克
阔隆 仰宝

0981 **隆兴元宝折二钱 楷书 大字**

四级
径 29、穿 6.0、厚 1.0 毫米；重 6.5 克
进俯隆 俯兴

0982 **隆兴元宝折二钱 楷书 大字**

四级
径 28.7、穿 7.2、厚 1.6 毫米；重 9.2 克
粗大字 阔元

0983 **隆兴元宝折二钱 楷书 大字**

四级
径 28.5、穿 8.0、厚 1.2 毫米；重 3.9 克
粗字 阔隆

0984 **隆兴元宝折二钱 楷书 大字**

四级
径 28.5、穿 8.0、厚 1.2 毫米；重 3.9 克
细郭 进隆

0985 **隆兴元宝折二钱 楷书 大字**

四级
径 28.4、穿 7.0、厚 1.2 毫米；重 3.9 克
小字 狭元

0986 **隆兴元宝折二钱 楷书 大字**

四级
径 28.3、穿 8.0、厚 2.2 毫米；重 7.9 克
长兴 斜元

0987 **隆兴元宝折二钱 楷书 大字**

四级
径 28.3、穿 8.0、厚 1.3 毫米；重 4.3 克
阔俯兴 背四决

0988 **隆兴元宝折二钱 楷书 大字**

四级
径 28、穿 7.0、厚 1 毫米；重 4.8 克
粗字 进隆 昂宝

0989 **隆兴元宝折二钱 楷书 大字**

四级
径 30.4、穿 8.0、厚 1.6 毫米；重 4.8 克
进俯隆

0990 **隆兴元宝折二钱 楷书 大字**

四级
径 30.1、穿 8.0、厚 1.7 毫米；重 6.6 克
狭宝

0991 **隆兴元宝折二钱 楷书 大字**

四级
径 30、穿 8.0、厚 1.7 毫米；重 6.4 克
细字 狭兴

0992 **隆兴元宝折二钱 楷书 大字**

四级
径 30、穿 8.0、厚 1.7 毫米；重 6.4 克
仰兴

0993 **隆兴元宝折二钱 楷书 大字**

四级
径 30、穿 8.0、厚 1.7 毫米；重 6.4 克
细字 进元

0994 **隆兴元宝折二钱 楷书 大字**

四级
径 29.8、穿 8.0、厚 1.8 毫米；重 7.6 克
进元 俯宝

0995 **隆兴元宝折二钱 楷书 大字**

四级
径 29.7、穿 8.0、厚 1.6 毫米；重 6.1 克
狭元

0996 **隆兴元宝折二钱 楷书 大字**

四级
径 29.6、穿 7.0、厚 2.1 毫米；重 7.3 克
阔俯兴

0997 **隆兴元宝折二钱 楷书 大字**

四级
径 29.5、穿 8.0、厚 1.4 毫米；重 5.2 克
阴郭 俯宝

0998 **隆兴元宝折二钱 楷书 大字**

四级
径 29.1、穿 7.0、厚 1.7 毫米；重 5.7 克
阴郭 俯隆 俯兴

0999 **隆兴元宝折二钱 楷书 大字**

四级
径 28.4、穿 7.3、厚 1.4 毫米；重 4.9 克
细郭 狭元

1000 **隆兴元宝折二钱 楷书 大字**

四级
径 28.3、穿 7.2、厚 1.4 毫米；重 4.2 克
粗字 狭隆

1001 **隆兴元宝折二钱 楷书 大字**

四级
径 28、穿 8.0、厚 1.1 毫米；重 3.4 克
粗字 阔元

1002 **隆兴元宝折二钱 楷书 大字**

四级
径 27、穿 7.3、厚 1.6 毫米；重 4.2 克
粗字 阴郭 进隆

1003 **隆兴元宝折二钱 楷书 阔轮 小字**

四级
径 29.2、穿 8.0、厚 1.7 毫米；重 6.7 克
俯隆 昂宝

1004 **隆兴元宝折二钱 楷书 阔轮 小字**

四级
径 29.2、穿 8.0、厚 1.4 毫米；重 5.8 克
俯兴 昂宝

1005 **隆兴元宝折二钱 楷书 阔轮 小字**

四级
径 29.1、穿 8.0、厚 1.6 毫米；重 6.1 克
俯隆 退元

1006 **隆兴元宝折二钱 楷书 阔轮 小字**

四级
径 29.1、穿 8.0、厚 1.7 毫米；重 6.0 克
粗字 进隆

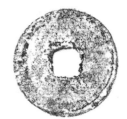

1007　　**隆兴元宝折二钱 楷书 阔轮 小字**

四级
径 29.0、穿 8.0、厚 1.8 毫米；重 6.0 克
进隆 俯兴

1008　　**隆兴元宝折二钱 楷书 阔轮 小字**

四级
径 28.9、穿 7.4、厚 1.2 毫米；重 6.1 克
俯隆 斜宝

1009　　**隆兴元宝折二钱 楷书 阔轮 小字**

四级
径 28.9、穿 8.0、厚 1.5 毫米；重 6.1 克
进隆 退元

1010　　**隆兴元宝折二钱 楷书 阔轮 小字**

四级
径 28.8、穿 8.0、厚 1.6 毫米；重 6.1 克
狭兴 仰宝

1011　　**隆兴元宝折二钱 楷书 阔轮 小字**

四级
径 、穿 毫米
粗大字 俯隆
选自《中国古钱大集》

1012　　**隆兴元宝折二钱 楷书 阔轮 小字**

四级
径 28.7、穿 8.0、厚 1.6 毫米；重 4.9 克
进俯隆 狭宝

1013　**隆兴元宝折二钱 楷书 阔轮 小字**

四级
径 28.5、穿 8.0、厚 1.5 毫米；重 5.5 克
俯兴 俯宝

1014　**隆兴元宝折二钱 楷书 阔轮 小字**

四级
径 28.5、穿 8.0、厚 1.8 毫米；重 5.5 克
俯兴 阔元

隆兴重宝小平钱楷书铁母

　　南宋钱币。宋孝宗隆兴年间（1163~1164 年）铸造的钱币。青铜质。钱文"隆兴重宝"，仅见楷书一种书体，对读。铁母。仅见小平一种币值。钱径 24 毫米，重 5.7 克。

1015　**隆兴重宝小平钱 楷书 铁母**

一级
径 24、穿 5.8、厚 2.0 毫米；重 5.7 克
狭轮 粗大字
孙仲汇提供

附：私铸隆兴元宝小平钱

　　南宋钱币。宋孝宗隆兴年间（1163~1164 年）铸造。青铜质。钱文"隆兴元宝"，楷书，旋读。平钱。私铸。制作粗劣，文字钱平，穿宽，平背。钱径 24、穿 8 毫米。

1016　私铸隆兴元宝小平钱　楷书

三级
径 24.0、穿 8.0 毫米
狭轮　阴郭　粗字

乾道钱

　　宋孝宗乾道年间（1165~1173 年）铸造的钱币。铜钱有"乾道元宝""乾道通宝""乾道重宝"三种钱文。元宝有篆、楷两种书体；有小平钱、折二钱、折五钱三种币值；通宝楷书一种，仅见折五钱；重宝隶书一种，亦仅见折五钱；均旋读。

乾道元宝钱

　　南宋钱币。宋孝宗乾道年间（1165~1173 年）铸造。青铜质。钱文"乾道元宝"，篆、楷两种书体，旋读。有小平钱、折二钱两种币值。小平钱，分篆书、楷书两种字体。篆书有光背正用钱、光背铁母；楷书有光背铁母、铁母背上松（"松"指舒州宿松监，今安徽境内）、右同下月（"同"指舒州同安监，今安徽境内）等。折二钱有光背、背星月、背正，均有篆、楷两种书体，篆书背泉（"泉"指鄂州宝泉监，今江西境内）；其余皆楷书，有光背铁母、背上春（"春"指蕲州蕲春监，今湖北境内）、上裕（"裕"指抚州裕丰监，今江西境内）、上同（"同"指舒州同安监，今安徽境内）、左松、上松、上丰（"丰"指临州丰余监，今江西境内）、上邛（"邛"指邛州惠民监，今四川境内）、正行。折五钱有楷书光背。按钱币文字和特点分阔乾、狭乾、小乾、狭元、长元、大字、细字、粗字等多种版式。一般小平钱钱径 21~24 毫米，重 3.58~6.3 克；折二钱钱径 26~30 毫米，重 3.6~8.7 克；折五钱仅一枚，钱径 34.1 毫米，重 6.7 克。

1017　乾道元宝小平钱　篆书　光背　正用钱

一级
径 23.2、穿 6.0、厚 1.7 毫米；重 4.8 克
阔轮　正字
桐乡市钟旭洲钱币艺术博物馆藏

1018 **乾道元宝小平钱 篆书 光背 铁母**

一级
径 22.0、穿 4.6、厚 2.2 毫米；重 5.5 克
细字昂宝
孙仲汇提供

1019 **乾道元宝小平钱 楷书 光背 铁母**

二级
径 24.4、穿 6.0、厚 1.7 毫米；重 3.5 克
俯道 仰宝
湖州赵金星藏

1020 **乾道元宝小平钱 楷书 光背 铁母**

二级
径 24.0、穿 6.0 毫米
大字 阔乾
广东江兆清藏

1021 **乾道元宝小平钱 楷书 光背 铁母**

二级
径 23.0、穿 6.0 毫米
粗字 狭宝
选自《历代古钱图说》

1022 **乾道元宝小平钱 楷书 光背 铁母**

二级
径 22.0、穿 8.2 毫米；重 6.3 克
上下扁字，左右长字
上海博物馆藏

1023 **乾道元宝小平钱 楷书 背左同下月 铁母**

一级
径 24.0、穿 0.6 毫米
退乾 仰道
戴葆庭旧藏

1024　**乾道元宝小平钱 楷书 背上松 铁母**

一级
径 24.0、穿 6.0、厚 1.5 毫米；重 3.58 克
仰道 俯宝
《中国钱币》1999 年第 4 期

1025　**乾道元宝折二钱 篆书 小字 狭元**

四级
径 28.9、穿 8.0、厚 1.7 毫米；重 6.9 克
仰道 仰宝

1026　**乾道元宝折二钱 篆书 小字 狭元**

五级
径 28.9、穿 7.2、厚 1.8 毫米；重 6.3 克
细字 正字

1027　**乾道元宝折二钱 篆书 小字 狭元**

五级
径 28.6、穿 7.2、厚 1.7 毫米；重 6.5 克
仰乾 狭宝

1028　**乾道元宝折二钱 篆书 小字 狭元**

四级
径 28.4、穿 7.2、厚 1.8 毫米；重 6.4 克
细字 仰乾

1029　**乾道元宝折二钱 篆书 小字 狭元**

五级
径 28.3、穿 7.1、厚 2 毫米；重 8.3 克
阔轮 正字

1030 **乾道元宝折二钱 篆书 小字 狭元**

四级
径 28.1、穿 7.2、厚 1.5 毫米；重 5.7 克
仰乾

1031 **乾道元宝折二钱 篆书 小字 狭元**

五级
径 28.1、穿 7.2、厚 1.8 毫米；重 6.6 克
仰道 进元

1032 **乾道元宝折二钱 篆书 小字 狭元**

四级
径 28.0、穿 7.2、厚 1.4 毫米；重 5.9 克
粗大字 阔乾

1033 **乾道元宝折二钱 篆书 小字 狭元**

四级
径 2.83、穿 7.0、厚 1.3 毫米；重 5.7 克
正郭 阔元

1034 **乾道元宝折二钱 篆书 小字 狭元**

五级
径 28.2、穿 7.2、厚 1.5 毫米；重 6.0 克
阴郭 狭元

1035 **乾道元宝折二钱 篆书 小字 狭元**

四级
径 28.2、穿 7.2、厚 1.5 毫米；重 6.7 克
狭宝

1036　**乾道元宝折二钱 篆书 小字 狭元**

五级
径 28.2、穿 7.1、厚 1.6 毫米；重 6.6 克
阔宝

1037　**乾道元宝折二钱 篆书 小字 狭元**

四级
径 28.1、穿 7.2、厚 1.6 毫米；重 5.5 克
粗字 阔仰道

1038　**乾道元宝折二钱 篆书 小字 狭元**

五级
径 28.1、穿 8.0、厚 1.8 毫米；重 7.1 克
狭退元

1039　**乾道元宝折二钱 篆书 小字 狭元**

四级
径 28.0、穿 7.0、厚 1.6 毫米；重 6.7 克
粗郭 粗字

1040　**乾道元宝折二钱 篆书 小字 狭元**

四级
径 28.0、穿 7.2、厚 1.6 毫米；重 6.6 克
阔扁元

1041　**乾道元宝折二钱 篆书 小字 狭元**

五级
径 27.6、穿 7.2、厚 1.5 毫米；重 4.9 克
阴郭 粗字 短元

1042　**乾道元宝折二钱　篆书　小字　狭元**

五级
径 27.0、穿 7.0、厚 1.4 毫米；重 5.0 克
细郭　小字　小样

1043　**乾道元宝折二钱　篆书　小字　狭元**

四级
径 28.7、穿 7.0、厚 1.6 毫米；重 6.7 克
阔郭　昂宝

1044　**乾道元宝折二钱　篆书　小字　狭元**

五级
径 28.4、穿 7.1、厚 1.7 毫米；重 5.8 克
粗字　仰乾

1045　**乾道元宝折二钱　篆书　小字　狭元**

四级
径 28.4、穿 7.3、厚 1.4 毫米；重 5.2 克
细字　狭宝

1046　**乾道元宝折二钱　篆书　小字　狭元**

四级
径 28.3、穿 7.0、厚 1.6 毫米；重 6.0 克
粗大字　阔元

1047　**乾道元宝折二钱　篆书　小字　狭元**

五级
径 28.2、穿 7.2、厚 1.6 毫米；重 5.7 克
粗字　狭乾

1048　**乾道元宝折二钱 篆书 小字 狭元**

四级
径 28.1、穿 7.0、厚 1.5 毫米；重 6.0 克
广郭 粗字 正字

1049　**乾道元宝折二钱 篆书 小字 狭元**

四级
径 28.1、穿 7.0、厚 1.5 毫米；重 6.3 克
阔轮 粗大字

1050　**乾道元宝折二钱 篆书 小字 狭元**

五级
径 27.8、穿 7.3、厚 1.4 毫米；重 5.6 克
粗字 退元 小样

1051　**乾道元宝折二钱 篆书 阔元**

五级
径 30.0、穿 8.0、厚 1.9 毫米；重 7.1 克
俯道 狭宝

1052　**乾道元宝折二钱 篆书 阔元**

四级
径 29.2、穿 8.0、厚 2.3 毫米；重 8.4 克
阔道

1053　**乾道元宝折二钱 篆书 阔元**

五级
径 29.2、穿 8.0、厚 1.8 毫米；重 6.5 克
阔宝

1054　**乾道元宝折二钱　篆书　阔元**

四级
径 28.8、穿 8.0、厚 2.0 毫米；重 7.4 克
阔俯道

1055　**乾道元宝折二钱　篆书　阔元**

四级
径 28.4、穿 7.6、厚 1.4 毫米；重 5.0 克
细字　长穿　狭宝

1056　**乾道元宝折二钱　篆书　阔元**

四级
径 28.4、穿 8.0、厚 1.5 毫米；重 5.6 克
细郭　正字

1057　**乾道元宝折二钱　篆书　阔元**

四级
径 28.3、穿 8.0、厚 1.7 毫米；重 5.6 克
大字　阔乾

1058　**乾道元宝折二钱　篆书　阔元**

四级
径 27.6、穿 8.0、厚 1.2 毫米；重 3.6 克
狭乾　小样

1059　**乾道元宝折二钱　篆书　长元**

四级
径 30.0、穿 6.0、厚 2.0 毫米；重 8.5 克
肥郭　粗字

1060　**乾道元宝折二钱 篆书 长元**

五级
径 29.8、穿 7.0、厚 2.2 毫米；重 8.6 克
细字 狭宝

1061　**乾道元宝折二钱 篆书 长元**

四级
径 29.6、穿 7.0、厚 1.5 毫米；重 6.9 克
狭郭 正字

1062　**乾道元宝折二钱 篆书 长元**

四级
径 29.3、穿 7.0、厚 1.6 毫米；重 7.4 克
大字 阔乾

1063　**乾道元宝折二钱 篆书 长元**

四级
径 29.3、穿 7.0 毫米；重 7.4 克
粗字 阔道
上海博物馆藏

1064　**乾道元宝折二钱 篆书 长元**

五级
径 29.3、穿 7.0、厚 1.6 毫米；重 5.7 克
粗字 阔宝

1065　**乾道元宝折二钱 篆书 长元**

五级
径 28.9、穿 6.2、厚 1.8 毫米；重 6.7 克
俯道 斜元

1066	**乾道元宝折二钱 篆书 长元** 五级 径 28.6、穿 6.0、厚 1.7 毫米；重 6.4 克 小字 狭乾		
1067	**乾道元宝折二钱 篆书 背星月 狭元** 四级 径 27.9、穿 7.8、厚 1.7 毫米；重 6.7 克 正字		
1068	**乾道元宝折二钱 篆书 背星月 狭元** 五级 径 27.8、穿 7.3、厚 1.8 毫米；重 7.1 克 阴郭 退元		
1069	**乾道元宝折二钱 篆书 背星月 狭元** 四级 径 30.6、穿 8.2、厚 1.5 毫米；重 6.3 克 细郭 俯道		
1070	**乾道元宝折二钱 篆书 背星月 狭元** 四级 径 27.7、穿 8.0、厚 1.6 毫米；重 5.9 克 面四决 阔道		
1071	**乾道元宝折二钱 篆书 背星月 狭元** 四级 径 27.6、穿 7.3、厚 1.5 毫米；重 5.7 克 仰乾 狭宝		

1072　**乾道元宝折二钱 篆书 背星月 狭元**

四级
径 27.5、穿 7.2、厚 1.9 毫米；重 6.9 克
俯道

1073　**乾道元宝折二钱 篆书 背星月 狭元**

四级
径 27.5、穿 8.0、厚 1.8 毫米；重 5.6 克
进元

1074　**乾道元宝折二钱 篆书 背星月 狭元**

五级
径 27.1、穿 7.0、厚 1.9 毫米；重 7.6 克
粗字 仰乾 小样

1075　**乾道元宝折二钱 篆书 背星月 阔元**

四级
径 28.7、穿 8.0、厚 1.9 毫米；重 7.6 克
细字 狭元

1076　**乾道元宝折二钱 篆书 背星月 阔元**

四级
径 28.6、穿 8.0、厚 1.9 毫米；重 7.5 克
阔轮大字 阔元

1077　**乾道元宝折二钱 篆书 背星月 阔元**

五级
径 28.6、穿 8.0、厚 1.7 毫米；重 6.6 克
花穿 阔乾

1078 **乾道元宝折二钱 篆书 背星月 阔元**

五级
径 28.6、穿 8.0、厚 1.5 毫米；重 6.1 克
阴郭 阔道

1079 **乾道元宝折二钱 背星月 阔元**

五级
径 28.6、穿 8.0、厚 2.1 毫米；重 7.1 克
粗字 俯乾

1080 **乾道元宝折二钱 背星月 阔元**

四级
径 28.5、穿 8.0、厚 1.9 毫米；重 7.7 克
细字 正字

1081 **乾道元宝折二钱 背星月 阔元**

五级
径 28.5、穿 8.0、厚 2.0 毫米；重 7.5 克
阴郭 仰宝

1082 **乾道元宝折二钱 背星月 阔元**

四级
径 28.4、穿 8.0、厚 1.9 毫米；重 6.8 克
粗字 进元

1083 **乾道元宝折二钱 背星月 阔元**

四级
径 28.45、穿 8.0、厚 1.8 毫米；重 7.2 克
小字 小样

1084 　乾道元宝折二钱　篆书　背正

三级
径 28.6、穿 7.0、厚 1.6 毫米；重 6.7 克
阔郭　正字
桐乡市钟旭洲钱币艺术博物馆藏

1085 　乾道元宝折二钱　篆书　背正

四级
径 28.5、穿 8.0、厚 1.8 毫米；重 5.3 克
阴郭　退元
桐乡市钟旭洲钱币艺术博物馆藏

1086 　乾道元宝折二钱　篆书　背正

三级
径 28.3、穿 7.2、厚 1.7 毫米；重 6.9 克
细字　狭宝

1087 　乾道元宝折二钱　篆书　背正

三级
径 28.2、穿 7.2 毫米
阔轮　狭乾
选自《历代古钱图说》

1088 　乾道元宝折二钱　篆书　背正

三级
径 28.0、穿 7.2 毫米；重 7.6 克
阔轮　阔郭　正字
上海博物馆藏

1089 　乾道元宝折二钱　篆书　背正

四级
径 27.0、穿 7.0 毫米；重 6.8 克
粗字　狭元
上海博物馆藏

1090　**乾道元宝折二钱 篆书 背正**

四级
径 27.0、穿 7.3 毫米
阔轮　阔郭　背小正
燕子堂藏

1091　**乾道元宝折二钱 篆书 背正**

四级
径 26.2、穿 8.0 毫米
狭轮　细字　小样
选自《中国珍稀钱币》

1092　**乾道元宝折二钱 篆书 背泉 铁母**

二级
径 28.3、穿 7.2、厚 1.6 毫米；重 6.7 克
仰道　进元

1093　**乾道元宝折二钱 楷书 小字 狭元**

四级
径 28.5、穿 7.2、厚 1.8 毫米；重 6.8 克
细字　进元　仰宝

1094　**乾道元宝折二钱 楷书 小字 狭元**

四级
径 28.5、穿 7.2 毫米；重 6.6 克
阔轮　粗字　阔元
上海博物馆藏

1095　**乾道元宝折二钱 楷书 小字 狭元**

四级
径 28.3、穿 7、厚 1.9 毫米；重 8.6 克
俯乾　进元

1096　**乾道元宝折二钱 楷书 小字 狭元**

五级
径 28.3、穿 7.3、厚 2 毫米；重 7.0 克
进元 阔宝

1097　**乾道元宝折二钱 楷书 小字 狭元**

四级
径 28.1、穿 7.3、厚 1.7 毫米；重 6.8 克
细字 仰道

1098　**乾道元宝折二钱 楷书 小字 狭元**

四级
径 28.1、穿 7.2、厚 1.7 毫米；重 7.0 克
俯乾 狭宝

1099　**乾道元宝折二钱 楷书 小字 狭元**

四级
径 27.7、穿 7.6、厚 2.6 毫米；重 6.6 克
俯道 进元

1100　**乾道元宝折二钱 楷书 小字 狭元**

五级
径 26.0、穿 7、厚 1.5 毫米；重 6.5 克
俯乾 仰元 小样

1101　**乾道元宝折二钱 楷书 小字 狭元**

五级
径 29.1、穿 7.5、厚 1.8 毫米；重 6.5 克
仰道

1102　**乾道元宝折二钱 楷书 小字 狭元**

五级
径 28.8、穿 7.2、厚 1.5 毫米；重 7.3 克
面四决　正字

1103　**乾道元宝折二钱 楷书 小字 狭元**

五级
径 28.8、穿 8、厚 1.5 毫米；重 4.9 克
粗字　俯道

1104　**乾道元宝折二钱 楷书 小字 狭元**

四级
径 28.7、穿 7.0、厚 1.6 毫米；重 6.3 克
粗大字　阔元

1105　**乾道元宝折二钱 楷书 小字 狭元**

四级
径 28.7、穿 7.0、厚 1.6 毫米；重 6.8 克
小字　狭道

1106　**乾道元宝折二钱 楷书 小字 狭元**

五级
径 28.4、穿 7.2、厚 1.9 毫米；重 7.6 克
小贝宝

1107　**乾道元宝折二钱 楷书 小字 狭元**

五级
径 28.2、穿 7.2、厚 8.0 毫米；重 6.8 克
正郭　仰阔道

1108 **乾道元宝折二钱 楷书 小字 狭元**

五级
径 28.1、穿 8.0、厚 1.5 毫米；重 5.6 克
退乾 仰道

1109 **乾道元宝折二钱 楷书 小字 狭元**

四级
径 28、穿 8、厚 1.9 毫米；重 6.5 克
阔郭 粗字

1110 **乾道元宝折二钱 楷书 小字 狭元**

五级
径 28.0、穿 8.0、厚 1.4 毫米；重 4.8 克
细小字 狭乾

1111 **乾道元宝折二钱 楷书 小字 狭元**

五级
径 28.0、穿 7.2、厚 1.7 毫米；重 6.8 克
阔郭 仰道

1112 **乾道元宝折二钱 楷书 小字 狭元**

五级
径 28.0、穿 8.0、厚 1.4 毫米；重 4.8 克
仰道 仰宝

1113 **乾道元宝折二钱 楷书 小字 狭元**

四级
径 28.0、穿 7.2、厚 1.4 毫米；重 5.4 克
小字 退元

1114 乾道元宝折二钱 楷书 小字 狭元

五级
径 28.0、穿 7.2、厚 1.7 毫米；重 6.8 克
俯小道

1115 乾道元宝折二钱 楷书 小字 狭元

四级
径 27.8、穿 7.6、厚 1.7 毫米；重 7 克
退元 俯宝

1116 乾道元宝折二钱 楷书 小字 狭元

五级
径 27.8、穿 7.2、厚 1.6 毫米；重 4.8 克
粗字 仰道

1117 乾道元宝折二钱 楷书 小字 狭元

四级
径 28.4、穿 8、厚 1.5 毫米；重 5.9 克
俯乾 俯宝

1118 乾道元宝折二钱 楷书 小字 狭元

四级
径 28.4、穿 8.0、厚 1.4 毫米；重 6.0 克
小俯道

1119 乾道元宝折二钱 楷书 小字 狭元

四级
径 28.3、穿 8.0、厚 1.5 毫米；重 5.9 克
阔俯乾

1120　**乾道元宝折二钱 楷书 小字 狭元**

五级
径 28.3、穿 8.0、厚 2.3 毫米；重 7.2 克
俯乾 俯道

1121　**乾道元宝折二钱 楷书 小字 狭元**

四级
径 28.2、穿 7.3、厚 2.0 毫米；重 8.6 克
粗字 俯乾 俯宝

1122　**乾道元宝折二钱 楷书 小字 狭元**

五级
径 28.2、穿 8.0、厚 1.4 毫米；重 5.8 克
俯乾 俯道

1123　**乾道元宝折二钱 楷书 小字 狭元**

五级
径 28.1、穿 8.0、厚 2.0 毫米；重 7.4 克
阔郭 俯乾

1124　**乾道元宝折二钱 楷书 小字 狭元**

五级
径 27.5、穿 8.0、厚 1.7 毫米；重 5.8 克
细郭 俯道

1125　**乾道元宝折二钱 楷书 中字中元**

五级
径 29.3、穿 7.0、厚 1.7 毫米；重 6.6 克
阔轮 粗大字

1126

乾道元宝折二钱 楷书 中字中元

四级
径 29.2、穿 6.8、厚 1.9 毫米；重 6.8 克
阔道 降元

1127

乾道元宝折二钱 楷书 中字中元

四级
径 29.2、穿 7.2、厚 1.6 毫米；重 5.9 克
退乾 斜肩宝

1128

乾道元宝折二钱 楷书 中字中元

四级
径 29.1、穿 7.0、厚 1.4 毫米；重 4.7 克
狭道

1129

乾道元宝折二钱 楷书 中字中元

五级
径 29.0、穿 7.0、厚 1.7 毫米；重 5.4 克
降元 昂宝

1130

乾道元宝折二钱 楷书 中字中元

五级
径 28.9、穿 7.2、厚 0.22 毫米；重 8.7 克
粗大字 阔宝

1131

乾道元宝折二钱 楷书 中字中元

五级
径 28.9、穿 7.0、厚 1.6 毫米；重 5.8 克
进元 斜宝

1132 **乾道元宝折二钱 楷书 中字中元**

五级
径 28.8、穿 7.0、厚 2.1 毫米；重 7.9 克
阴郭 降元

1133 **乾道元宝折二钱 楷书 中字中元**

五级
径 28.7、穿 7.0、厚 1.7 毫米；重 6.2 克
仰道 降元

1134 **乾道元宝折二钱 楷书 中字中元**

五级
径 28.5、穿 6.8、厚 1.7 毫米；重 6.6 克
阔乾 降元

1135 **乾道元宝折二钱 楷书 中字中元**

四级
径 28.1、穿 7.0、厚 1.5 毫米；重 4.7 克
退乾 降元

1136 **乾道元宝折二钱 楷书 中字中元**

五级
径 28.1、穿 7.0、厚 1.6 毫米；重 6.6 克
俯道 阔元 小样

1137 **乾道元宝折二钱 楷书 大字阔元**

四级
径 28.7、穿 7.3、厚 1.8 毫米；重 7.8 克
仰元 昂宝

1138 **乾道元宝折二钱 楷书 大字阔元**

四级
径 28.6、穿 7.6、厚 1.9 毫米；重 7.8 克
仰道 仰元

1139 **乾道元宝折二钱 楷书 大字阔元**

四级
径 28.5、穿 8.0、厚 1.5 毫米；重 6.7 克
阔仰道 仰宝

1140 **乾道元宝折二钱 楷书 大字阔元**

四级
径 28.5、穿 8.0、厚 1.4 毫米；重 5.5 克
长穿 阴郭 仰道

1141 **乾道元宝折二钱 楷书 大字阔元**

五级
径 28.5、穿 8.0、厚 0.15 毫米；重 5.7 克
粗字 狭仰元

1142 **乾道元宝折二钱 楷书 大字阔元**

四级
径 28.5、穿 8.0、厚 1.7 毫米；重 6.3 克
长穿 仰元

1143 **乾道元宝折二钱 楷书 大字阔元**

四级
径 28.5、穿 8.0、厚 2.0 毫米；重 7.3 克
细郭 细字 俯宝

1144　**乾道元宝折二钱 楷书 大字阔元**

五级
径 28.5、穿 8.0、厚 2.0 毫米；重 6.5 克
花穿 仰道

1145　**乾道元宝折二钱 楷书 大字阔元**

四级
径 28.3、穿 7.5、厚 1.9 毫米；重 7.9 克
仰乾 仰元

1146　**乾道元宝折二钱 楷书 大字阔元**

五级
径 28.1、穿 7.3、厚 1.8 毫米；重 6.9 克
仰道小样

1147　**乾道元宝折二钱 楷书 背星月**

四级
径 28.7、穿 8.0、厚 1.6 毫米；重 6.2 克
阔乾 仰宝

1148　**乾道元宝折二钱 楷书 背星月**

四级
径 28.6、穿 8.0、厚 1.8 毫米；重 6.7 克
细字 仰道

1149　**乾道元宝折二钱 楷书 背星月**

五级
径 28、穿 8.0、厚 1.8 毫米；重 6.6 克
阴郭 狭元

| 1150 | **乾道元宝折二钱 楷书 背星月**

五级
径 28.6、穿 8.0、厚 1.7 毫米；重 6.6 克
花穿 仰道 |  |  |

| 1151 | **乾道元宝折二钱 楷书 背星月**

五级
径 28.5、穿 8.0、厚 1.6 毫米；重 6.0 克
俯道 仰宝 |  |  |

| 1152 | **乾道元宝折二钱 楷书 背星月**

五级
径 28.4、穿 8.0、厚 1.5 毫米；重 5.5 克
阴郭 俯乾 仰宝 |  |  |

| 1153 | **乾道元宝折二钱 楷书 背星月**

五级
径 28.4、穿 8.0、厚 2.1 毫米；重 5.8 克
俯道 阔宝 |  |  |

| 1154 | **乾道元宝折二钱 楷书 背星月**

四级
径 28.3、穿 8.0、厚 1.6 毫米；重 5.8 克
长穿 退元 |  |  |

| 1155 | **乾道元宝折二钱 楷书 背星月**

五级
径 28.1、穿 7.6、厚 1.7 毫米；重 6.4 克
俯道 斜宝 |  |  |

1156 **乾道元宝折二钱 楷书 背星月**

五级
径 28.0、穿 7.6、厚 1.9 毫米；重 6.7 克
进元 仰宝

1157 **乾道元宝折二钱 楷书 背星月**

四级
径 27.8、穿 7.0、厚 1.9 毫米；重 7.3 克
俯道 进元

1158 **乾道元宝折二钱 楷书 背星月**

四级
径 27.8、穿 7.3、厚 1.6 毫米；重 5.9 克
粗字 阔乾

1159 **乾道元宝折二钱 楷书 背星月**

五级
径 27.5、穿 7.2、厚 1.5 毫米；重 5.9 克
俯乾 进元

1160 **乾道元宝折二钱 楷书 背星月**

五级
径 27.5、穿 7.2、厚 1.4 毫米；重 5.7 克
俯乾 仰宝

1161 **乾道元宝折二钱 楷书 背星月**

五级
径 27.6、穿 7.2、厚 2.0 毫米；重 7.9 克
仰道 小样

1162　**乾道元宝折二钱 楷书 背正**

三级
径 28.4、穿 7.2、厚 2.0 毫米；重 7.8 克
广郭 进元

1163　**乾道元宝折二钱 楷书 背正**

四级
径 28.3、穿 7.0、厚 2.2 毫米；重 6.5 克
阔轮 仰道

1164　**乾道元宝折二钱 楷书 背正**

四级
径 28.1、穿 8.0、厚 1.3 毫米；重 4.9 克
俯乾 背扁正

1165　**乾道元宝折二钱 楷书 背正**

三级
径 28.0、穿 7.2 毫米；重 6.4 克
广郭 进元

1166　**乾道元宝折二钱 楷书 背正**

三级
径 28.0、穿 7.3 毫米；重 7.1 克
广郭 进元 昂宝
上海博物馆藏

1167　**乾道元宝折二钱 楷书 背正**

三级
径 28.0、穿 7.3 毫米
阔长穿 进元
选自《中国珍惜钱币》

1168　**乾道元宝折二钱 楷书 背正**

三级
径 27.8、穿 7.0 毫米
小字 俯乾 进元
平尾丽惠庄

1169　**乾道元宝折二钱 楷书 背正**

三级
径 27.8、穿 7.3、厚 1.8 毫米；重 6.6 克
小字 背斜正

1170　**乾道元宝折二钱 楷书 背正**

四级
径 27.2、穿 7.1 毫米
广郭 仰道 进元
选自《中国珍稀钱币》

1171　**乾道元宝折二钱 楷书 背正**

三级
径 27.0、穿 8.0 毫米
粗字 退乾 进元
选自《中国珍稀钱币》

1172　**乾道元宝折二钱 楷书 背正**

四级
径 27.0、穿 8.0 毫米
粗大字 背阔正
平尾丽惠庄

1173　**乾道元宝折二钱 楷书 背正**

三级
径 27.0、穿 7.0 毫米
阔轮 广郭 进元
戴葆庭旧藏

1174　**乾道元宝折二钱 楷书 背正**

四级

径 26.8、穿 6.0、厚 2.0 毫米；重 5.3 克

退乾　扁元

桐乡市钟旭洲钱币艺术博物馆藏

1175　**乾道元宝折二钱 楷书 背正**

四级

径 26.4、穿 6.2、厚 2.5 毫米；重 5 克

退乾　斜肩宝

桐乡市钟旭洲钱币艺术博物馆藏

1176　**乾道元宝折二钱 楷书 背正**

三级

径 26.0、穿 7.0、厚 1.2 毫米；重 4.7 克

广郭　仰宝　背阔郭

1177　**乾道元宝折二钱 楷书 绍兴版 母钱**

三级

径 29.0、穿 8.0 毫米

绍兴版（"元宝"两字借用绍兴元宝）母钱

北京羽中藏

1178　**乾道元宝折二钱 楷书 绍兴版 背星月**

四级

径 28.5、穿 8.0、厚 1.9 毫米；重 6.7 克

绍兴版（"元宝"两字借用

绍兴元宝）背星月

1179　**乾道元宝折二钱 楷书 光背 铁母**

一级

径 26.0、穿 9.0 毫米

狭轮　阔乾　仰道

戴葆庭藏

1180

乾道元宝折二钱 楷书 光背 铁母

二级
径 26.8、穿 8.2 毫米
细轮 小字 俯道
选自《中国珍稀钱币》

1181

乾道元宝折二钱 楷书 背春 铁母

一级
径 27.0、穿 7.0 毫米
粗大字 阔乾
福建林志坚藏

1182

乾道元宝折二钱 楷书 背裕 铁母

一级
径 27.0、穿 8.0、厚 1.6 毫米；重 6.4 克
阔轮 粗字 狭道
李加平藏

1183

乾道元宝折二钱 楷书 背同 铁母

二级
径 27.4、穿 6.5、厚 1.7 毫米；重 5.8 克
退乾 扁元
孙仲汇提供

1184

乾道元宝折二钱 楷书 背左松 铁母

一级
径 26.8、穿 8.2 毫米
细字 仰宝
选自《中国珍稀钱币》

1185

乾道元宝折二钱 楷书 背上松 铁母

一级
径 26.2、穿 7.0 毫米；重 9.93 克
狭轮 俯道 斜肩宝
戴葆庭旧藏

1186 乾道元宝折二钱 楷书 背上松 铁母

二级
径 25.6、穿 7.0 毫米
粗字 长元 背大松
选自《历代古钱图说》

1187 乾道元宝折二钱 楷书 背丰 铁母

二级
径 27.0、穿 7.0 毫米
粗字 进元
选自《中国钱币大辞典·南宋卷》

1188 乾道元宝折二钱 楷书 背丰 铁母

一级
径 23.5、穿 7.0、厚 2.0 毫米；重 7.8 克
俯乾 仰宝（面削边）

1189 乾道元宝折二钱 楷书 背邛 铁母

二级
径 28.0、穿 8.3 毫米
粗字 狭宝
中村孔固亭

1190 乾道元宝折二钱 楷书 背正行 铁母

一级
径 26.0、穿 8.0 毫米
粗字 阔扁元
选自《简明古钱辞典》

1191 乾道元宝折五钱 楷书 光背 试样钱

二级
径 34.1、穿 10、厚 1.9 毫米；重 6.7 克
粗字 退元

乾道通宝钱

南宋钱币。孝宗乾道年间（1165~1173 年）铸造。青铜质。钱文"乾道通宝"，楷书，旋读。大字，俯道。折五钱。钱径 34、穿 9 毫米。

1192

乾道通宝折五钱 楷书 光背 试样钱

一级
径 34.0、穿 9.0 毫米
大字 仰乾 俯道
选自《历代古钱图说》

乾道重宝钱

南宋钱币。孝宗乾道年间（1165~1173 年）铸造。青铜质。钱文"乾道重宝"，隶书，仰道，折五钱。近些年来新发现的南宋试样钱大珍，仅见。钱径 34、穿 9 毫米。

1193

乾道重宝折五钱 隶书 光背 试样钱

一级
径 34.0、穿 9.0 毫米
仰乾 仰道
选自《华夏古泉》

淳熙钱

宋孝宗淳熙年间（1174~1189 年）铸造的钱币。铜钱有"淳熙元宝""淳熙通宝"两种钱文。淳熙元宝有篆、楷、隶 3 种书体，旋读。有小平钱、折二钱、折三钱三种币值，淳熙通宝有篆、楷两种书体，有小平钱、折二钱两种币值。偶有铅钱。

淳熙元宝钱

　　南宋钱币。孝宗淳熙年间（1174~1189 年）铸造。青铜质。钱文"淳熙元宝"，篆、楷两种书体，偶有隶书，旋读。有小平钱、折二钱、折三钱三种币值。小平钱有光背（仅有楷书）、背上月、背星月，有篆、楷两种书体，楷书背纪年七至十六；铁母有光背、背春（蕲州蕲春监，今湖北境内）、背泉（严州神泉监，今浙江境内），均楷书。折二钱有光背、背上月（下月）、背星月、背泉（严州神泉监，今浙江境内），背正均有篆、楷两种书体，楷书背纪年柒至十六；铁母有背春玖（蕲州蕲春监，今湖北境内）、春拾、背同（舒州同安监，今安徽境内），同捌、同十二、同十四、背邛（邛州惠民监，今四川境内）、舒松月（舒州宿松监，今安徽境内）、舒同月（舒州同安监，今安徽境内）、背松十、背利（利州绍兴监，今四川境内）。折三钱有光背、背孕双星两种，均楷书，按钱币文字和特点分有许多种版式，部分可以组成对钱。一般小平钱钱径 22.5、25.7 毫米，重 2.3~5.3 克；折二钱钱径 26~31 毫米，重 4~12.5 克；折三钱钱径 29~31 毫米，重 11~12.6 克。

1194	**淳熙元宝小平钱　篆书　背上月** 三级 径 24.0、穿 6.0、厚 7.0 毫米；重 3.5 克 细字　降宝		
1195	**淳熙元宝小平钱　篆书　背上月** 四级 径 24.0、穿 6.4 毫米 粗字　退俯淳 选自《历代古钱图说》		

1196 淳熙元宝小平钱 篆书 背上月

四级
径 24.0、穿 6.3 毫米
退淳 降宝
桐乡钟旭洲钱币艺术博物馆藏

1197 淳熙元宝小平钱 篆书 背上月

四级
径 23.7、穿 6.4、厚 1.6 毫米；重 3.9 克
细小字 狭淳

1198 淳熙元宝小平钱 篆书 背上月

三级
径 23.5、穿 6.0、厚 1.3 毫米；重 3.3 克
大字 阔元

1199 淳熙元宝小平钱 篆书 背上月

四级
径 23.2、穿 6.2 毫米
退元 降宝
选自《华夏古泉价格图录》

1200 淳熙元宝小平钱 篆书 背上月

三级
径 23.2、穿 6.2、厚 1.3 毫米；重 3.0 克
退淳 背肥月

1201 淳熙元宝小平钱 篆书 背上月

四级
径 23.0、穿 6.2 毫米；重 3.1 克
粗字 俯熙
陈恕斋旧藏

1202 **淳熙元宝小平钱 篆书 背星月**

三级
径 24.3、穿 6.2、厚 1.2 毫米；重 2.8 克
俯熙 退元

1203 **淳熙元宝小平钱 篆书 背星月**

三级
径 24.3、穿 6.0、厚 1.2 毫米；重 2.8 克
俯熙 降宝

1204 **淳熙元宝小平钱 篆书 背星月**

三级
径 24.3、穿 6.2、厚 1.2 毫米；重 2.8 克
小字 俯淳

1205 **淳熙元宝小平钱 篆书 背星月**

四级
径 24.0、穿 6.0、厚 1.3 毫米；重 5.3 克
大字 阔熙

1206 **淳熙元宝小平钱 篆书 背星月**

四级
径 24.0、穿 6.2、厚 1.2 毫米；重 3.6 克
俯淳 仰元

1207 **淳熙元宝小平钱 篆书 背星月**

四级
径 23.8、穿 6.0、厚 1.2 毫米；重 3.4 克
退狭淳

1208　**淳熙元宝小平钱 篆书 背星月**

四级
径 23.6、穿 6.0、厚 1.2 毫米；重 4.2 克
俯熙 退元

1209　**淳熙元宝小平钱 篆书 背星月**

四级
径 23.4、穿 6.2、厚 1.4 毫米；重 4.0 克
俯淳 仰宝

1210　**淳熙元宝小平钱 篆书 背星月**

四级
径 23.1、穿 6.0、厚 1.4 毫米；重 3.7 克
粗字 阔熙

1211　**淳熙元宝小平钱 篆书 背星月**

四级
径 23.7、穿 6.0、厚 1.4 毫米；重 3.9 克
退淳 降宝

1212　**淳熙元宝小平钱 篆书 背泉 铁母**

二级
径 24.4、穿 6.0 毫米
阔轮 四决 进元
选自《洛阳钱币发现与研究》

1213　**淳熙元宝小平钱 楷书 阔轮 光背**

五级
径 24.4、穿 6.2、厚 0.9 毫米；重 2.7 克
进仰淳

1214 **淳熙元宝小平钱 楷书 阔轮 光背**

五级
径 24.3、穿 6.3、厚 1.0 毫米；重 3.2 克
进淳 昂宝

1215 **淳熙元宝小平钱 楷书 阔轮 光背**

五级
径 24.3、穿 6.2、厚 0.9 毫米；重 3.0 克
粗字 进淳 阔宝

1216 **淳熙元宝小平钱 楷书 阔轮 光背**

五级
径 24.2、穿 6.2、厚 1.0 毫米；重 3.1 克
大字 阔淳

1217 **淳熙元宝小平钱 楷书 阔轮 光背**

四级
径 23.8、穿 6.2、厚 0.9 毫米；重 2.7 克
细郭 进仰淳

1218 **淳熙元宝小平钱 楷书 阔轮 光背**

五级
径 23.7、穿 6.2、厚 1.1 毫米；重 2.7 克
仰淳 进元

1219 **淳熙元宝小平钱 楷书 阔轮 光背**

五级
径 23.7、穿 6.2、厚 1.2 毫米；重 3.0 克
俯淳

1220 **淳熙元宝小平钱 楷书 阔轮 光背**

五级
径 23.3、穿 6.2、厚 1.0 毫米；重 2.9 克
进淳 仰熙

1221 **淳熙元宝小平钱 楷书 阔轮 光背**

五级
径 23.3、穿 6.2、厚 0.9 毫米；重 2.3 克
粗大字

1222 **淳熙元宝小平钱 楷书 阔轮 光背**

五级
径 23.2、穿 6.8、厚 0.9 毫米；重 2.4 克
阔淳 小样

1223 **淳熙元宝小平钱 楷书 阔轮 光背**

四级
径 24.6、穿 6.6、厚 0.9 毫米；重 2.7 克
短熙 斜贝宝

1224 **淳熙元宝小平钱 楷书 阔轮 光背**

四级
径 24.2、穿 6.3、厚 1.0 毫米；重 2.8 克
仰淳

1225 **淳熙元宝小平钱 楷书 阔轮 光背**

四级
径 24.2、穿 6.2、厚 1.0 毫米；重 3.4 克
扁元 俯宝

1226　**淳熙元宝小平钱 楷书 阔轮 光背**

四级
径 24.1、穿 6.8、厚 1.4 毫米；重 4.3 克
阔淳　阔元

1227　**淳熙元宝小平钱 楷书 阔轮 光背**

四级
径 24.1、穿 6.0、厚 1.2 毫米；重 3.1 克
仰淳　昂元

1228　**淳熙元宝小平钱 楷书 阔轮 光背**

四级
径 24.8、穿 7.0、厚 1.1 毫米；重 3.6 克
中穿　大字

1229　**淳熙元宝小平钱 楷书 阔轮 光背**

四级
径 24.0、穿 7.0、厚 1.0 毫米；重 2.5 克
中穿　大字　阔元

1230　**淳熙元宝小平钱 楷书 阔轮 光背**

四级
径 23.9、穿 7.0、厚 1.2 毫米；重 3.0 克
中穿　细字

1231　**淳熙元宝小平钱 楷书 阔轮 光背**

五级
径 23.3、穿 6.3、厚 1.3 毫米；重 3.6 克
阴郭　狭宝

1232 淳熙元宝小平钱 楷书 阔轮 光背

五级
径 23.3、穿 6.3、厚 1.0 毫米；重 2.9 克
阔轮 粗字

1233 淳熙元宝小平钱 楷书 阔轮 光背

四级
径 24.0、穿 6.0 毫米
阔轮大字
选自《历代古钱图说》

1234 淳熙元宝小平钱 楷书 狭轮 光背

四级
径 24.5、穿 6.0、厚 1.7 毫米；重 4.3 克
大字 昂宝

1235 淳熙元宝小平钱 楷书 狭轮 光背

四级
径 24.4、穿 6.0、厚 1.1 毫米；重 3.2 克
广郭 仰宝

1236 淳熙元宝小平钱 楷书 狭轮 光背

四级
径 24.4、穿 6.0、厚 1.3 毫米；重 3.4 克
仰熙 昂宝

1237 淳熙元宝小平钱 楷书 狭轮 光背

四级
径 24.3、穿 6.0、厚 1.7 毫米；重 4.6 克
细小字 仰淳

1238 淳熙元宝小平钱 楷书 狭轮 光背

四级
径 24.3、穿 8.0、厚 1.3 毫米；重 3.2 克
广穿 俯淳

1239 淳熙元宝小平钱 楷书 背上月

四级
径 24.2、穿 7.2、厚 1.5 毫米；重 3.9 克
粗字 昂宝

1240 淳熙元宝小平钱 楷书 背星月

五级
径 24.8、穿 6.2、厚 1.4 毫米；重 4.1 克
阔轮 进淳

1241 淳熙元宝小平钱 楷书 背星月

四级
径 24.5、穿 6.2、厚 1.3 毫米；重 3.5 克
正郭 退元 昂宝

1242 淳熙元宝小平钱 楷书 背星月

四级
径 24.4、穿 6.3、厚 1.4 毫米；重 4.0 克
粗大字 阔淳

1243 淳熙元宝小平钱 楷书 背星月

五级
径 24.4、穿 6.3、厚 1.6 毫米；重 4.4 克
花穿 细字

1244 **淳熙元宝小平钱 楷书 背星月**

四级
径 24.4、穿 6.3、厚 1.2 毫米；重 3.6 克
细郭 昂宝

1245 **淳熙元宝小平钱 楷书 背星月**

五级
径 24.4、穿 6.2、厚 1.2 毫米；重 3.2 克
进俯淳

1246 **淳熙元宝小平钱 楷书 背星月**

五级
径 24.3、穿 6.2、厚 1.5 毫米；重 3.6 克
俯宝

1247 **淳熙元宝小平钱 楷书 背星月**

四级
径 24.0、穿 6.0、厚 1.2 毫米；重 3.5 克
平阔 粗字

1248 **淳熙元宝小平钱 楷书 背星月**

五级
径 24.0、穿 6.2、厚 1.2 毫米；重 3.5 克
进淳 狭宝

1249 **淳熙元宝小平钱 楷书 背星月**

五级
径 24.0、穿 6.2、厚 1.3 毫米；重 3.4 克
进淳 退元

1250　**淳熙元宝小平钱 楷书 背星月**

四级
径 25.2、穿 7.0、厚 1.5 毫米；重 4.2 克
中穿 细字

1251　**淳熙元宝小平钱 楷书 背星月**

五级
径 24.9、穿 7.0、厚 1.4 毫米；重 3.8 克
花穿 进淳

1252　**淳熙元宝小平钱 楷书 背星月**

五级
径 24.8、穿 7.0、厚 1.3 毫米；重 2.8 克
进淳 昂宝

1253　**淳熙元宝小平钱 楷书 背星月**

四级
径 24.8、穿 7.0、厚 1.3 毫米；重 3.9 克
细郭 细字

1254　**淳熙元宝小平钱 楷书 背星月**

五级
径 24.5、穿 7.0、厚 1.2 毫米；重 3.2 克
长郭 粗字

1255　**淳熙元宝小平钱 楷书 背星月**

四级
径 24.2、穿 7.0、厚 0.2 毫米；重 3.4 克
进淳

1256 淳熙元宝小平钱 楷书 背星月

五级
径 24.0、穿 6.3、厚 1.1 毫米；重 2.7 克
细小字 狭宝

1257 淳熙元宝小平钱 楷书 背星月

五级
径 23.8、穿 6.2、厚 1.5 毫米；重 3.7 克
小字 小俯淳

1258 淳熙元宝小平钱 楷书 背星月

五级
径 23.4、穿 6.6、厚 1.2 毫米；重 2.8 克
俯淳 俯熙

1259 淳熙元宝小平钱 楷书 背星月

四级
径 23.4、穿 6.2、厚 2.0 毫米；重 3.2 克
仰宝

1260 淳熙元宝小平钱 楷书 背星月

四级
径 25.0、穿 8.0、厚 1.7 毫米；重 3.8 克
狭轮 广穿 小字

1261 淳熙元宝小平钱 楷书 背纪年柒

五级
径 25.0、穿 6.0、厚 1.4 毫米；重 3.8 克
正字

1262　淳熙元宝小平钱　楷书　背纪年柒

五级
径 25.0、穿 6.0、厚 1.4 毫米；重 3.8 克
仰元

1263　淳熙元宝小平钱　楷书　背纪年柒

四级
径 24.1、穿 6.0、厚 1.3 毫米；重 3.8 克
广郭　背小柒

1264　淳熙元宝小平钱　楷书　背纪年柒

五级
径 24.6、穿 6.2、厚 1.3 毫米；重 3.7 克
阔轮　花穿

1265　淳熙元宝小平钱　楷书　背纪年柒

五级
径 24.0、穿 6.2、厚 1.1 毫米；重 3.3 克
俯淳　俯熙

1266　淳熙元宝小平钱　楷书　背纪年柒

四级
径 23.9、穿 6.1、厚 1.0 毫米；重 3.0 克
阔淳

1267　淳熙元宝小平钱　楷书　背纪年柒

五级
径 238、穿 6.2、厚 1.2 毫米；重 3.2 克
花穿　狭宝

1268 **淳熙元宝小平钱 楷书 背纪年柒**

五级
径 23.8、穿 6.2、厚 1.4 毫米；重 3.7 克
仰熙 仰宝

1269 **淳熙元宝小平钱 楷书 背纪年柒**

五级
径 23.7、穿 6.2、厚 1.1 毫米；重 3.0 克
阴郭 背仰柒

1270 **淳熙元宝小平钱 楷书 背纪年柒**

五级
径 23.7、穿 6.2、厚 1.0 毫米；重 2.9 克
粗字 阔熙

1271 **淳熙元宝小平钱 楷书 背纪年柒**

五级
径 22.9、穿 6.2、厚 1.5 毫米；重 4.0 克
小字 小样

1272 **淳熙元宝小平钱 楷书 背纪年捌**

四级
径 25.1、穿 6.2、厚 1.1 毫米；重 3.8 克
广郭 细字 仰宝

1273 **淳熙元宝小平钱 楷书 背纪年捌**

四级
径 24.5、穿 6.0、厚 1.3 毫米；重 4.1 克
广郭 阔宝

1274　**淳熙元宝小平钱 楷书 背纪年捌**

四级
径 24.5、穿 6.0、厚 1.3 毫米；重 3.6 克
细字 背阔捌

1275　**淳熙元宝小平钱 楷书 背纪年捌**

五级
径 24.3、穿 6.0、厚 1.3 毫米；重 3.7 克
俯熙

1276　**淳熙元宝小平钱 楷书 背纪年捌**

五级
径 24.0、穿 6.1、厚 1.1 毫米；重 3.0 克
俯淳

1277　**淳熙元宝小平钱 楷书 背纪年捌**

四级
径 24.0、穿 6.0、厚 1.0 毫米；重 2.9 克
细字 仰宝

1278　**淳熙元宝小平钱 楷书 背纪年捌**

四级
径 23.9、穿 6.2、厚 1.2 毫米；重 3.5 克
俯淳 俯熙

1279　**淳熙元宝小平钱 楷书 背纪年捌**

四级
径 23.7、穿 6.0、厚 0.9 毫米；重 3.0 克
粗字 阔淳

1280 **淳熙元宝小平钱 楷书 背纪年九**

四级
径 24.4、穿 6.0、厚 1.4 毫米；重 4.0 克
广郭 俯宝

1281 **淳熙元宝小平钱 楷书 背纪年九**

五级
径 24.3、穿 6.0、厚 1.1 毫米；重 3.0 克
狭熙

1282 **淳熙元宝小平钱 楷书 背纪年九**

四级
径 24.3、穿 6.0、厚 1.0 毫米；重 3.5 克
粗字 阔淳

1283 **淳熙元宝小平钱 楷书 背纪年九**

五级
径 24.3、穿 6.0、厚 1.5 毫米；重 3.9 克
俯淳 俯宝

1284 **淳熙元宝小平钱 楷书 背纪年九**

四级
径 24.2、穿 6.0、厚 1.2 毫米；重 3.4 克
小字 狭宝

1285 **淳熙元宝小平钱 楷书 背纪年九**

五级
径 24.1、穿 6.0、厚 1.3 毫米；重 3.9 克
阴郭 俯熙

1286 **淳熙元宝小平钱 楷书 背纪年九**

四级
径 24.1、穿 6.0、厚 1.3 毫米；重 3.9 克
大字 阔仰元

1287 **淳熙元宝小平钱 楷书 背纪年九**

四级
径 24.1、穿 6.0、厚 1.5 毫米；重 4.2 克
俯淳

1288 **淳熙元宝小平钱 楷书 背纪年九**

四级
径 23.9、穿 6.0、厚 1.0 毫米；重 3.0 克
粗字 阔宝

1289 **淳熙元宝小平钱 楷书 背纪年九**

五级
径 23.3、穿 6.0、厚 1.3 毫米；重 3.2 克
俯熙 斜元

1290 **淳熙元宝小平钱 楷书 背纪年九**

五级
径 23.0、穿 6.0、厚 1.0 毫米；重 2.5 克
背小九 小样

1291 **淳熙元宝小平钱 楷书 背纪年十**

四级
径 24.3、穿 6.0、厚 1.1 毫米；重 3.0 克
退淳 仰熙

1292 **淳熙元宝小平钱 楷书 背纪年十**

五级
径 24.5、穿 6.0、厚 1.5 毫米；重 4.1 克
小字 俯淳

1293 **淳熙元宝小平钱 楷书 背纪年十**

四级
径 24.3、穿 6.0、厚 1.1 毫米；重 3.3 克
大字 俯淳

1294 **淳熙元宝小平钱 楷书 背纪年十**

四级
径 24.2、穿 6.0、厚 1.4 毫米；重 4.1 克
俯宝

1295 **淳熙元宝小平钱 楷书 背纪年十**

五级
径 24.2、穿 6.0、厚 1.4 毫米；重 4.2 克
昂宝

1296 **淳熙元宝小平钱 楷书 背纪年十**

四级
径 24.0、穿 6.0、厚 1.4 毫米；重 4.3 克
俯淳

1297 **淳熙元宝小平钱 楷书 背纪年十**

五级
径 23.8、穿 6.0、厚 1.2 毫米；重 3.2 克
仰熙 进元

1298　**淳熙元宝小平钱 楷书 背纪年十**

五级
径 23.8、穿 6.0、厚 1.1 毫米；重 3.0 克
粗字 肥郭 阔淳

1299　**淳熙元宝小平钱 楷书 背纪年十**

五级
径 23.6、穿 6.0、厚 1.2 毫米；重 3.0 克
仰淳 背斜十

1300　**淳熙元宝小平钱 楷书 背纪年十**

四级
径 23.3、穿 6.0、厚 1.0 毫米；重 2.4 克
俯淳 俯宝 小样

1301　**淳熙元宝小平钱 楷书 背纪年十一**

五级
径 24.4、穿 6.0、厚 1.4 毫米；重 4.0 克
仰熙 退元

1302　**淳熙元宝小平钱 楷书 背纪年十一**

四级
径 24.3、穿 6.0、厚 1.4 毫米；重 3.6 克
仰淳 仰熙

1303　**淳熙元宝小平钱 楷书 背纪年十一**

五级
径 24.1、穿 6.0、厚 1.6 毫米；重 3.5 克
仰熙 仰宝

1304 **淳熙元宝小平钱 楷书 背纪年十一**

四级
径 24.1、穿 6.0、厚 1.1 毫米；重 3.2 克
仰熙 退元

1305 **淳熙元宝小平钱 楷书 背纪年十一**

五级
径 24.0、穿 6.0、厚 1.5 毫米；重 3.9 克
进淳 退元

1306 **淳熙元宝小平钱 楷书 背纪年十一**

四级
径 23.9、穿 6.0、厚 1.0 毫米；重 2.5 克
粗字 仰淳

1307 **淳熙元宝小平钱 楷书 背纪年十一**

五级
径 23.9、穿 6.2、厚 1.2 毫米；重 2.9 克
细字 仰淳 狭宝

1308 **淳熙元宝小平钱 楷书 背纪年十一**

五级
径 23.8、穿 6.0、厚 1.1 毫米；重 3.2 克
粗字 进淳 退元

1309 **淳熙元宝小平钱 楷书 背纪年十一**

五级
径 23.7、穿 6.0、厚 1.2 毫米；重 2.7 克
花穿 细小字 狭淳

南宋铜钱图谱

1310 **淳熙元宝小平钱 楷书 背纪年十一**

五级
径 23.6、穿 6.0、厚 1.1 毫米；重 2.8 克
细字 仰淳 小样

1311 **淳熙元宝小平钱 楷书 背纪年十二**

四级
径 24.4、穿 6.0、厚 1.2 毫米；重 3.3 克
退元 俯宝

1312 **淳熙元宝小平钱 楷书 背纪年十二**

四级
径 24.3、穿 6.0、厚 1.1 毫米；重 2.7 克
粗字 仰淳 俯元

1313 **淳熙元宝小平钱 楷书 背纪年十二**

五级
径 24.3、穿 6.0、厚 1.3 毫米；重 3.2 克
花穿 背上"廿"错版

1314 **淳熙元宝小平钱 楷书 背纪年十二**

五级
径 24.2、穿 6.0、厚 1.2 毫米；重 3.4 克
俯熙

1315 **淳熙元宝小平钱 楷书 背纪年十二**

五级
径 24.2、穿 6.0、厚 1.2 毫米；重 3.3 克
细字 仰熙

227

1316　**淳熙元宝小平钱　楷书　背纪年十二**

五级
径 24.0、穿 6.0、厚 1.2 毫米；重 3.3 克
进元　俯宝

1317　**淳熙元宝小平钱　楷书　背纪年十二**

五级
径 24.0、穿 6.0、厚 1.3 毫米；重 3.8 克
花穿　俯淳

1318　**淳熙元宝小平钱　楷书　背纪年十二**

五级
径 23.9、穿 6.0、厚 1.6 毫米；重 3.9 克
仰淳　俯宝

1319　**淳熙元宝小平钱　楷书　背纪年十二**

五级
径 23.9、穿 6.0、厚 1.2 毫米；重 3.6 克
广郭　仰淳

1320　**淳熙元宝小平钱　楷书　背纪年十二**

五级
径 23.6、穿 6.0、厚 1.2 毫米；重 3.4 克
阔淳　进元

1321　**淳熙元宝小平钱　楷书　背纪年十三**

四级
径 24.5、穿 6.0、厚 1.4 毫米；重 4.4 克
广郭　粗大字　进淳

1322 **淳熙元宝小平钱 楷书 背纪年十三**

五级
径 24.5、穿 6.0、厚 1.4 毫米；重 3.1 克
细字 进淳

1323 **淳熙元宝小平钱 楷书 背纪年十三**

五级
径 24.3、穿 6.0、厚 1.3 毫米；重 3.8 克
花穿 进淳

1324 **淳熙元宝小平钱 楷书 背纪年十三**

五级
径 24.2、穿 6.2、厚 1.4 毫米；重 3.7 克
俯淳 进元

1325 **淳熙元宝小平钱 楷书 背纪年十三**

四级
径 24.2、穿 6.0、厚 1.3 毫米；重 3.6 克
进阔淳

1326 **淳熙元宝小平钱 楷书 背纪年十三**

四级
径 24.1、穿 6.2、厚 1.3 毫米；重 3.5 克
仰熙 进元

1327 **淳熙元宝小平钱 楷书 背纪年十三**

四级
径 24.1、穿 6.0、厚 1.0 毫米；重 2.9 克
细字 狭熙

1328 **淳熙元宝小平钱 楷书 背纪年十三**

四级
径 23.8、穿 6.2、厚 1.2 毫米；重 3.4 克
进淳 阔熙

1329 **淳熙元宝小平钱 楷书 背纪年十三**

五级
径 23.5、穿 6.2、厚 1.0 毫米；重 2.3 克
狭宝 小样

1330 **淳熙元宝小平钱 楷书 背纪年十四**

五级
径 25.3、穿 6.4、厚 1.5 毫米；重 3.7 克
俯淳 昂宝

1331 **淳熙元宝小平钱 楷书 背纪年十四**

四级
径 24.6、穿 6.3、厚 1.4 毫米；重 4.0 克
仰淳 昂宝

1332 **淳熙元宝小平钱 楷书 背纪年十四**

四级
径 24.5、穿 6.2、厚 1.6 毫米；重 4.1 克
广郭 昂阔宝

1333 **淳熙元宝小平钱 楷书 背纪年十四**

五级
径 24.4、穿 6.0、厚 1.6 毫米；重 3.8 克
小字 背扁四

1334　**淳熙元宝小平钱 楷书 背纪年十四**

五级
径 24.3、穿 6.3、厚 1.4 毫米；重 4.0 克
细字 俯淳

1335　**淳熙元宝小平钱 楷书 背纪年十四**

五级
径 24.2、穿 6.2、厚 1.1 毫米；重 2.9 克
广郭 大字

1336　**淳熙元宝小平钱 楷书 背纪年十四**

四级
径 24.0、穿 6.0、厚 1.3 毫米；重 3.6 克
俯淳 昂宝

1337　**淳熙元宝小平钱 楷书 背纪年十四**

四级
径 24.0、穿 6.2、厚 1.3 毫米；重 3.0 克
花穿 细字 仰熙

1338　**淳熙元宝小平钱 楷书 背纪年十四**

四级
径 24.0、穿 6.2、厚 1.2 毫米；重 3.4 克
仰阔宝

1339　**淳熙元宝小平钱 楷书 背纪年十四**

五级
径 23.8、穿 6.3、厚 1.3 毫米；重 3.2 克
阴郭 狭仰淳

1340　**淳熙元宝小平钱 楷书 背纪年十五**

　　四级
　　径 25.7、穿 6.4、厚 1.4 毫米；重 3.8 克
　　大字 阔熙

1341　**淳熙元宝小平钱 楷书 背纪年十五**

　　五级
　　径 24.9、穿 6.2、厚 1.5 毫米；重 4.0 克
　　俯淳

1342　**淳熙元宝小平钱 楷书 背纪年十五**

　　四级
　　径 24.5、穿 6.3、厚 1.4 毫米；重 3.5 克
　　仰淳

1343　**淳熙元宝小平钱 楷书 背纪年十五**

　　五级
　　径 24.3、穿 6.2、厚 1.3 毫米；重 3.1 克
　　细字 退元

1344　**淳熙元宝小平钱 楷书 背纪年十五**

　　四级
　　径 24.2、穿 6.2、厚 1.1 毫米；重 2.7 克
　　仰淳 阔熙

1345　**淳熙元宝小平钱 楷书 背纪年十五**

　　四级
　　径 24.2、穿 6.3、厚 1.2 毫米；重 3.4 克
　　粗大字 阔俯淳

1346	**淳熙元宝小平钱 楷书 背纪年十五** 四级 径 24.1、穿 6.3、厚 1.0 毫米；重 2.6 克 细字 仰淳		
1347	**淳熙元宝小平钱 楷书 背纪年十五** 五级 径 24.1、穿 6.3、厚 1.2 毫米；重 3.6 克 阔轮 粗字 仰熙		
1348	**淳熙元宝小平钱 楷书 背纪年十五** 五级 径 23.8、穿 6.8、厚 1.1 毫米；重 2.7 克 花穿 细字 仰淳		
1349	**淳熙元宝小平钱 楷书 背纪年十五** 五级 径 23.8、穿 6.8、厚 1.3 毫米；重 3.3 克 阴郭 小样		
1350	**淳熙元宝小平钱 楷书 背纪年十六** 四级 径 25.3、穿 6.2、厚 1.1 毫米；重 3.8 克 昂宝		
1351	**淳熙元宝小平钱 楷书 背纪年十六** 四级 径 25.1、穿 6.2、厚 1.3 毫米；重 3.5 克 细字 进仰淳		

1352 淳熙元宝小平钱 楷书 背纪年十六

四级
径 25.0、穿 6.2、厚 1.4 毫米；重 3.9 克
斜宝

1353 淳熙元宝小平钱 楷书 背纪年十六

五级
径 25.0、穿 6.2、厚 1.2 毫米；重 3.5 克
狭宝

1354 淳熙元宝小平钱 楷书 背纪年十六

四级
径 25.0、穿 6.2、厚 1.0 毫米；重 3.0 克
细字 进元

1355 淳熙元宝小平钱 楷书 背纪年十六

五级
径 25.1、穿 6.2、厚 1.5 毫米；重 3.9 克
细字 进元 仰宝

1356 淳熙元宝小平钱 楷书 背纪年十六

四级
径 24.9、穿 6.2、厚 1.4 毫米；重 3.9 克
细字 斜宝

1357 淳熙元宝小平钱 楷书 背纪年十六

四级
径 24.7、穿 6.2、厚 1.1 毫米；重 2.9 克
纤字 仰淳

1358 淳熙元宝小平钱 楷书 背纪年十六

五级
径 24.3、穿 6.2、厚 1.1 毫米；重 3.6 克
阔轮 粗字

1359 淳熙元宝小平钱 楷书 背纪年十六

五级
径 23.6、穿 6.0、厚 1.2 毫米；重 3.3 克
狭淳 小样

1360 淳熙元宝小平钱 楷书 背纪年十六

五级
径 23.3、穿 6.2、厚 1.0 毫米；重 2.6 克
斜宝 小样

1361 淳熙元宝小平钱 楷书 光背 铁母

一级
径 23.5、穿 5.5 毫米；重 4.8 克
狭轮 面四决 昂宝
上海博物馆藏

1362 淳熙元宝小平钱 楷书 光背 铁母

二级
径 23.2、穿 5.1 毫米
面四决 粗字 阔熙
牛群生藏

1363 淳熙元宝小平钱 楷书 光背 铁母

一级
径 23.0、穿 5.5 毫米
细轮 小字 进仰淳
戴葆庭旧藏

1364 **淳熙元宝小平钱 楷书 光背 铁母**

二级
径 23.0、穿 5.0 毫米
粗大字 阔淳 阔宝
戴葆庭旧藏

1365 **淳熙元宝小平钱 楷书 光背 铁母**

二级
径 22.5、穿 5.5、厚 1.5 毫米；重 3.7 克
俯淳 阔熙 小样
桐乡钟旭洲钱币艺术博物馆藏

1366 **淳熙元宝小平钱 楷书 背春 铁母**

二级
径 22.5、穿 6.0 毫米
粗字 仰淳
选自《中国珍稀钱币》

1367 **淳熙元宝小平钱 楷书 背泉 铁母**

二级
径 22.3、穿 6.0 毫米
粗字 昂宝
选自《中国钱币》

1368 **淳熙元宝折二钱 篆书 光背 小字长炎**

四级
径 29.1、厚 1.4 毫米；重 6.3 克
粗字 仰宝

1369 **淳熙元宝折二钱 篆书 光背 小字长炎**

四级
径 29.1、厚 1.7 毫米；重 7.4 克
广郭 进元

1370 **淳熙元宝折二钱 篆书 光背 小字长炎**

四级
径 29.1、厚 1.6 毫米；重 6.4 克
粗字 退淳

1371 **淳熙元宝折二钱 篆书 光背 小字长炎**

四级
径 29.1、厚 1.6 毫米；重 6.7 克
进元 仰宝

1372 **淳熙元宝折二钱 篆书 光背 小字长炎**

四级
径 29.1、厚 1.4 毫米；重 6.1 克
进元

1373 **淳熙元宝折二钱 篆书 光背 小字长炎**

四级
径 29.0、厚 1.4 毫米；重 6.1 克
进元 狭宝

1374 **淳熙元宝折二钱 篆书 光背 小字长炎**

三级
径 29.0、厚 1.4 毫米；重 6.3 克
进元 阔宝

1375 **淳熙元宝折二钱 篆书 光背 小字长炎**

四级
径 29.0、厚 1.6 毫米；重 6.4 克
退淳 进元

1376 淳熙元宝折二钱 篆书 光背 大字 阔元

三级
径 29.5、穿 8.0、厚 1.5 毫米；重 5.3 克
粗大字 阔淳

1377 淳熙元宝折二钱 篆书 光背 大字 阔元

四级
径 29.2、穿 9.0、厚 8.0 毫米；重 2.7 克
狭元

1378 淳熙元宝折二钱 篆书 光背 小字 扁元

四级
径 29.0、厚 2.0 毫米；重 7.8 克
退淳 狭宝

1379 淳熙元宝折二钱 篆书 光背 小字 扁元

四级
径 28.9、厚 2.0 毫米；重 8.3 克
细字 仰熙

1380 淳熙元宝折二钱 篆书 光背 小字 扁元

四级
径 28.8、厚 2.0 毫米；重 8.2 克
退淳 阔宝

1381 淳熙元宝折二钱 篆书 光背 小字 扁元

四级
径 28.7、厚 1.6 毫米；重 6.8 克
仰熙 昂宝

1382 **淳熙元宝折二钱 篆书 光背 小字 扁元**

四级
径 28.7、厚 1.9 毫米；重 8.2 克
退淳 进元

1383 **淳熙元宝折二钱 篆书 光背 小字 扁元**

四级
径 28.7、厚 1.7 毫米；重 8.0 克
仰熙

1384 **淳熙元宝折二钱 篆书 光背 小字 扁元**

四级
径 28.6、厚 1.7 毫米；重 6.8 克
退淳 仰熙

1385 **淳熙元宝折二钱 篆书 光背 小字 扁元**

四级
径 28.5、厚 1.9 毫米；重 8.0 克
阔淳 昂宝

1386 **淳熙元宝折二钱 篆书 光背 小字 扁元**

四级
径 28.4、厚 1.7 毫米；重 6.6 克
退淳 进元

1387 **淳熙元宝折二钱 篆书 光背 小字 扁元**

四级
径 27.8、厚 1.2 毫米；重 3.8 克
降仰熙 小元

1388 **淳熙元宝折二钱 篆书 光背 小字 扁元**

四级
径 27.3、厚 2.0 毫米；重 6.8 克
粗字 小样

1389 **淳熙元宝折二钱 篆书 大字 背上月**

三级
径 30.0、穿 8.0、厚 1.7 毫米；重 9.0 克
正字

1390 **淳熙元宝折二钱 篆书 大字 背上月**

三级
径 28.5、穿 8.0、厚 1.4 毫米；重 4.9 克
短熙 进元

1391 **淳熙元宝折二钱 篆书 大字 背星月**

四级
径 30.4、穿 8.0、厚 2.0 毫米；重 9.3 克
狭淳 大样

1392 **淳熙元宝折二钱 篆书 大字 背星月**

四级
径 29.8、穿 8.0、厚 1.6 毫米；重 6.9 克
细郭 正字

1393 **淳熙元宝折二钱 篆书 大字 背星月**

四级
径 29.8、穿 8.0、厚 1.6 毫米；重 7.7 克
阔淳

1394　**淳熙元宝折二钱 篆书 大字 背星月**

四级
径 29.7、穿 8.0、厚 2.0 毫米；重 10 克
狭元

1395　**淳熙元宝折二钱 篆书 大字 背星月**

四级
径 30.4、穿 8.0、厚 2.0 毫米；重 9.3 克
平阔 细字 正字

1396　**淳熙元宝折二钱 篆书 大字 背星月**

四级
径 29.6、穿 8.0、厚 1.9 毫米；重 8.8 克
狭贝宝

1397　**淳熙元宝折二钱 篆书 大字 背星月**

四级
径 29.6、穿 8.0、厚 1.7 毫米；重 9.6 克
阴郭 进元

1398　**淳熙元宝折二钱 篆书 大字 背星月**

四级
径 29.5、穿 8.0、厚 1.6 毫米；重 6.9 克
粗大字 仰淳

1399　**淳熙元宝折二钱 篆书 大字 背星月**

四级
径 29.3、穿 8.0、厚 1.9 毫米；重 9.4 克
小字 仰淳

1400　**淳熙元宝折二钱 篆书 大字 背星月**

四级
径 29.1、穿 8.3、厚 1.7 毫米；重 8.4 克
花穿 狭淳

1401　**淳熙元宝折二钱 篆书 大字 背星月**

四级
径 28.1、穿 8.0、厚 1.6 毫米；重 6.8 克
正字 小样

1402　**淳熙元宝折二钱 篆书 大字 背星月**

四级
径 28.0、穿 8.0、厚 1.5 毫米；重 7.2 克
粗字 小样

1403　**淳熙元宝折二钱 篆书 大字 背星月**

四级
径 27.6、穿 8.0、厚 1.6 毫米；重 7.4 克
狭轮 仰淳 小样

1404　**淳熙元宝折二钱 篆书 阔轮 小字 背星月**

四级
径 30.0、穿 8.0 毫米；重 6.7 克
阔轮 面四决 粗字
上海博物馆藏

1405　**淳熙元宝折二钱 篆书 阔轮 小字 背星月**

四级
径 29.8、穿 8.0、厚 1.6 毫米；重 7.1 克
进淳 退元

1406 **淳熙元宝折二钱 篆书 阔轮 小字 背星月**

四级
径 29.7、穿 8.0、厚 1.6 毫米；重 5.9 克
花穿 进淳

1407 **淳熙元宝折二钱 篆书 阔轮 小字 背星月**

三级
径 29.7、穿 8.0、厚 1.6 毫米；重 6.5 克
仰淳

1408 **淳熙元宝折二钱 篆书 阔轮 小字 背星月**

四级
径 29.5、穿 8.0、厚 1.4 毫米；重 5.7 克
小字 狭元

1409 **淳熙元宝折二钱 篆书 阔轮 小字 背星月**

四级
径 29.5、穿 8.0、厚 1.6 毫米；重 6.8 克
粗字 进淳 阔元

1410 **淳熙元宝折二钱 篆书 阔轮 小字 背星月**

四级
径 29.4、穿 8.0、厚 1.5 毫米；重 6.5 克
细字 进淳 狭元

1411 **淳熙元宝折二钱 篆书 阔轮 小字 背星月**

四级
径 29.4、穿 8.0、厚 1.6 毫米；重 6.0 克
仰淳 仰宝

1412　**淳熙元宝折二钱 篆书 阔轮 小字 背星月**

四级
径 29.3、穿 8.0、厚 1.5 毫米；重 6.5 克
进淳 俯熙

1413　**淳熙元宝折二钱 篆书 背泉**

二级
径 29.6、穿 7.4、厚 1.5 毫米；重 6.0 克
四决 正字

1414　**淳熙元宝折二钱 篆书 背泉**

二级
径 29.0、穿 7.0、厚 1.6 毫米；重 6.9 克
四决 粗字 进元 仰宝

1415　**淳熙元宝折二钱 篆书 背泉**

二级
径 29.0、穿 7.2 毫米；重 7.5 克
阔轮 面四决 仰淳
上海博物馆藏

1416　**淳熙元宝折二钱 篆书 背泉**

二级
径 29.0、穿 7.1、厚 1.6 毫米；重 6.8 克
粗字 进元

1417　**淳熙元宝折二钱 篆书 背泉**

二级
径 28.9、穿 7.2、厚 1.5 毫米；重 6.6 克
进元 仰宝

1418　**淳熙元宝折二钱　篆书　背泉**

二级
径 28.9、穿 7.1、厚 1.6 毫米；重 6.8 克
四决　背叠泉（错版）

1419　**淳熙元宝折二钱　篆书　背利　铁母**

一级
径 29.5、穿 6.7 毫米
面四决　正字
戴葆庭旧藏

1420　**淳熙元宝折二钱　篆书　背利　铁母**

二级
径 29.5、穿 7.0 毫米
粗大字　仰淳　背肥利
戴葆庭旧藏

1421　**淳熙元宝折二钱　篆书　背利　铁母**

一级
径 29.3、穿 6.5、厚 2.5 毫米；重 8.8 克
狭轮　纤字　背仰利
孙仲汇藏

1422　**淳熙元宝折二钱　篆书　背利　铁母**

二级
径 28.5、穿 7.5 毫米；重 10 克
正字　背阔利
上海博物馆藏

1423　**淳熙元宝折二钱　篆书　背利　铁母**

一级
径 28.5、穿 7.5 毫米
狭轮　细字　狭宝
罗伯昭旧藏

1424 **淳熙元宝折二钱 楷书 光背**

五级
径 28.9、穿 8.0、厚 1.5 毫米；重 5.6 克
斜元 俯宝

1425 **淳熙元宝折二钱 楷书 光背**

四级
径 28.5、穿 7.4、厚 1.5 毫米；重 5.7 克
粗字 俯宝

1426 **淳熙元宝折二钱 楷书 光背**

四级
径 28.1、穿 7.4、厚 1.3 毫米；重 5.2 克
粗字 阔元

1427 **淳熙元宝折二钱 楷书 光背**

五级
径 28.2、穿 7.4、厚 1.4 毫米；重 4.6 克
俯熙 俯宝

1428 **淳熙元宝折二钱 楷书 光背**

四级
径 28.0、穿 8.0、厚 1.4 毫米；重 5.3 克
仰淳 俯宝

1429 **淳熙元宝折二钱 楷书 光背**

四级
径 28.0、穿 8.0、厚 1.6 毫米；重 5.4 克
狭宝

1430　**淳熙元宝折二钱　楷书　光背**

四级
径 27.6、穿 9.0、厚 1.2 毫米；重 4.5 克
广穿　俯熙　俯宝

1431　**淳熙元宝折二钱　楷书　光背**

五级
径 28.8、穿 8.0、厚 1.3 毫米；重 4.2 克
粗字　阔淳

1432　**淳熙元宝折二钱　楷书　光背**

五级
径 28.5、穿 8.0、厚 1.4 毫米；重 4.6 克
俯淳　俯熙

1433　**淳熙元宝折二钱　楷书　光背**

四级
径 27.5、穿 8.0、厚 1.4 毫米；重 4.7 克
粗字　进淳

1434　**淳熙元宝折二钱　楷书　光背**

四级
径 27.8、穿 8.0、厚 1.3 毫米；重 4.3 克
阔轮　小字　仰淳

1435　**淳熙元宝折二钱　楷书　光背**

四级
径 27.3、穿 8.0、厚 1.4 毫米；重 4.7 克
仰淳　仰宝

1436 淳熙元宝折二钱 楷书 光背

五级
径 27.0、穿 8.0、厚 1.5 毫米；重 5.7 克
俯淳

1437 淳熙元宝折二钱 楷书 光背

四级
径 26.7、穿 8.0、厚 1.5 毫米；重 4.5 克
俯淳 退元

1438 淳熙元宝折二钱 楷书 光背

五级
径 26.0、穿 8.0、厚 1.5 毫米；重 4.0 克
狭轮 降宝 小样

1439 淳熙元宝折二钱 楷书 光背

五级
径 29.8、穿 7.2、厚 1.8 毫米；重 5.8 克
长淳

1440 淳熙元宝折二钱 楷书 光背

五级
径 28.0、穿 7.3、厚 1.9 毫米；重 6.4 克
阴郭 小淳

1441 淳熙元宝折二钱 楷书 光背

五级
径 29.1、穿 8.0、厚 1.9 毫米；重 6.5 克
正字

1442	**淳熙元宝折二钱 楷书 光背** 四级 径 28.5、穿 7.0、厚 1.3 毫米；重 4.8 克 阔轮 斜肩降宝		
1443	**淳熙元宝折二钱 楷书 光背** 五级 径 27.0、穿 7.2、厚 1.4 毫米；重 5.1 克 阔轮 小字 俯宝		
1444	**淳熙元宝折二钱 楷书 光背** 四级 径 28.8、穿 7.2、厚 1.3 毫米；重 4.8 克 阔轮大字 异版		
1445	**淳熙元宝折二钱 楷书 光背** 四级 径 29.6、穿 7.3、厚 1.6 毫米；重 6.2 克 面四决 俯淳		
1446	**淳熙元宝折二钱 楷书 光背** 四级 径 29.3、穿 7.2、厚 1.9 毫米；重 7.1 克 进仰淳		
1447	**淳熙元宝折二钱 楷书 光背** 四级 径 29.1、穿 7.2、厚 1.7 毫米；重 6.3 克 俯淳 昂宝		

1448　**淳熙元宝折二钱 楷书 光背**

四级
径 29.1、穿 7.0、厚 1.7 毫米；重 7.4 克
仰淳 昂宝

1449　**淳熙元宝折二钱 楷书 光背**

四级
径 29.1、穿 7.0、厚 1.3 毫米；重 4.9 克
进仰淳 仰宝

1450　**淳熙元宝折二钱 楷书 光背**

四级
径 29.0、穿 7.2、厚 1.7 毫米；重 6.4 克
花穿 进淳

1451　**淳熙元宝折二钱 楷书 光背**

五级
径 29.0、穿 7.2、厚 1.6 毫米；重 6.2 克
小字 小俯淳

1452　**淳熙元宝折二钱 楷书 光背**

五级
径 28.9、穿 7.2、厚 1.6 毫米；重 6.4 克
粗字 进淳

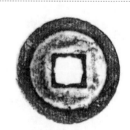

1453　**淳熙元宝折二钱 楷书 光背**

四级
径 28.9、穿 7.0、厚 1.8 毫米；重 7.4 克
面四决 俯淳 仰熙

1454	**淳熙元宝折二钱 楷书 光背** 四级 径 28.9、穿 7.0、厚 1.7 毫米；重 8.0 克 进淳		
1455	**淳熙元宝折二钱 楷书 光背** 五级 径 28.9、穿 7.0、厚 1.6 毫米；重 6.6 克 粗字 进仰淳 阔宝		
1456	**淳熙元宝折二钱 楷书 光背** 四级 径 28.8、穿 7.4、厚 1.4 毫米；重 6.1 克 面四决 细字 俯淳		
1457	**淳熙元宝折二钱 楷书 光背** 四级 径 28.7、穿 7.0、厚 1.4 毫米；重 5.2 克 粗字 进淳		
1458	**淳熙元宝折二钱 楷书 光背** 四级 径 28.7、穿 7.0、厚 2.0 毫米；重 7.7 克 四决 俯淳		
1459	**淳熙元宝折二钱 楷书 光背** 四级 径 28.5、穿 7.2、厚 1.5 毫米；重 6.1 克 细字 俯淳 仰宝		

1460 淳熙元宝折二钱 楷书 光背

四级
径 28.3、穿 7.4、厚 1.8 毫米；重 6.9 克
四决 俯淳 退元

1461 淳熙元宝折二钱 楷书 背上月

四级
径 29.9、穿 9.0、厚 1.3 毫米；重 4.7 克
大字 阔元

1462 淳熙元宝折二钱 楷书 背上月

四级
径 28.6、穿 9.5、厚 1.2 毫米；重 4.1 克
阴郭 小字 俯宝

1463 淳熙元宝折二钱 楷书 背上月

四级
径 28.3、穿 9.0、厚 1.3 毫米；重 4.4 克
粗字 仰淳

1464 淳熙元宝折二钱 楷书 背上月

五级
径 27.4、厚 1.4 毫米；重 4.4 克
进仰淳 俯熙

1465 淳熙元宝折二钱 楷书 背下月

三级
径 28.3、穿 7.1、厚 1.1 毫米；重 5.1 克
粗大字 背穿下月

1466	**淳熙元宝折二钱 楷书 背星月** 四级 径 30.0、穿 9.5、厚 1.8 毫米；重 7.0 克 俯淳 昂宝	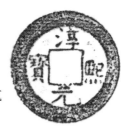	
1467	**淳熙元宝折二钱 楷书 背星月** 四级 径 29.8、厚 1.9 毫米；重 8.3 克 进淳		
1468	**淳熙元宝折二钱 楷书 背星月** 四级 径 29.8、穿 0.9、厚 1.6 毫米；重 7.04 克 俯淳 降熙		
1469	**淳熙元宝折二钱 楷书 背星月** 四级 径 29.7、厚 1.7 毫米；重 6.8 克 广郭 进淳		
1470	**淳熙元宝折二钱 楷书 背星月** 五级 径 29.35、厚 1.4 毫米；重 6.1 克 阔宝		
1471	**淳熙元宝折二钱 楷书 背星月** 五级 径 29.4、厚 1.9 毫米；重 8.1 克 小字 狭淳	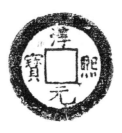	

1472　淳熙元宝折二钱 楷书 背星月

五级
径 27.6、厚 1.6 毫米；重 5.1 克
降熙 小样

1473　淳熙元宝折二钱 楷书 背星月

五级
径 30.1、厚 1.8 毫米；重 7.4 克
俯熙 俯宝

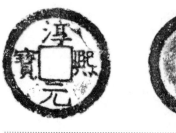

1474　淳熙元宝折二钱 楷书 背星月

四级
径 29.7、厚 1.5 毫米；重 6.7 克
粗字 阔宝

1475　淳熙元宝折二钱 楷书 背星月

四级
径 29.7、厚 1.7 毫米；重 7.3 克
阔仰元 俯宝

1476　淳熙元宝折二钱 楷书 背星月

五级
径 29.6、厚 1.9 毫米；重 8.7 克
粗字 仰淳

1477　淳熙元宝折二钱 楷书 背星月

四级
径 29.6、厚 1.8 毫米；重 7.2 克
仰淳 俯熙

1478	**淳熙元宝折二钱 楷书 背星月** 五级 径 29.6、厚 1.7 毫米；重 6.7 克 小字 俯宝		
1479	**淳熙元宝折二钱 楷书 背星月** 四级 径 29.5、厚 1.5 毫米；重 6.0 克 俯淳 俯宝		
1480	**淳熙元宝折二钱 楷书 背星月** 四级 径 29.4、厚 1.8 毫米；重 7.4 克 细字 仰元		
1481	**淳熙元宝折二钱 楷书 背星月** 五级 径 29.3、厚 1.6 毫米；重 6.2 克 粗字 俯淳 俯宝		
1482	**淳熙元宝折二钱 楷书 背星月** 五级 径 29.3、厚 1.5 毫米；重 4.8 克 细字 狭熙		
1483	**淳熙元宝折二钱 楷书 背星月** 五级 径 29.3、厚 1.4 毫米；重 5.7 克 花穿 俯宝		

1484　**淳熙元宝折二钱 楷书 背星月**

五级
径 29.2、厚 1.7 毫米；重 6.8 克
狭长元

1485　**熙元宝折二钱 楷书 背星月**

五级
径 28.3、厚 1.8 毫米；重 6.2 克
俯淳　降宝

1486　**淳熙元宝折二钱 楷书 背星月**

五级
径 28.2、厚 1.1 毫米；重 4.5 克
仰淳　俯熙

1487　**淳熙元宝折二钱 楷书 背星月**

五级
径 27.7、厚 1.4 毫米；重 4.3 克
长阴郭　狭淳

1488　**淳熙元宝折二钱 楷书 背星月**

四级
径 27.2、厚 1.0 毫米；重 3.5 克
狭轮　小样

1489　**淳熙元宝折二钱 楷书 背小泉**

三级
径 32.0、穿 9.0 毫米
阔轮　俯淳
选自《华夏古钱价格目录》

1490 　**淳熙元宝折二钱 楷书 背小泉**

三级
径 30.1、厚 1.9 毫米；重 6.6 克
狭俯淳　阔宝

1491 　**淳熙元宝折二钱 楷书 背小泉**

三级
径 30.0、穿 9.0、厚 1.7 毫米；重 6.7 克
俯淳　俯熙

1492 　**淳熙元宝折二钱 楷书 背小泉**

三级
径 29.9、厚 1.7 毫米；重 6.7 克
阔俯淳

1493 　**淳熙元宝折二钱 楷书 背小泉**

三级
径 29.5、穿 9.0、厚 1.8 毫米；重 5.8 克
俯淳　俯宝

1494 　**淳熙元宝折二钱 楷书 背小泉**

三级
径 29.2、厚 1.7 毫米；重 6.1 克
昂宝

1495 　**淳熙元宝折二钱 楷书 背小泉**

三级
径 29.0、穿 9.0、厚 1.7 毫米；重 6.5 克
小字　俯宝

1496 淳熙元宝折二钱 楷书 背小泉

三级
径 29.0、穿 9.0、厚 1.9 毫米；重 6.0 克
粗字 背粗泉

1497 淳熙元宝折二钱 楷书 背小泉

三级
径 28.9、厚 1.6 毫米；重 4.9 克
小字 仰宝

1498 淳熙元宝折二钱 楷书 背中泉

三级
径 30.0、厚 1.6 毫米；重 6.6 克
粗字 阔淳 昂宝

1499 淳熙元宝折二钱 楷书 背中泉

三级
径 29.2、厚 1.5 毫米；重 6.3 克
四决 背狭泉

1500 淳熙元宝折二钱 楷书 背中泉

三级
径 29.0、厚 1.6 毫米；重 6.6 克
面四决 粗字 仰阔宝

1501 淳熙元宝折二钱 楷书 背中泉

三级
径 29.0、厚 1.8 毫米；重 7.8 克
面四决 昂宝

1502　**淳熙元宝折二钱 楷书 背中泉**

三级
径 29.0、穿 8.5、厚 1.7 毫米；重 6.2 克
四决 进元 仰宝

1503　**淳熙元宝折二钱 楷书 背中泉**

三级
径 38.9、穿 7.0、厚 1.7 毫米；重 6.9 克
面四决 粗大字

1504　**淳熙元宝折二钱 楷书 背中泉**

三级
径 28.8、厚 1.7 毫米；重 6.3 克
四决 背进泉

1505　**淳熙元宝折二钱 楷书 背大泉**

三级
径 29.3、穿 8.0、厚 1.8 毫米；重 6.7 克
仰淳 俯宝

1506　**淳熙元宝折二钱 楷书 背大泉**

三级
径 29.2、穿 7.8、厚 1.7 毫米；重 6.8 克
粗字 仰淳 阔宝

1507　**淳熙元宝折二钱 楷书 背大泉**

三级
径 29.2、穿 8.0、厚 1.5 毫米；重 6.0 克
小字 仰淳

1508　　**淳熙元宝折二钱 楷书 背大泉**

三级
径 29.1、穿 8.0、厚 1.7 毫米；重 6.5 克
正字　背粗大泉

1509　　**淳熙元宝折二钱 楷书 背大泉**

三级
径 29.0、穿 7.5、厚 1.5 毫米；重 6.2 克
仰淳　昂宝

1510　　**淳熙元宝折二钱 楷书 背大泉**

三级
径 29.0、穿 8.0、厚 2.0 毫米；重 7.0 克
仰淳　背仰泉

1511　　**淳熙元宝折二钱 楷书 背正**

二级
径 29.2、穿 7.0、厚 2.0 毫米；重 6.88 克
进仰淳

1512　　**淳熙元宝折二钱 楷书 背正**

二级
径 28.8、厚 1.6 毫米；重 6.6 克
俯淳

1513　　**淳熙元宝折二钱 楷书 背正**

二级
径 28.5、穿 8.0、厚 1.7 毫米；重 6.58 克
退淳

1514 **淳熙元宝折二钱 楷书 背正**

二级
径 28.5、厚 1.6 毫米；重 6.6 克
仰熙 昂宝

1515 **淳熙元宝折二钱 楷书 背正**

二级
径 28.3、穿 7.0 毫米；重 6.7 克
俯淳 狭元

1516 **淳熙元宝折二钱 楷书 背正**

二级
径 28.2、穿 7.3 毫米；重 7.3 克
俯淳 仰熙
上海博物馆藏

1517 **淳熙元宝折二钱 楷书 背正**

二级
径 28.2、厚 1.6 毫米；重 5.0 克
小字 俯淳 俯宝

1518 **淳熙元宝折二钱 楷书 背正**

二级
径 28.0、穿 7.1 毫米
俯淳 进元
戴葆庭旧藏

1519 **淳熙元宝折二钱 楷书 背正**

二级
径 29.0、穿 7.0 毫米
阔轮 粗字 俯淳
选自《中国珍稀钱币》

1520 **淳熙元宝折二钱 楷书 背正**

二级
径 27.8、穿 7.0、厚 2.0 毫米；重 7.83 克
仰淳 进元

1521 **淳熙元宝折二钱 楷书 背正**

二级
径 29.3、厚 1.2 毫米；重 3.6 克
大字 阔元

1522 **淳熙元宝折二钱 楷书 背正**

二级
径 29.0、穿 7.6 毫米
阔轮 面四决 背扁正
选自《中国珍稀钱币》

1523 **淳熙元宝折二钱 楷书 背纪年柒**

四级
径 29.8、穿 8.0、厚 1.3 毫米；重 5.9 克
面四决 粗字 背进柒

1524 **淳熙元宝折二钱 楷书 背纪年柒**

四级
径 29.7、穿 8.0、厚 1.4 毫米；重 6.2 克
四决 仰熙 进元
上海博物馆藏

1525 **淳熙元宝折二钱 楷书 背纪年柒**

五级
径 29.5、穿 7.5、厚 1.7 毫米；重 6.1 克
四决 仰熙 昂宝

1526 淳熙元宝折二钱 楷书 背纪年柒

四级
径 29.5、穿 7.5 毫米；重 6.6 克
四决 俯淳 阔宝
上海博物馆藏

1527 淳熙元宝折二钱 楷书 背纪年柒

四级
径 29.2、穿 8.0、厚 1.6 毫米；重 6.2 克
四决 退淳 进元

1528 淳熙元宝折二钱 楷书 背纪年柒

四级
径 30.5、穿 8.0、厚 1.6 毫米；重 5.4 克
大字 仰淳

1529 淳熙元宝折二钱 楷书 背纪年柒

四级
径 30.0、穿 8.0、厚 1.8 毫米；重 6.5 克
细字 仰淳

1530 淳熙元宝折二钱 楷书 背纪年柒

四级
径 29.7、穿 8.0、厚 1.5 毫米；重 5.2 克
粗字 阔淳

1531 淳熙元宝折二钱 楷书 背纪年柒

五级
径 29.6、穿 8.0、厚 1.8 毫米；重 7.3 克
花穿 阔元

1532　**淳熙元宝折二钱 楷书 背纪年柒**

四级
径 29.5、穿 8.0、厚 1.4 毫米；重 4.7 克
广郭 俯淳

1533　**淳熙元宝折二钱 楷书 背纪年柒**

五级
径 29.5、穿 8.5、厚 1.6 毫米；重 5.8 克
退元 俯宝

1534　**淳熙元宝折二钱 楷书 背纪年柒**

五级
径 29.2、穿 8.0、厚 1.5 毫米；重 5.3 克
俯淳 俯宝

1535　**淳熙元宝折二钱 楷书 背纪年柒**

五级
径 28.7、穿 8.0、厚 1.4 毫米；重 4.6 克
退淳

1536　**淳熙元宝折二钱 楷书 背纪年捌**

五级
径 29.5、穿 8.0、厚 1.7 毫米；重 6.7 克
俯淳 俯宝

1537　**淳熙元宝折二钱 楷书 背纪年捌**

五级
径 29.2、穿 8.0、厚 1.8 毫米；重 6.3 克
四决 小字 狭俯淳

1538 **淳熙元宝折二钱 楷书 背纪年捌**

五级
径 29.1、穿 8.0、厚 1.6 毫米；重 5.4 克
四决 斜宝

1539 **淳熙元宝折二钱 楷书 背纪年捌**

五级
径 29.1、穿 8.0、厚 2.4 毫米；重 9.9 克
四决 花穿 俯淳

1540 **淳熙元宝折二钱 楷书 背纪年捌**

四级
径 28.0、穿 8.0、厚 1.6 毫米；重 6.2 克
四决 俯淳 阔宝

1541 **淳熙元宝折二钱 楷书 背纪年捌**

五级
径 30.1、穿 7.3、厚 1.7 毫米；重 6.8 克
仰淳 狭宝

1542 **淳熙元宝折二钱 楷书 背纪年捌**

五级
径 29.8、穿 7.3、厚 1.6 毫米；重 7.2 克
仰淳 降宝

1543 **淳熙元宝折二钱 楷书 背纪年捌**

四级
径 29.8、穿 7.3、厚 1.4 毫米；重 6.3 克
细字 退元

1544 **淳熙元宝折二钱 楷书 背纪年捌**

五级
径 29.6、穿 7.3、厚 1.5 毫米；重 6.9 克
大字 斜肩宝

1545 **淳熙元宝折二钱 楷书 背纪年捌**

五级
径 29.6、穿 7.4、厚 1.4 毫米；重 5.7 克
退元 降宝

1546 **淳熙元宝折二钱 楷书 背纪年捌**

四级
径 29.4、穿 8.0、厚 1.7 毫米；重 6.4 克
仰淳 仰宝

1547 **淳熙元宝折二钱 楷书 背纪年捌**

五级
径 28.8、穿 7.3、厚 1.3 毫米；重 5.3 克
阔郭 粗大字 俯熙

1548 **淳熙元宝折二钱 楷书 背纪年九**

五级
径 30.0、穿 7.0、厚 2.0 毫米；重 8.1 克
粗字 俯淳 俯宝

1549 **淳熙元宝折二钱 楷书 背纪年九**

四级
径 29.9、穿 7.2、厚 1.6 毫米；重 7.0 克
粗字 阔俯淳 俯熙

1550 **淳熙元宝折二钱 楷书 背纪年九**

五级
径 29.7、穿 7.3、厚 1.5 毫米；重 6.4 克
俯淳 狭熙

1551 **淳熙元宝折二钱 楷书 背纪年九**

四级
径 29.7、穿 7.3、厚 1.8 毫米；重 7.6 克
细字 进元

1552 **淳熙元宝折二钱 楷书 背纪年九**

四级
径 29.3、穿 7.0、厚 1.6 毫米；重 6.7 克
俯淳 俯宝

1553 **淳熙元宝折二钱 楷书 背纪年九**

五级
径 29.3、穿 7.0、厚 1.2 毫米；重 6.3 克
俯熙 俯宝

1554 **淳熙元宝折二钱 楷书 背纪年九**

五级
径 29.2、穿 8.0、厚 1.6 毫米；重 5.8 克
狭俯宝

1555 **淳熙元宝折二钱 楷书 背纪年九**

五级
径 27.5、穿 7.0、厚 1.7 毫米；重 7.7 克
粗字 进元

1556　**淳熙元宝折二钱 楷书 背纪年九**

四级
径 30.2、穿 7.4、厚 1.6 毫米；重 6.2 克
仰淳 狭熙 降元

1557　**淳熙元宝折二钱 楷书 背纪年九**

四级
径 29.7、穿 7.3、厚 1.5 毫米；重 6.3 克
仰熙 降元

1558　**淳熙元宝折二钱 楷书 背纪年九**

五级
径 29.4、穿 8.0、厚 1.8 毫米；重 7.4 克
粗字 进降元

1559　**淳熙元宝折二钱 楷书 背纪年九**

五级
径 29.3、穿 8.0、厚 1.6 毫米；重 6.9 克
粗大字 阔淳

1560　**淳熙元宝折二钱 楷书 背纪年九**

五级
径 29.0、穿 7.2、厚 1.9 毫米；重 7.4 克
降小元

1561　**淳熙元宝折二钱 楷书 背纪年十**

四级
径 30.7、厚 1.5 毫米；重 6.5 克
小字 俯淳 退元

1562 | **淳熙元宝折二钱 楷书 背纪年十**

四级
径 30.5、厚 1.2 毫米；重 5.2 克
俯淳 昂宝

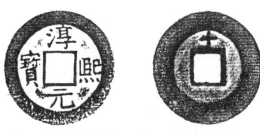

1563 | **淳熙元宝折二钱 楷书 背纪年十**

五级
径 30.0、穿 8.0、厚 1.6 毫米；重 6.4 克
俯熙 退元

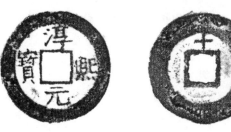

1564 | **淳熙元宝折二钱 楷书 背纪年十**

四级
径 30.0、穿 8.0、厚 1.6 毫米；重 6.0 克
粗大字 进俯淳

1565 | **淳熙元宝折二钱 楷书 背纪年十**

四级
径 29.7、厚 1.6 毫米；重 5.4 克
俯淳 仰宝

1566 | **淳熙元宝折二钱 楷书 背纪年十**

五级
径 29.5、穿 8.0、厚 2.0 毫米；重 7.4 克
粗字 正字

1567 | **淳熙元宝折二钱 楷书 背纪年十**

四级
径 29.6、穿 7.4、厚 1.5 毫米；重 6.7 克
大字 阔淳

1568　**淳熙元宝折二钱　楷书　背纪年十**

五级
径 29.5、穿 8.0、厚 1.8 毫米；重 6.7 克
俯淳　仰宝

1569　**淳熙元宝折二钱　楷书　背纪年十**

五级
径 29.2、穿 8.0、厚 1.3 毫米；重 5.2 克
细字　狭宝

1570　**淳熙元宝折二钱　楷书　背纪年十**

四级
径 29.0、穿 8.0、厚 2.0 毫米；重 5.8 克
正字

1571　**淳熙元宝折二钱　楷书　背纪年十**

五级
径 28.0、穿 8.0、厚 1.5 毫米；重 5.3 克
进淳　小样

1572　**淳熙元宝折二钱　楷书　背纪年十一**

四级
径 31.0、穿 7.2、厚 1.4 毫米；重 6.2 克
细字　仰淳　大样

1573　**淳熙元宝折二钱　楷书　背纪年十一**

四级
径 30.7、穿 7.0、厚 1.7 毫米；重 7.0 克
广郭　正字

1574 | 淳熙元宝折二钱 楷书 背纪年十一

四级
径 30.6、穿 7.0、厚 1.4 毫米；重 6.0 克
仰淳 俯宝

1575 | 淳熙元宝折二钱 楷书 背纪年十一

四级
径 30.5、穿 7.0、厚 1.1 毫米；重 4.7 克
花穿 细字 狭淳

1576 | 淳熙元宝折二钱 楷书 背纪年十一

四级
径 31.0、穿 7.0、厚 2.0 毫米；重 7.7 克
广郭 正字

1577 | 淳熙元宝折二钱 楷书 背纪年十一

五级
径 29.9、穿 8.0、厚 1.6 毫米；重 6.7 克
长穿 背下斜一

1578 | 淳熙元宝折二钱 楷书 背纪年十一

五级
径 29.6、穿 8.0、厚 1.7 毫米；重 6.7 克
小字 狭熙

1579 | 淳熙元宝折二钱 楷书 背纪年十一

四级
径 29.1、厚 1.3 毫米；重 5.4 克
粗字 俯淳

1580 **淳熙元宝折二钱 楷书 背纪年十**

四级
径 29.0、穿 7.2、厚 1.5 毫米；重 6.7 克
俯淳 退元

1581 **淳熙元宝折二钱 楷书 背纪年十一**

五级
径 29.0、穿 7.0、厚 1.2 毫米；重 5.6 克
俯熙 狭宝

1582 **淳熙元宝折二钱 楷书 背纪年十一**

五级
径 28.5、穿 8.0、厚 1.3 毫米；重 5.8 克
阔宝

1583 **淳熙元宝折二钱 楷书 背纪年十一**

五级
径 28.5、厚 1.8 毫米；重 6.2 克
俯熙 俯宝

1584 **淳熙元宝折二钱 楷书 背纪年十一**

五级
径 28.3、穿 7.6、厚 1.5 毫米；重 5.1 克
俯淳 退元

1585 **淳熙元宝折二钱 楷书 背纪年十二**

四级
径 29.8、穿 7.0、厚 1.6 毫米；重 5.7 克
俯熙 俯宝

1586 **淳熙元宝折二钱 楷书 背纪年十二**

五级
径 29.6、穿 7.0、厚 1.6 毫米；重 5.5 克
狭元

1587 **淳熙元宝折二钱 楷书 背纪年十二**

五级
径 29.5、穿 7.0、厚 1.6 毫米；重 7.2 克
长穿 退元

1588 **淳熙元宝折二钱 楷书 背纪年十二**

四级
径 29.0、厚 1.6 毫米；重 5.3 克
大字 阔宝

1589 **淳熙元宝折二钱 楷书 背纪年十二**

四级
径 29.6、穿 8.0、厚 1.8 毫米；重 7.4 克
阔熙 扁元

1590 **淳熙元宝折二钱 楷书 背纪年十二**

五级
径 29.5、穿 7.0、厚 1.7 毫米；重 7.7 克
粗字 仰淳

1591 **淳熙元宝折二钱 楷书 背纪年十二**

五级
径 29.3、穿 7.1 毫米；重 1.5 克
退元 俯宝

1592　**淳熙元宝折二钱 楷书 背纪年十二**

四级
径 29.1、穿 7.1、厚 1.7 毫米；重 7.5 克
粗字 俯淳

1593　**淳熙元宝折二钱 楷书 背纪年十二**

五级
径 29.1、穿 7.0、厚 1.9 毫米；重 7.8 克
俯淳 俯熙

1594　**淳熙元宝折二钱 楷书 背纪年十二**

四级
径 29.0、穿 7.2、厚 1.8 毫米；重 7.1 克
俯熙 退元

1595　**淳熙元宝折二钱 楷书 背纪年十二**

五级
径 29.0、穿 8.0、厚 1.3 毫米；重 4.2 克
进俯淳

1596　**淳熙元宝折二钱 楷书 背纪年十二**

五级
径 28.7、穿 9.0、厚 1.6 毫米；重 6.1 克
俯淳 仰宝

1597　**淳熙元宝折二钱 楷书 背纪年十三**

五级
径 29.7、穿 8.0、厚 1.7 毫米；重 7.7 克
俯淳 阔元

1598 **淳熙元宝折二钱 楷书 背纪年十三**

四级
径 29.4、穿 8.0、厚 1.4 毫米；重 6.0 克
俯淳 退元

1599 **淳熙元宝折二钱 楷书 背纪年十三**

四级
径 29.2、穿 8.0、厚 1.6 毫米；重 5.8 克
俯淳 俯宝

1600 **淳熙元宝折二钱 楷书 背纪年十三**

五级
径 29.2、穿 8.0、厚 1.5 毫米；重 5.6 克
阔俯淳

1601 **淳熙元宝折二钱 楷书 背纪年十三**

五级
径 29.1、穿 8.0、厚 2.0 毫米；重 8.0 克
花穿 昂宝

1602 **淳熙元宝折二钱 楷书 背纪年十三**

五级
径 29.1、穿 8.0、厚 1.6 毫米；重 6.0 克
俯淳 俯宝

1603 **淳熙元宝折二钱 楷书 背纪年十三**

五级
径 29.0、穿 8.0、厚 2.0 毫米；重 11 克
仰熙

1604 **淳熙元宝折二钱 楷书 背纪年十三**

五级
径 28.8、穿 8.0、厚 1.4 毫米；重 5.3 克
细字 狭宝

1605 **淳熙元宝折二钱 楷书 背纪年十三**

四级
径 29.3、穿 8.0、厚 1.6 毫米；重 6.8 克
斜元 俯宝

1606 **淳熙元宝折二钱 楷书 背纪年十三**

四级
径 29.2、厚 1.7 毫米；重 6.7 克
俯淳 斜元

1607 **淳熙元宝折二钱 楷书 背纪年十三**

四级
径 29.2、厚 1.6 毫米；重 6.8 克
俯熙 俯宝

1608 **淳熙元宝折二钱 楷书 背纪年十三**

五级
径 29.2、穿 8.0、厚 1.5 毫米；重 6.2 克
俯淳 俯宝

1609 **淳熙元宝折二钱 楷书 背纪年十四**

五级
径 29.7、厚 2.0 毫米；重 8.7 克
粗大字 仰淳

1610	**淳熙元宝折二钱 楷书 背纪年十四** 四级 径 29.7、厚 1.8 毫米；重 7.6 克 仰淳 昂宝		
1611	**淳熙元宝折二钱 楷书 背纪年十四** 四级 径 29.7、穿 8.0、厚 1.8 毫米；重 6.4 克 俯淳 背斜四		
1612	**淳熙元宝折二钱 楷书 背纪年十四** 五级 径 29.7、穿 8.0、厚 2.0 毫米；重 1.4 克 花穿 仰宝		
1613	**淳熙元宝折二钱 楷书 背纪年十四** 五级 径 29.6、厚 1.7 毫米；重 7.1 克 俯淳 仰元		
1614	**淳熙元宝折二钱 楷书 背纪年十四** 五级 径 29.5、穿 8.0、厚 1.6 毫米；重 5.8 克 大字 阔宝		
1615	**淳熙元宝折二钱 楷书 背纪年十四** 五级 径 29.2、穿 8.0、厚 1.5 毫米；重 6.3 克 昂宝		

1616　**淳熙元宝折二钱 楷书 背纪年十四**

五级
径 29.2、穿 8.0、厚 2.0 毫米；重 7.4 克
仰淳

1617　**淳熙元宝折二钱 楷书 背纪年十四**

四级
径 29.2、穿 8.0、厚 1.2 毫米；重 5.0 克
细字 仰淳

1618　**淳熙元宝折二钱 楷书 背纪年十四**

五级
径 29.1、穿 8.0、厚 1.6 毫米；重 5.5 克
仰淳 昂宝

1619　**淳熙元宝折二钱 楷书 背纪年十四**

五级
径 29.0、穿 8.0、厚 1.4 毫米；重 5.5 克
仰淳 仰宝

1620　**淳熙元宝折二钱 楷书 背纪年十五**

四级
径 30.5、穿 8.0、厚 1.8 毫米；重 7.5 克
粗字 仰淳

1621　**淳熙元宝折二钱 楷书 背纪年十五**

五级
径 30.4、穿 8.0、厚 1.7 毫米；重 6.9 克
粗字 俯熙

1622	**淳熙元宝折二钱 楷书 背纪年十五** 四级 径 30.2、穿 8.0、厚 1.5 毫米；重 5.6 克 细字 俯淳 俯宝		
1623	**淳熙元宝折二钱 楷书 背纪年十五** 四级 径 29.9、穿 8.0、厚 1.5 毫米；重 5.5 克 仰淳 仰宝		
1624	**淳熙元宝折二钱 楷书 背纪年十五** 四级 径 29.8、穿 8.0、厚 1.9 毫米；重 7.0 克 阔元		
1625	**淳熙元宝折二钱 楷书 背纪年十五** 四级 径 29.7、穿 8.0、厚 1.5 毫米；重 6.6 克 俯淳 背小十五		
1626	**淳熙元宝折二钱 楷书 背纪年十五** 五级 径 29.7、穿 8.0、厚 1.8 毫米；重 8.1 克 俯淳 俯宝		
1627	**淳熙元宝折二钱 楷书 背纪年十五** 五级 径 29.5、穿 8.0、厚 1.6 毫米；重 5.9 克 花穿 俯熙		

1628 **淳熙元宝折二钱 楷书 背纪年十五**

五级
径 29.5、穿 8.2、厚 1.6 毫米；重 5.7 克
狭俯熙 退元

1629 **淳熙元宝折二钱 楷书 背纪年十五**

五级
径 29.4、厚 1.7 毫米；重 7.1 克
粗字 俯淳

1630 **淳熙元宝折二钱 楷书 背纪年十五**

五级
径 28.9、厚 1.6 毫米；重 6.5 克
粗字 俯宝

1631 **淳熙元宝折二钱 楷书 背纪年十五**

五级
径 28.3、穿 8.0、厚 1.6 毫米；重 6.0 克
狭轮 细字 小样

1632 **淳熙元宝折二钱 楷书 背纪年十六**

五级
径 30.9、穿 8.0、厚 1.8 毫米；重 7.5 克
阔轮 细字 昂宝

1633 **淳熙元宝折二钱 楷书 背纪年十六**

五级
径 30.5、厚 2.0 毫米；重 7.7 克
俯淳 俯熙

1634 **淳熙元宝折二钱 楷书 背纪年十六**

五级
径 29.9、厚 1.5 毫米；重 7.3 克
细字 俯熙 退元

1635 **淳熙元宝折二钱 楷书 背纪年十六**

五级
径 29.6、穿 8.0、厚 1.5 毫米；重 7.3 克
花穿 俯宝

1636 **淳熙元宝折二钱 楷书 背纪年十六**

五级
径 29.1、穿 8.0、厚 1.6 毫米；重 5.3 克
退元 仰宝

1637 **淳熙元宝折二钱 楷书 背纪年十六**

五级
径 28.9、厚 1.4 毫米；重 4.6 克
小字 狭淳 小宝

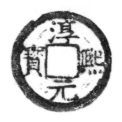

1638 **淳熙元宝折二钱 楷书 背纪年十六**

五级
径 28.0、穿 8.0、厚 1.2 毫米；重 3.8 克
长穿 大字

1639 **淳熙元宝折二钱 楷书 背纪年十六**

五级
径 27.6、穿 7.3、厚 1.5 毫米；重 4.6 克
小元 小样

1640　**淳熙元宝折二钱 楷书 背纪年十六**

四级
径 30.6、穿 8.0、厚 1.6 毫米；重 7.1 克
大字　阔淳

1641　**淳熙元宝折二钱 楷书 背纪年十六**

四级
径 30.2、穿 8.0、厚 1.4 毫米；重 6.0 克
广郭　仰淳

1642　**淳熙元宝折二钱 楷书 背纪年十六**

四级
径 30.2、穿 8.0、厚 1.4 毫米；重 6.1 克
细字　仰熙

1643　**淳熙元宝折二钱 楷书 背纪年十六**

五级
径 29.8、穿 7.3、厚 1.5 毫米；重 6.2 克
阔轮　粗字

1644　**淳熙元宝折二钱 楷书 背春玖 铁母**

一级
径 28.2、穿 8.0 毫米
细字　阔淳
选自《中国珍稀钱币》

1645　**淳熙元宝折二钱 楷书 背春拾 铁母**

二级
径 27.1、穿 9.0 毫米
长穿　小字
选自《罗伯昭钱币学文集》

1646 **淳熙元宝折二钱 楷书 背同 铁母**

二级
径 35.0、穿 8.0 毫米
阔轮 粗字 背小同
选自《中国珍稀钱币》

1647 **淳熙元宝折二钱 楷书 背同 铁母**

二级
径 30.0、穿 8.0 毫米
进淳 退元
选自《古钱大辞典》

1648 **淳熙元宝折二钱 楷书 背同 铁母**

二级
径 29.0、穿 9.0、厚 1.6 毫米；重 5.95 克
粗字 仰淳 背阔同

1649 **淳熙元宝折二钱 楷书 背同 铁母**

二级
径 28.0、穿 7.0 毫米；重 8.42 克
俯淳 退元

1650 **淳熙元宝折二钱 楷书 背同捌 铁母**

二级
径 28.0、穿 7.0 毫米
细字 俯淳
选自《中国珍稀钱币》

1651 **淳熙元宝折二钱 楷书 背同十二 铁母**

二级
径 28.0、穿 8.0 毫米
大字 仰淳
选自《华夏古钱价格图录》

1652 | **淳熙元宝折二钱 楷书 背同十四 铁母**

二级
径 26.0、穿 8.0 毫米
俯淳 俯熙
选自《中国珍稀钱币》

1653 | **淳熙元宝折二钱 楷书 背同十四 铁母**

二级
径 25.0、穿 7.5、厚 2.2 毫米；重 6.8 克
细字 背仰同
郭若愚旧藏

1654 | **淳熙元宝折二钱 楷书 背上邛 铁母**

二级
径 28.2、穿 7.0 毫米
阔轮 俯淳 仰熙
选自《中国珍稀钱币》

1655 | **淳熙元宝楷书 折二钱背上邛 铁母**

二级
径 27.3、穿 8.0 毫米
狭轮 进淳
黄岳明藏

1656 | **淳熙元宝折二钱 楷书 背舒松右月 铁母**

二级
径 28.2 毫米
大字 阔淳 扁元
选自《中国珍稀钱币》

1657 | **淳熙元宝折二钱 楷书 背舒同右月 铁母**

二级
径 27.5 毫米
进狭淳
选自中国嘉德 2009 年春拍

1658 **淳熙元宝折二钱 楷书 背松十 铁母**

一级
径 28.2、穿 8.0 毫米；重 8.5 克
仰淳 仰宝
戎畋松藏

1659 **淳熙元宝折二钱 楷书 背利 铁母**

二级
径 28.0、穿 8.0 毫米
小字 仰淳 背仰利
易念仲藏

1660 **淳熙元宝折二钱 楷书 背利 铁母**

二级
径 27.0、穿 9.0 毫米；重 4.3 克
狭轮 斜元
罗伯昭旧藏

1661 **淳熙元宝折二钱 楷书 背利 铁母**

二级
径 27.0、穿 7.5 毫米
退淳 昂宝
戴葆庭旧藏

1662 **淳熙元宝折二钱 楷书 背利 铁母**

二级
径 27.0、穿 8.0 毫米；重 2.7 克
粗字 进俯淳
杨介仁旧藏

1663 **淳熙元宝折二钱 楷书 背利 铁母**

二级
径 25.5、穿 1.2 毫米；重 3.0 克
狭轮 四决 俯淳 小样
桐乡市钟旭洲钱币艺术博物馆藏

1664　**淳熙元宝折三钱 楷书 光背 试样钱**

一级
径 34.0、穿 8.0、厚 2.6 毫米；重 11 克
粗字 阔熙

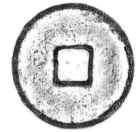

1665　**淳熙元宝折三钱 楷书 光背 试样钱**

二级
径 30.0、穿 9.0 毫米
粗字 进淳
罗伯昭旧藏

1666　**淳熙元宝楷书 折三 光背 试择钱**

二级
径 29.0、穿 9.0 毫米
小字 仰熙 进元
选自《中国珍稀钱币》

1667　**淳熙元宝折三钱 楷书 背双孕星 铁母**

一级
径 32.5、穿 9.5 毫米；重 12.6 克
俯淳
罗伯昭旧藏

淳熙通宝钱

南宋钱币。孝宗淳熙年间（1174~1189 年）铸造。青铜质。钱文"淳熙通宝"，篆、楷书两种书体，旋读。小平钱有背上月、铁母背同十五（"同"指舒州同安监，今安徽省境内）；折二钱有背星月母钱、铁母背春十二、春十三、春十五（"春"指蕲州蕲春监，今湖北省境内）。均楷书。按钱币文字和特点分，有多种版本。一般小平钱钱径 23~24.4 毫米，折二钱钱径 26~29 毫米，重 9~12.5 克。

1668　**淳熙通宝小平钱 篆书 背上月 铁母**

一级
径 24.4、穿 7.3 毫米
进通 背长月
戴葆庭旧藏

1669　**淳熙通宝小平钱 楷书 背同十五 铁母**

二级
径 23.0、穿 6.0 毫米
俯淳 大熙
选自《中国珍稀钱币》

1670　**淳熙通宝折二钱 楷书 背星月 母钱**

一级
径 29.0、穿 8.0 毫米
阔轮 进淳 俯宝
新加坡陈光扬藏

1671　**淳熙通宝折二钱 楷书 背春十二 铁母**

二级
径 28.0、穿 8.0 毫米；重 12.5 克
狭轮 进通
田步迎旧藏

1672　**淳熙通宝折二钱 楷书 背春十三 铁母**

二级
径 27.5、穿 9.06 毫米
粗字 阔熙 进通
选自《钱币世界》

1673　**淳熙通宝折二钱 楷书 背春十五 铁母**

二级
径 26.0、穿 7.5 毫米
细轮 粗字
选自《中国珍稀钱币》

铅淳熙元宝钱

南宋钱币。孝宗淳熙年间（1174~1189 年）铸造。小平钱。铅质。钱文"淳熙元宝"，篆书，旋读。背穿上月下星。钱径 23.6~23.8 毫米，重 4.2~5.3 克。

1674　**铅淳熙元宝小平钱 篆书 背星月**

五级
径 23.8、穿 7.0、厚 1.4 毫米；重 5.3 克
退元 降宝

1675　**铅淳熙元宝小平钱 篆书 背星月**

五级
径 33.6、穿 6.0、厚 1.2 毫米；重 4.2 克
退淳 俯熙

附：私铸淳熙元宝小平钱、折二钱

南宋钱币。孝宗淳熙年间（1174~1189 年）铸造。青铜质。钱文"淳熙元宝"，楷书，旋读，私铸。有小平、折二钱两种币值。一般制作粗劣，文字浅平、肉薄、平背，重量轻。小平钱径 23.3~24.5 毫米，重 3.1~3.9 克；折二钱径 25.2~26 毫米，重 3.4~5.1 克。

1676　**私铸淳熙元宝小平钱 楷书 平背**

五级
径 24.3、穿 7.0、厚 1.3 毫米；重 3.9 克
阔轮 小熙

1677　**私铸淳熙元宝小平钱 楷书 平背**

五级
径 23.3、穿 7.0、厚 1.1 毫米；重 3.1 克
阔熙　进元

1678　**私铸淳熙元宝折二钱 楷书 平背**

五级
径 26.0、穿 7.5、厚 1.5 毫米；重 5.1 克
粗大字　阔宝

1679　**私铸淳熙元宝折二钱 楷书 平背**

五级
径 25.9、穿 8.0、厚 1.1 毫米；重 3.4 克
阔轮　粗字　狭元

1680　**私铸淳熙元宝折二钱 楷书 平背**

五级
径 25.2、穿 7.5、厚 1.4 毫米；重 4.4 克
狭轮　俯淳

光宗朝钱

宋光宗年间（1190~1194 年）。仅有"绍熙"一个年号。铜钱铸行有"绍熙元宝""绍熙通宝"两种钱文。

绍熙钱

宋光宗绍熙年间（1190~1194 年）铸造的钱币。铜钱有"绍熙元宝""绍熙通宝"两种钱文。有篆、楷两种书体，旋读。有小平钱、折二、折三、折五钱 4 种币值。

绍熙元宝钱

光宗绍熙年间（1190~1194 年）铸造。青铜质。钱文"绍熙元宝"，楷书，旋读。有小平钱、折二、折三、折五钱 4 种币值。小平钱有光背、背纪年元至五、铁母背春元（蕲州蕲春监，今湖北境内）、春五、同四（舒州同安监，今安徽境内）；折二钱有光背、背纪年元一五、铁母有春元、春五；背汉四（汉阳军汉阳监，今湖北境内）、汉五；折三钱有背孕双星四七；折五钱有背上四。按钱币文字和特点分。有多种版式。一般小平钱钱径 2.15~2.51 厘米，重 2.3~5.1 克；折二钱钱径 2.67~3.8 厘米，重 3.1~8.1 克；折三钱钱径 3.3 厘米，重 9.5 克；折五钱为试样钱，钱径 3.76 厘米，重 14.6 克。

1681	**绍熙元宝小平钱 楷书 阔轮 光背** 四级 径 25.1、穿 6.0、厚 1.1 毫米；重 3.2 克 阔轮 广郭 仰宝		
1682	**绍熙元宝小平钱 楷书 阔轮 光背** 四级 径 24.9、穿 6.0、厚 1.1 毫米；重 3.2 克 阔轮 细郭 狭宝		
1683	**绍熙元宝小平钱 楷书 阔轮 光背** 五级 径 24.4、穿 6.0、厚 1.2 毫米；重 3.6 克 阔轮 粗字 俯绍		

1684 **绍熙元宝小平钱 楷书 阔轮 光背**

五级
径 24.7、穿 6.0、厚 1.0 毫米；重 2.7 克
阔轮 扁绍

1685 **绍熙元宝小平钱 楷书 阔轮 光背**

五级
径 23.4、穿 7.0、厚 1.0 毫米；重 2.7 克
阔轮 中穿

1686 **绍熙元宝小平钱 楷书 阔轮 光背**

五级
径 23.8、穿 7.0、厚 1.3 毫米；重 3.8 克
阔轮 中穿 小字

1687 **绍熙元宝小平钱 楷书 狭轮 光背**

四级
径 23.4、穿 6.0、厚 1.2 毫米；重 2.8 克
狭轮 大字

1688 **绍熙元宝小平钱 楷书 狭轮 光背**

四级
径 24.0、穿 6.0、厚 1.2 毫米；重 2.6 克
狭轮 纤字

1689 **绍熙元宝小平钱 楷书 狭轮 光背**

五级
径 24.2、穿 8.0、厚 1.0 毫米；重 2.7 克
细轮 广穿 退元

1690　**绍熙元宝小平钱 楷书 狭轮 光背**

　　四级
　　径 24.4、穿 8.0、厚 1.6 毫米；重 3.9 克
　　广穿 大字 俯绍

1691　**绍熙元宝小平钱 楷书 背纪年元**

　　四级
　　径 24.7、穿 6.0、厚 1.5 毫米；重 3.8 克
　　斜肩宝 大样

1692　绍熙元宝小平钱 楷书 背纪年元

　　四级
　　径 24.6、穿 6.0、厚 1.6 毫米；重 3.8 克
　　大字 俯宝

1693　绍熙元宝小平钱 楷书 背纪年元

　　五级
　　径 24.5、穿 6.0、厚 1.4 毫米；重 3.3 克
　　俯熙

1694　绍熙元宝小平钱 楷书 背纪年元

　　五级
　　径 24.5、穿 6.0、厚 1.5 毫米；重 4.0 克
　　仰宝

1695　绍熙元宝小平钱 楷书 背纪年元

　　五级
　　径 24.3、穿 6.0、厚 1.6 毫米；重 3.8 克
　　细字 俯宝

1696 | **绍熙元宝小平钱 楷书 背纪年元**

五级
径 24.1、穿 6.0、厚 1.5 毫米；重 3.7 克
阴郭 俯熙

1697 | **绍熙元宝小平钱 楷书 背纪年元**

四级
径 24.0、穿 6.0、厚 1.5 毫米；重 3.6 克
俯熙 俯宝

1698 | **绍熙元宝小平钱 楷书 背纪年元**

四级
径 24.0、穿 6.0、厚 1.1 毫米；重 2.6 克
花穿 斜宝

1699 | **绍熙元宝小平钱 楷书 背纪年元**

五级
径 24.0、穿 6.0、厚 1.2 毫米；重 2.9 克
粗大字 背粗元

1700 | **绍熙元宝小平钱 楷书 背纪年二**

四级
径 24.7、穿 6.0、厚 1.3 毫米；重 2.8 克
细字 俯绍 昂宝

1701 | **绍熙元宝小平钱 楷书 背纪年二**

五级
径 24.3、穿 6.0、厚 1.2 毫米；重 3.5 克
阔轮 狭宝

1702 **绍熙元宝小平钱 楷书 背纪年二**

四级
径 24.3、穿 6.0、厚 1.4 毫米；重 3.7 克
俯绍

1703 **绍熙元宝小平钱 楷书 背纪年二**

五级
径 24.2、穿 6.0、厚 1.6 毫米；重 4.1 克
阔绍 斜宝

1704 **绍熙元宝小平钱 楷书 背纪年二**

四级
径 24.2、穿 6.0、厚 1.2 毫米；重 3.2 克
花穿 细字

1705 **绍熙元宝小平钱 楷书 背纪年二**

四级
径 24.0、穿 6.0、厚 1.4 毫米；重 3.2 克
狭轮 细字 俯熙

1706 **绍熙元宝小平钱 楷书 背纪年二**

五级
径 24.0、穿 6.0、厚 1.1 毫米；重 3.0 克
阔轮 粗字 昂宝

1707 **绍熙元宝小平钱 楷书 背纪年二**

四级
径 23.9、穿 6.0、厚 1.3 毫米；重 3.5 克
粗大字 阔熙

1708 **绍熙元宝小平钱 楷书 背纪年二**

五级
径 23.8、穿 6.0、厚 1.2 毫米；重 3.7 克
粗字 俯绍 斜宝

1709 **绍熙元宝小平钱 楷书 背纪年二**

四级
径 23.5、穿 6.0、厚 1.1 毫米；重 2.8 克
狭轮 细字 小样

1710 **绍熙元宝小平钱 楷书 背纪年三**

五级
径 24.5、穿 6.0、厚 1.5 毫米；重 4.1 克
细字 花穿 斜宝

1711 **绍熙元宝小平钱 楷书 背纪年三**

四级
径 24.3、穿 6.0、厚 1.3 毫米；重 3.2 克
大字 阔熙

1712 **绍熙元宝小平钱 楷书 背纪年三**

四级
径 24.2、穿 6.0、厚 1.3 毫米；重 3.6 克
阔轮 仰熙

1713 **绍熙元宝小平钱 楷书 背纪年三**

五级
径 24.2、穿 6.0、厚 1.1 毫米；重 2.7 克
仰熙 斜宝

1714 **绍熙元宝小平钱 楷书 背纪年三**

四级
径 24.1、穿 6.0、厚 1.4 毫米；重 3.7 克
细字 俯宝

1715 **绍熙元宝小平钱 楷书 背纪年三**

五级
径 24.0、穿 6.0、厚 1.2 毫米；重 3.2 克
阴郭 斜宝

1716 **绍熙元宝小平钱 楷书 背纪年三**

五级
径 24.0、穿 6.0、厚 1.3 毫米；重 3.5 克
阔绍 仰熙

1717 **绍熙元宝小平钱 楷书 背纪年三**

四级
径 23.8、穿 6.0、厚 1.2 毫米；重 3.2 克
细字 狭宝

1718 **绍熙元宝小平钱 楷书 背纪年三**

五级
径 23.6、穿 6.2、厚 1.1 毫米；重 2.6 克
粗字 斜宝

1719 **绍熙元宝小平钱 楷书 背纪年三**

五级
径 23.4、穿 6.0、厚 1.4 毫米；重 3.2 克
狭轮 阴郭 小样

1720 **绍熙元宝小平钱 楷书 背纪年四**

四级
径 24.5、穿 6.0、厚 1.6 毫米；重 4.0 克
广郭 进俯绍

1721 **绍熙元宝小平钱 楷书 背纪年四**

四级
径 24.5、穿 6.0、厚 1.5 毫米；重 4.1 克
花穿 俯绍

1722 **绍熙元宝小平钱 楷书 背纪年四**

四级
径 24.4、穿 6.3、厚 1.3 毫米；重 3.7 克
仰宝

1723 **绍熙元宝小平钱 楷书 背纪年四**

五级
径 24.3、穿 6.3、厚 1.7 毫米；重 4.4 克
细字 进小元

1724 **绍熙元宝小平钱 楷书 背纪年四**

四级
径 24.2、穿 6.2、厚 1.3 毫米；重 3.5 克
花穿 粗大字 进绍

1725 **绍熙元宝小平钱 楷书 背纪年四**

四级
径 24.0、穿 6.0、厚 1.2 毫米；重 3.2 克
广郭 俯绍

1726 **绍熙元宝小平钱 楷书 背纪年四**

四级
径 23.8、穿 7.0、厚 1.0 毫米；重 2.4 克
细字 退狭元

1727 **绍熙元宝小平钱 楷书 背纪年四**

四级
径 23.7、穿 6.0、厚 2.0 毫米；重 3.2 克
阔轮 狭熙

1728 **绍熙元宝小平钱 楷书 背纪年四**

四级
径 23.5、穿 6.0、厚 1.2 毫米；重 2.9 克
细字 进绍

1729 **绍熙元宝小平钱 楷书 背纪年四**

五级
径 21.5、穿 6.2、厚 1.2 毫米；重 3.4 克
小字 小样

1730 **绍熙元宝小平钱 楷书 背纪年五**

四级
径 24.3、穿 7.0、厚 1.3 毫米；重 3.5 克
中穿 仰宝

1731 **绍熙元宝小平钱 楷书 背纪年五**

四级
径 24.2、穿 6.0、厚 1.2 毫米；重 3.3 克
狭穿 大字 阔绍

1732 　**绍熙元宝小平钱 楷书 背纪年五**

四级
径 24.1、穿 6.4、厚 1.2 毫米；重 2.9 克
粗字 仰熙

1733 　**绍熙元宝小平钱 楷书 背纪年五**

五级
径 24.1、穿 6.4、厚 1.3 毫米；重 3.5 克
细字 狭绍 狭宝

1734 　**绍熙元宝小平钱 楷书 背纪年五**

四级
径 23.9、穿 7.2、厚 1.0 毫米；重 2.5 克
中穿 细字 降宝

1735 　**绍熙元宝小平钱 楷书 背纪年五**

五级
径 23.8、穿 6.2、厚 1.4 毫米；重 3.3 克
花穿 粗字 仰绍

1736 　**绍熙元宝小平钱 楷书 背纪年五**

五级
径 23.8、穿 7.2、厚 1.2 毫米；重 3.0 克
中穿 阴郭 细字

1737 　**绍熙元宝小平钱 楷书 背纪年五**

五级
径 23.7、穿 7.0、厚 1.3 毫米；重 3.9 克
中穿 阴郭 狭熙

1738 **绍熙元宝小平钱 楷书 背纪年五**

五级
径 23.6、穿 7.0、厚 1.1 毫米；重 2.3 克
长穿 阴郭 背进五

1739 **绍熙元宝小平钱 楷书 背纪年五**

四级
径 23.6、穿 7.0、厚 1.0 毫米；重 2.4 克
中穿 细字 进元

1740 **绍熙元宝小平钱 楷书 背纪年五**

五级
径 23.5、穿 7.0、厚 1.6 毫米；重 3.8 克
广郭 降宝 小样

1741 **绍熙元宝小平钱 楷书 背纪年五**

四级
径 23.5、穿 7.0、厚 1.1 毫米；重 2.8 克
细字 俯宝

1742 **绍熙元宝小平钱 楷书 背春元 铁母**

二级
径 24.0、穿 6.2 毫米
粗大字 阔宝
戴葆庭旧藏

1743 **绍熙元宝小平钱 楷书 背春五 铁母**

二级
径 24.0、穿 6.0、厚 2.0 毫米；重 6.29 克
广郭 小字 狭熙

1744 **绍熙元宝小平钱 楷书 背同四 铁母**

二级
径 24.2、穿 6.0、厚 2.0 毫米；重 5.86 克
广郭 小字 背四决

1745 **绍熙元宝折二钱 楷书**

五级
径 29.3、穿 7.2、厚 1.8 毫米；重 6.5 克
大字 阔宝

1746 **绍熙元宝折二钱 楷书**

四级
径 29.0、穿 7.2、厚 1.2 毫米；重 4.4 克
退元 仰宝

1747 **绍熙元宝折二钱 楷书**

四级
径 28.5、厚 1.2 毫米；重 3.8 克
细字 俯熙 退元

1748 **绍熙元宝折二钱 楷书**

五级
径 28.0、穿 7.0、厚 1.6 毫米；重 5.0 克
粗字 昂宝

1749 **绍熙元宝折二钱 楷书**

四级
径 27.5、穿 8.0、厚 1.0 毫米；重 3.1 克
小字 狭绍

1750 　**绍熙元宝折二钱 楷书**

五级
径 27.3、穿 8.0、厚 1.8 毫米；重 4.7 克
俯熙 长元

1751 　**绍熙元宝折二钱 楷书**

五级
径 27.3、穿 8.0、厚 1.4 毫米；重 4.2 克
扁绍 俯宝

1752 　**绍熙元宝折二钱 楷书**

五级
径 27.2、穿 8.0、厚 1.3 毫米；重 4.0 克
进元 斜宝

1753 　**绍熙元宝折二钱 楷书**

五级
径 27.1、穿 8.0、厚 1.6 毫米；重 4.7 克
狭轮 退元

1754 　**绍熙元宝折二钱 楷书**

五级
径 26.4、穿 7.3、厚 1.6 毫米；重 4.2 克
狭轮 粗字 进绍

1755 　**绍熙元宝折二钱 楷书 背元**

四级
径 30.5、穿 7.3、厚 1.8 毫米；重 6.6 克
俯绍 俯熙

1756	**绍熙元宝折二钱 楷书 背元** 五级 径 30.1、穿 7.0、厚 1.7 毫米；重 5.8 克 俯熙 退元		
1757	**绍熙元宝折二钱 楷书 背元** 四级 径 29.9、穿 7.2、厚 1.7 毫米；重 7.2 克 粗字 俯熙		
1758	**绍熙元宝折二钱 楷书 背元** 五级 径 29.9、穿 7.5、厚 1.8 毫米；重 7.2 克 阴郭 斜宝		
1759	**绍熙元宝折二钱 楷书 背元** 四级 径 29.8、穿 7.2、厚 1.8 毫米；重 6.8 克 仰宝 背粗元		
1760	**绍熙元宝折二钱 楷书 背元** 五级 径 29.8、穿 7.2、厚 1.3 毫米；重 5.2 克 细字 俯绍 退元		
1761	**绍熙元宝折二钱 楷书 背元** 五级 径 29.7、穿 7.2、厚 1.5 毫米；重 5.9 克 花穿 俯熙		

1762　**绍熙元宝折二钱 楷书 背元**

四级
径 29.6、穿 7.6、厚 1.9 毫米；重 7.0 克
俯熙 退元

1763　**绍熙元宝折二钱 楷书 背元**

四级
径 29.6、穿 7.4、厚 1.9 毫米；重 6.0 克
细字 俯熙

1764　**绍熙元宝折二钱 楷书 背元**

五级
径 29.5、穿 7.0、厚 1.7 毫米；重 6.1 克
退元 斜宝

1765　**绍熙元宝折二钱 楷书 背元**

四级
径 29.5、穿 7.2、厚 1.9 毫米；重 8.0 克
粗字 俯熙 背狭元

1766　**绍熙元宝折二钱 楷书 背元**

四级
径 29.2、穿 7.2、厚 1.6 毫米；重 6.1 克
狭熙 小样

1767　**绍熙元宝折二钱 楷书 背元**

四级
径 30.8、穿 7.2、厚 1.6 毫米；重 7.4 克
阔轮 四决 昂宝

1768 绍熙元宝折二钱 楷书 背元

四级
径 30.8、穿 8.0、厚 1.6 毫米；重 6.1 克
阔轮 阔绍 背粗元

1769 绍熙元宝折二钱 楷书 背元

四级
径 30.7、穿 7.0、厚 1.5 毫米；重 7.1 克
四决 俯狭宝

1770 绍熙元宝折二钱 楷书 背元

四级
径 30.5、穿 7.2、厚 1.5 毫米；重 6.8 克
四决 背扁元

1771 绍熙元宝折二钱 楷书 背元

四级
径 30.4、穿 7.2、厚 1.7 毫米；重 8.0 克
四决 俯宝

1772 绍熙元宝折二钱 楷书 背元

四级
径 27.6、穿 8.0、厚 1.3 毫米；重 4.3 克
狭轮 细郭 小样

1773 绍熙元宝折二钱 楷书 背二

五级
径 30.3、穿 7.3、厚 1.9 毫米；重 7.1 克
俯熙 昂宝

1774 **绍熙元宝折二钱 楷书 背二**

四级
径 30.1、穿 8.0、厚 1.9 毫米；重 7.2 克
细字 俯宝

1775 **绍熙元宝折二钱 楷书 背二**

五级
径 29.8、穿 8.0、厚 1.7 毫米；重 6.3 克
广郭 粗大字 俯绍

1776 **绍熙元宝折二钱 楷书 背二**

五级
径 29.7、穿 8.0、厚 1.9 毫米；重 7.5 克
细字 俯绍 俯熙

1777 **绍熙元宝折二钱 楷书 背二**

五级
径 29.7、厚 1.7 毫米；重 6.2 克
花穿 阔熙

1778 **绍熙元宝折二钱 楷书 背二**

四级
径 29.5、穿 7.3、厚 1.9 毫米；重 7.1 克
俯绍 退元

1779 **绍熙元宝折二钱 楷书 背二**

四级
径 29.4、穿 8.0、厚 2.0 毫米；重 5.8 克
俯绍 俯熙

1780 **绍熙元宝折二钱 楷书 背二**

四级
径 29.4、穿 8.0、厚 1.9 毫米；重 6.3 克
细字 俯宝

1781 **绍熙元宝折二钱 楷书 背二**

四级
径 29.1、穿 8.0、厚 1.7 毫米；重 5.0 克
细字 俯绍

1782 **绍熙元宝折二钱 楷书 背二**

五级
径 29.1、穿 7.2、厚 1.7 毫米；重 6.2 克
俯绍 俯宝

1783 **绍熙元宝折二钱 楷书 背二**

五级
径 28.8、穿 7.4、厚 1.9 毫米；重 5.9 克
阴郭 狭俯绍

1784 **绍熙元宝折二钱 楷书 背二**

五级
径 28.7、穿 8.0、厚 1.5 毫米；重 5.0 克
阔元 小样

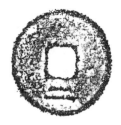

1785 **绍熙元宝折二钱 楷书 背三巨星二**

三级
径 28.0、穿 7.3 毫米
阔轮 粗大字 背三巨星

1786 **绍熙元宝折二钱 楷书 背三**

四级
径 30.2、穿 7.3、厚 1.8 毫米；重 8.1 克
阔绍 仰熙

1787 **绍熙元宝折二钱 楷书 背三**

四级
径 30.2、穿 7.3、厚 1.6 毫米；重 6.9 克
俯绍

1788 **绍熙元宝折二钱 楷书 背三**

五级
径 29.7、穿 7.2、厚 1.8 毫米；重 7.0 克
粗字 俯绍 阔宝

1789 **绍熙元宝折二钱 楷书 背三**

四级
径 29.7、穿 7.2、厚 1.6 毫米；重 6.4 克
仰熙

1790 **绍熙元宝折二钱 楷书 背三**

四级
径 29.6、穿 7.2、厚 1.7 毫米；重 7.5 克
正字

1791 **绍熙元宝折二钱 楷书 背三**

五级
径 29.6、穿 7.2、厚 2.0 毫米；重 8.4 克
小元 斜宝

1792 **绍熙元宝折二钱 楷书 背三**

五级
径 29.1、穿 7.4、厚 1.6 毫米；重 6.9 克
退元 仰宝

1793 **绍熙元宝折二钱 楷书 背三**

五级
径 28.9、穿 7.3、厚 1.7 毫米；重 6.5 克
花穿 狭绍

1794 **绍熙元宝折二钱 楷书 背三**

四级
径 27.4、穿 7.0、厚 1.4 毫米；重 4.9 克
粗大字 小样

1795 **绍熙元宝折二钱 楷书 背四**

四级
径 29.7、穿 8.0、厚 1.5 毫米；重 6.3 克
大字 阔宝

1796 **绍熙元宝折二钱 楷书 背四**

五级
径 29.6、穿 8.0、厚 1.6 毫米；重 6.5 克
粗字 进绍

1797 **绍熙元宝折二钱 楷书 背四**

五级
径 29.5、穿 7.3、厚 1.7 毫米；重 6.7 克
大字 进绍

1798　**绍熙元宝折二钱 楷书 背四**

　　　　五级
　　　　径 29.5、穿 8.0、厚 1.7 毫米；重 6.0 克
　　　　进绍　仰元

1799　**绍熙元宝折二钱 楷书 背四**

　　　　四级
　　　　径 29.4、穿 7.2、厚 1.6 毫米；重 7.05 克
　　　　进俯绍　背粗四

1800　**绍熙元宝折二钱 楷书 背四**

　　　　五级
　　　　径 29.3、穿 8.0、厚 1.7 毫米；重 6.8 克
　　　　花穿　长绍

1801　**绍熙元宝折二钱 楷书 背四**

　　　　五级
　　　　径 29.3、穿 8.0、厚 1.4 毫米；重 5.2 克
　　　　进俯绍　斜宝

1802　**绍熙元宝折二钱 楷书 背四**

　　　　五级
　　　　径 29.3、穿 8.0、厚 1.6 毫米；重 5.8 克
　　　　细字　进绍

1803　**绍熙元宝折二钱 楷书 背四**

　　　　四级
　　　　径 29.1、穿 8.0、厚 1.8 毫米；重 6.9 克
　　　　进绍　仰宝

1804	**绍熙元宝折二钱 楷书 背四**		

五级

径 28.8、穿 8.0、厚 1.8 毫米；重 7.2 克

俯绍 进元

1805	**绍熙元宝折二钱 楷书 背五**		

四级

径 30.8、穿 8.0、厚 2.0 毫米；重 8.7 克

短熙

1806	**绍熙元宝折二钱 楷书 背五**		

四级

径 29.6、穿 8.0、厚 1.7 毫米；重 7.1 克

广郭 背错版

1807	**绍熙元宝折二钱 楷书 背五**		

四级

径 29.3、穿 8.0、厚 1.4 毫米；重 5.9 克

花穿 阔熙

1808	**绍熙元宝折二钱 楷书 背五**		

五级

径 29.2、穿 8.0、厚 1.6 毫米；重 5.9 克

俯绍 俯宝

1809	**绍熙元宝折二钱 楷书 背五**		

四级

径 29.1、穿 8.0、厚 1.4 毫米；重 5.0 克

细字 狭宝

1810　绍熙元宝折二钱 楷书 背五

四级
径 29.0、穿 8.0、厚 2.0 毫米；重 8.7 克
正郭　进元

1811　绍熙元宝折二钱 楷书 背五

四级
径 29.0、穿 8.0、厚 1.4 毫米；重 5.9 克
阔绍　进仰元

1812　绍熙元宝折二钱 楷书 背五

五级
径 29.0、穿 8.0、厚 1.3 毫米；重 5.2 克
细字　背小五

1813　绍熙元宝折二钱 楷书 背春元 铁母

二级
径 26.7、穿 8.0 毫米；重 3.7 克
大字　阔宝
选自《中国历代货币大系》

1814　绍熙元宝折二钱 楷书 背春五 铁母

二级
径 27.1、穿 7.0、厚 2.8 毫米；重 8.7 克
小字　狭熙

1815　绍熙元宝折二钱 楷书 背汉四 铁母

一级
径 29.0、穿 7.0、厚 2.4 毫米；重 8.0 克
广郭　俯宝
桐乡市钟旭洲钱币艺术博物馆藏

1816 **绍熙元宝折二钱 楷书 背汉五 铁母**

二级
径 28.0、穿 7.0 毫米；重 8.9 克
广郭 仰熙 小元
南宋钱币博物馆提供

1817 **绍熙元宝折三钱 楷书 背孕双星四七 铁母**

一级
径 33.0、厚 1.0 毫米；重 9.5 克
广穿 粗字 俯元
戴葆庭旧藏

1818 **绍熙元宝折五钱 楷书 背四 试样钱**

一级
径 37.0、穿 9.0 毫米；重 14.6 克
俯绍 俯熙
韩渌卿旧藏

绍熙通宝钱

　　光宗绍熙年间（1190~1194 年）铸造。青铜质。钱文"绍熙通宝"。有折二、折五钱两种币值。折二钱有篆书铁母背春三（"春"指蕲州蕲春监，今湖北境内）、定三（"定"指光州定城监，今河南境内）、楷书背合二铁母；折五钱为楷书，仅有试样钱背上四。一般小平钱径 26 毫米，折二钱钱径 29~30 毫米，重 8.35 克；折五钱钱径 37 毫米。

1819 **绍熙元宝折二钱 篆书 背春三 铁母**

一级
径 30.0、穿 7.4 毫米
正字
此京羽中藏

1820　**绍熙元宝折二钱 篆书 背定三 铁母**

一级
径 30.0、穿 8.0 毫米；重 8.35 克
细郭 俯通
上海博物馆藏

1821　**绍熙元宝折二钱 篆书 背定三 铁母**

一级
径 29.8、穿 8.0 毫米
粗字 进绍 阔熙
河北云泉山人藏

1822　**绍熙通宝折二 楷书 背合二 铁母 试样钱**

一级
径 26.0、穿 6 毫米
大字 阔熙
选自嘉德 2010 年秋拍

1823　**绍熙通宝折五钱 楷书 背四 试样钱**

一级
径 37.3、穿 9.0 毫米
重 15.1 克
俯通 阔熙
戴葆庭旧藏

附：私铸绍熙元宝小平钱、折二钱

　　光宗绍熙年间（1190~1194 年）铸造。青铜质。钱文"绍熙元宝"，楷书，旋读，私铸。有小平钱、折二钱两种币值。一般制作粗劣，文字浅平，肉薄，穿宽，平背，重量轻。小平钱径 22.3~24.2 毫米，重 2~3 克；折二钱径 23.3~26.4 毫米，重 3.89~4.2 克。

1824	**私铸绍熙元宝旋读小平钱 楷书** 五级 径 24.2、穿 6.0 毫米；重 3 克 阔轮 俯宝		
1825	**私铸绍熙元宝旋读小平钱 楷书** 五级 径 23.6、穿 6.5 毫米；重 2 克 阔俯熙		
1826	**私铸绍熙元宝旋读小平钱 楷书** 五级 径 23.0、穿 6.5 毫米 粗字 阔宝		
1827	**私铸绍熙元宝旋读小平钱 楷书** 五级 径 22.3、穿 6.5 毫米 小字 小绍		
1828	**私铸绍熙元宝旋读折二钱 楷书** 五级 径 26.4、穿 7.6 毫米；重 4.2 克 狭轮 进绍 俯熙		
1829	**铸绍熙元宝旋读折二钱 楷书** 五级 径 25.5、穿 8.0 毫米；重 3.89 克 阔轮 粗字 扁元		

铸绍熙元宝旋读折二钱 楷书

1830

五级
径 23.3、穿 8.2 毫米
细轮 退元

宁宗朝钱

宋宁宗期间（1195~1224 年），共有"庆元""嘉泰""开禧""嘉定"4 个年号，都铸行了铜钱。庆元年间（1195~1200 年）铸造了"庆元元宝""庆元通宝"；嘉泰年间（1201~1204 年）铸造了"嘉泰元宝""嘉泰通宝"；开禧年间（1205~1207 年）铸造了"开禧元宝""开禧通宝"；嘉定年间（1208~1224 年）铸造了"嘉定元宝""嘉定通宝""嘉定重宝"和嘉定异名钱。

庆元钱

宋宁宗庆元年间（1195~1200 年）铸造的钱币。铜钱有"庆元元宝""庆元通宝"两种钱文。楷、仿瘦金体两种书体，旋读，直读两种读法。有小平钱、折二钱、折三钱、折五钱、折十钱和当五十开炉大钱 6 种币值。

庆元元宝钱

宁宗庆元年间（1195~1200 年）铸造。青铜质。钱文"庆元元宝"，楷书、旋读，仅有折三钱 1 种币值。有铁母背川三六、川卅七的不同版式。钱径 3.1~3.11 厘米。

庆元元宝楷书 折三钱 背川三六 铁母

1831

一级
径 31.0、厚 1.0 毫米
广穿 细字 仰宝
选自《历代古钱图说》

1832　庆元元宝楷书　折三钱　背川卅七　铁母

一级
径 31.0、厚 1.0 毫米
广穿　大字　阔宝
选自《历代古钱图说》

庆元通宝钱

宁宗庆元年间（1195~1200 年）铸造。青铜质。钱文"庆元通宝"，楷书，有旋读和对读两种。有小平钱、折二钱、折三钱、折五钱、和当五十开炉大钱等 5 种币值。小平钱有光背、背纪年元至六、铁母背春元（蕲州蕲春监，今湖北境内）、春五、同六（舒州同安监，今安徽境内）；折二钱有光背、背纪年元至六、铁母背春三、同二；折三钱有光背、背纪年三至六、铁母背孕双星、孕双星五一（纪值、纪范次）；折五钱有背上永（"永"指饶州永丰监，今江西境内）；背勒五十料庆元元年夏改铸此号钱。按钱币文字和特点分，有许多种版式。一般小平钱钱径 24.1~35.3 毫米，重 2.6~6.7 克；折二钱钱径 28~31.8 毫米，重 3.8~8.6 克；折三钱钱径 30.5~35 毫米，重 6.5~14.5 克；折五钱钱径 34~35 毫米；当五十开炉大钱钱径 75 毫米。

1833　庆元通宝小平钱　楷书　光背

四级
径 25.2、穿 7.0、厚 1.5 毫米；重 4.1 克
阔轮　粗大字

1834　庆元通宝小平钱　楷书　光背

四级
径 25.3、穿 6.0、厚 1.3 毫米；重 3.6 克
狭轮　粗字　小元

1835　**庆元通宝小平钱 楷书 光背**

四级
径 24.1、穿 7.0、厚 1.3 毫米；重 3.0 克
细郭　昂宝

1836　**庆元通宝小平钱 楷书 光背**

四级
径 24.1、穿 7.0、厚 1.0 毫米；重 2.5 克
细字　退庆

1837　**庆元通宝小平钱 楷书 光背**

四级
径 24.1、穿 7.0、厚 1.0 毫米；重 3.0 克
细字　正字

1838　**庆元通宝小平钱 楷书 光背**

五级
径 24.0、穿 7.0 毫米
粗字　进通
选自《华夏古钱价格图录》

1839　**庆元通宝小平钱 楷书 背纪年元**

四级
径 24.7、穿 6.2、厚 1.5 毫米；重 4.0 克
粗字　进仰通

1840　**庆元通宝小平钱 楷书 背纪年元**

五级
径 24.6、穿 6.3、厚 1.4 毫米；重 4.0 克
俯庆　进仰通

1841	**庆元通宝小平钱 楷书 背纪年元** 五级 径 24.6、穿 6.4、厚 1.3 毫米；重 3.8 克 纤字 进通		
1842	**庆元通宝小平钱 楷书 背纪年元** 四级 径 24.5、穿 6.3、厚 1.3 毫米；重 3.6 克 仰元 俯宝		
1843	**庆元通宝小平钱 楷书 背纪年元** 四级 径 24.4、穿 6.3、厚 1.5 毫米；重 5.9 克 进阔通		
1844	**庆元通宝小平钱 楷书 背纪年元** 五级 径 24.4、穿 6.2、厚 1.4 毫米；重 4.0 克 小字 狭庆 进通		
1845	**庆元通宝小平钱 楷书 背纪年元** 五级 径 24.3、穿 6.2、厚 2.0 毫米；重 3.6 克 进仰通		
1846	**庆元通宝小平钱 楷书 背纪年元** 五级 径 24.3、穿 6.4、厚 1.3 毫米；重 3.6 克 花穿 背斜元		

1847　**庆元通宝小平钱 楷书 背纪年元**

四级
径 24.1、穿 6.2、厚 1.3 毫米；重 3.6 克
细字　仰元　昂宝

1848　**庆元通宝小平钱 楷书 背纪年元**

四级
径 24.1、穿 6.3、厚 1.2 毫米；重 3.6 克
退庆　进通

1849　**庆元通宝小平钱 楷书 背纪年元**

五级
径 23.9、穿 6.4、厚 1.1 毫米；重 3.3 克
进通　狭宝

1850　**庆元通宝小平钱 楷书 背纪年元**

四级
径 23.8、穿 6.5、厚 1.2 毫米；重 3.4 克
广郭　仰阔元

1851　**庆元通宝小平钱 楷书 背纪年元**

五级
径 23.7、穿 6.5、厚 1.2 毫米；重 3.1 克
退庆　小样

1852　**庆元通宝小平钱 楷书 背纪年元**

五级
径 23.1、穿 6.4、厚 1.1 毫米；重 2.7 克
小字　进通　小样

1853　**庆元通宝小平钱 楷书 背纪年二**

五级
径 24.8、穿 7.0、厚 1.3 毫米；重 3.7 克
细字 进通 昂宝

1854　**庆元通宝小平钱 楷书 背纪年二**

五级
径 24.7、穿 7.0、厚 1.2 毫米；重 3.3 克
进俯通

1855　**庆元通宝小平钱 楷书 背纪年二**

五级
径 24.5、穿 7.0、厚 1.3 毫米；重 4.1 克
粗大字 进庆 昂宝

1856　**庆元通宝小平钱 楷书 背纪年二**

四级
径 24.3、穿 7.0、厚 1.4 毫米；重 4.1 克
进庆 阔宝

1857　**庆元通宝小平钱 楷书 背纪年二**

四级
径 24.2、穿 7.0、厚 1.1 毫米；重 2.8 克
阔庆 仰宝

1858　**庆元通宝小平钱 楷书 背纪年二**

五级
径 24.2、穿 7.0、厚 1.2 毫米；重 3.0 克
细字 进庆

1859 **庆元通宝小平钱 楷书 背纪年二**

五级
径 24.2、穿 7.0、厚 1.1 毫米；重 2.8 克
进庆 俯通

1860 **庆元通宝小平钱 楷书 背纪年二**

五级
径 24.1、穿 7.0、厚 0.9 毫米；重 2.6 克
细字 进狭庆

1861 **庆元通宝小平钱 楷书 背纪年二**

四级
径 23.6、穿 7.0、厚 1.1 毫米；重 2.8 克
粗字 俯通

1862 **庆元通宝小平钱 楷书 背纪年二**

五级
径 23.5、穿 7.0、厚 1.2 毫米；重 3.7 克
细字 进庆 俯通

1863 **庆元通宝小平钱 楷书 背纪年三**

四级
径 25.2、穿 7.0、厚 1.3 毫米；重 3.6 克
阔轮 粗大字

1864 **庆元通宝小平钱 楷书 背纪年三**

四级
径 25.2、穿 7.0、厚 1.4 毫米；重 3.5 克
狭轮 进通 斜宝

1865　庆元通宝小平钱　楷书　背纪年三

五级
径 24.9、穿 7.0、厚 1.2 毫米；重 3.7 克
细郭　进通　昂宝

1866　庆元通宝小平钱　楷书　背纪年三

四级
径 24.6、穿 7.0、厚 1.3 毫米；重 2.9 克
斜通

1867　庆元通宝小平钱　楷书　背纪年三

四级
径 24.6、穿 7.0、厚 1.4 毫米；重 4.1 克
大字　阔庆

1868　庆元通宝小平钱　楷书　背纪年三

五级
径 24.6、穿 7.0、厚 1.2 毫米；重 2.9 克
阴郭　小字　俯通

1869　庆元通宝小平钱　楷书　背纪年三

五级
径 24.5、穿 7.0、厚 1.2 毫米；重 2.9 克
细字　进小通

1870　庆元通宝小平钱　楷书　背纪年三

五级
径 24.0、穿 7.0、厚 1.4 毫米；重 3.7 克
细字　狭庆　小样

1871　庆元通宝小平钱 楷书 背纪年三

四级
径 23.9、穿 7.0、厚 1.4 毫米；重 3.7 克
进通 仰宝 小样

1872　庆元通宝小平钱 楷书 背纪年四

四级
径 24.7、穿 7.0、厚 1.7 毫米；重 4.5 克
阔轮 粗字 昂宝

1873　庆元通宝小平钱 楷书 背纪年四

五级
径 24.6、穿 7.0、厚 1.3 毫米；重 3.5 克
俯通

1874　庆元通宝小平钱 楷书 背纪年四

四级
径 24.5、穿 7.0、厚 1.3 毫米；重 3.7 克
小字 狭通

1875　庆元通宝小平钱 楷书 背纪年四

四级
径 24.3、穿 7.0、厚 1.5 毫米；重 3.9 克
大字 阔庆

1876　庆元通宝小平钱 楷书 背纪年四

五级
径 24.3、穿 7.0、厚 1.3 毫米；重 3.3 克
细字 狭宝

1877	**庆元通宝小平钱 楷书 背纪年四** 四级 径 24.2、穿 6.5、厚 1.3 毫米；重 3.4 克 广郭 昂宝	 
1878	**庆元通宝小平钱 楷书 背纪年四** 五级 径 24.2、穿 7.0、厚 1.3 毫米；重 3.3 克 小字 狭庆	 
1879	**庆元通宝小平钱 楷书 背纪年四** 五级 径 24.2、穿 7.0、厚 1.3 毫米；重 3.3 克 小字 狭宝	 
1880	**庆元通宝小平钱 楷书 背纪年四** 五级 径 23.9、穿 7.0、厚 0.9 毫米；重 2.4 克 粗字 俯通	 
1881	**庆元通宝小平钱 楷书 背纪年四** 五级 径 23.7、穿 7.0、厚 1.0 毫米；重 2.5 克 阴郭 小字 小样	 
1882	**庆元通宝小平钱 楷书 背纪年五** 四级 径 24.4、穿 7.0、厚 1.3 毫米；重 3.2 克 粗大字 阔庆	 

1883　庆元通宝小平钱　楷书　背纪年五

五级
径 24.3、穿 7.0、厚 1.4 毫米；重 3.2 克
进通　仰宝

1884　庆元通宝小平钱　楷书　背纪年五

四级
径 24.1、穿 7.0、厚 1.5 毫米；重 4.5 克
粗字　俯通

1885　庆元通宝小平钱　楷书　背纪年五

五级
径 24.1、穿 7.0、厚 1.1 毫米；重 2.5 克
细小字　进庆

1886　庆元通宝小平钱　楷书　背纪年五

五级
径 24.0、穿 7.0、厚 1.3 毫米；重 3.8 克
俯通

1887　庆元通宝小平钱　楷书　背纪年五

四级
径 24.0、穿 7.0、厚 1.2 毫米；重 2.5 克
纤字　进庆　仰宝

1888　庆元通宝小平钱　楷书　背纪年五

五级
径 24.0、穿 7.0、厚 1.4 毫米；重 3.9 克
阴郭　细字　俯通

1889　**庆元通宝小平钱 楷书 背纪年五**

四级
径 23.9、穿 7.0、厚 1.2 毫米；重 3.5 克
粗字 昂宝

1890　**庆元通宝小平钱 楷书 背纪年五**

五级
径 23.8、穿 7.0、厚 1.3 毫米；重 2.6 克
广郭 粗大字

1891　**庆元通宝小平钱 楷书 背纪年五**

五级
径 23.8、穿 7.0、厚 1.4 毫米；重 3.9 克
进庆 俯通

1892　**庆元通宝小平钱 楷书 背纪年五**

五级
径 23.8、穿 7.0、厚 1.1 毫米；重 2.9 克
阴郭 退通

1893　**庆元通宝小平钱 楷书 背纪年五**

五级
径 23.1、穿 7.0、厚 1.4 毫米；重 3.4 克
细字 俯通 小样

1894　**庆元通宝小平钱 楷书 背纪年六**

四级
径 25.5、穿 6.4、厚 1.6 毫米；重 4.8 克
粗字 阔庆

1895 庆元通宝小平钱 楷书 背纪年六

四级
径 24.6、穿 7.0、厚 1.3 毫米；重 3.9 克
粗字 斜宝

1896 庆元通宝小平钱 楷书 背纪年六

四级
径 24.6、穿 7.0、厚 1.3 毫米；重 3.4 克
细字 俯通

1897 庆元通宝小平钱 楷书 背纪年六

五级
径 24.6、穿 7.0、厚 1.4 毫米；重 3.8 克
阴郭 细小字

1898 庆元通宝小平钱 楷书 背纪年六

五级
径 24.5、穿 7.0、厚 1.3 毫米；重 3.4 克
仰元 俯宝

1899 庆元通宝小平钱 楷书 背纪年六

五级
径 24.4、穿 7.0、厚 1.2 毫米；重 3.4 克
俯通

1900 庆元通宝小平钱 楷书 背纪年六

五级
径 24.4、穿 7.0、厚 1.2 毫米；重 3.5 克
粗字 阔元

1901 庆元通宝小平钱 楷书 背纪年六

五级
径 24.3、穿 7.0、厚 1.3 毫米；重 3.4 克
阴郭 小字 狭庆

1902 庆元通宝小平钱 楷书 背纪年六

五级
径 24.2、穿 7.0、厚 1.4 毫米；重 3.1 克
粗字 仰通

1903 庆元通宝小平钱 楷书 背纪年六

五级
径 24.1、穿 7.0、厚 1.1 毫米；重 3.0 克
阴郭 仰通

1904 庆元通宝小平钱 楷书 背纪年六

五级
径 23.4、穿 7.0、厚 1.2 毫米；重 2.8 克
阴郭 小字 小样

1905 庆元通宝小平钱 楷书 背春元 铁母

二级
径 24.0、穿 6.2 毫米
阔庆 狭宝
戴葆庭旧藏

1906 庆元通宝小平钱 楷书 背春五 铁母

二级
径 23.9、穿 6.0、厚 2.3 毫米；重 6.7 克
进庆 退通
桐乡市钟旭洲钱币艺术博物馆藏

1907　**庆元通宝小平钱 楷书 背同六 铁母**

二级
径 24.0、穿 6.0、厚 2 毫米；重 4.8 克
阔通　仰宝

1908　**庆元通宝折二钱 楷书 光背**

四级
径 28.6、穿 8.0、厚 1.6 毫米；重 5.4 克
阔庆　仰元

1909　**庆元通宝折二钱 楷书 光背**

四级
径 28.3、穿 8.0、厚 1.2 毫米；重 4.1 克
进通　昂宝

1910　**庆元通宝折二钱 楷书 光背**

五级
径 28.3、穿 8.0、厚 1.5 毫米；重 4.5 克
仰元　进通

1911　**庆元通宝折二钱 楷书 光背**

四级
径 27.7、穿 8.0、厚 2.1 毫米；重 4.0 克
俯通　小样

1912　**庆元通宝折二钱 楷书 背纪年元**

五级
径 31.8、穿 8.2、厚 2.0 毫米；重 7.2 克
广郭　仰元

1913　**庆元通宝折二钱 楷书 背纪年元**

四级
径 30.7、穿 8.0、厚 1.8 毫米；重 7.6 克
阔轮 仰通 背扁元

1914　**庆元通宝折二钱 楷书 背纪年元**

四级
径 30.0、穿 8.0、厚 1.5 毫米；重 5.8 克
大字 阔庆 仰元

1915　**庆元通宝折二钱 楷书 背纪年元**

四级
径 30.0、穿 8.0、厚 1.8 毫米；重 7.5 克
小字 进通

1916　**庆元通宝折二钱 楷书 背纪年元**

四级
径 29.9、穿 8.0、厚 1.7 毫米；重 6.5 克
仰元 仰宝

1917　**庆元通宝折二钱 楷书 背纪年元**

四级
径 29.8、穿 8.0、厚 1.7 毫米；重 6.4 克
仰元 俯宝

1918　**庆元通宝折二钱 楷书 背纪年元**

五级
径 29.8、穿 8.0、厚 1.7 毫米；重 7.4 克
花穿 仰通

1919　庆元通宝折二钱 楷书 背纪年元

五级
径 29.7、穿 8.0、厚 1.6 毫米；重 6.9 克
俯庆 狭仰元

1920　庆元通宝折二钱 楷书 背纪年元

四级
径 29.6、穿 8.0、厚 1.6 毫米；重 6.8 克
进仰通

1921　庆元通宝折二钱 楷书 背纪年元

五级
径 29.6、穿 8.0、厚 1.5 毫米；重 5.4 克
细字 狭元

1922　庆元通宝折二钱 楷书 背纪年元

五级
径 29.0、穿 8.0、厚 1.6 毫米；重 6.7 克
细字 进通

1923　庆元通宝折二钱 楷书 背纪年二

四级
径 29.9、穿 8.0、厚 1.7 毫米；重 6.4 克
阔轮 阔元

1924　庆元通宝折二钱 楷书 背纪年二

五级
径 29.5、穿 8.0、厚 1.4 毫米；重 5.0 克
俯庆 俯通

1925 庆元通宝折二钱 楷书 背纪年二

五级
径 29.4、穿 8.0、厚 1.7 毫米；重 7.1 克
进通 昂宝

1926 庆元通宝折二钱 楷书 背纪年二

四级
径 29.3、穿 8.0、厚 1.4 毫米；重 6.8 克
进通 长脚宝

1927 庆元通宝折二钱 楷书 背纪年二

五级
径 29.3、穿 8.0、厚 1.8 毫米；重 7.8 克
俯庆 仰元

1928 庆元通宝折二钱 楷书 背纪年二

四级
径 29.2、穿 8.0、厚 1.5 毫米；重 5.5 克
长穿 昂宝

1929 庆元通宝折二钱 楷书 背纪年二

五级
径 29.1、穿 8.0、厚 1.7 毫米；重 5.9 克
细字 斜元

1930 庆元通宝折二钱 楷书 背纪年二

四级
径 29.0、穿 8.0、厚 1.5 毫米；重 5.6 克
细字 短庆

1931 庆元通宝折二钱 楷书 背纪年二

五级
径 28.5、穿 8.0、厚 1.7 毫米；重 5.8 克
细字 俯通 小样

1932 庆元通宝折二钱 楷书 背纪年三

四级
径 30.6、穿 8.0、厚 1.9 毫米；重 7.3 克
粗字 进通 昂宝

1933 庆元通宝折二钱 楷书 背纪年三

四级
径 30.4、穿 8.0、厚 1.6 毫米；重 7.0 克
细字 进俯通

1934 庆元通宝折二钱 楷书 背纪年三

五级
径 30.2、穿 8.0、厚 1.8 毫米；重 7.0 克
粗字 进阔通

1935 庆元通宝折二钱 楷书 背纪年三

四级
径 30.2、穿 8.0、厚 1.6 毫米；重 6.7 克
小字 进通

1936 庆元通宝折二钱 楷书 背纪年三

五级
径 30.1、穿 8.0、厚 1.6 毫米；重 6.5 克
阔轮 进通 仰元

1937 庆元通宝折二钱 楷书 背纪年三

五级
径 29.9、穿 8.0、厚 1.7 毫米；重 6.4 克
阔俯通 仰宝

1938 庆元通宝折二钱 楷书 背纪年三

五级
径 29.8、穿 8.0、厚 1.5 毫米；重 5.9 克
阴郭 斜头元

1939 庆元通宝折二钱 楷书 背纪年三

五级
径 29.7、穿 8.0、厚 1.5 毫米；重 5.7 克
阴郭 仰通 降元

1940 庆元通宝折二钱 楷书 背纪年三

四级
径 29.5、穿 8.0、厚 1.4 毫米；重 5.4 克
进通 昂宝

1941 庆元通宝折二钱 楷书 背纪年三

五级
径 29.2、穿 9.0、厚 1.7 毫米；重 6.4 克
进仰 通 仰元

1942 庆元通宝折二钱 楷书 背纪年三

五级
径 29.2、穿 8.0、厚 1.7 毫米；重 5.9 克
进俯通 仰宝

1943 **庆元通宝折二钱 楷书 背纪年三**

五级
径 28.9、穿 8.0、厚 1.5 毫米；重 5.2 克
阴郭 俯庆

1944 **庆元通宝折二钱 楷书 背纪年四**

四级
径 30.1、穿 8.0、厚 1.9 毫米；重 8.0 克
广郭 仰宝

1945 **庆元通宝折二钱 楷书 背纪年四**

四级
径 29.8、穿 8.0、厚 1.4 毫米；重 5.4 克
细字 昂宝

1946 **庆元通宝折二钱 楷书 背纪年四**

四级
径 29.9、穿 8.0、厚 1.7 毫米；重 5.9 克
粗字 俯通 仰宝

1947 **庆元通宝折二钱 楷书 背纪年四**

五级
径 29.8、穿 8.0、厚 1.5 毫米；重 5.9 克
细字 小元

1948 **庆元通宝折二钱 楷书 背纪年四**

五级
径 29.7、穿 8.0、厚 1.8 毫米；重 6.4 克
细字 昂宝

1949　庆元通宝折二钱 楷书 背纪年四

五级
径 29.4、穿 8.0、厚 2.0 毫米；重 8.3 克
俯通 仰宝

1950　庆元通宝折二钱 楷书 背纪年四

五级
径 29.4、穿 8.0、厚 1.5 毫米；重 5.5 克
仰阔元

1951　庆元通宝折二钱 楷书 背纪年四

五级
径 29.3、穿 8.0、厚 1.8 毫米；重 6.9 克
狭通 仰宝

1952　庆元通宝折二钱 楷书 背纪年四

五级
径 29.2、穿 8.2、厚 1.5 毫米；重 5.8 克
阴郭 小字俯元

1953　庆元通宝折二钱 楷书 背纪年五

五级
径 30.5、穿 8.0、厚 1.9 毫米；重 7.2 克
粗字 仰庆 俯通

1954　庆元通宝折二钱 楷书 背纪年五

五级
径 30.3、穿 8.2、厚 1.6 毫米；重 6.1 克
细字 昂宝

1955　**庆元通宝折二钱 楷书 背纪年五**

五级
径 30.0、穿 8.0、厚 1.6 毫米；重 6.4 克
仰庆 阔元

1956　**庆元通宝折二钱 楷书 背纪年五**

五级
径 30.0、穿 8.0、厚 1.8 毫米；重 7.9 克
仰宝

1957　**庆元通宝折二钱 楷书 背纪年五**

四级
径 29.8、穿 8.0、厚 1.6 毫米；重 7.6 克
花穿 阔通

1958　**庆元通宝折二钱 楷书 背纪年五**

四级
径 29.7、穿 8.0、厚 1.8 毫米；重 8.2 克
细郭 俯宝

1959　**庆元通宝折二钱 楷书 背纪年五**

五级
径 29.6、穿 8.0、厚 1.5 毫米；重 5.9 克
粗字 背进五

1960　**庆元通宝折二钱 楷书 背纪年五**

五级
径 29.5、穿 8.0、厚 1.4 毫米；重 5.4 克
阴郭 俯通

1961　**庆元通宝折二钱 楷书 背纪年五**

五级
径 29.5、穿 8.3、厚 1.8 毫米；重 7.5 克
短庆　俯通

1962　**庆元通宝折二钱 楷书 背纪年五**

五级
径 29.5、穿 8.2、厚 1.4 毫米；重 6.1 克
阔轮　仰元　俯通

1963　**庆元通宝折二钱 楷书 背纪年五**

五级
径 28.0、穿 8.0、厚 1.3 毫米；重 3.8 克
狭轮　狭庆　小样

1964　**庆元通宝折二钱 楷书 背纪年六**

四级
径 30.5、穿 8.0、厚 1.5 毫米；重 5.4 克
阔轮　粗大字

1965　**庆元通宝折二钱 楷书 背纪年六**

五级
径 30.5、穿 8.0、厚 1.5 毫米；重 6.7 克
细小字　狭庆

1966　**庆元通宝折二钱 楷书 背纪年六**

四级
径 30.0、穿 8.0、厚 1.8 毫米；重 6.9 克
阔轮　仰通

1967　**庆元通宝折二钱　楷书　背纪年六**

四级
径 30.0、穿 8.0、厚 1.7 毫米；重 6.8 克
粗字　大元

1968　**庆元通宝折二钱　楷书　背纪年六**

四级
径 29.9、穿 8.0、厚 1.8 毫米；重 7.6 克
细字　俯通　狭宝

1969　**庆元通宝折二钱　楷书　背纪年六**

五级
径 29.8、穿 8.0、厚 1.5 毫米；重 6.3 克
细字　俯通

1970　**庆元通宝折二钱　楷书　背纪年六**

四级
径 29.7、穿 8.0、厚 1.5 毫米；重 7.3 克
正字

1971　**庆元通宝折二钱　楷书　背纪年六**

五级
径 29.7、穿 8.0、厚 1.7 毫米；重 7.0 克
细字　仰元

1972   **庆元通宝折二钱 楷书 背纪年六**

五级
径 29.6、穿 8.0、厚 1.7 毫米；重 7.0 克
粗字 阴郭 仰通

1973   **庆元通宝折二钱 楷书 背纪年六**

五级
径 29.5、穿 8.0、厚 1.4 毫米；重 4.9 克
阴郭 狭庆 仰通

1974   **庆元通宝折二钱 楷书 背纪年六**

四级
径 29.2、穿 8.0、厚 1.5 毫米；重 5.7 克
进通

1975   **庆元通宝折二钱 楷书 背纪年六**

五级
径 29.0、穿 8.0、厚 1.9 毫米；重 8.6 克
进仰通 小样

1976   **庆元通宝折二钱 楷书 背春三 铁母**

一级
径 28.5、穿 7.0 毫米
广郭 进通
周立强藏

1977

庆元通宝折二钱 楷书 背同二 铁母

二级

径 28.2、穿 7.5、厚 2.6 毫米；重 8.6 克

广郭 小字 背仰同

1978

庆元通宝折三钱 楷书 光背

二级

径 33.2、穿 8.2、厚 2.2 毫米

重 10.4 克

广郭 仰庆

1979

庆元通宝折三钱 楷书 光背

二级

径 33.1、穿 8.6、厚 1.7 毫米

重 6.5 克

正字

1980

庆元通宝折三钱 楷书 光背

二级

径 33.0、穿 8.0 毫米

广郭 狭仰通

选自《货币重考》

1981

庆元通宝折三钱 楷书 背三 试样钱

二级

径 34.0、穿 8.3、厚 2.0 毫米

重 10.19 克

粗字 狭通

1982 **庆元通宝折三钱 楷书 背三 试样钱**

二级
径 33.0、穿 8.2 毫米
广郭 粗大字
湖南邹旭鸿藏

1983 **庆元通宝折三钱 楷书 背三 试样钱**

二级
径 32.5、穿 8.2、厚 1.0 毫米
重 8.7 克
粗字 退通

1984 **庆元通宝折三钱 楷书 背三 试样钱**

二级
径 32.0、穿 7.0、厚 1.7 毫米
重 8.6 克
面四决 俯宝

1985 **庆元通宝折三钱 楷书 背三 试样钱**

二级
径 32.0、穿 8.2 毫米
粗字 仰通
选自《中国古钱大集》

1986 **庆元通宝折三钱 楷书 背四**

四级
径 34.8、穿 8.0、厚 2.5 毫米
重 9.6 克
俯宝

1987 | **庆元通宝折三钱 楷书 背四**

四级
径 34.3、穿 8.0、厚 2.7 毫米
重 12.2 克
仰通 俯宝

1988 | **庆元通宝折三钱 楷书 背四**

四级
径 34.0、穿 8.0、厚 2.5 毫米
重 10.9 克
粗字 阔庆

1989 | **庆元通宝折三钱 楷书 背四**

四级
径 33.8、穿 8.0、厚 2.5 毫米
重 12.4 克
俯宝 背四决

1990 | **庆元通宝折三钱 楷书 背四**

四级
径 33.8、穿 8.0、厚 2.5 毫米
重 10.37 克
广郭 退通 背四决

1991 | **庆元通宝折三钱 楷书 背四**

四级
径 33.7、穿 8.0、厚 2.5 毫米
重 10.3 克
仰庆 背四决

1992　**庆元通宝折三钱 楷书 背四**

四级
径 33.6、穿 8.0、厚 2.0 毫米
重 8.08 克
仰通　背四决

1993　**庆元通宝折三钱 楷书 背四**

四级
径 33.6、穿 8.0、厚 2.5 毫米
重 10.7 克
斜宝

1994　**庆元通宝折三钱 楷书 背四**

四级
径 33.5、穿 8.0、厚 2.6 毫米
重 11.2 克
花穿　阔庆

1995　**庆元通宝折三钱 楷书 背四**

四级
径 33.3、穿 8.0、厚 2.8 毫米
重 12.1 克
仰头三角通

1996　**庆元通宝折三钱 楷书 背四**

四级
径 33.0、穿 8.0、厚 2.3 毫米
重 9.95 克
粗大字　俯阔宝

1997　**庆元通宝折三钱 楷书 背四**

四级
径 33.0、穿 8.0、厚 2.6 毫米
重 10.7 克
狭宝 小样

1998　**庆元通宝折三钱 楷书 背五**

四级
径 34.6、穿 8.0、厚 2.2 毫米
重 10.56 克
仰庆

1999　**庆元通宝折三钱 楷书 背五**

四级
径 34.3、穿 9.0、厚 2.1 毫米
重 7.76 克
粗字 退通

2000　**庆元通宝折三钱 楷书 背五**

四级
径 34.3、穿 8.0、厚 2.4 毫米
重 10.73 克
正字

2001　**庆元通宝折三钱 楷书 背五**

四级
径 34.1、穿 8.0、厚 2.4 毫米
重 10 克
仰庆

2002　**庆元通宝折三钱 楷书 背五**

四级
径 34.1、穿 8.5、厚 2.3 毫米
重 9.67 克
退通 俯宝

2003　**庆元通宝折三钱 楷书 背五**

四级
径 34.0、穿 9.0、厚 2.0 毫米
重 9.5 克
仰庆 俯宝

2004　**庆元通宝折三钱 楷书 背五**

四级
径 33.8、穿 8.4、厚 2.1 毫米
重 10 克
仰庆 俯通

2005　**庆元通宝折三钱 楷书 背五**

四级
径 33.7、穿 8.5、厚 2.3 毫米
重 10.9 克
细字 退通

2006　**庆元通宝折三钱 楷书 背五**

四级
径 33.7、厚 2.2 毫米；重 9.3 克
仰庆 退通

2007 **庆元通宝折三钱 楷书 背五**

四级

径 33.5、厚 2.2 毫米；重 9.4 克

退通 俯宝

2008 **庆元通宝折三钱 楷书 背五**

四级

径 33.3、厚 2.3 毫米；重 8.4 克

细字 退通 狭宝

2009 **庆元通宝折三钱 楷书 背五**

四级

径 33.3、穿 9.0、厚 2.1 毫米

重 10.4 克

俯宝 背小五

2010 **庆元通宝折三钱 楷书 背六**

四级

径 35.0、穿 8.0、厚 2.5 毫米

重 11.8 克

四决 粗字 阔庆

2011 **庆元通宝折三钱 楷书 背六**

四级

径 34.1、穿 8.0、厚 2.7 毫米

重 10.2 克

粗字 俯宝

2012   **庆元通宝折三钱 楷书 背六**

四级
径 34.2、穿 8.0、厚 2.3 毫米
重 11.3 克
四决 细字 狭庆

2013   **庆元通宝折三钱 楷书 背六**

四级
径 34.1、穿 8.0、厚 2.4 毫米
重 10.1 克
四决 正字

2014   **庆元通宝折三钱 楷书 背六**

四级
径 34.1、穿 7.4、厚 2.8 毫米
重 13.5 克
四决 细字 背小六

2015   **庆元通宝折三钱 楷书 背六**

四级
径 34.0、穿 8.0、厚 2.4 毫米
重 10.1 克
四决 俯宝

2016   **庆元通宝折三钱 楷书 背六**

四级
径 34.0、穿 8.0、厚 2.5 毫米
重 11.6 克
四决 正字

2017　**庆元通宝折三钱 楷书 背六**

四级
径 33.9、穿 8.0、厚 2.3 毫米
重 9.6 克
四决　粗字　阔通

2018　**庆元通宝折三钱 楷书 背六**

四级
径 33.9、穿 8.0、厚 2.0 毫米
重 10.6 克
四决　正字

2019　**庆元通宝折三钱 楷书 背六**

四级
径 33.8、穿 8.0、厚 2.1 毫米
重 10 克
四决　俯宝

2020　**庆元通宝折三钱 楷书 背六**

四级
径 33.4、穿 8.0、厚 2.4 毫米
重 11.3 克
四决　俯通　狭宝

2021　**庆元通宝折三钱 楷书 双背六 错版**

三级
径 34.0、穿 8.0、厚 2.2 毫米
重 11 克
四决　背双六　错版

2022

庆元通宝折三钱 楷书 背孕双星 铁母

二级
径 32.0、穿 10.6、厚 2.2 毫米
重 11 克
进仰庆

2023

庆元通宝折三钱 楷书 背孕双星 铁母

二级
径 31.0、穿 9.2 毫米
广穿 仰庆 仰通
戴葆庭旧藏

2024

庆元通宝折三钱 楷书 背孕双星五一 铁母

一级
径 30.5、穿 9.0 毫米
广郭 阔元 仰宝
选自《历代古钱图说》

2025

庆元通宝折三钱 楷书 背孕双星五一 铁母

一级
径 31.6、穿 9.7、厚 2.5 毫米
重 11.6 克
仰庆 进元

2026

庆元通宝折五钱 楷书 背永

一级
径 34.0、穿 8.0、厚 2.2 毫米；重 11 克
广郭 粗大字 仰宝
上海博物馆 藏

2027　庆元通宝折五钱　楷书　背永

一级
径 34.0 穿 9.0 毫米
细郭　正字
选自《历代古钱图说》

2028　庆元通宝折五钱　楷书　背永

一级
径 34.0、穿 9.0 毫米
小字　俯通　背俯永
选自《中国珍稀钱币》

2029　庆元通宝大钱　楷书　背勅五十料庆元元年夏改铸此号钱

一级
径 7.4、穿 18 毫米
四决　直读　退元
此系鲍子年旧藏，孤品。

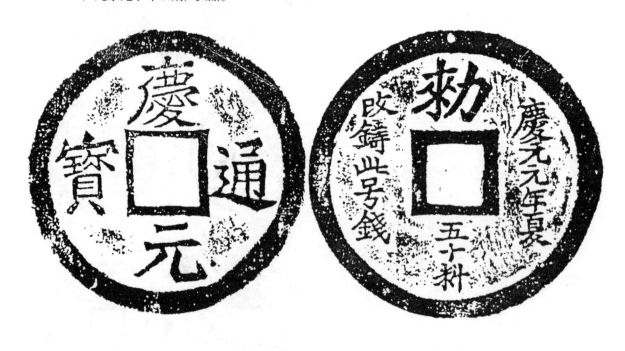

南宋铜钱图谱

附：私铸庆元通宝小平钱、折二钱

南宋钱币。宁宗庆元年间（1195~1200年）铸造。青铜质。钱文"庆元通宝"，楷书，旋读，私铸。一般制作粗劣，文字浅平，肉薄、穿宽、平背，重量轻。有小平、折二钱两种币值。一般小平钱径24.1毫米，重3克；折二钱径26.8~29.2毫米，重4.2~6.9克。

2030 **私铸庆元通宝小平钱 楷书 平背**

五级
径24.1、穿7.0、厚1.3毫米；重3克
进庆

2031 **私铸庆元通宝折二钱 楷书 平背**

五级
径29.2、穿8.0、厚1.6毫米；重6.9克
仰元 阔通

2032 **私铸庆元通宝折二钱 楷书 平背**

五级
径27.5、穿8.0、厚1.2毫米；重4.6克
进庆 俯通

2033 **私铸庆元通宝折二钱 楷书 平背**

五级
径27.0、穿8.0、厚1.4毫米；重4.2克
俯通 昂宝

2034 **私铸庆元通宝折二钱 楷书 平背**

五级
径26.8、穿8.0、厚1.0毫米；重5.4克
进阔通

嘉泰钱

宋宁宗嘉泰年间（1201~1204 年）铸造的钱币。铜钱有"嘉泰元宝""嘉泰通宝"两种钱文。楷书，旋读、对读两种读法。有小平钱、折二钱、折三钱 3 币值。

嘉泰元宝钱

宁宗嘉泰年间（1201~1204 年）铸造。青铜质。钱文"嘉泰元宝"，楷书，旋读，铁母。有背川一卅八、川二卅九两种。折三钱一种币值。钱径 30~33.2 毫米。

2035　**嘉泰元宝折三钱 楷书 背川一卅八 铁母**

一级
径 33.2 毫米
进嘉 俯泰
选自嘉德 2011 年秋拍

2036　**嘉泰元宝折三钱 楷书 背川二卅九 铁母**

一级
径 30、穿 9.0 毫米；重 18.3 克
粗字 正字
戴葆庭旧藏

嘉泰通宝钱

宁宗嘉泰年间（1201~1204 年）铸造。钱文"嘉泰通宝"，楷书，有旋读和对读两种。有小平钱、折二钱、折三钱 3 种币值。小平钱有光背、背上月、背纪年元一四；铁母背春二（蕲州蕲春监，今湖北境内）、同三（舒州同安监，今安徽境内）；折二钱有光背、背星月、背纪年元至四，铁母背春二、春三、汉二（"汉"指汉阳军汉阳监，今湖北境内）、汉三等；折三钱仅见光背。按钱币文字和特点来分，有许多版式。小平钱一般钱径 2.3~2.58 厘米，重 1.9~7.7 克；折二钱径 2.71~3.04 厘米，重 3.5~13.5 克；折三钱径 3.37~3.44 厘米，重 6.8~13.4 克。

2037 **嘉泰通宝小平钱 楷书 光背**

四级
径 25.1、穿 7.0、厚 1.1 毫米；重 2.5 克
细字 俯通

2038 **嘉泰通宝小平钱 楷书 光背**

四级
径 24.8、穿 7.0、厚 1.6 毫米；重 4.6 克
粗字 阔宝

2039 **嘉泰通宝小平钱 楷书 光背**

四级
径 2.47、穿 6.5、厚 1.1 毫米；重 2.74 克
进嘉

2040 **嘉泰通宝小平钱 楷书 光背**

四级
径 24.6、穿 7.0、厚 1.2 毫米；重 3.32 克
仰嘉 阔宝

2041 **嘉泰通宝小平钱 楷书 光背**

四级
径 24.5、穿 7.0、厚 0.9 毫米；重 2.3 克
小字 俯通

2042 **嘉泰通宝小平钱 楷书 光背**

五级
径 23.1、穿 7.0、厚 0.9 毫米；重 2.0 克
俯通 小样

2043　**嘉泰通宝小平钱 楷书 光背**

四级
径 24.8、穿 6.2、厚 1.3 毫米；重 3.6 克
阔轮 退泰

2044　**嘉泰通宝小平钱 楷书 光背**

四级
径 24.6、穿 6.4、厚 1.1 毫米；重 2.86 克
阔轮 粗字 阔泰

2045　**嘉泰通宝小平钱 楷书 光背**

四级
径 24.5、穿 6.4、厚 1.0 毫米；重 3.0 克
阔轮 俯通

2046　**嘉泰通宝小平钱 楷书 光背**

四级
径 24.5、穿 7.0、厚 1.1 毫米；重 2.9 克
阔轮 狭嘉

2047　**嘉泰通宝小平钱 楷书 光背**

四级
径 24.4、穿 6.4、厚 1.1 毫米；重 3.2 克
阔轮 退泰

2048　**嘉泰通宝小平钱 楷书 光背**

四级
径 24.0、穿 6.3、厚 1.0 毫米；重 2.8 克
仰嘉 仰宝

2049　**嘉泰通宝小平钱　楷书　背上月**

三级
径 25.0、穿 7.0、厚 1.0 毫米；重 3.7 克
狭轮　粗字　背上月
桐乡市钟旭洲钱币艺术博物馆藏

2050　**嘉泰通宝小平钱　楷书　背纪年元**

四级
径 25.8、穿 6.4 毫米；重 4.1 克
细郭　正字

2051　嘉泰通宝小平钱　楷书　背纪年元

五级
径 25.4、穿 6.4、厚 1.5 毫米；重 7.7 克
仰嘉

2052　嘉泰通宝小平钱　楷书　背纪年元

五级
径 25.4、穿 6.5、厚 1.2 毫米；重 3.36 克
俯通　阔宝

2053　嘉泰通宝小平钱　楷书　背纪年元

五级
径 25.3、穿 7.0、厚 1.4 毫米；重 3.2 克
细郭　背斜元

2054　嘉泰通宝小平钱　楷书　背纪年元

五级
径 25.3、穿 7.0、厚 1.0 毫米；重 3.11 克
细郭　仰嘉

2055 嘉泰通宝小平钱 楷书 背纪年元

四级
径 25.1、穿 7.0、厚 1.4 毫米；重 4.12 克
仰嘉 俯通

2056 嘉泰通宝小平钱 楷书 背纪年元

五级
径 24.8、穿 7.0、厚 1.4 毫米；重 2.8 克
仰嘉 仰通

2057 嘉泰通宝小平钱 楷书 背纪年元

五级
径 24.8、穿 7.0、厚 1.2 毫米；重 2.8 克
俯狭通

2058 嘉泰通宝小平钱 楷书 背纪年元

五级
径 24.5、穿 7.0、厚 1.3 毫米；重 3.6 克
仰通

2059 嘉泰通宝小平钱 楷书 背纪年元

五级
径 24.1、穿 7.0、厚 1.1 毫米；重 2.6 克
俯通 小样

2060 嘉泰通宝小平钱 楷书 背纪年元

五级
径 23.4、穿 7.0、厚 1.2 毫米；重 3.22 克
阴郭 阔通 小样

2061　**嘉泰通宝小平钱　楷书　背纪年二**

四级
径 25.4、穿 7.0、厚 1.4 毫米；重 4.2 克
退嘉　仰宝

2062　**嘉泰通宝小平钱　楷书　背纪年二**

五级
径 25.4、穿 7.0、厚 1.6 毫米；重 4.0 克
退嘉　俯通

2063　**嘉泰通宝小平钱　楷书　背纪年二**

四级
径 25.0、穿 7.0、厚 1.2 毫米；重 3.21 克
细字　退嘉

2064　**嘉泰通宝小平钱　楷书　背纪年二**

五级
径 25.0、穿 7.0、厚 1.2 毫米；重 3.87 克
小字　狭嘉

2065　**嘉泰通宝小平钱　楷书　背纪年二**

五级
径 24.9、穿 7.0、厚 1.1 毫米；重 3.5 克
花穿　阔宝

2066　**嘉泰通宝小平钱　楷书　背纪年二**

四级
径 24.7、穿 7.0、厚 1.2 毫米；重 3.4 克
粗字　仰通

2067　**嘉泰通宝小平钱　楷书　背纪年二**

五级
径 24.7、穿 7.0、厚 1.6 毫米；重 4.4 克
小嘉　仰宝

2068　**嘉泰通宝小平钱　楷书　背纪年二**

四级
径 24.6、穿 7.0、厚 1.1 毫米；重 3.3 克
大字　阔嘉

2069　**嘉泰通宝小平钱　楷书　背纪年二**

五级
径 24.6、穿 7.0、厚 1.6 毫米；重 3.4 克
正郭　俯通

2070　**嘉泰通宝小平钱　楷书　背纪年三**

五级
径 25.3、穿 7.0、厚 1.4 毫米；重 4.87 克
俯通　仰宝

2071　**嘉泰通宝小平钱　楷书　背纪年三**

五级
径 25.3、穿 7.0、厚 1.3 毫米；重 3.4 克
广郭　昂宝

2072　**嘉泰通宝小平钱　楷书　背纪年三**

四级
径 25.0、穿 7.0、厚 1.2 毫米；重 3.5 克
广郭　阔嘉

2073 **嘉泰通宝小平钱 楷书 背纪年三**

四级
径 24.8、穿 7.0、厚 1.4 毫米；重 3.7 克
阔宝

2074 **嘉泰通宝小平钱 楷书 背纪年三**

四级
径 24.7、穿 7.0、厚 1.4 毫米；重 3.9 克
进嘉 仰宝

2075 **嘉泰通宝小平钱 楷书 背纪年三**

五级
径 24.7、穿 7.0、厚 1.4 毫米；重 3.5 克
细小字 狭嘉

2076 **嘉泰通宝小平钱 楷书 背纪年三**

四级
径 24.7、穿 7.0、厚 1.0 毫米；重 2.9 克
大字 仰宝

2077 **嘉泰通宝小平钱 楷书 背纪年三**

五级
径 24.6、穿 7.0、厚 1.2 毫米；重 3.1 克
细字 正字

2078 **嘉泰通宝小平钱 楷书 背纪年三**

五级
径 24.6、穿 7.0、厚 1.0 毫米；重 2.9 克
俯嘉 俯通

2079 嘉泰通宝小平钱 楷书 背纪年三

五级
径 24.5、穿 7.0、厚 1.3 毫米；重 3.6 克
大字 俯通

2080 嘉泰通宝小平钱 楷书 背纪年三

五级
径 24.4、穿 7.0、厚 0.9 毫米；重 2.4 克
狭轮 狭通

2081 嘉泰通宝小平钱 楷书 背纪年三

四级
径 24.2、穿 7.0、厚 0.9 毫米；重 2.33 克
狭轮 细字 小样

2082 嘉泰通宝小平钱 楷书 背纪年三

五级
径 24.1、穿 7.0、厚 1.2 毫米；重 2.9 克
阴郭 俯嘉 小样

2083 嘉泰通宝小平钱 楷书 背纪年四

四级
径 25.6、穿 6.4、厚 1.3 毫米；重 4.07 克
大字 仰宝

2084 嘉泰通宝小平钱 楷书 背纪年四

五级
径 25.0、穿 6.4、厚 1.3 毫米；重 3.4 克
小字 进嘉

2085　**嘉泰通宝小平钱 楷书 背纪年四**

四级
径 25.0、穿 6.3、厚 1.4 毫米；重 4.1 克
进仰嘉

2086　**嘉泰通宝小平钱 楷书 背纪年四**

五级
径 25.0、穿 6.3、厚 1.2 毫米；重 3.4 克
阔通

2087　**嘉泰通宝小平钱 楷书 背纪年四**

四级
径 24.9、穿 7.0、厚 1.1 毫米；重 3.41 克
退泰

2088　**嘉泰通宝小平钱 楷书 背纪年四**

四级
径 24.8、穿 6.3、厚 1.5 毫米；重 3.8 克
广郭　俯通

2089　**嘉泰通宝小平钱 楷书 背纪年四**

四级
径 24.7、穿 6.3、厚 1.2 毫米；重 3.6 克
大字　正字

2090　**嘉泰通宝小平钱 楷书 背纪年四**

五级
径 24.5、穿 6.3、厚 1.3 毫米；重 3.8 克
花穿　俯通

2091 嘉泰通宝小平钱 楷书 背纪年四

五级
径 24.4、穿 6.5、厚 1.4 毫米；重 3.4 克
俯嘉

2092 嘉泰通宝小平钱 楷书 背纪年四

四级
径 24.4、穿 6.4、厚 1.2 毫米；重 3.2 克
进嘉 俯通 小样

2093 嘉泰通宝小平钱 楷书 背春二 铁母

二级
径 25.0、穿 7.0 毫米
俯通 背仰春
选自《中国钱币大辞典·南宋卷》

2094 嘉泰通宝小平钱 楷书 背同三 铁母

二级
径 24.9、穿 7.0、厚 1.1 毫米；重 3.41 克
低头三角通
张叔驯旧藏

2095 嘉泰通宝折二钱 楷书 光背

四级
径 29.1、穿 8.0、厚 1.5 毫米；重 4.36 克
粗字 正字

2096 嘉泰通宝折二钱 楷书 光背

四级
径 28.1、穿 8.0、厚 1.4 毫米；重 3.90 克
俯通 仰宝

2097	**嘉泰通宝折二钱 楷书 光背** 四级 径 27.8、穿 8.0、厚 1.5 毫米；重 4.97 克 细郭 仰宝	 
2098	**嘉泰通宝折二钱 楷书 光背** 四级 径 27.7、穿 8.0、厚 1.3 毫米；重 4.6 克 小嘉 俯通	 
2099	**嘉泰通宝折二钱 楷书 光背** 四级 径 26.6、穿 8.3、厚 1.3 毫米；重 3.21 克 狭轮 俯嘉	 
2100	**嘉泰通宝折二钱 楷书 背星月** 三级 径 28.8、穿 8.0 毫米 广郭 俯宝 背星月 选自《古钱币图解》	 
2101	**嘉泰通宝折二钱 楷书 背纪年元** 五级 径 30.1、穿 8.0、厚 1.6 毫米；重 6.2 克 进嘉 俯宝	 
2102	**嘉泰通宝折二钱 楷书 背纪年元** 五级 径 30.0、穿 8.0、厚 1.7 毫米；重 6.8 克 狭嘉 背错版	 

2103　**嘉泰通宝折二钱 楷书 背纪年元**

五级
径 30.0、穿 7.2、厚 2.0 毫米；重 8.6 克
广郭　粗字　进嘉

2104　**嘉泰通宝折二钱 楷书 背纪年元**

四级
径 29.8、穿 8.0、厚 1.5 毫米；重 7.2 克
平阔　背粗阔元

2105　**嘉泰通宝折二钱 楷书 背纪年元**

四级
径 29.8、穿 8.0、厚 1.6 毫米；重 7.3 克
细字　仰通

2106　**嘉泰通宝折二钱 楷书 背纪年元**

四级
径 29.8、穿 8.0、厚 1.7 毫米；重 8.0 克
长郭　狭宝

2107　**嘉泰通宝折二钱 楷书 背纪年元**

五级
径 29.7、穿 8.0、厚 1.3 毫米；重 5.7 克
小字　仰嘉　斜泰

2108　**嘉泰通宝折二钱 楷书 背纪年元**

五级
径 29.6、穿 8.0、厚 1.7 毫米；重 5.6 克
阴郭　仰通

2109 **嘉泰通宝折二钱 楷书 背纪年元**

四级
径 29.6、穿 8.0、厚 1.6 毫米；重 5.4 克
广郭 正字

2110 **嘉泰通宝折二钱 楷书 背纪年元**

五级
径 29.4、穿 8.0、厚 1.3 毫米；重 3.8 克
细字 狭嘉

2111 **嘉泰通宝折二钱 楷书 背纪年元**

四级
径 29.3、穿 8.0、厚 1.4 毫米；重 5.2 克
短颈通

2112 **嘉泰通宝折二钱 楷书 背纪年元**

五级
径 29.2、穿 8.0、厚 1.5 毫米；重 6.8 克
广郭 背斜元

2113 **嘉泰通宝折二钱 楷书 背纪年元**

五级
径 29.3、穿 8.0、厚 1.4 毫米；重 5.2 克
细字 仰宝

2114 **嘉泰通宝折二钱 楷书 背纪年元**

五级
径 29.2、穿 8.0、厚 2.0 毫米；重 6.5 克
广郭 仰通

2115　**嘉泰通宝折二钱 楷书 背纪年元**

　　五级
　　径 28.1、穿 7.2、厚 1.2 毫米；重 4.6 克
　　广郭 进泰 背狭元

2116　**嘉泰通宝折二钱 楷书 背纪年元**

　　五级
　　径 28.0、穿 8.0、厚 1.1 毫米；重 3.5 克
　　小字 俯嘉 小样

2117　**嘉泰通宝折二钱 楷书 背纪年二**

　　四级
　　径 30.4、穿 8.0、厚 1.7 毫米；重 7.3 克
　　退嘉 阔泰

2118　**嘉泰通宝折二钱 楷书 背纪年二**

　　五级
　　径 30.1、穿 8.0、厚 1.7 毫米；重 6.5 克
　　大字 阔嘉

2119　**嘉泰通宝折二钱 楷书 背纪年二**

　　五级
　　径 29.9、穿 8.0、厚 1.6 毫米；重 7.0 克
　　俯通 阔宝

2120　**嘉泰通宝折二钱 楷书 背纪年二**

　　四级
　　径 29.8、穿 8.0、厚 1.4 毫米；重 6.4 克
　　俯通 俯宝

2121　**嘉泰通宝折二钱 楷书 背纪年二**

四级
径 29.7、穿 8.0、厚 1.8 毫米；重 7.8 克
细字 退嘉

2122　**嘉泰通宝折二钱 楷书 背纪年二**

五级
径 29.6、穿 8.0、厚 1.5 毫米；重 5.0 克
细字 狭通

2123　**嘉泰通宝折二钱 楷书 背纪年二**

四级
径 29.5、穿 8.0、厚 1.5 毫米；重 5.9 克
仰泰 俯宝

2124　**嘉泰通宝折二钱 楷书 背纪年二**

四级
径 29.4、穿 8.0、厚 1.4 毫米；重 6.0 克
大字 退嘉

2125　**嘉泰通宝折二钱 楷书 背纪年二**

五级
径 29.4、穿 8.0、厚 1.5 毫米；重 6.4 克
细字 俯嘉

2126　**嘉泰通宝折二钱 楷书 背纪年二**

五级
径 29.2、穿 8.0、厚 1.5 毫米；重 6.7 克
俯通 俯宝

2127　**嘉泰通宝折二钱　楷书　背纪年二**

五级
径 29.0、穿 8.0、厚 1.5 毫米；重 5.8 克
细字　退嘉

2128　**嘉泰通宝折二钱　楷书　背纪年二**

五级
径 28.8、穿 8.0、厚 1.3 毫米；重 4.8 克
仰通　俯宝　小样

2129　**嘉泰通宝折二钱　楷书　背纪年二**

五级
径 28.7、穿 8.0、厚 1.4 毫米；重 5.7 克
退嘉　小样

2130　**嘉泰通宝折二钱　楷书　背纪年三**

四级
径 29.8、穿 8.0、厚 1.9 毫米；重 8.7 克
仰嘉

2131　**嘉泰通宝折二钱　楷书　背纪年三**

五级
径 29.8、穿 8.0、厚 2.0 毫米；重 7.7 克
广郭　仰嘉　阔宝

2132　**嘉泰通宝折二钱　楷书　背纪年三**

五级
径 29.6、穿 8.0、厚 1.4 毫米；重 5.0 克
小字　俯通

2133　**嘉泰通宝折二钱 楷书 背纪年三**

四级
径 29.6、穿 8.0、厚 1.5 毫米；重 6.6 克
广郭　阔泰

2134　**嘉泰通宝折二钱 楷书 背纪年三**

五级
径 29.4、穿 8.0、厚 1.5 毫米；重 6.1 克
俯通　俯宝

2135　**嘉泰通宝折二钱 楷书 背纪年三**

四级
径 29.1、穿 8.0、厚 1.5 毫米；重 5.73 克
细字　俯通

2136　**嘉泰通宝折二钱 楷书 背纪年三**

五级
径 29.1、穿 8.0、厚 1.8 毫米；重 7.4 克
细字　仰宝

2137　**嘉泰通宝折二钱 楷书 背纪年三**

四级
径 29.0、穿 8.0、厚 1.2 毫米；重 5.0 克
阴郭　俯通

2138　**嘉泰通宝折二钱 楷书 背纪年三**

五级
径 29.0、穿 8.0、厚 1.5 毫米；重 5.8 克
细字　正字

2139 **嘉泰通宝折二钱 楷书 背纪年三**

五级
径 28.5、穿 8.0、厚 1.4 毫米；重 5.6 克
阴郭 狭通 小样

2140 **嘉泰通宝折二钱 楷书 背纪年三**

五级
径 27.1、穿 8.0、厚 1.5 毫米；重 5.2 克
狭轮 粗字 俯通

2141 **嘉泰通宝折二钱 楷书 背纪年三**

四级
径 30.0、穿 8.0、厚 1.5 毫米；重 6.5 克
细字 俯通 大样

2142 **嘉泰通宝折二钱 楷书 背纪年三**

四级
径 29.9、穿 8.0、厚 1.5 毫米；重 6.8 克
大字 进泰

2143 **嘉泰通宝折二钱 楷书 背纪年四**

四级
径 30.4、穿 8.0、厚 1.7 毫米；重 7.3 克
广郭 俯嘉

2144 **嘉泰通宝折二钱 楷书 背纪年四**

五级
径 30.2、穿 8.0、厚 1.6 毫米；重 6.8 克
俯通 仰宝

2145　**嘉泰通宝折二钱　楷书　背纪年四**

四级
径 30.1、穿 8.0、厚 1.8 毫米；重 7.9 克
细字　正字

2146　**嘉泰通宝折二钱　楷书　背纪年四**

五级
径 30.1、穿 8.0、厚 1.9 毫米；重 6.9 克
阔仰通

2147　**嘉泰通宝折二钱　楷书　背纪年四**

五级
径 30.0、穿 8.0、厚 1.6 毫米；重 6.8 克
小字　俯嘉　退泰

2148　**嘉泰通宝折二钱　楷书　背纪年四**

五级
径 29.9、穿 8.0、厚 1.6 毫米；重 5.5 克
俯嘉　俯通

2149　**嘉泰通宝折二钱　楷书　背纪年四**

四级
径 29.8、穿 8.0、厚 1.5 毫米；重 6.3 克
广郭　俯嘉　阔泰

2150　**嘉泰通宝折二钱　楷书　背纪年四**

四级
径 29.8、穿 8.0、厚 1.6 毫米；重 6.6 克
小字　仰宝

2151　**嘉泰通宝折二钱 楷书 背纪年四**

四级
径 29.6、穿 8.0、厚 1.6 毫米；重 6.0 克
细字 俯嘉

2152　**嘉泰通宝折二钱 楷书 背纪年四**

五级
径 29.5、穿 8.0、厚 1.6 毫米；重 6.6 克
退泰 俯通

2153　**嘉泰通宝折二钱 楷书 背纪年四**

五级
径 29.3、穿 8.0、厚 1.6 毫米；重 6.5 克
俯通 仰宝

2154　**嘉泰通宝折二钱 楷书 背纪年四**

五级
径 29.1、穿 8.0、厚 1.3 毫米；重 5.2 克
进嘉 斜宝

2155　**嘉泰通宝折二钱 楷书 背纪年四**

五级
径 29.1、穿 8.0、厚 1.6 毫米；重 6.6 克
俯嘉

2156　**嘉泰通宝折二钱 楷书 背纪年四**

四级
径 29.1、穿 8.0、厚 1.3 毫米；重 4.7 克
长郭 仰宝

2157 **嘉泰通宝折二钱 楷书 背纪年四**

五级
径 28.9、穿 8.0、厚 1.4 毫米；重 5.6 克
俯通 仰宝

2158 **嘉泰通宝折二钱 楷书 背纪年四**

五级
径 28.5、穿 8 毫米；重 4.6 克
退泰 仰宝

2159 **嘉泰通宝折二钱 楷书 背春二 铁母**

二级
径 28.5、穿 8.0、厚 2.0 毫米；重 7.3 克
粗字 俯通

2160 **嘉泰通宝折二钱 楷书 背春二 铁母**

二级
径 28.0、穿 6.0、厚 3.0 毫米；重 13.5 克
俯通 斜宝

2161 **嘉泰通宝折二钱 楷书 背春二 铁母**

二级
径 27.0、穿 6.0 毫米
细字 俯通 俯宝
郭若愚旧藏

2162 **嘉泰通宝折二钱 楷书 背春三 铁母**

二级
径 29.3、穿 7.0、厚 2.5 毫米；重 9.6 克
细字 昂宝
桐乡市钟旭洲钱币艺术博物馆藏

2163 嘉泰通宝折二钱 楷书 背汉二 铁母

二级
径 29.1、穿 6.0 毫米
退嘉 阔通
戴葆庭旧藏

2164 嘉泰通宝折二钱 楷书 背汉二 铁母

二级
径 29.0、穿 6.0 毫米
俯通 长脚宝
罗伯昭提供

2165 嘉泰通宝折二钱 楷书 背汉二 铁母

二级
径 28.5、穿 6.0 毫米
细字 俯通
江旦阳旧藏

2166 嘉泰通宝折二钱 楷书 背汉三 铁母

二级
径 29.0、穿 6.0 毫米
细字 背四决
选自《中国珍稀钱币》

2167 嘉泰通宝折二钱 楷书 背汉三 铁母

二级
径 29.0、穿 6.0 毫米
小字 俯通 背长三
上海博物馆藏

2168 嘉泰通宝折三钱 楷书 光背

四级
径 34.4、穿 9.0、厚 2.4 毫米
重 10.91 克
俯泰 阔通

2169 **嘉泰通宝折三钱 楷书 光背**

四级
径 34.4、穿 9.0、厚 2.4 毫米
重 10.8 克
阔郭 退通 背四决

2170 **嘉泰通宝折三钱 楷书 光背**

四级
径 34.2、穿 8.2、厚 2.3 毫米
重 10.4 克
仰通

2171 **嘉泰通宝折三钱 楷书 光背**

四级
径 34.0、穿 9.0、厚 1.7 毫米
重 6.83 克
仰嘉 背四决

2172 **嘉泰通宝折三钱 楷书 光背**

四级
径 35.3、穿 9.0、厚 2.5 毫米
重 11.4 克
俯泰 退通

2173 **嘉泰通宝折三钱 楷书 光背**

四级
径 34.9、穿 9.0、厚 2.6 毫米
重 13.4 克
大字 阔嘉

2174　**嘉泰通宝折三钱 楷书 光背**

四级
径 34.6、穿 9.0、厚 2.6 毫米
重 11.0 克
俯泰 阔宝

2175　**嘉泰通宝折三钱 楷书 光背**

四级
径 34.5、穿 9.0、厚 2.4 毫米
重 10.2 克
狭贝宝

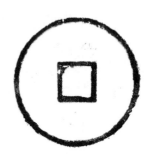

2176　**嘉泰通宝折三钱 楷书 光背**

四级
径 34.0、穿 8.2、厚 2.0 毫米
重 8.9 克
短嘉

2177　**嘉泰通宝折三钱 楷书 光背**

四级
径 33.7、穿 9.0、厚 1.8 毫米
重 6.8 克
俯泰 背四决

附：私铸嘉泰通宝小平钱、折二钱

宁宗嘉泰年间（1201~1204 年）铸造。青铜质。钱币"嘉泰通宝"，楷书，对读。私铸。有小平、折二钱两种币值。一般小平钱径 24~25 毫米，重 2.35~2.9 克；折二钱径 24.9~28.2 毫米，重 2.4~4.2 克。

2178　**私铸嘉泰通宝小平钱 楷书 光背**

五级
径 24.5、穿 7.0 毫米；重 2.35 克
细字 狭嘉 狭通

2179　**私铸嘉泰通宝小平钱 楷书 光背**

五级
径 24.0、穿 6.3、厚 1.0 毫米；重 2.9 克
粗字 进嘉

2180　**私铸嘉泰通宝折二钱 楷书 光背**

五级
径 28.2、穿 8.0、厚 1.2 毫米；重 3.9 克
阴郭 仰通

2181　**私铸嘉泰通宝折二钱 楷书 光背**

五级
径 27.2、穿 8.0、厚 1.5 毫米；重 4.1 克
进泰 仰通

2182　**私铸嘉泰通宝折二钱 楷书 光背**

五级
径 27.1、穿 8.0、厚 1.4 毫米；重 3.9 克
狭嘉 俯泰

2183　**私铸嘉泰通宝折二钱 楷书 光背**

五级
径 27.0、穿 8.0、厚 1.0 毫米；重 4.2 克
退仰嘉

2184　**私铸嘉泰通宝折二钱 楷书 光背**

五级
径 27.0、穿 8.0、厚 1.0 毫米；重 4.2 克
仰通

开禧钱

　　宋宁宗开禧年间（1205~1207 年）铸造的钱币。钱文"开禧元宝""开禧通宝"两种钱文。铜钱有小平钱、折二钱、折三钱、折十 4 种币值。楷书，有旋读、对读两种读法。

开禧元宝钱

　　宁宗开禧年间（1205~1207 年）铸造。铜钱仅见折三铁母一种。青铜质。钱文"开禧元宝"，楷书、旋读。斜元。背利（"利"指利州绍兴监，今四川境内）。折三钱。铁母。钱径 3、穿宽 1 厘米。

2185　**开禧元宝折三钱 楷书 背利 铁母**

一级
径 30.0、穿 9.0 毫米
俯退元
选自《中国珍稀钱币》

开禧通宝钱

　　宁宗开禧年间（1205~1207 年）铸造。青铜质。钱文"开禧通宝"，楷书，有小平钱、折二钱、折三钱、折十 4 种币值。小平钱有光背、背纪年元至三、铁母背同二（"同"指舒州同安监，今安徽境内）、异书背元铁母等。折二钱有光背、背纪年元至三、铁母春元（"春"指蕲州蕲春监，今湖北境内）、背春三；背同三、背汉二（"汉"

指汉阳军汉阳监，今湖北境内）。折三钱背利（"利"指利州绍兴监，今四川境内）。折十大钱有光背、背利。私铸开禧通宝有小平折二钱。按钱币文字和特点分，有许多种版式。一般小平钱钱径 2.1~2.55 厘米，重 2.9~4.6 克；折二钱钱径 2.6~3.13 厘米，重 4.4~10.2 克；折三钱钱径 2.98~3.1 厘米，重 8.15~9.5 克；折十大钱钱径 4.1~4.8 厘米，重 14.6~40.3 克。私铸小平钱钱径 2.42~2.47 厘米，重 2.46~2.72 克，私铸折二钱钱径 2.71~2.83 厘米，重 4.4~4.97 克。

2186	**开禧通宝小平钱 楷书 光背** 四级 径 24.6、穿 6.3、厚 1.2 毫米；重 4.06 克 退俯开 退通	 
2187	**开禧通宝小平钱 楷书 光背** 四级 径 24.6、穿 7.2、厚 1.0 毫米；重 2.58 克 阔通	 
2188	**开禧通宝小平钱 楷书 光背** 四级 径 24.3、穿 6.3 毫米 细字 仰禧 选自《简明古钱辞典》	 
2189	**开禧通宝小平钱 楷书 背纪年元** 四级 径 25.5、穿 6.4、厚 1.3 毫米；重 3.7 克 退开 俯通	 

2190　　**开禧通宝小平钱 楷书 背纪年元**

四级
径 25.5、穿 6.4、厚 1.2 毫米；重 3.7 克
俯阔开

2191　　**开禧通宝小平钱 楷书 背纪年元**

四级
径 25.3、穿 6.3、厚 1.4 毫米；重 3.3 克
退狭开 背粗元

2192　　**开禧通宝小平钱 楷书 背纪年元**

四级
径 25.3、穿 7.0、厚 1.3 毫米；重 3.5 克
仰禧

2193　　**开禧通宝小平钱 楷书 背纪年元**

四级
径 25.3、穿 6.4、厚 1.1 毫米；重 3.2 克
退开 俯禧

2194　　**开禧通宝小平钱 楷书 背纪年元**

四级
径 28.5、穿 8.0、厚 1.6 毫米；重 6.0 克
仰通

2195　　**开禧通宝小平钱 楷书 背纪年元**

五级
径 25.2、穿 6.3、厚 1.3 毫米；重 3.3 克
俯开 背粗元

2196　**开禧通宝小平钱 楷书 背纪年元**

四级
径 25.1、穿 6.3、厚 1.2 毫米；重 3.6 克
粗字 阔通 仰禧

2197　**开禧通宝小平钱 楷书 背纪年元**

四级
径 25.1、穿 6.3、厚 1.2 毫米；重 3.8 克
退开 俯通

2198　**开禧通宝小平钱 楷书 背纪年元**

四级
径 24.7、穿 6.3、厚 1.1 毫米；重 3.6 克
粗字 阔禧

2199　**开禧通宝小平钱 楷书 背纪年元**

四级
径 24.7、穿 6.2、厚 1.0 毫米；重 3.2 克
仰通 仰宝

2200　**开禧通宝小平钱 楷书 背纪年元**

五级
径 24.5、穿 7.0、厚 1.1 毫米；重 2.9 克
俯开 仰通

2201　**开禧通宝小平钱 楷书 背纪年二**

五级
径 25.0、穿 6.4、厚 1.2 毫米；重 3.8 克
俯禧 仰宝

2202　**开禧通宝小平钱 楷书 背纪年二**

四级
径 25.0、穿 6.2、厚 1.5 毫米；重 4.3 克
广郭　正字

2203　**开禧通宝小平钱 楷书 背纪年二**

四级
径 24.8、穿 6.3、厚 1.5 毫米；重 4.1 克
花穿　斜宝

2204　**开禧通宝小平钱 楷书 背纪年二**

五级
径 24.8、穿 6.4、厚 1.5 毫米；重 4.1 克
俯通

2205　**开禧通宝小平钱 楷书 背纪年二**

四级
径 24.7、穿 6.5、厚 1.4 毫米；重 4.2 克
阔禧　仰宝

2206　**开禧通宝小平钱 楷书 背纪年二**

四级
径 24.7、穿 6.3、厚 1.3 毫米；重 3.6 克
粗大字

2207　**开禧通宝小平钱 楷书 背纪年二**

四级
径 24.5、穿 6.4、厚 1.1 毫米；重 3.1 克
细小字　狭通

2208 开禧通宝小平钱 楷书 背纪年二

五级
径 24.4、穿 7.0、厚 1.0 毫米；重 2.8 克
粗字 俯禧 仰宝

2209 开禧通宝小平钱 楷书 背纪年二

四级
径 24.3、穿 6.4、厚 1.1 毫米；重 3.55 克
斜禧 仰通

2210 开禧通宝小平钱 楷书 背纪年二

四级
径 24.2、穿 7.0、厚 1.5 毫米；重 3.8 克
阔开 仰通

2211 开禧通宝小平钱 楷书 背纪年三

四级
径 25.3、穿 7.0、厚 1.0 毫米；重 2.9 克
仰禧

2212 开禧通宝小平钱 楷书 背纪年三

四级
径 25.1、穿 7.0、厚 1.5 毫米；重 4.55 克
细字 仰禧 狭宝

2213 开禧通宝小平钱 楷书 背纪年三

四级
径 24.9、穿 6.3、厚 1.2 毫米；重 3.71 克
仰斜禧

2214　开禧通宝小平钱 楷书 背纪年三

四级
径 25.1、穿 7.0、厚 1.4 毫米；重 3.8 克
仰禧 俯宝

2215　开禧通宝小平钱 楷书 背纪年三

五级
径 24.8、穿 7.0、厚 1.1 毫米；重 2.96 克
花穿 粗字 阔宝

2216　开禧通宝小平钱 楷书 背纪年三

四级
径 24.8、穿 7.0、厚 1.3 毫米；重 3.8 克
仰禧 退通

2217　开禧通宝小平钱 楷书 背纪年三

四级
径 24.5、穿 7.0、厚 1.5 毫米；重 4.0 克
仰禧 仰宝

2218　开禧通宝小平钱 楷书 背纪年三

四级
径 24.5、穿 7.0、厚 1.1 毫米；重 3.2 克
阴郭 仰禧

2219　开禧通宝小平钱 楷书 背纪年三

四级
径 24.4、穿 7.0、厚 1.1 毫米；重 3.1 克
俯开 俯通

2220 **开禧通宝小平钱 楷书 背纪年三**

四级
径 24.3、穿 7.0、厚 1.2 毫米；重 3.76 克
仰禧 仰宝

2221 **开禧通宝小平钱 楷书 背纪年三**

四级
径 24.0、穿 6.6、厚 1.0 毫米；重 4.0 克
细字 仰禧

2222 **开禧通宝小平钱 楷书 背纪年三**

四级
径 23.9、穿 7.0、厚 0.9 毫米；重 2.1 克
小样 背粗三

2223 **开禧通宝小平钱 楷书 背同二 铁母**

一级
径 25.0、穿 6.0 毫米；重 4.6 克
细字 昂宝
上海博物馆藏

2224 **开禧通宝小平钱 楷书 背同二 铁母**

二级
径 24.7、穿 6.0 毫米；重 5.73 克
仰禧 背进二

2225 **开禧通宝异书 小平钱 楷书 背元 铁母**

二级
径 26.4 毫米
异书
选自嘉德 2012 年秋拍

2226 **开禧通宝折二钱 楷书 光背**

五级
径 27.1、穿 8.0、厚 1.4 毫米；重 4.4 克
粗字 俯禧

2227 **开禧通宝折二钱 楷书 背纪年元**

五级
径 30.3、穿 8.0、厚 1.5 毫米；重 6.85 克
阔轮 仰开

2228 **开禧通宝折二钱 楷书 背纪年元**

四级
径 30、穿 8.0、厚 1.7 毫米；重 6.0 克
俯通

2229 **开禧通宝折二钱 楷书 背纪年元**

五级
径 30、穿 8.0、厚 1.5 毫米；重 7.3 克
广郭 阔开

2230 **开禧通宝折二钱 楷书 背纪年元**

四级
径 30、穿 8.0、厚 1.6 毫米；重 7.56 克
广郭 正字

2231 **开禧通宝折二钱 楷书 背纪年元**

五级
径 29.9、穿 8.0、厚 1.6 毫米；重 6.6 克
俯禧 俯通

2232　**开禧通宝折二钱 楷书 背纪年元**

五级
径 29.8、穿 8.0、厚 1.5 毫米；重 6.2 克
广郭 俯禧

2233　**开禧通宝折二钱 楷书 背纪年元**

四级
径 29.6、穿 8.0、厚 1.4 毫米；重 5.2 克
粗大字 阔禧

2234　**开禧通宝折二钱 楷书 背纪年元**

五级
径 29.5、穿 8.0、厚 1.7 毫米；重 6.0 克
粗字 阔宝

2235　**开禧通宝折二钱 楷书 背纪年元**

五级
径 29.4、穿 8.0、厚 1.4 毫米；重 5.3 克
粗字 退开 仰禧

2236　**开禧通宝折二钱 楷书 背纪年元**

五级
径 29.3、穿 8.0、厚 1.6 毫米；重 6.3 克
仰开 仰宝

2237　**开禧通宝折二钱 楷书 背纪年元**

四级
径 29.3、穿 8.0、厚 1.4 毫米；重 6.3 克
俯禧

2238 开禧通宝折二钱 楷书 背纪年元

五级
径 29.1、穿 8.0、厚 1.6 毫米；重 5.8 克
狭俯禧 背俯元

2239 开禧通宝折二钱 楷书 背纪年元

五级
径 28.9、穿 8.0、厚 1.4 毫米；重 5.8 克
俯禧 仰通

2240 开禧通宝折二钱 楷书 背纪年元

五级
径 28.8、穿 8.0、厚 1.7 毫米；重 6.35 克
俯通 俯宝

2241 开禧通宝折二钱 楷书 背纪年元

五级
径 27.9、穿 8.0、厚 1.3 毫米；重 4.89 克
俯阔禧

2242 开禧通宝折二钱 楷书 背纪年元

五级
径 28.5、穿 8.0、厚 1.5 毫米；重 5.0 克
粗字 俯宝 背小元

2243 开禧通宝折二钱 楷书 背纪年元

五级
径 28.1、穿 8.0、厚 1.3 毫米；重 4.9 克
俯禧 俯通

2244 **开禧通宝折二钱 楷书 背纪年二**

五级
径 30.5、穿 8.0、厚 1.5 毫米；重 5.94 克
俯开 狭俯宝

2245 **开禧通宝折二钱 楷书 背纪年二**

四级
径 30.3、穿 8.0、厚 1.4 毫米；重 5.3 克
广郭 俯通 阔宝

2246 **开禧通宝折二钱 楷书 背纪年二**

五级
径 30.2、穿 8.0、厚 1.7 毫米；重 7.4 克
广郭 正字

2247 **开禧通宝折二钱 楷书 背纪年二**

四级
径 30.2、穿 8.0、厚 1.8 毫米；重 7.8 克
俯通 斜肩宝

2248 **开禧通宝折二钱 楷书 背纪年二**

五级
径 30.0、穿 8.0、厚 1.7 毫米；重 6.8 克
仰禧 狭宝

2249 **开禧通宝折二钱 楷书 背纪年二**

五级
径 29.9、穿 8.0、厚 1.7 毫米；重 7.6 克
俯通 仰宝

2250　**开禧通宝折二钱 楷书 背纪年二**

五级
径 29.9、穿 8.0、厚 1.9 毫米；重 8.9 克
狭禧 退通

2251　**开禧通宝折二钱 楷书 背纪年二**

四级
径 29.8、穿 8.0、厚 1.5 毫米；重 6.3 克
广郭 退通

2252　**开禧通宝折二钱 楷书 背纪年二**

五级
径 29.5、穿 8.0、厚 1.4 毫米；重 5.5 克
仰禧 俯通

2253　**开禧通宝折二钱 楷书 背纪年二**

五级
径 29.4、穿 8.0、厚 1.5 毫米；重 6.0 克
仰开 俯通

2254　**开禧通宝折二钱 楷书 背纪年二**

五级
径 29.4、穿 8.0、厚 1.3 毫米；重 5.0 克
退通 降宝

2255　**开禧通宝折二钱 楷书 背纪年二**

五级
径 29.1、穿 8.0、厚 1.5 毫米；重 5.75 克
细字 正字

2256　　**开禧通宝折二钱 楷书 背纪年三**

四级
径 31.3、穿 8.0、厚 1.7 毫米；重 7.4 克
俯开 狭禧

2257　　**开禧通宝折二钱 楷书 背纪年三**

四级
径 30.6、穿 8.0、厚 2.1 毫米；重 10.2 克
俯开 俯禧

2258　　**开禧通宝折二钱 楷书 背纪年三**

四级
径 30.1、穿 8.0、厚 1.7 毫米；重 6.4 克
退开 俯通

2259　　**开禧通宝折二钱 楷书 背纪年三**

四级
径 30.1、穿 8.0、厚 1.3 毫米；重 5.7 克
俯通 斜肩宝

2260　　**开禧通宝折二钱 楷书 背纪年三**

四级
径 29.8、穿 8.0、厚 1.6 毫米；重 7.74 克
细字 退俯开

2261　**开禧通宝折二钱　楷书　背纪年三**

四级
径 29.7、穿 8.0、厚 1.7 毫米；重 6.3 克
俯开　俯通

2262　**开禧通宝折二钱　楷书　背纪年三**

四级
径 29.5、穿 8.0、厚 1.1 毫米；重 4.4 克
小禧　仰宝

2263　**开禧通宝折二钱　楷书　背纪年三**

四级
径 29.5、穿 8.0、厚 1.9 毫米；重 8.14 克
广郭　俯禧

2264　**开禧通宝折二钱　楷书　背纪年三**

四级
径 29.3、穿 8.0、厚 1.6 毫米；重 6.7 克
俯通　仰宝

2265　**开禧通宝折二钱　楷书　背纪年三**

四级
径 29.2、穿 8.0、厚 1.6 毫米；重 7.5 克
退开　仰通

2266   **开禧通宝折二钱 楷书 背纪年三**

四级
径 29.1、穿 8.0、厚 1.3 毫米；重 6.0 克
俯开 退俯通

2267   **开禧通宝折二钱 楷书 背纪年三**

四级
径 28.9、穿 8.0、厚 1.4 毫米；重 5.7 克
退开 仰宝

2268   **开禧通宝折二钱 楷书 背春元 铁母**

一级
径 27.2、穿 6.0 毫米
阔轮 细字 背阔穿
潘迪藏拓

2269   **开禧通宝折二钱 楷书 背春三 铁母**

二级
径 27.0、穿 8.0、厚 2.0 毫米；重 8.45 克
细字 昂宝 背斜三
郭若愚旧藏

2270   **开禧通宝折二钱 楷书 背同三 铁母**

一级
径 27.5、穿 7.0 毫米
八字开 仰通
戴葆庭旧藏

2271

开禧通宝折二钱 楷书 背同三 铁母

二级
径 26.3、穿 6.4 毫米
小字 俯开
陶庭耀旧藏

2272

开禧通宝折二钱 楷书 背同三 铁母

二级
径 26.0、穿 7.0 毫米
粗大字 阔开
选自《中国珍稀钱币》

2273

开禧通宝折二钱 楷书 背汉二 铁母

二级
径 27.5、穿 6.2 毫米
粗字 阔通
选自《中国珍稀钱币》

2274

开禧通宝折二钱 楷书 背汉二 铁母

二级
径 27.3、穿 6.0、厚 2.8 毫米；重 9.5 克
大禧 仰宝

2275

开禧通宝折三钱 楷书 背利 试样钱

一级
径 32.0、穿 10、厚 2.0 毫米
重 8.14 克
粗字 仰通 降宝
桐乡市钟旭洲钱币艺术博物馆藏

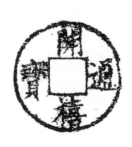

2276　**开禧通宝折三钱 楷书 背利 试样钱**

一级
径 29.8、穿 10、厚 1.6 毫米；重 9.5 克
细字 退开 降宝

2277　**开禧通宝折十钱 楷书
特大型 光背 试样钱**

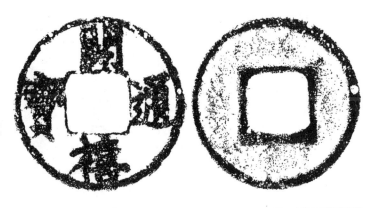

一级
径 48.0、穿 16.0、
厚 3.0 毫米；重 33.64 克
粗字 退开 仰宝
桐乡市钟旭洲钱币
艺术博物馆藏

2278　**开禧通宝折十钱 楷书
特大型 光背 试样钱**

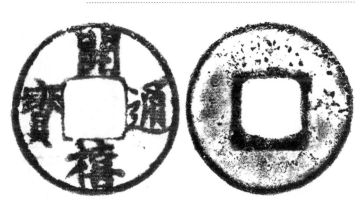

一级
径 48.0、穿 16.0、
厚 3.0 毫米；重 40.3 克
粗字 退开 斜肩宝

2279　**开禧通宝折十钱 楷书
背利 试样钱**

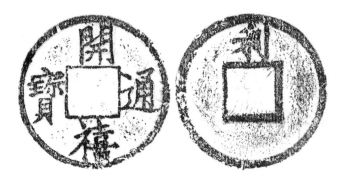

一级
径 42.0、穿 14.0、厚 2.4 毫米
重 17.6 克
退开 降宝

2280　**开禧通宝折十钱 楷书**
　　　背利 试样钱

　　　一级
　　　径 42.0、穿 13.3 毫米
　　　重 14.6 克
　　　粗大字　退开　背阔利
　　　上海博物馆藏

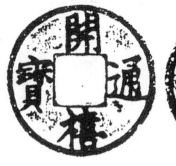

2281　**开禧通宝折十钱 楷书**
　　　背利 试样钱

　　　一级
　　　径 42.0、穿 13.0、厚 2.5 毫米
　　　重 17.8 克
　　　退开　俯禧

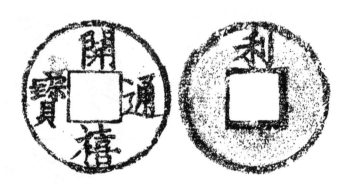

2282　**开禧通宝折十钱 楷书**
　　　背利 试样钱

　　　一级
　　　径 41.0、穿 13.0 毫米
　　　重 17.5 克
　　　阔开　俯禧　背小利
　　　戴葆庭旧藏

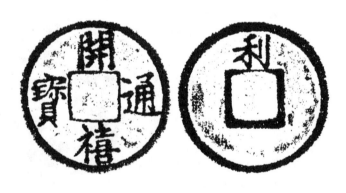

2283　**开禧通宝折十钱 楷书**
　　　背利 试样钱

　　　一级
　　　径 41.0、穿 12.3 毫米
　　　重　克
　　　粗字　退开　仰宝
　　　戴葆庭旧藏

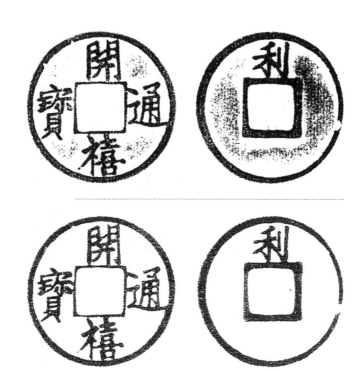

2284　开禧通宝折十钱 楷书
背利 试样钱

一级
径 41.0、穿 13.0 毫米
重　克
细郭 退开 俯禧
陕西宋捷藏

2285　开禧通宝折十钱 楷书
背利 试样钱

一级
径 40.0、穿 13.1 毫米
细字 狭禧 仰宝
潘迪藏拓

附：私铸开禧通宝楷书小平钱、折二钱

宋孝宗开禧年间（1205~1207 年）铸造的钱币。青铜质。钱文"开禧通宝"，楷书，旋读。有小平钱、折二钱两种。私铸。一般制作粗劣，文字浅平，肉薄，平背。小平钱径 24.2~28.3 毫米，重 2.46~2.72 克；折二钱径 27.1~28.3 毫米，重 4.4~4.97 克。

2286　**私铸开禧通宝小平钱 楷书 平背**

五级
径 24.7、穿 7.0、厚 1.1 毫米；重 2.72 克
仰禧

2287　**私铸开禧通宝小平钱 楷书 平背**

五级
径 24.6、穿 7.0、厚 1.0 毫米；重 2.58 克
大字 阔开

2288　　**私铸开禧通宝小平钱 楷书 平背**

五级
径 24.2、穿 7.0、厚 0.9 毫米；重 2.46 克
狭轮 阔宝

2289　　**私铸开禧通宝折二钱 楷书 平背**

五级
径 28.3、穿 7.2、厚 1.1 毫米；重 4.97 克
粗字 仰开 俯通

2290　　**私铸开禧通宝折二钱 楷书 平背**

五级
径 28.3、穿 7.2、厚 1.1 毫米；重 4.97 克
阔轮 粗大字

2291　　**私铸开禧通宝折二钱 楷书 平背**

五级
径 27.1、穿 7.3、厚 1.4 毫米；重 4.4 克
粗字 俯禧

嘉定钱

　　宋宁宗嘉定年间（1208~1224 年）铸造的钱币。铜钱有"嘉定元宝""嘉定通宝""嘉定重宝"3 种钱文和嘉定铁母异名钱。楷书，有对读、旋读两种。有小平钱、折二钱、折三钱、折五钱、折十钱 5 种币值。

嘉定元宝钱

　　宁宗嘉定年间（1208~1224 年）铸造。青铜质。钱文"嘉定元宝"，楷书，旋读。有小平钱、折二钱、折三钱、折五钱、折十钱 5 种币值。小平钱仅见铁母光背、背利州一（"利"指利州绍兴监，今四川境内）。折二钱仅见铁母背利州二。折三钱仅见铁母背利州三。折五钱有光背、铁母利州伍、利壹五、利三五。折十钱有光背、背折十、合背、背折十四出、背上利。按钱币文字和特点分，有多种版别。一般小平钱径 23~25 毫米，重 6.05 克；折二钱径 27.1~28 毫米，折三钱径 30.8 毫米，折五钱径 32.7~35.4 毫米，重 9.5~13.4 克；折十钱径 50.8~54.8 毫米，重 18.02~52.5 克。

| 2292 | **嘉定元宝小平钱 楷书 光背 铁母**
二级
径 25.0 毫米；重 5.5 克
俯定 退元
罗伯昭旧藏 |   |

| 2293 | **嘉定元宝小平钱 楷书 背利州一 铁母**
一级
径 25.0、穿 7.0 毫米
广郭 阔嘉
戴葆庭旧藏 |   |

| 2294 | **嘉定元宝小平钱 楷书 背利州一 铁母**
一级
径 23.0、穿 7.0、厚 2.0 毫米；重 6.05 克
细字 小样
郭若愚旧藏 |   |

| 2295 | **嘉定元宝折二钱 楷书 背利州二 铁母**
一级
径 28.0、穿 9.0 毫米
细字 小元
戴葆庭旧藏 |   |

| 2296 | **嘉定元宝折二钱 楷书 背利州二 铁母**
一级
径 27.1、穿 9.0 毫米
广郭 阔元
选自《中国珍稀钱币》 |   |

2297 　　**嘉定元宝折三钱 楷书 背利州三 铁母**

一级
径
退嘉 大元
选自《潘迪藏拓百选》

2298 　　**嘉定元宝折五钱 楷书 光背 试样钱**

一级
径 37.2、穿 10 毫米
进嘉
湖州高勇勇提供

2299 　　**嘉定元宝折五钱 楷书 背利州伍 铁母**

一级
径 34.6、穿 11.0 毫米
阔轮 粗字 阔宝
罗伯昭旧藏

2300 　　**嘉定元宝折五钱 楷书 背利州伍 铁母**

一级
径 33.4、穿 11.0 毫米
细字 狭定
选自《潘迪藏拓百选》

2301 　　**嘉定元宝折五钱 楷书 背利州伍 铁母**

一级
径 32.8、穿 10 毫米；重 10.3 克
粗字 广郭 仰定
戴葆庭旧藏

2302　　**嘉定元宝折五钱 楷书 背利壹五 铁母**

一级
径 35.4、穿 10、厚 2.6 毫米；重 13.4 克
细郭 阔定
孙仲汇提供

2303　　**嘉定元宝折五钱 楷书 背利壹五 铁母**

一级
径 32.7、穿 10 毫米；重 9.5 克
粗字 狭定
戴葆庭旧藏

2304　　**嘉定元宝折五钱 楷书 背利三伍 铁母**

一级
径 33.5、穿 10 毫米
粗郭 阔元
选自《简明古钱辞典》

2305　　**嘉定元宝折十钱 楷书 光背**

二级　　　径 50 毫米　　　光背　　　选自嘉德 2010 年秋拍

403

2306

嘉定元宝折十钱　楷书　背折十

二级　　径 54.8、穿 12.0 毫米；重 46.3 克　　细字　狭郭　俯嘉　　选自《中国钱币》

2307

嘉定元宝折十钱　楷书　背折十

二级　　径 54.5　穿 12.0 毫米　　粗字　广郭　阔宝　　选自《无锡钱币藏珍选》

2308

嘉定元宝折十钱　楷书　背折十

二级　　径 54.5、穿 12.0、厚 3.5 毫米；重 42.58 克　　阔嘉　背四决

2309 **嘉定元宝折十钱 楷书 背折十**

二级　　径 54.3、穿 12.0 毫米；重 50.5 克　　大字 阔嘉 长定　　上海博物馆藏

2310 **嘉定元宝折十钱 楷书 背折十**

二级　　径 53.7、穿 12.0、厚 3.5 毫米；重 45.03 克　　短阔嘉

2311 **嘉定元宝折十钱 楷书 背折十**

二级　　径 53.6、穿 12.0 毫米；重 35.4 克　　细字 狭嘉　　上海博物馆藏

2312 嘉定元宝折十钱 楷书 背折十

三级　　径 53.2、穿 12.0、厚 3.6 毫米；重 40.7 克　　俯嘉　　背粗 字折十

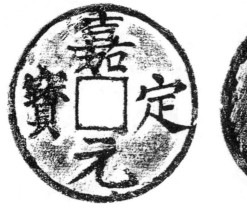

2313 嘉定元宝折十钱 楷书 背折十

二级　　径 53.2 毫米　　广郭　　粗大字 阔定　　刘燕庭旧藏

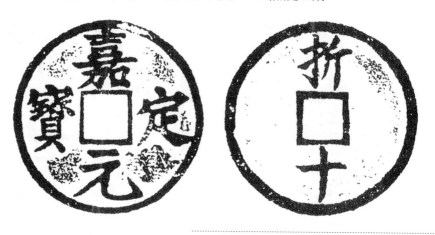

2314 嘉定元宝折十钱 楷书 背折十

二级　　径 53.0、穿 12.0 毫米；重 43.5 克　　细郭 细字 正字　　选自《中国钱币》

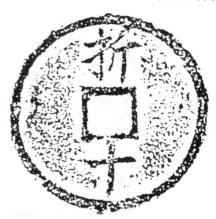

嘉定元宝折十钱 楷书 背折十

2315

二级　　　径 52.8、穿 12.0、厚 3.8 毫米；重 52.52 克　　　俯嘉 俯定

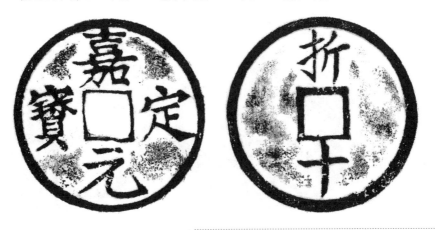

嘉定元宝折十钱 楷书 背折十

2316

二级　　　径 52.6、穿 12.0、厚 3.1 毫米；重 44.62 克　　　大字　　广郭 阔嘉

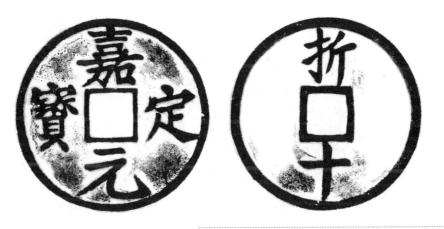

嘉定元宝折十钱 楷书 背折十

2317

二级　　　径 52.3、穿 12.0、厚 3.2 毫米；重 39.34 克　　　正字

2318

嘉定元宝折十钱 楷书 背折十

二级　　径 52.3、穿 12.2、厚 2.8 毫米；重 18.02 克　　大字　　俯宝 背小字折十

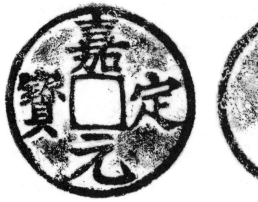

2319

嘉定元宝折十钱 楷书 背折十

二级　　径 52.2、穿 12.0、厚 3.1 毫米；重 42.31 克　　狭嘉

2320

嘉定元宝折十钱 楷书 背折十

二级　　径 52.0、穿 12.0 毫米；重 51.8 克　　俯定 仰宝

2321 **嘉定元宝折十钱 楷书 背折十**

二级　　　径51.8、穿12.0、厚2.1毫米；重33.85克　　　狭嘉 俯宝

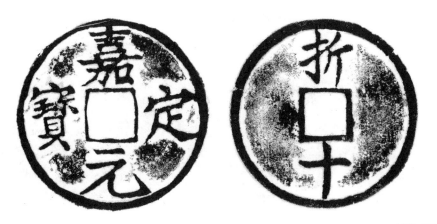

2322 **嘉定元宝折十钱 楷书 背折十**

三级　　　径51.8、穿13.0毫米；重55克　　　阴郭 粗字　　　选自《甘肃钱币》

2323 **嘉定元宝折十钱 楷书 背折十**

二级　　　径51.1、穿12.0、厚3.2毫米；重39.98克　　　粗字 阔俯嘉

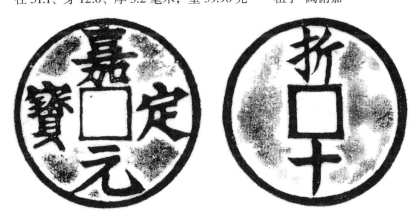

2324 **嘉定元宝折十钱 楷书 背折十**

三级　　径50.8、穿12.0、厚2.6毫米；重29.4克　　小字　狭定　　背粗字

2325 **嘉定元宝折十钱 楷书 背折十 四出**

二级　　径52.0、穿12.0毫米；重50.9克　　面四决　　正字　背四出

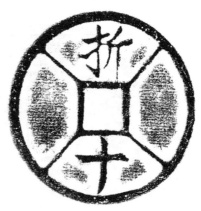

2326 **嘉定元宝折十钱 楷书 背折十 四出**

二级　　径51.1、穿13.0、厚3.2毫米；重28.7克　　狭轮　细字　　细郭　背四出
桐乡市钟旭洲钱币艺术博物馆藏

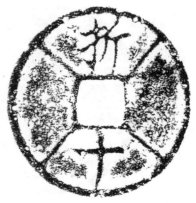

嘉定元宝折十钱 楷书 背利 试样钱

2327

一级　　径 53.0、穿 12.0、厚 2.3 毫米；重 27.2 克　　粗字 短嘉 背利
桐乡市钟旭洲钱币艺术博物馆藏

嘉定通宝钱

　　宁宗嘉定年间（1208~1224 年）铸造。青铜质。钱文"嘉定通宝"，楷书，对读，间有旋读。有小平钱、折二钱、折五钱 3 种币值。小平钱有光背、背纪年元至十四等；折二钱有光背、背纪年元至十四、铁母春八（"春"指蕲州蕲春监，今湖北境内）、春十、春十四、春十六、背汉二（"汉"指汉阳军汉阳监，今湖北境内）、汉五、汉七、汉十五、汉十七，背同三（舒州同安监，今安徽境内）等；折五钱仅铁母背西四伍。按钱币文字和特点分，有多种版式。一般小平钱径 2.3~2.54 厘米，重 2.3~6 克；折二钱径 2.6~3.18 厘米，重 3.7~8.9 克；折五钱径 2.42 厘米。

嘉定通宝小平钱 楷书 光背

2328

四级
径 24.7、穿 6.3、厚 1.2 毫米；重 2.7 克
仰通 仰宝

411

2329 嘉定通宝小平钱 楷书 光背

四级
径 24.6、穿 6.0、厚 1.4 毫米；重 3.6 克
退嘉 俯通

2330 嘉定通宝小平钱 楷书 光背

四级
径 24.6、穿 6.0、厚 1.2 毫米；重 3.3 克
粗大字 阔定

2331 嘉定通宝小平钱 楷书 光背

四级
径 24.6、穿 6.0、厚 1.2 毫米；重 3.3 克
粗字 俯通

2332 嘉定通宝小平钱 楷书 光背

四级
径 24.4、穿 6.4、厚 1.5 毫米；重 4.9 克
小字 俯嘉

2333 嘉定通宝小平钱 楷书 光背

四级
径 24.3、穿 6.0、厚 1.2 毫米；重 3.6 克
大字 仰通 仰宝

2334 嘉定通宝小平钱 楷书 光背

四级
径 23.8、穿 6.0、厚 1.3 毫米；重 3.5 克
粗字 俯嘉

2335 嘉定通宝小平钱 楷书 光背

五级
径 23.6、穿 7.0、厚 1.3 毫米；重 3.2 克
阴郭 仰宝

2336 嘉定通宝小平钱 楷书 光背

五级
径 23.3、穿 6.0、厚 1.2 毫米；重 3.0 克
粗字 小样

2337 嘉定通宝小平钱 楷书 背纪年元

四级
径 25.4、穿 6.2、厚 1.4 毫米；重 3.9 克
粗字 仰宝

2338 嘉定通宝小平钱 楷书 背纪年元

五级
径 25.3、穿 6.0、厚 1.5 毫米；重 4.3 克
进定

2339 嘉定通宝小平钱 楷书 背纪年元

四级
径 25.1、穿 6.2、厚 1.2 毫米；重 3.7 克
俯通 仰定

2340 嘉定通宝小平钱 楷书 背纪年元

五级
径 25.1、穿 6.2、厚 1.4 毫米；重 3.9 克
阴郭 仰宝

2341　**嘉定通宝小平钱　楷书　背纪年元**

五级
径 25.0、穿 6.0、厚 1.5 毫米；重 3.7 克
面削边　细字　狭嘉

2342　**嘉定通宝小平钱　楷书　背纪年元**

四级
径 24.8、穿 6.0、厚 1.2 毫米；重 4.9 克
狭轮　俯嘉

2343　**嘉定通宝小平钱　楷书　背纪年元**

四级
径 24.8、穿 6.2、厚 1.4 毫米；重 3.8 克
仰通　背阔元

2344　**嘉定通宝小平钱　楷书　背纪年元**

四级
径 24.7、穿 6.0、厚 1.4 毫米；重 3.7 克
粗字　俯通

2345　**嘉定通宝小平钱　楷书　背纪年元**

四级
径 24.6、穿 6.4、厚 1.4 毫米；重 3.9 克
退嘉　仰宝

2346　**嘉定通宝小平钱　楷书　背纪年元**

四级
径 24.0、穿 6.2、厚 1.0 毫米；重 2.3 克
俯嘉　仰宝

2347 **嘉定通宝小平钱 楷书 背纪年元**

四级
径 24.3、穿 6.2、厚 1.4 毫米；重 3.0 克
退嘉 仰宝

2348 **嘉定通宝小平钱 楷书 背纪年元**

五级
径 24.3、穿 6.2、厚 1.4 毫米；重 3.4 克
阴郭 仰通 小样

2349 **嘉定通宝小平钱 楷书 背纪年二**

四级
径 25.2、穿 6.0、厚 1.4 毫米；重 4.1 克
俯嘉

2350 **嘉定通宝小平钱 楷书 背纪年二**

四级
径 24.9、穿 6.0、厚 1.4 毫米；重 3.9 克
粗字 俯嘉 俯宝

2351 **嘉定通宝小平钱 楷书 背纪年二**

四级
径 24.7、穿 6.0、厚 1.3 毫米；重 3.4 克
粗字 阔通

2352 **嘉定通宝小平钱 楷书 背纪年二**

四级
径 24.7、穿 6.0、厚 1.2 毫米；重 3.6 克
广郭 俯通

2353 **嘉定通宝小平钱 楷书 背纪年二**

四级
径 24.6、穿 6.0、厚 1.3 毫米；重 3.9 克
细字 狭宝

2354 **嘉定通宝小平钱 楷书 背纪年二**

五级
径 24.6、穿 6.0、厚 1.4 毫米；重 4.3 克
正字

2355 **嘉定通宝小平钱 楷书 背纪年二**

五级
径 24.6、穿 6.0、厚 1.2 毫米；重 3.4 克
俯嘉 狭宝

2356 **嘉定通宝小平钱 楷书 背纪年二**

四级
径 24.5、穿 6.0、厚 1.2 毫米；重 3.7 克
阔嘉 仰宝

2357 **嘉定通宝小平钱 楷书 背纪年二**

五级
径 24.4、穿 6.2、厚 1.2 毫米；重 3.7 克
扁定 狭通

2358 **嘉定通宝小平钱 楷书 背纪年二**

四级
径 24.3、穿 6.0、厚 1.2 毫米；重 3.6 克
粗字 背粗二

2359　嘉定通宝小平钱 楷书 背纪年二

四级
径 24.3、穿 6.0、厚 0.9 毫米；重 2.6 克
广郭 正字

2360　嘉定通宝小平钱 楷书 背纪年二

四级
径 24.2、穿 6.2、厚 1.1 毫米；重 2.7 克
小宝

2361　嘉定通宝小平钱 楷书 背纪年二

五级
径 23.9、穿 6.2、厚 0.9 毫米；重 2.3 克
狭定 背阔二

2362　嘉定通宝小平钱 楷书 背纪年二

五级
径 23.5、穿 6.2、厚 1.4 毫米；重 3.2 克
狭轮 小样

2363　嘉定通宝小平钱 楷书 背纪年三

五级
径 25.3、穿 6.0、厚 1.6 毫米；重 4.8 克
粗字 俯通 俯宝

2364　嘉定通宝小平钱 楷书 背纪年三

四级
径 24.9、穿 6.0、厚 1.5 毫米；重 4.5 克
粗字 阔嘉

2365 **嘉定通宝小平钱 楷书 背纪年三**

五级
径 24.7、穿 6.0、厚 1.2 毫米；重 3.0 克
粗字 阔通

2366 **嘉定通宝小平钱 楷书 背纪年三**

四级
径 24.7、穿 6.0、厚 1.1 毫米；重 3.1 克
小字 狭宝

2367 **嘉定通宝小平钱 楷书 背纪年三**

四级
径 24.7、穿 6.0 毫米；重 4.4 克
阔嘉 俯通
上海博物馆藏

2368 **嘉定通宝小平钱 楷书 背纪年三**

五级
径 24.6、穿 6.0、厚 1.3 毫米；重 3.5 克
粗字 俯通

2369 **嘉定通宝小平钱 楷书 背纪年三**

四级
径 24.6、穿 6.0、厚 1.2 毫米；重 2.9 克
俯通 仰宝

2370 **嘉定通宝小平钱 楷书 背纪年三**

四级
径 24.5、穿 6.0、厚 1.3 毫米；重 3.5 克
粗字 仰宝

2371 | **嘉定通宝小平钱 楷书 背纪年三**

五级
径 24.4、穿 6.0、厚 1.5 毫米；重 3.7 克
小字 狭定

2372 | **嘉定通宝小平钱 楷书 背纪年三**

五级
径 24.3、穿 6.0、厚 1.6 毫米；重 4.0 克
粗字 俯嘉

2373 | **嘉定通宝小平钱 楷书 背纪年四**

四级
径 25.0、穿 6.0、厚 1.2 毫米；重 3.3 克
斜宝

2374 | **嘉定通宝小平钱 楷书 背纪年四**

四级
径 24.9、穿 6.0、厚 1.2 毫米；重 3.3 克
粗字 阔定

2375 | **嘉定通宝小平钱 楷书 背纪年四**

四级
径 24.9、穿 6.3、厚 1.4 毫米；重 3.9 克
阔俯嘉

2376 | **嘉定通宝小平钱 楷书 背纪年四**

四级
径 24.9、穿 6.3、厚 1.2 毫米；重 3.3 克
粗字 昂宝

2377　**嘉定通宝小平钱 楷书 背纪年四**

四级
径 24.7、穿 6.0、厚 1.4 毫米；重 3.5 克
仰宝

2378　**嘉定通宝小平钱 楷书 背纪年四**

四级
径 24.6、穿 6.3、厚 1.3 毫米；重 3.0 克
小字 狭定

2379　**嘉定通宝小平钱 楷书 背纪年四**

四级
径 24.4、穿 6.0、厚 1.2 毫米；重 3.5 克
粗大字 阔通

2380　**嘉定通宝小平钱 楷书 背纪年四**

四级
径 24.4、穿 6.2、厚 1.4 毫米；重 3.7 克
小字 背退四

2381　**嘉定通宝小平钱 楷书 背纪年四**

五级
径 23.8、穿 6.3、厚 0.9 毫米；重 2.3 克
俯嘉 小样

2382　**嘉定通宝小平钱 楷书 背纪年四**

五级
径 23.6、穿 6.3、厚 1.3 毫米；重 3.2 克
细轮 小样

2383　**嘉定通宝小平钱　楷书　背纪年五**

四级
径 24.9、穿 6.0、厚 1.3 毫米；重 3.6 克
粗字　阔嘉

2384　**嘉定通宝小平钱　楷书　背纪年五**

四级
径 24.9、穿 6.0、厚 1.5 毫米；重 4.1 克
斜宝　背小五

2385　**嘉定通宝小平钱　楷书　背纪年五**

四级
径 24.8、穿 6.3、厚 1.3 毫米；重 3.6 克
仰定

2386　**嘉定通宝小平钱　楷书　背纪年五**

四级
径 24.7、穿 6.0、厚 1.3 毫米；重 3.9 克
仰宝　背阔五

2387　**嘉定通宝小平钱　楷书　背纪年五**

四级
径 24.6、穿 6.3、厚 1.2 毫米；重 3.6 克
正字

2388　**嘉定通宝小平钱　楷书　背纪年五**

五级
径 24.5、穿 6.0、厚 1.4 毫米；重 3.7 克
小字　狭定

2389 嘉定通宝小平钱 楷书 背纪年五

四级
径 24.4、穿 6.0、厚 1.3 毫米；重 3.5 克
小字 仰通

2390 嘉定通宝小平钱 楷书 背纪年五

四级
径 24.3、穿 6.0、厚 1.3 毫米；重 3.1 克
小字 俯定

2391 嘉定通宝小平钱 楷书 背纪年五

四级
径 24.3、穿 6.0、厚 1.7 毫米；重 5.0 克
狭轮 面四决

2392 嘉定通宝小平钱 楷书 背纪年五

五级
径 24.2、穿 6.0、厚 1.2 毫米；重 3.5 克
阔轮 粗字 小样

2393 嘉定通宝小平钱 楷书 背纪年六

四级
径 24.8、穿 6.4、厚 1.6 毫米；重 3.8 克
广郭 仰通

2394 嘉定通宝小平钱 楷书 背纪年六

五级
径 24.8、穿 6.5、厚 1.4 毫米；重 3.1 克
小字 狭嘉

2395 **嘉定通宝小平钱 楷书 背纪年六**

五级
径 24.3、穿 6.4、厚 1.3 毫米；重 3.1 克
粗字 仰宝

2396 **嘉定通宝小平钱 楷书 背纪年六**

四级
径 24.2、穿 6.4、厚 1.8 毫米；重 4.7 克
广郭 退定

2397 **嘉定通宝小平钱 楷书 背纪年六**

四级
径 24.2、穿 6.3、厚 1.4 毫米；重 3.6 克
细字 狭定

2398 **嘉定通宝小平钱 楷书 背纪年六**

四级
径 24.0、穿 6.2、厚 1.4 毫米；重 3.5 克
仰定 昂宝

2399 **嘉定通宝小平钱 楷书 背纪年六**

四级
径 24.0、穿 6.3、厚 1.3 毫米；重 3.2 克
仰通 背大六

2400 **嘉定通宝小平钱 楷书 背纪年六**

五级
径 23.9、穿 6.0、厚 1.3 毫米；重 2.8 克
粗字 阔嘉

2401 **嘉定通宝小平钱 楷书 背纪年六**

五级
径 23.8、穿 7.0、厚 1.3 毫米；重 2.5 克
狭轮 斜定

2402 **嘉定通宝小平钱 楷书 背纪年六**

五级
径 23.6、穿 6.2、厚 1.3 毫米；重 3.2 克
粗字 仰宝

2403 **嘉定通宝小平钱 楷书 背纪年六**

五级
径 23.5、穿 6.4、厚 1.4 毫米；重 3.0 克
阴郭 仰通

2404 **嘉定通宝小平钱 楷书 背纪年六**

五级
径 23.0、穿 6.3、厚 1.2 毫米；重 2.4 克
狭轮 退定 小样

2405 **嘉定通宝小平钱 楷书 背纪年七**

四级
径 24.7、穿 6.2、厚 1.5 毫米；重 3.7 克
细字 俯嘉

2406 **嘉定通宝小平钱 楷书 背纪年七**

五级
径 24.3、穿 6.0、厚 1.3 毫米；重 3.6 克
俯嘉 仰宝

2407　**嘉定通宝小平钱 楷书 背纪年七**

四级
径 24.3、穿 6.0、厚 1.2 毫米；重 3.3 克
进定

2408　**嘉定通宝小平钱 楷书 背纪年七**

四级
径 24.1、穿 6.4、厚 1.3 毫米；重 3.8 克
俯嘉 扁定

2409　**嘉定通宝小平钱 楷书 背纪年七**

五级
径 24.0、穿 6.2、厚 1.2 毫米；重 3.5 克
广郭 斜肩宝

2410　**嘉定通宝小平钱 楷书 背纪年七**

四级
径 23.9、穿 6.0、厚 1.1 毫米；重 3.1 克
狭嘉 仰宝

2411　**嘉定通宝小平钱 楷书 背纪年七**

四级
径 23.7、穿 6.0、厚 1.1 毫米；重 2.6 克
粗字 背粗七

2412　**嘉定通宝小平钱 楷书 背纪年七**

五级
径 23.7、穿 6.0、厚 1.3 毫米；重 3.3 克
细字 俯嘉

2413　**嘉定通宝小平钱 楷书 背纪年七**

四级
径 23.7、穿 6.0、厚 1.3 毫米；重 3.6 克
斜定

2414　**嘉定通宝小平钱 楷书 背纪年七**

五级
径 23.4、穿 6.2、厚 1.3 毫米；重 3.4 克
阴郭 进定 小样

2415　**嘉定通宝小平钱 楷书 背纪年八**

四级
径 25.1、穿 6.5、厚 1.6 毫米；重 4.5 克
阔轮 俯嘉

2416　**嘉定通宝小平钱 楷书 背纪年八**

五级
径 24.7、穿 6.5、厚 1.4 毫米；重 4.2 克
俯通

2417　**嘉定通宝小平钱 楷书 背纪年八**

五级
径 24.6、穿 7.0、厚 1.1 毫米；重 3.0 克
俯嘉 仰通

2418　**嘉定通宝小平钱 楷书 背纪年八**

四级
径 24.5、穿 7.0、厚 1.3 毫米；重 3.8 克
细字 俯嘉

2419　**嘉定通宝小平钱　楷书　背纪年八**

四级
径 24.3、穿 6.5、厚 1.8 毫米；重 3.9 克
阔轮　阔嘉

2420　**嘉定通宝小平钱　楷书　背纪年八**

四级
径 24.4、穿 7.0、厚 1.3 毫米；重 3.2 克
正郭　正字

2421　**嘉定通宝小平钱　楷书　背纪年八**

五级
径 24.4、穿 7.0、厚 1.4 毫米；重 3.3 克
细字　进嘉

2422　**嘉定通宝小平钱　楷书　背纪年八**

五级
径 24.3、穿 7.0、厚 1.1 毫米；重 2.8 克
大字　俯嘉

2423　**嘉定通宝小平钱　楷书　背纪年八**

五级
径 24.3、穿 7.0、厚 1.3 毫米；重 3.0 克
阴郭　仰通

2424　**嘉定通宝小平钱　楷书　背纪年八**

五级
径 23.8、穿 7.0、厚 1.0 毫米；重 2.7 克
阴郭　俯嘉　小样

2425 嘉定通宝小平钱 楷书 背纪年九

四级
径 25.0、穿 6.0、厚 1.5 毫米；重 4.7 克
广郭 仰通

2426 嘉定通宝小平钱 楷书 背纪年九

五级
径 25.0、穿 6.0、厚 1.1 毫米；重 3.7 克
俯通 背小九

2427 嘉定通宝小平钱 楷书 背纪年九

五级
径 24.7、穿 6.0、厚 1.4 毫米；重 3.9 克
俯嘉 斜宝

2428 嘉定通宝小平钱 楷书 背纪年九

五级
径 24.7、穿 6.0、厚 1.1 毫米；重 2.9 克
粗大字 阔定

2429 嘉定通宝小平钱 楷书 背纪年九

四级
径 24.6、穿 6.2、厚 1.1 毫米；重 3.3 克
俯定 俯通

2430 嘉定通宝小平钱 楷书 背纪年九

四级
径 24.5、穿 6.0、厚 1.2 毫米；重 3.3 克
粗字 俯嘉

2431　**嘉定通宝小平钱 楷书 背纪年九**

五级
径 24.4、穿 6.2、厚 1.1 毫米；重 2.8 克
狭轮 细字 退定

2432　**嘉定通宝小平钱 楷书 背纪年九**

五级
径 24.3、穿 6.2、厚 1.1 毫米；重 3.1 克
斜宝

2433　**嘉定通宝小平钱 楷书 背纪年九**

四级
径 24.1、穿 6.0、厚 1.4 毫米；重 3.9 克
正字

2434　**嘉定通宝小平钱 楷书 背纪年九**

五级
径 24.0、穿 6.2、厚 1.1 毫米；重 2.9 克
小字 狭嘉

2435　**嘉定通宝小平钱 楷书 背纪年九**

四级
径 23.3、穿 6.0、厚 1.0 毫米；重 2.3 克
俯定

2436　**嘉定通宝小平钱 楷书 背纪年九**

五级
径 23.2、穿 6.3、厚 1.2 毫米；重 2.8 克
阴郭 小字 俯嘉

2437　**嘉定通宝小平钱 楷书 背纪年九**

五级
径 23.0、穿 6.4、厚 1.4 毫米；重 3.0 克
花穿　斜宝　小样

2438　**嘉定通宝小平钱 楷书 背纪年十**

五级
径 25.3、穿 6.2、厚 1.4 毫米；重 3.9 克
花穿　俯通

2439　**嘉定通宝小平钱 楷书 背纪年十**

四级
径 25.0、穿 6.0、厚 1.4 毫米；重 4.7 克
阔轮　仰通

2440　**嘉定通宝小平钱 楷书 背纪年十**

四级
径 25.0、穿 6.0、厚 1.5 毫米；重 4.3 克
阔嘉

2441　**嘉定通宝小平钱 楷书 背纪年十**

四级
径 24.7、穿 6.2、厚 1.2 毫米；重 3.8 克
仰通　仰宝

2442　**嘉定通宝小平钱 楷书 背纪年十**

五级
径 24.5、穿 6.2、厚 1.2 毫米；重 3.5 克
阴郭　仰宝

2443 **嘉定通宝小平钱 楷书 背纪年十**

四级
径 24.5、穿 6.0、厚 1.4 毫米；重 4.3 克
俯嘉

2444 **嘉定通宝小平钱 楷书 背纪年十**

五级
径 24.2、穿 6.2、厚 1.4 毫米；重 4.1 克
退定

2445 **嘉定通宝小平钱 楷书 背纪年十**

五级
径 24.0、穿 6.0、厚 1.1 毫米；重 3.7 克
细郭 细字

2446 **嘉定通宝小平钱 楷书 背纪年十**

五级
径 24.0、穿 6.2、厚 1.0 毫米；重 2.7 克
退定 俯宝

2447 **嘉定通宝小平钱 楷书 背纪年十**

五级
径 23.4、穿 6.4、厚 0.8 毫米；重 1.9 克
细字 仰通 斜宝

2448 **嘉定通宝小平钱 楷书 背纪年十**

五级
径 23.5、穿 7.0、厚 1.3 毫米；重 2.9 克
阴郭 退定

2449 嘉定通宝小平钱 楷书 背纪年十

五级
径 23.2、穿 6.2、厚 1.3 毫米；重 3.8 克
粗字 小样

2450 嘉定通宝小平钱 楷书 背纪年十一

四级
径 24.6、穿 6.4、厚 1.5 毫米；重 3.8 克
阔轮 进定

2451 嘉定通宝小平钱 楷书 背纪年十一

五级
径 24.5、穿 6.3、厚 1.3 毫米；重 3.7 克
俯嘉 俯通

2452 嘉定通宝小平钱 楷书 背纪年十一

四级
径 24.4、穿 6.2、厚 1.5 毫米；重 3.9 克
平阔 进定

2453 嘉定通宝小平钱 楷书 背纪年十一

四级
径 24.4、穿 6.2、厚 1.3 毫米；重 3.3 克
粗大字 阔通

2454 嘉定通宝小平钱 楷书 背纪年十一

五级
径 23.8、穿 6.5、厚 1.4 毫米；重 3.6 克
进俯定

2455 **嘉定通宝小平钱 楷书 背纪年十一**

四级
径 23.7、穿 6.5、厚 1.3 毫米；重 3.7 克
阔轮 阔嘉

2456 **嘉定通宝小平钱 楷书 背纪年十一**

五级
径 23.7、穿 6.4、厚 1.5 毫米；重 3.0 克
细字 进定 狭宝

2457 **嘉定通宝小平钱 楷书 背纪年十一**

五级
径 23.6、穿 7.0、厚 1.1 毫米；重 2.6 克
阴郭 细字 狭嘉

2458 **嘉定通宝小平钱 楷书 背纪年十一**

五级
径 23.5、穿 6.4、厚 1.5 毫米；重 3.6 克
广郭 进定

2459 **嘉定通宝小平钱 楷书 背纪年十一**

四级
径 23.4、穿 6.3、厚 1.2 毫米；重 3.0 克
细字 俯宝

2460 **嘉定通宝小平钱 楷书 背纪年十二**

五级
径 24.8、穿 6.5、厚 1.3 毫米；重 3.5 克
俯嘉 俯定

2461　**嘉定通宝小平钱 楷书 背纪年十二**

四级
径 24.7、穿 6.3、厚 1.5 毫米；重 4.0 克
粗字 进嘉

2462　**嘉定通宝小平钱 楷书 背纪年十二**

五级
径 24.6、穿 6.3、厚 1.3 毫米；重 3.76 克
阔宝

2463　**嘉定通宝小平钱 楷书 背纪年十二**

四级
径 24.4、穿 6.5、厚 1.7 毫米；重 3.9 克
广郭 正字

2464　**嘉定通宝小平钱 楷书 背纪年十二**

四级
径 24.3、穿 6.3、厚 1.2 毫米；重 3.53 克
俯嘉

2465　**嘉定通宝小平钱 楷书 背纪年十二**

五级
径 24.2、穿 6.4、厚 1.3 毫米；重 4.1 克
花穿 狭宝

2466　**嘉定通宝小平钱 楷书 背纪年十二**

五级
径 24.0、穿 6.3、厚 1.5 毫米；重 4.1 克
粗字 斜宝

2467 嘉定通宝小平钱 楷书 背纪年十二

五级
径 23.6、穿 6.3、厚 1.5 毫米；重 3.6 克
阴郭 进定

2468 嘉定通宝小平钱 楷书 背纪年十二

四级
径 23.2、穿 6.4、厚 1.6 毫米；重 4.2 克
广郭 大字 阔定

2469 嘉定通宝小平钱 楷书 背纪年十二

五级
径 23.1、穿 6.4、厚 1.3 毫米；重 2.9 克
狭轮 斜定 小样

2470 嘉定通宝小平钱 楷书 背纪年十三

四级
径 25.0、穿 6.0、厚 1.2 毫米；重 3.2 克
广郭 正字

2471 嘉定通宝小平钱 楷书 背纪年十三

五级
径 25.0、穿 6.4、厚 1.5 毫米；重 4.0 克
阴郭 狭嘉

2472 嘉定通宝小平钱 楷书 背纪年十三

四级
径 24.7、穿 6.2、厚 1.4 毫米；重 3.9 克
俯嘉 俯通

2473　**嘉定通宝小平钱　楷书　背纪年十三**

四级
径 24.5、穿 6.2、厚 1.4 毫米；重 3.5 克
俯通　仰宝

2474　**嘉定通宝小平钱　楷书　背纪年十三**

五级
径 24.3、穿 7.3、厚 1.2 毫米；重 3.27 克
俯定

2475　**嘉定通宝小平钱　楷书　背纪年十三**

四级
径 24.3、穿 7.0、厚 1.3 毫米；重 3.8 克
广郭　俯通

2476　**嘉定通宝小平钱　楷书　背纪年十三**

五级
径 24.2、穿 6.2、厚 1.2 毫米；重 3.1 克
粗字　俯嘉　俯通

2477　**嘉定通宝小平钱　楷书　背纪年十三**

五级
径 24.1、穿 6.4、厚 1.3 毫米；重 4.0 克
细字　狭嘉

2478　**嘉定通宝小平钱　楷书　背纪年十三**

五级
径 24.0、穿 7.0、厚 1.2 毫米；重 3.6 克
细字　俯嘉

2479 **嘉定通宝小平钱 楷书 背纪年十三**

五级
径 23.3、穿 7.4、厚 1.4 毫米；重 3.1 克
狭轮 俯通

2480 **嘉定通宝小平钱 楷书 背纪年十四**

四级
径 25.1、穿 7.0、厚 1.4 毫米；重 6.0 克
花穿 粗字

2481 **嘉定通宝小平钱 楷书 背纪年十四**

四级
径 25.0、穿 6.0、厚 1.6 毫米；重 4.28 克
粗字 俯通

2482 **嘉定通宝小平钱 楷书 背纪年十四**

四级
径 25.0、穿 6.4、厚 1.6 毫米；重 4.6 克
细字 狭宝

2483 **嘉定通宝小平钱 楷书 背纪年十四**

四级
径 34.9、穿 6.3、厚 1.5 毫米；重 3.8 克
细字 俯嘉

2484 **嘉定通宝小平钱 楷书 背纪年十四**

四级
径 24.8、穿 6.3、厚 1.1 毫米；重 3.2 克
广郭 阔定

2485 **嘉定通宝小平钱 楷书 背纪年十四**

四级
径 24.7、穿 7.0、厚 1.2 毫米；重 3.1 克
俯嘉 仰宝

2486 **嘉定通宝小平钱 楷书 背纪年十四**

四级
径 24.6、穿 6.2、厚 1.5 毫米；重 4.5 克
仰定

2487 **嘉定通宝小平钱 楷书 背纪年十四**

四级
径 24.6、穿 6.4、厚 1.4 毫米；重 3.9 克
细字 狭通

2488 **嘉定通宝小平钱 楷书 背纪年十四**

四级
径 24.2、穿 7.0、厚 1.2 毫米；重 28.5 克
纤字 俯嘉 俯宝

2489 **嘉定通宝小平钱 楷书 背纪年十四**

四级
径 24.1、穿 6.4、厚 1.2 毫米；重 2.9 克
阔通

2490 **嘉定通宝小平钱 楷书 背纪年十四**

四级
径 23.7、穿 6.5、厚 1.2 毫米；重 2.9 克
广郭 正字

2491	**嘉定通宝折二钱 楷书 光背** 四级 径 29.0、穿 7.0、厚 1.4 毫米；重 5.4 克 广郭 粗字 进嘉	 
2492	**嘉定通宝折二钱 楷书 光背** 四级 径 28.8、穿 7.2、厚 1.4 毫米；重 4.2 克 俯嘉	 
2493	**嘉定通宝折二钱 楷书 光背** 四级 径 28.7、穿 7.3、厚 1.6 毫米；重 5.6 克 仰通 俯宝	 
2494	**嘉定通宝折二钱 楷书 光背** 四级 径 28.7、穿 7.2、厚 1.3 毫米；重 5.1 克 俯嘉	 
2495	**嘉定通宝折二钱 楷书 光背** 四级 径 28.4、穿 7.2、厚 1.3 毫米；重 4.1 克 粗字 阔定	 
2496	**嘉定通宝折二钱 楷书 光背** 四级 径 28.3、穿 7.2、厚 1.4 毫米；重 4.2 克 小字 狭嘉	 

2497 **嘉定通宝折二钱 楷书 光背**

四级
径 28.2、穿 7.3、厚 1.5 毫米；重 4.9 克
俯嘉 仰宝

2498 **嘉定通宝折二钱 楷书 光背**

四级
径 28.0、穿 7.3、厚 1.3 毫米；重 3.7 克
仰定 仰宝

2499 **嘉定通宝折二钱 楷书 光背**

五级
径 27.5、穿 8.0、厚 1.2 毫米；重 4.1 克
小字 狭定

2500 **嘉定通宝折二钱 楷书 光背**

四级
径 27.2、穿 7.3、厚 1.3 毫米；重 4.1 克
俯嘉 斜肩宝

2501 **嘉定通宝折二钱 楷书 背纪年元**

四级
径 30.2、穿 7.6、厚 1.6 毫米；重 6.8 克
广郭 正字

2502 **嘉定通宝折二钱 楷书 背纪年元**

四级
径 30.1、穿 7.3、厚 1.6 毫米；重 7.1 克
广郭 进嘉

2503 　**嘉定通宝折二钱 楷书 背纪年元**

四级
径 30.0、穿 8.0、厚 1.2 毫米；重 5.0 克
仰宝 背小元

2504 　**嘉定通宝折二钱 楷书 背纪年元**

五级
径 29.9、穿 8.0、厚 1.8 毫米；重 7.6 克
细字 小嘉

2505 　**嘉定通宝折二钱 楷书 背纪年元**

四级
径 29.8、穿 7.3、厚 1.5 毫米；重 7.1 克
大字 阔嘉

2506 　**嘉定通宝折二钱 楷书 背纪年元**

五级
径 29.7、穿 8.0、厚 1.5 毫米；重 5.2 克
阴郭 俯通

2507 　**嘉定通宝折二钱 楷书 背纪年元**

五级
径 29.6、穿 7.4、厚 1.4 毫米；重 6.3 克
狭宝

2508 　**嘉定通宝折二钱 楷书 背纪年元**

四级
径 29.4、穿 7.3、厚 1.6 毫米；重 6.7 克
花穿 背扁元

2509	**嘉定通宝折二钱 楷书 背纪年元** 五级 径 29.4、穿 8.0、厚 1.6 毫米；重 6.8 克 俯嘉 仰定		
2510	**嘉定通宝折二钱 楷书 背纪年元** 四级 径 29.3、穿 7.6、厚 1.7 毫米；重 6.5 克 进嘉 仰通		
2511	**嘉定通宝折二钱 楷书 背纪年元** 四级 径 29.0、穿 7.6、厚 1.5 毫米；重 6.4 克 粗字 斜定		
2512	**嘉定通宝折二钱 楷书 背纪年元** 五级 径 29.0、穿 8.0、厚 1.6 毫米；重 6.5 克 进定		
2513	**嘉定通宝折二钱 楷书 背纪年二** 四级 径 30.9、穿 8.0、厚 1.6 毫米；重 6.3 克 广郭 昂宝		
2514	**嘉定通宝折二钱 楷书 背纪年二** 五级 径 30.8、穿 8.0、厚 1.7 毫米；重 8.4 克 阔宝		

2515 嘉定通宝折二钱 楷书 背纪年二

四级
径 30.8、穿 8.0、厚 1.8 毫米；重 6.9 克
小字 狭定

2516 嘉定通宝折二钱 楷书 背纪年二

四级
径 30.5、穿 8.0、厚 1.3 毫米；重 5.7 克
细字 狭嘉

2517 嘉定通宝折二钱 楷书 背纪年二

四级
径 30.4、穿 8.0、厚 1.6 毫米；重 6.6 克
仰定 仰宝

2518 嘉定通宝折二钱 楷书 背纪年二

四级
径 30.1、穿 8.0、厚 1.8 毫米；重 8.8 克
进定 仰宝

2519 嘉定通宝折二钱 楷书 背纪年二

四级
径 30.1、穿 8.0、厚 1.4 毫米；重 6.3 克
大字 阔定

2520 嘉定通宝折二钱 楷书 背纪年二

五级
径 29.7、穿 8.0、厚 1.7 毫米；重 6.0 克
仰宝 背斜二

2521 嘉定通宝折二钱 楷书 背纪年二

四级
径 29.6、穿 8.0、厚 1.6 毫米；重 6.0 克
细字 正字

2522 嘉定通宝折二钱 楷书 背纪年二

五级
径 29.4、穿 8.0、厚 1.4 毫米；重 5.3 克
仰宝

2523 嘉定通宝折二钱 楷书 背纪年二

五级
径 29.3、穿 8.0、厚 1.4 毫米；重 5.9 克
狭嘉

2524 嘉定通宝折二钱 楷书 背纪年二

五级
径 29.0、穿 8.0、厚 1.8 毫米；重 7.1 克
粗字 仰宝

2525 嘉定通宝折二钱 楷书 背纪年三

四级
径 31.8、穿 8.2、厚 1.7 毫米
重 7.7 克
阔嘉 大样

2526 嘉定通宝折二钱 楷书 背纪年三

五级
径 30.6、穿 8.0、厚 1.8 毫米；重 7.8 克
斜宝

2527　**嘉定通宝折二钱 楷书 背纪年三**

五级
径 30.5、穿 8.0、厚 1.6 毫米；重 6.5 克
俯通

2528　**嘉定通宝折二钱 楷书 背纪年三**

四级
径 30.3、穿 8.0、厚 1.4 毫米；重 6.0 克
进定

2529　**嘉定通宝折二钱 楷书 背纪年三**

四级
径 30.0、穿 8.0、厚 1.5 毫米；重 6.5 克
俯通　狭宝

2530　**嘉定通宝折二钱 楷书 背纪年三**

四级
径 30.0、穿 8.0、厚 1.3 毫米；重 5.8 克
粗大字　俯通

2531　**嘉定通宝折二钱 楷书 背纪年三**

五级
径 29.5、穿 8.0、厚 1.5 毫米；重 6.7 克
粗字　阔定

2532　**嘉定通宝折二钱 楷书 背纪年三**

五级
径 29.3、穿 7.3、厚 1.7 毫米；重 7.1 克
广郭　仰宝

2533　**嘉定通宝折二钱 楷书 背纪年三**

四级
径 29.1、穿 7.3、厚 1.7 毫米；重 6.9 克
俯嘉 仰通

2534　**嘉定通宝折二钱 楷书 背纪年三**

五级
径 29.0、穿 7.4、厚 1.6 毫米；重 6.5 克
粗字 俯通 小样

2535　**嘉定通宝折二钱 楷书 背纪年四**

四级
径 30.5、穿 8.0、厚 1.6 毫米；重 7.0 克
粗字 仰宝

2536　**嘉定通宝折二钱 楷书 背纪年四**

五级
径 30.3、穿 8.0、厚 1.6 毫米；重 7.6 克
大字 阔定 狭宝

2537　**嘉定通宝折二钱 楷书 背纪年四**

五级
径 30.2、穿 8.0、厚 1.6 毫米；重 6.9 克
斜宝

2538　**嘉定通宝折二钱 楷书 背纪年四**

五级
径 30.19、穿 8.0 毫米；重 8.1 克
粗字 阔通
存云亭藏

南宋铜钱图谱

2539	**嘉定通宝折二钱 楷书 背纪年四** 四级 径 30.0、穿 8.0、厚 1.4 毫米；重 6.7 克 细字 斜狭宝		
2540	**嘉定通宝折二钱 楷书 背纪年四** 五级 径 29.6、穿 8.0、厚 1.6 毫米；重 6.4 克 阔嘉 俯定		
2541	**嘉定通宝折二钱 楷书 背纪年四** 五级 径 29.5、穿 8.0、厚 1.7 毫米；重 7.0 克 粗字 仰定		
2542	**嘉定通宝折二钱 楷书 背纪年四** 四级 径 29.3、穿 8.0、厚 1.6 毫米；重 7.1 克 细字 俯嘉		
2543	**嘉定通宝折二钱 楷书 背纪年四** 五级 径 29.2、穿 8.0、厚 1.6 毫米；重 5.1 克 狭轮 退定		
2544	**嘉定通宝折二钱 楷书 背纪年四** 五级 径 28.3、穿 8.0、厚 1.4 毫米；重 4.8 克 狭轮 俯通 小样		

2545　嘉定通宝折二钱 楷书 背纪年五

四级
径 30.3、穿 8.0、厚 1.6 毫米；重 6.4 克
进嘉

2546　嘉定通宝折二钱 楷书 背纪年五

五级
径 30.3、穿 8.0、厚 1.6 毫米；重 6.4 克
仰宝 背狭五

2547　嘉定通宝折二钱 楷书 背纪年五

四级
径 30.0、穿 7.3、厚 1.7 毫米；重 5.7 克
进俯嘉 仰宝

2548　嘉定通宝折二钱 楷书 背纪年五

四级
径 30.0、穿 8.0、厚 1.7 毫米；重 6.8 克
仰定 仰宝

2549　嘉定通宝折二钱 楷书 背纪年五

五级
径 30.0、穿 8.0、厚 1.5 毫米；重 5.5 克
俯定 狭宝

2550　嘉定通宝折二钱 楷书 背纪年五

四级
径 29.9、穿 8.0、厚 1.7 毫米；重 7.3 克
仰宝 背阔五

2551 **嘉定通宝折二钱 楷书 背纪年五**

四级
径 29.9、穿 8.0、厚 1.6 毫米；重 5.9 克
斜宝 背细小五

2552 **嘉定通宝折二钱 楷书 背纪年五**

四级
径 29.5、穿 8.0、厚 1.7 毫米；重 7.2 克
俯嘉 进定

2553 **嘉定通宝折二钱 楷书 背纪年五**

五级
径 29.2、穿 8.0、厚 1.4 毫米；重 5.0 克
俯嘉 仰宝

2554 **嘉定通宝折二钱 楷书 背纪年五**

四级
径 28.7、穿 8.0、厚 1.4 毫米；重 5.1 克
仰通 小样

2555 **嘉定通宝折二钱 楷书 背纪年六**

四级
径 30.2、穿 8.0、厚 1.8 毫米；重 6.7 克
俯嘉 进定

2556 **嘉定通宝折二钱 楷书 背纪年六**

四级
径 30.0、穿 8.0、厚 2.0 毫米；重 8.7 克
斜宝

2557 **嘉定通宝折二钱 楷书 背纪年六**

五级
径 29.8、穿 8.0、厚 1.9 毫米；重 6.2 克
俯嘉

2558 **嘉定通宝折二钱 楷书 背纪年六**

四级
径 29.8、穿 8.0、厚 2.0 毫米；重 7.0 克
仰宝

2559 **嘉定通宝折二钱 楷书 背纪年六**

五级
径 29.5、穿 8.0、厚 1.7 毫米；重 7.5 克
俯嘉 俯通

2560 **嘉定通宝折二钱 楷书 背纪年六**

五级
径 29.3、穿 8.0、厚 1.8 毫米；重 6.4 克
俯嘉 仰通

2561 **嘉定通宝折二钱 楷书 背纪年六**

四级
径 29.2、穿 8.0、厚 1.6 毫米；重 5.6 克
细字 俯嘉

2562 **嘉定通宝折二钱 楷书 背纪年六**

五级
径 29.2、穿 0、厚 1.7 毫米；重 6.8 克
俯通

2563 **嘉定通宝折二钱 楷书 背纪年六**

五级
径 29.0、穿 8.0、厚 1.4 毫米；重 5.4 克
进定

2564 **嘉定通宝折二钱 楷书 背纪年六**

五级
径 29.0、穿 8.0、厚 1.4 毫米；重 5.4 克
阴郭 狭定

2565 **嘉定通宝折二钱 楷书 背纪年六**

五级
径 28.8、穿 8.0、厚 1.5 毫米；重 5.7 克
狭定 仰宝

2566 **嘉定通宝折二钱 楷书 背纪年六**

五级
径 28.8、穿 8.0、厚 1.7 毫米；重 6.6 克
俯嘉 仰宝

2567 **嘉定通宝折二钱 楷书 背纪年六**

五级
径 28.8、穿 8.0、厚 1.8 毫米；重 6.1 克
进定 仰宝

2568 **嘉定通宝折二钱 楷书 背纪年六**

五级
径 28.7、穿 8.0、厚 1.5 毫米；重 5.3 克
俯定 狭宝 小样

2569 **嘉定通宝折二钱 楷书 背纪年七**

四级
径 30.2、穿 7.4 毫米；重 6.3 克
俯嘉
上海博物馆藏

2570 **嘉定通宝折二钱 楷书 背纪年七**

四级
径 29.9、穿 8.0、厚 1.7 毫米；重 7.9 克
阔轮 阔俯嘉

2571 **嘉定通宝折二钱 楷书 背纪年七**

五级
径 29.6、穿 8.0、厚 1.4 毫米；重 6.4 克
俯嘉 退定

2572 **嘉定通宝折二钱 楷书 背纪年七**

五级
径 29.4、穿 8.0、厚 1.5 毫米；重 4.9 克
仰通

2573 **嘉定通宝折二钱 楷书 背纪年七**

五级
径 29.4、穿 8.0、厚 1.4 毫米；重 6.2 克
俯嘉 仰定

2574 **嘉定通宝折二钱 楷书 背纪年七**

四级
径 29.1、穿 7.4、厚 2.0 毫米；重 8.9 克
粗字 阔通

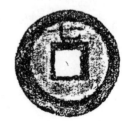

2575 **嘉定通宝折二钱 楷书 背纪年七**

五级
径 29.1、穿 8.0、厚 1.4 毫米；重 5.8 克
细字 狭嘉

2576 **嘉定通宝折二钱 楷书 背纪年七**

五级
径 29.1、穿 8.0、厚 1.6 毫米；重 6.2 克
花穿 俯嘉

2577 **嘉定通宝折二钱 楷书 背纪年七**

四级
径 28.5、穿 8.0、厚 1.4 毫米；重 5.3 克
仰通

2578 **嘉定通宝折二钱 楷书 背纪年七**

五级
径 28.5、穿 8.0、厚 1.7 毫米；重 6.8 克
俯嘉 仰宝

2579 **嘉定通宝折二钱 楷书 背纪年七**

五级
径 28.0、穿 8.0、厚 1.7 毫米；重 5.1 克
细字 退俯嘉

2580 **嘉定通宝折二钱 楷书 背纪年八**

四级
径 30.8、穿 8.0、厚 1.5 毫米；重 7.3 克
阔轮大字 俯嘉

2581 **嘉定通宝折二钱 楷书 背纪年八**

四级
径 30.1、穿 8.0、厚 1.6 毫米；重 7.5 克
细字 狭俯嘉

2582 **嘉定通宝折二钱 楷书 背纪年八**

五级
径 30.0、穿 8.0、厚 1.7 毫米；重 8.3 克
阔通 仰定

2583 **嘉定通宝折二钱 楷书 背纪年八**

五级
径 30.0、穿 8.0、厚 1.6 毫米；重 5.1 克
俯嘉 仰定

2584 **嘉定通宝折二钱 楷书 背纪年八**

四级
径 29.8、穿 8.0、厚 1.8 毫米；重 7.1 克
细字 俯嘉

2585 **嘉定通宝折二钱 楷书 背纪年八**

五级
径 29.3、穿 8.0、厚 1.5 毫米；重 6.3 克
退定 仰宝

2586 **嘉定通宝折二钱 楷书 背纪年八**

五级
径 29.3、穿 8.0、厚 1.7 毫米；重 7.0 克
粗字 仰宝

2587　**嘉定通宝折二钱 楷书 背纪年八**

五级
径 29.1、穿 8.0、厚 1.7 毫米；重 7.0 克
退定 狭斜宝

2588　**嘉定通宝折二钱 楷书 背纪年八**

五级
径 39.1、穿 8.0、厚 2.2 毫米；重 8.2 克
粗字 斜定

2589　**嘉定通宝折二钱 楷书 背纪年八**

四级
径 28.6、穿 8.0、厚 1.6 毫米；重 5.7 克
阔通

2590　**嘉定通宝折二钱 楷书 背纪年八**

五级
径 28.4、穿 8.0、厚 1.7 毫米；重 5.9 克
狭轮 仰宝

2591　**嘉定通宝折二钱 楷书 背纪年八**

五级
径 28.0、穿 8.0、厚 1.7 毫米；重 5.8 克
狭轮 俯嘉 小样

2592　**嘉定通宝折二钱 楷书 背纪年九**

四级
径 30.3、穿 8.0、厚 1.8 毫米；重 7.0 克
俯宝

2593　**嘉定通宝折二钱 楷书 背纪年九**

四级
径 30.3、穿 8.0、厚 1.6 毫米；重 6.6 克
细字　仰通

2594　**嘉定通宝折二钱 楷书 背纪年九**

四级
径 30.2、穿 8.0、厚 1.6 毫米；重 7.4 克
俯嘉　仰通

2595　**嘉定通宝折二钱 楷书 背纪年九**

四级
径 30.2、穿 8.0 毫米；重 6.7 克
细字　正字
上海博物馆藏

2596　**嘉定通宝折二钱 楷书 背纪年九**

四级
径 30.0、穿 8.0、厚 1.5 毫米；重 6.7 克
俯嘉　仰通

2597　**嘉定通宝折二钱 楷书 背纪年九**

四级
径 30.0、穿 8.0、厚 1.6 毫米；重 6.9 克
俯嘉　俯定

2598　**嘉定通宝折二钱 楷书 背纪年九**

四级
径 30.0、穿 7.4、厚 1.6 毫米；重 6.8 克
细字　狭定

2599　**嘉定通宝折二钱 楷书 背纪年九**

五级
径 29.6、穿 8.0、厚 1.5 毫米；重 5.6 克
广郭 俯嘉

2600　**嘉定通宝折二钱 楷书 背纪年九**

四级
径 29.3、穿 8.0、厚 1.7 毫米；重 5.8 克
细字 俯嘉

2601　**嘉定通宝折二钱 楷书 背纪年九**

四级
径 29.2、穿 7.2、厚 1.4 毫米；重 6.6 克
仰通 小样

2602　**嘉定通宝折二钱 楷书 背纪年十**

四级
径 31.1、穿 8.0、厚 1.4 毫米；重 6.6 克
阔轮大字 俯嘉

2603　**嘉定通宝折二钱 楷书 背纪年十**

五级
径 30.4、穿 8.2、厚 1.5 毫米；重 6.1 克
小字 狭嘉

2604　**嘉定通宝折二钱 楷书 背纪年十**

四级
径 32.0、穿 8.0、厚 1.8 毫米；重 8.4 克
广郭 正字

2605　**嘉定通宝折二钱 楷书 背纪年十**

四级
径 30.0、穿 8.0、厚 1.6 毫米；重 6.6 克
仰通

2606　**嘉定通宝折二钱 楷书 背纪年十**

五级
径 29.8、穿 8.0、厚 1.6 毫米；重 5.8 克
粗字 仰定

2607　**嘉定通宝折二钱 楷书 背纪年十**

五级
径 29.8、穿 8.0、厚 1.5 毫米；重 5.1 克
俯嘉 仰宝

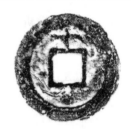

2608　**嘉定通宝折二钱 楷书 背纪年十**

五级
径 29.8、穿 8.0、厚 1.7 毫米；重 7.4 克
阔嘉 仰通

2609　**嘉定通宝折二钱 楷书 背纪年十**

五级
径 29.7、穿 8.0、厚 1.8 毫米；重 6.0 克
俯通 斜定

2610　**嘉定通宝折二钱 楷书 背纪年十**

四级
径 29.6、穿 8.0、厚 1.7 毫米；重 7.6 克
仰通 仰宝

2611　　**嘉定通宝折二钱 楷书 背纪年十**

五级
径 29.6、穿 8.0、厚 1.5 毫米；重 6.7 克
细字 小定

2612　　**嘉定通宝折二钱 楷书 背纪年十**

四级
径 29.6、穿 8.0、厚 1.5 毫米；重 6.5 克
俯嘉

2613　　**嘉定通宝折二钱 楷书 背纪年十**

五级
径 29.2、穿 8.0、厚 1.6 毫米；重 5.9 克
仰通 狭宝

2614　　**嘉定通宝折二钱 楷书 背纪年十一**

四级
径 30.4、穿 8.0、厚 1.4 毫米；重 6.5 克
阔轮 俯宝 大样

2615　　**嘉定通宝折二钱 楷书 背纪年十一**

四级
径 30.0、穿 8.0、厚 1.6 毫米；重 6.8 克
进定

2616　　**嘉定通宝折二钱 楷书 背纪年十一**

五级
径 30.0、穿 8.0、厚 1.8 毫米；重 7.4 克
粗字 阔嘉

2617　**嘉定通宝折二钱 楷书 背纪年十一**

四级
径 30.0、穿 8.0、厚 1.7 毫米；重 7.1 克
粗字 阔通

2618　**嘉定通宝折二钱 楷书 背纪年十一**

四级
径 30.0、穿 8.0、厚 1.8 毫米；重 7.3 克
细字 仰通

2619　**嘉定通宝折二钱 楷书 背纪年十一**

五级
径 29.9、穿 8.0、厚 2.0 毫米；重 7.7 克
小字 狭定

2620　**嘉定通宝折二钱 楷书 背纪年十一**

四级
径 29.5、穿 8.0、厚 1.6 毫米；重 5.6 克
俯宝

2621　**嘉定通宝折二钱 楷书 背纪年十一**

四级
径 29.1、穿 8.0、厚 1.4 毫米；重 5.8 克
进定 仰通

2622　**嘉定通宝折二钱 楷书 背纪年十一**

五级
径 29.5、穿 8.0、厚 1.7 毫米；重 7.2 克
斜定

2623　**嘉定通宝折二钱 楷书 背纪年十一**

五级
径 29.2、穿 8.0、厚 1.4 毫米；重 5.3 克
狭嘉

2624　**嘉定通宝折二钱 楷书 背纪年十一**

五级
径 29.0、穿 8.0、厚 1.4 毫米；重 6.0 克
俯宝 小样

2625　**嘉定通宝折二钱 楷书 背纪年十二**

四级
径 30.8、穿 8.0、厚 1.7 毫米；重 7.2 克
阔轮 进定

2626　**嘉定通宝折二钱 楷书 背纪年十二**

五级
径 30.8、穿 8.0、厚 1.6 毫米；重 6.9 克
细字 进嘉 俯定

2627　**嘉定通宝折二钱 楷书 背纪年十二**

四级
径 30.5、穿 8.0、厚 1.8 毫米；重 7.9 克
广郭 俯宝

2628　**嘉定通宝折二钱 楷书 背纪年十二**

五级
径 30.0、穿 8.0、厚 1.6 毫米；重 6.4 克
进定 俯宝

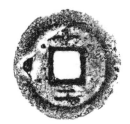

2629　**嘉定通宝折二钱 楷书 背纪年十二**

　　五级
　　径 29.9、穿 8.0、厚 1.6 毫米；重 6.1 克
　　小字　扁定

2630　**嘉定通宝折二钱 楷书 背纪年十二**

　　五级
　　径 29.9、穿 8.0、厚 1.6 毫米；重 6.4 克
　　俯嘉　俯宝

2631　**嘉定通宝折二钱 楷书 背纪年十二**

　　四级
　　径 29.7、穿 8.0、厚 1.5 毫米；重 6.7 克
　　细字　进嘉

2632　**嘉定通宝折二钱 楷书 背纪年十二**

　　五级
　　径 29.7、穿 8.0、厚 1.6 毫米；重 6.8 克
　　进定　阔宝

2633　**嘉定通宝折二钱 楷书 背纪年十二**

　　五级
　　径 29.4、穿 8.0、厚 1.5 毫米；重 6.2 克
　　粗字　仰通　进定

2634　**嘉定通宝折二钱 楷书 背纪年十二**

　　四级
　　径 29.3、穿 8.0、厚 1.6 毫米；重 6.3 克
　　细字　仰通

2635　**嘉定通宝折二钱 楷书 背纪年十二**

五级
径 29.2、穿 8.0、厚 1.6 毫米；重 6.7 克
阴郭 进嘉

2636　**嘉定通宝折二钱 楷书 背纪年十二**

五级
径 29.1、穿 8.0、厚 1.5 毫米；重 6.2 克
细字 俯定 进俯宝

2637　**嘉定通宝折二钱 楷书 背纪年十二**

五级
径 29.0、穿 8.0、厚 1.7 毫米；重 7.2 克
进定 俯宝

2638　**嘉定通宝折二钱 楷书 背纪年十二**

五级
径 28.9、穿 0、厚 1.8 毫米；重 7.2 克
进嘉 进定

2639　**嘉定通宝折二钱 楷书 背纪年十二**

五级
径 28.9、穿 8.0、厚 1.6 毫米；重 6.5 克
俯嘉 俯宝

2640　**嘉定通宝折二钱 楷书 背纪年十三**

五级
径 30.4、穿 8.0、厚 1.9 毫米；重 7.2 克
退俯定

2641　　**嘉定通宝折二钱 楷书 背纪年十三**

　　　　五级
　　　　径 30.3、穿 7.4、厚 1.7 毫米；重 7.1 克
　　　　细字 俯嘉

2642　　**嘉定通宝折二钱 楷书 背纪年十三**

　　　　四级
　　　　径 29.9、穿 8.0、厚 1.6 毫米；重 6.4 克
　　　　广郭 仰通

2643　　**嘉定通宝折二钱 楷书 背纪年十三**

　　　　五级
　　　　径 29.8、穿 7.6、厚 1.5 毫米；重 6.5 克
　　　　降定

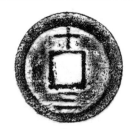

2644　　**嘉定通宝折二钱 楷书 背纪年十三**

　　　　四级
　　　　径 29.7、穿 7.3 毫米；重 7.5 克
　　　　广郭 俯嘉
　　　　上海博物馆藏

2645　　**嘉定通宝折二钱 楷书 背纪年十三**

　　　　五级
　　　　径 29.6、穿 8.0、厚 1.6 毫米；重 5.6 克
　　　　俯定 斜宝

2646　　**嘉定通宝折二钱 楷书 背纪年十三**

　　　　五级
　　　　径 29.6、穿 7.4、厚 1.9 毫米；重 5.8 克
　　　　仰宝

2647 **嘉定通宝折二钱 楷书 背纪年十三**

五级
径 29.6、穿 7.4、厚 1.8 毫米；重 7.4 克
俯嘉 俯通

2648 **嘉定通宝折二钱 楷书 背纪年十三**

五级
径 29.4、穿 7.6、厚 1.6 毫米；重 6.1 克
退嘉 俯通

2649 **嘉定通宝折二钱 楷书 背纪年十三**

五级
径 29.2、穿 7.4、厚 1.6 毫米；重 5.8 克
正字

2650 **嘉定通宝折二钱 楷书 背纪年十三**

五级
径 29.2、穿 8.0、厚 1.5 毫米；重 5.7 克
狭宝

2651 **嘉定通宝折二钱 楷书 背纪年十三**

五级
径 29.2、穿 8.0、厚 1.6 毫米；重 6.7 克
俯嘉 仰宝

2652 **嘉定通宝折二钱 楷书 背纪年十三**

四级
径 28.8、穿 7.3、厚 1.6 毫米；重 6.5 克
狭嘉

2653　**嘉定通宝折二钱 楷书 背纪年十三**

四级
径 28.6、穿 7.4、厚 1.9 毫米；重 7.5 克
粗字 昂宝

2654　**嘉定通宝折二钱 楷书 背纪年十四**

四级
径 30.8、穿 8.0、厚 1.8 毫米；重 7.5 克
广郭 进俯嘉

2655　**嘉定通宝折二钱 楷书 背纪年十四**

四级
径 30.6、穿 8.0、厚 1.6 毫米；重 6.9 克
狭嘉

2656　**嘉定通宝折二钱 楷书 背纪年十四**

四级
径 30.6、穿 8.0、厚 1.8 毫米；重 7.5 克
进嘉

2657　**嘉定通宝折二钱 楷书 背纪年十四**

四级
径 30.0、穿 7.3、厚 1.6 毫米；重 6.4 克
大字 阔宝

2658　**嘉定通宝折二钱 楷书 背纪年十四**

四级
径 29.7、穿 8.0、厚 1.9 毫米；重 8.2 克
俯嘉 俯通

2659　**嘉定通宝折二钱 楷书 背纪年十四**

四级
径 29.6、穿 8.0、厚 1.7 毫米；重 7.1 克
细字 正字

2660　**嘉定通宝折二钱 楷书 背纪年十四**

四级
径 29.5、穿 7.3、厚 1.8 毫米；重 6.4 克
俯宝

2661　**嘉定通宝折二钱 楷书 背纪年十四**

四级
径 29.3、穿 8.0、厚 1.5 毫米；重 5.5 克
大字 仰宝

2662　**嘉定通宝折二钱 楷书 背纪年十四**

四级
径 29.2、穿 8.0、厚 1.6 毫米；重 6.7 克
俯嘉 仰宝

2663　**嘉定通宝折二钱 楷书 背纪年十四**

四级
径 28.9、穿 8.0、厚 1.4 毫米；重 5.3 克
广郭 俯嘉

2664　**嘉定通宝折二钱 楷书 背纪年十四**

五级
径 28.9、穿 8.0、厚 1.9 毫米；重 5.4 克
俯嘉 斜定

2665 **嘉定通宝折二钱 楷书 背纪年十四**

四级
径 28.7、穿 8.0、厚 1.6 毫米；重 4.3 克
小字 进定

2666 **嘉定通宝折二钱 楷书 背纪年十四**

四级
径 28.3、穿 8.0、厚 1.7 毫米；重 6.5 克
细字 俯嘉 小样

2667 **嘉定通宝折二钱 楷书 背春八 铁母**

二级
径 26.8、穿 8.2 毫米
细字 正字
戴葆庭旧藏

2668 **嘉定通宝折二钱 楷书 背春十 铁母**

一级
径 28.2、穿 8.0 毫米
正郭 进通
戴葆庭旧藏

2669 **嘉定通宝折二钱 楷书 背春十 铁母**

二级
径 27.0、穿 8.0 毫米
粗字 仰宝
选自《中国珍稀钱币》

2670 **嘉定通宝折二钱 楷书 背春十四 铁母**

二级
径 27.8、穿 8.0 毫米
阔嘉 俯宝
戴葆庭旧藏

2671 **嘉定通宝折二钱 楷书 背春十六 铁母**

二级
径 26.0、穿 8.0 毫米
狭轮 阔通
选自《中国珍稀钱币》

2672 **嘉定通宝折二钱 楷书 背汉二 铁母**

二级
径 27.3、穿 7.0 毫米
退定 俯通
王荫嘉旧藏

2673 **嘉定通宝折二钱 楷书 背汉五 铁母**

一级
径 27.7、穿 7.0 毫米
大字 阔嘉 俯通
陈达农旧藏

2674 **嘉定通宝折二钱 楷书 背汉五 铁母**

二级
径 27.4、穿 7.0 毫米
细字 俯通
戴葆庭旧藏

2675 **嘉定通宝折二钱 楷书 背汉七 铁母**

二级
径 26.5、穿 7.0 毫米
大字 阔通 长宝
选自《中国珍稀钱币》

2676 | **嘉定通宝折二钱 楷书 背汉十五 铁母**

一级
径 28.2、穿 8.0 毫米
细字 小嘉
戴葆庭旧藏

2677 | **嘉定通宝折二钱 楷书 背汉十七 铁母**

二级
径 27.0、穿 8.0 毫米
退定 俯宝
王荫嘉旧藏

2678 | **嘉定通宝折二钱 楷书 背同三 铁母**

一级
径 27.0、穿 8.0 毫米
正字
戴葆庭旧藏

2679 | **嘉定通宝折五钱 楷书 背西四伍 铁母**

一级
径 34.2、穿 10 毫米
粗大字 阔通
戴葆庭旧藏

嘉定重宝钱

宁宗嘉定年间（1208~1224 年）铸造。青铜质。钱文"嘉定重宝"，面文隶书、背文楷书，对读。仅有折五背通五铁母。钱径 34、穿 12 毫米。

2680 | **嘉定重宝折五钱 楷书 背通五 铁母**

一级
径 34、穿 12 毫米
细轮 长穿
选自《潘迪藏拓百选》

嘉定之宝、永宝、珍宝

宁宗嘉定年间（1208~1224 年）铸造。嘉定另有异名铁母，现有面"嘉定之宝"背"利州行使"（利州绍兴监，今四川境内）的折二、折三钱，楷书，对读，铁母。折二钱径 26、穿 9.5 毫米，重 8 克；折三钱径 31.5、穿 9.7 毫米，重 7.5 克。折三钱面"嘉定永宝"背"定三"（光州定城监，今河南境内），楷书，旋读，铁母，钱径 34、穿 9.6 毫米。折五钱面"嘉定珍宝"背"使伍"，楷书，对读；铁母；钱径 34.2、穿 10 毫米。

2681 | **嘉定之宝折二钱 楷书 背利州行使 铁母**

一级
径 26.0、穿 9.5、厚 2.2 毫米；重 8.0 克
狭轮 进定
郭若愚旧藏

2682 | **嘉定之宝折三钱 楷书 背利州行使 铁母**

二级
径 31.5、穿 9.7、厚 1.7 毫米；重 7.5 克
粗字 阔嘉
孙仲汇藏

2683　**嘉定永宝折三钱 楷书 背定三 铁母**

二级
径 34.0、穿 9.6 毫米
阔永
选自 2018 年保利春拍

2684　**嘉定珍宝折五钱 楷书 背使伍 铁母**

一级
径 33.0、穿 10、厚 2.5 毫米
重 15.55 克
细字 俯嘉 退定
郭若愚旧藏

附：私铸嘉定通宝小平、折二钱

　　宁宗嘉定年间（1208~1224 年）铸造。青铜质。钱文"嘉定通宝"，楷书，对读。私铸。有小平钱、折二钱两种币值。一般制作粗劣，文字浅平，肉薄，平背、重量轻。小平钱径 23.8 毫米，重 2.4 克；折二钱径 26.2~27.4 毫米，重 4.4~4.7 克。

2685　**私铸嘉定通宝小平钱 楷书 平背**

五级
径 23.8、穿 7.0、厚 1.0 毫米；重 2.4 克
进嘉

2686　**私铸嘉定通宝折二钱 楷书 平背**

五级
径 27.4、穿 8.0、厚 1.4 毫米；重 4.7 克
进嘉 俯通

2687 **私铸嘉定通宝折二钱 楷书 平背**

五级
径 26.2、穿 8.0、厚 1.4 毫米；重 4.4 克
进俯嘉 俯通

理宗朝钱

宋理宗在位期间（1225~1264 年）共有"宝庆""绍定""端平""嘉熙""淳祐""宝祐""开庆""景定"8 个年号，都铸有钱币。宝庆年间（1225~1227 年）铜钱铸造了国号钱"大宋元宝""大宋通宝"；绍定年间（1228~1233 年）铜钱铸造了"绍定元宝""绍定通宝"；端平年间（1234~1236 年）铜钱铸造了"端平元宝""端平通宝"和"端平重宝"；嘉熙年间（1237~1240 年）铜钱铸造了"嘉熙通宝""嘉熙重宝"；淳祐年间（1241~1252 年）铜钱铸造了"淳祐元宝"和"淳祐通宝"；宝祐年间（1253~1258 年）铜钱铸造了国号钱"皇宋元宝"；开庆年间（1259 年）铜钱铸造了"开庆通宝"；景定年间（1260~1264 年）铜钱铸造了"景定元宝"。另有临安府钱牌，当铸造于景定年间前后（咸淳元年七月前），有铜、铅两种币材。铜牌面值有贰百文、叁百文、伍百文 3 种，铅钱牌面值有壹拾文、贰拾文、肆拾文、陆拾文、壹百文、伍佰文等 6 种。此外，还有面文"和州""江州""建康"等地方和"使府酒务"等。

宝庆元宝钱

理宗宝庆年间（1225~1227 年）铸造。青铜质仅有铁母。钱文"宝庆元宝"，楷书，旋读。有折二钱、折五钱等两种币值。铁母仅发现有宝庆元宝折二钱背汉月（汉阳军汉阳监，今湖北境内），钱径 2.8、穿 0.7 厘米。折五钱仅见宝庆元宝背惠伍（邛州惠民监，今四川境内），楷书，旋读，铁母，钱径 33、穿 9、厚 2.5 毫米，重 14.15 克。

2688 宝庆元宝折二钱 楷书 背汉月 铁母

一级
径 28.0、穿 7.0 毫米
正字
选自中国嘉德 2011 年春拍

2689 宝庆元宝折五钱 楷书 背惠伍 铁母

一级
径 33.0、穿 9.0、厚 2.5 毫米；重 14.15 克
细字 大字
郭若愚旧藏

大宋钱

宋理宗宝庆年间（1225~1227 年）铸造国号钱。铜钱有"大宋元宝""大宋通宝"两种钱文。楷书，有旋读和对读两种读法。元宝有小平钱、折二钱两种；通宝仅有折十大钱一种。

大宋元宝钱

南宋钱币。理宗宝庆年间（1225~1227 年）铸造。青铜质。钱文"大宋元宝"，楷书，旋读。有小平钱、折二钱两种币值。小平钱有光背、背纪年元至三等；折二钱有光背、面背各有四花图形、背纪年元至三等；铁母有大宋元宝楷书折三光背、大宋元宝楷书折三背"利州行使"（利州绍兴监，今四川境内）、大宋元宝楷书折三背"定三"（嘉定府丰远监，今四川境内）几种。按钱币文字和特点分，有多种版式。一般小平钱径 2.25~2.56 厘米，重 2.2~6 克；折二钱径 2.73~3.08 厘米，重 3.8~10.8 克；折三钱径 28.1~30.4 毫米，重 6.2~8.8 克。

2690 大宋元宝小平钱 楷书 光背

四级
径 25.6、穿 6.3、厚 1.3 毫米；重 3.8 克
阔轮 仰宝

2691　**大宋元宝小平钱 楷书 光背**

四级
径 25.4、穿 6.4、厚 1.4 毫米；重 4.1 克
阔轮　俯宋

2692　**大宋元宝小平钱 楷书 光背**

四级
径 25.4、穿 6.3、厚 1.3 毫米；重 4.0 克
花穿　狭大　退元

2693　**大宋元宝小平钱 楷书 光背**

四级
径 25.3、穿 6.5、厚 1.0 毫米；重 2.9 克
粗字　降宝

2694　**大宋元宝小平钱 楷书 光背**

四级
径 25.2、穿 6.0、厚 1.2 毫米；重 3.4 克
小元

2695　**大宋元宝小平钱 楷书 光背**

四级
径 25.1、穿 6.2、厚 1.4 毫米；重 4.1 克
正字

2696　**大宋元宝小平钱 楷书 光背**

四级
径 24.7、穿 6.2、厚 1.1 毫米；重 3.2 克
粗大字

2697 **大宋元宝小平钱 楷书 光背**

四级
径 24.5、穿 6.2、厚 1.3 毫米；重 3.2 克
细字 俯宝

2698 **大宋元宝小平钱 楷书 光背**

四级
径 24.6、穿 6.5、厚 1.3 毫米；重 3.3 克
粗字 仰宋 阔宝

2699 **大宋元宝小平钱 楷书 光背**

四级
径 24.4、穿 7.0、厚 1.3 毫米；重 3.5 克
狭轮 粗字 狭元

2700 **大宋元宝小平钱 楷书 光背**

四级
径 24.4、穿 6.2、厚 1.2 毫米；重 3.3 克
细字 俯宝

2701 **大宋元宝小平钱 楷书 光背**

四级
径 24.2、穿 6.3、厚 1.3 毫米；重 3.1 克
小字 斜宝

2702 **大宋元宝小平钱 楷书 光背**

四级
径 24.2、穿 6.4 毫米；重 3.3 克
细字 阔宋
戴葆庭旧藏

2703 　**大宋元宝小平钱 楷书 光背**

四级
径 23.9、穿 6.3、厚 0.8 毫米；重 2.4 克
阔元 斜宝

2704 　**大宋元宝小平钱 楷书 光背**

四级
径 23.3、穿 6.3、厚 0.9 毫米；重 2.2 克
粗字 阔宝 小样

2705 　**大宋元宝小平钱 楷书 背纪年元**

四级
径 25.0、穿 7.5、厚 1.6 毫米；重 3.3 克
仰宋 退元

2706 　**大宋元宝小平钱 楷书 背纪年元**

四级
径 24.7、穿 7.0、厚 1.5 毫米；重 4.2 克
广郭 正字

2707 　**大宋元宝小平钱 楷书 背纪年元**

四级
径 24.6、穿 6.2 毫米；重 3.6 克
狭大 仰宝
上海博物馆藏

2708 　**大宋元宝小平钱 楷书 背纪年元**

四级
径 24.3、穿 6.2、厚 1.5 毫米；重 3.8 克
退元 仰宝

2709　**大宋元宝小平钱 楷书 背纪年元**

四级
径 24.2、穿 6.2 毫米；重 4.0 克
广郭 背粗元
邱广军旧藏

2710　**大宋元宝小平钱 楷书 背纪年元**

四级
径 24.1、穿 6.2 毫米；重 3.9 克
退元 俯宝
存云亭藏

2711　**大宋元宝小平钱 楷书 背纪年元**

四级
径 24.0、穿 6.2、厚 1.3 毫米；重 3.3 克
仰宋

2712　**大宋元宝小平钱 楷书 背纪年元**

四级
径 24.0、穿 6.4、厚 1.4 毫米；重 3.4 克
阔宋 背阔元

2713　**大宋元宝小平钱 楷书 背纪年元**

四级
径 24.0、穿 6.2、厚 1.5 毫米；重 3.6 克
细小字 狭宝

2714　**大宋元宝小平钱 楷书 背纪年元**

四级
径 23.6、穿 6.2、厚 1.6 毫米；重 3.6 克
细字 狭元 小样

2715 **大宋元宝小平钱 楷书 背纪年二**

四级
径 25.5、穿 6.0、厚 1.7 毫米；重 4.9 克
狭大 斜元

2716 **大宋元宝小平钱 楷书 背纪年二**

四级
径 25.5、穿 6.0、厚 2.0 毫米；重 6.0 克
俯宝

2717 **大宋元宝小平钱 楷书 背纪年二**

四级
径 25.0、穿 6.0、厚 1.6 毫米；重 5.0 克
大字 阔宋

2718 **大宋元宝小平钱 楷书 背纪年二**

四级
径 24.7、穿 7.0、厚 1.2 毫米；重 3.1 克
阔大 阔宝

2719 **大宋元宝小平钱 楷书 背纪年二**

四级
径 24.3、穿 7.0、厚 1.5 毫米；重 3.6 克
阔扁元 仰宝

2720 **大宋元宝小平钱 楷书 背纪年二**

四级
径 23.9、穿 7.0、厚 1.4 毫米；重 3.1 克
小字 狭元

2721 | **大宋元宝小平钱 楷书 背纪年二**

四级
径 23.7、穿 6.2、厚 1.2 毫米；重 3.5 克
广郭 粗大字

2722 | **大宋元宝小平钱 楷书 背纪年二**

四级
径 23.3、穿 7.0、厚 1.6 毫米；重 3.8 克
粗字 退元

2723 | **大宋元宝小平钱 楷书 背纪年二**

四级
径 23.2、穿 6.2、厚 1.7 毫米；重 4.2 克
细字 狭宋

2724 | **大宋元宝小平钱 楷书 背纪年二**

四级
径 23.2、穿 7.0、厚 1.2 毫米；重 2.7 克
粗字 正字

2725 | **大宋元宝小平钱 楷书 背纪年二**

四级
径 23.0、穿 6.3、厚 1.4 毫米；重 3.2 克
狭宝 小样

2726 | **大宋元宝小平钱 楷书 背纪年二**

四级
径 22.5、穿 6.4、厚 1.6 毫米；重 3.4 克
狭轮 斜宝 小样

2727 **大宋元宝小平钱 楷书 背纪年三**

四级
径 25.5、穿 6.0、厚 1.3 毫米；重 4.2 克
粗字 狭大 长宝

2728 **大宋元宝小平钱 楷书 背纪年三**

四级
径 25.3、穿 6.0、厚 1.2 毫米；重 3.9 克
阔轮 粗字 长穿

2729 **大宋元宝小平钱 楷书 背纪年三**

四级
径 25.1、穿 6.2、厚 1.4 毫米；重 3.6 克
阔宋 俯宝

2730 **大宋元宝小平钱 楷书 背纪年三**

四级
径 25.0、穿 6.4、厚 1.5 毫米；重 4.1 克
正字

2731 **大宋元宝小平钱 楷书 背纪年三**

四级
径 25.0、穿 6.2、厚 1.6 毫米；重 4.1 克
斜宝

2732 **大宋元宝小平钱 楷书 背纪年三**

四级
径 24.9、穿 6.0、厚 1.1 毫米；重 3.7 克
阔轮 粗字 退元

2733　**大宋元宝小平钱 楷书 背纪年三**

四级
径 25.0、穿 6.0、厚 1.2 毫米；重 3.9 克
小字 狭宝

2734　**大宋元宝小平钱 楷书 背纪年三**

四级
径 24.7、穿 6.0、厚 1.3 毫米；重 3.6 克
阔轮 粗大字

2735　**大宋元宝小平钱 楷书 背纪年三**

四级
径 24.3、穿 6.0、厚 1.2 毫米；重 3.8 克
细字 仰宝

2736　**大宋元宝小平钱 楷书 背纪年三**

四级
径 24.3、穿 6.2、厚 1.2 毫米；重 3.6 克
仰宋

2737　**大宋元宝小平钱 楷书 背纪年三**

四级
径 24.0、穿 6.2、厚 1.6 毫米；重 3.5 克
狭轮 小字 狭宝

2738　**大宋元宝小平钱 楷书 背纪年三**

四级
径 23.5、穿 6.2、厚 1.2 毫米；重 2.7 克
俯宝 小样

2739 **大宋元宝折二钱 楷书 光背**

三级
径 28.7、穿 7.4、厚 1.6 毫米；重 5.0 克
粗字 阔宝

2740 **大宋元宝折二钱 楷书 光背**

三级
径 28.0、穿 7.0、厚 1.8 毫米；重 5.7 克
小字 狭宝

2741 **大宋元宝折二钱 楷书 光背**

三级
径 28.5、穿 7.0、厚 1.5 毫米；重 4.3 克
阔仰宋 仰宝

2742 **大宋元宝折二钱 楷书 光背**

三级
径 30.0、穿 7.0、厚 1.5 毫米；重 7.1 克
粗大字 阔元

2743 **大宋元宝折二钱 楷书 面背四花图**

三级
径 28.0、穿 7.2 毫米
粗字 面四花形 背四巨星

2744 **大宋元宝折二钱 楷书 背纪年元**

四级
径 30.8、穿 8.0、厚 1.7 毫米；重 6.7 克
广郭 正字 背扁元

2745　**大宋元宝折二钱 楷书 背纪年元**

四级
径 30.5、穿 7.3、厚 1.9 毫米；重 8.1 克
小字 狭元 背错版

2746　**大宋元宝折二钱 楷书 背纪年元**

四级
径 30.5、穿 7.2、厚 2.0 毫米；重 9.0 克
退大 背狭元

2747　**大宋元宝折二钱 楷书 背纪年元**

四级
径 30.0、穿 7.2、厚 2.0 毫米；重 7.9 克
仰宝

2748　**大宋元宝折二钱 楷书 背纪年元**

四级
径 30.0、穿 7.3、厚 1.8 毫米；重 7.4 克
狭宝

2749　**大宋元宝折二钱 楷书 背纪年元**

四级
径 29.4、穿 7.2、厚 2.2 毫米；重 8.5 克
仰阔宋

2750　**大宋元宝折二钱 楷书 背纪年元**

四级
径 29.4、穿 7.2、厚 1.7 毫米；重 5.4 克
细字 正字

2751　**大宋元宝折二钱　楷书　背纪年元**

四级
径 29.4、穿 7.2、厚 1.8 毫米；重 6.8 克
细字　背小元

2752　**大宋元宝折二钱　楷书　背纪年元**

四级
径 28.8、穿 8.0、厚 1.6 毫米；重 5.8 克
退大　俯宝

2753　**大宋元宝折二钱　楷书　背纪年元**

四级
径 28.7、穿 8.0、厚 2.0 毫米；重 7.3 克
狭元　背扁元

2754　**大宋元宝折二钱　楷书　背纪年元**

四级
径 28.6、穿 8.0、厚 1.9 毫米；重 6.7 克
阔宋　俯宝　小样

2755　**大宋元宝折二钱　楷书　背纪年二**

四级
径 30.0、穿 8.6、厚 2.0 毫米
重 6.2 克
阔宋　仰宝

2756　**大宋元宝折二钱　楷书　背纪年二**

四级
径 30.0、穿 8.5、厚 2.0 毫米；重 7.2 克
阔元

2757 **大宋元宝折二钱 楷书 背纪年二**

四级
径 30.0、穿 8.0、厚 3.2 毫米；重 8.0 克
长郭 狭大

2758 **大宋元宝折二钱 楷书 背纪年二**

四级
径 29.6、穿 7.2、厚 2.0 毫米；重 8.3 克
大字 阔仰宝

2759 **大宋元宝折二钱 楷书 背纪年二**

四级
径 29.6、穿 8.0、厚 1.4 毫米；重 5.4 克
狭贝宝

2760 **大宋元宝折二钱 楷书 背纪年二**

四级
径 29.7、穿 8.0、厚 1.8 毫米；重 6.8 克
细字 仰宝

2761 **大宋元宝折二钱 楷书 背纪年二**

四级
径 29.2、穿 7.2、厚 1.7 毫米；重 7.0 克
广郭 退元

2762 **大宋元宝折二钱 楷书 背纪年二**

四级
径 28.9、穿 8.0、厚 2.0 毫米；重 7.1 克
细字 大元

2763 **大宋元宝折二钱 楷书 背纪年二**

四级
径 28.8、穿 8.0、厚 1.8 毫米；重 7.0 克
小元 斜宝

2764 **大宋元宝折二钱 楷书 背纪年二**

四级
径 28.8、穿 8.0、厚 2.0 毫米；重 7.1 克
广郭 退元

2765 **大宋元宝折二钱 楷书 背纪年二**

四级
径 28.3、穿 8.0、厚 1.7 毫米；重 6.0 克
狭轮 退元 小样

2766 **大宋元宝折二钱 楷书 背纪年三**

四级
径 30.8、穿 7.8、厚 1.7 毫米；重 6.6 克
阔轮 俯宝

2767 **大宋元宝折二钱 楷书 背纪年三**

四级
径 30.8、厚 1.7 毫米；重 7.2 克
狭宝

2768 **大宋元宝折二钱 楷书 背纪年三**

四级
径 30.6、穿 8.0、厚 1.6 毫米；重 6.9 克
大字 阔宝

2769 **大宋元宝折二钱 楷书 背纪年三**

四级
径 30.3、穿 7.6、厚 2.0 毫米；重 8.1 克
阔元

2770 **大宋元宝折二钱 楷书 背纪年三**

四级
径 30.0、穿 8.0、厚 1.6 毫米；重 7.1 克
斜宝

2771 **大宋元宝折二钱 楷书 背纪年三**

四级
径 30.0、穿 8.0、厚 1.5 毫米；重 6.3 克
阔轮 俯宝

2772 **大宋元宝折二钱 楷书 背纪年三**

四级
径 29.6、厚 1.8 毫米；重 7.2 克
花穿 细字

2773 **大宋元宝折二钱 楷书 背纪年三**

四级
径 29.3、穿 8.0、厚 1.8 毫米；重 7.0 克
正字

2774 **大宋元宝折二钱 楷书 背纪年三**

四级
径 29.2、穿 8.0、厚 1.8 毫米；重 7.0 克
狭宋

2775 大宋元宝折二钱 楷书 背纪年三

四级
径 29.0、穿 8.0、厚 1.6 毫米；重 5.4 克
阔大

2776 大宋元宝折二钱 楷书 背纪年三

四级
径 28.8、厚 1.6 毫米；重 5.4 克
细字 正字

2777 大宋元宝折二钱 楷书 背纪年三

四级
径 27.3、穿 8.0、厚 1.2 毫米；重 3.8 克
粗字 阔宋 小样

2778 大宋元宝折三钱 楷书 光背 铁母

二级
径 28.1、厚 1.0 毫米；重 6.2 克
狭轮 粗字
上海博物馆藏

2779 大宋元宝折三钱 楷书 背利州行使 铁母

一级
径 30.4、穿 9.6、厚 2.4 毫米；重 8.8 克
细郭 纤字 退元
孙仲汇藏

2780　**大宋元宝折三钱 楷书 背利州行使 铁母**

一级
径 29.9、穿 9.0 毫米
阔轮 粗字
选自上海崇源 2014 年春拍

2781　**大宋元宝折三钱 楷书 背定三 铁母**

一级
径 27.6、穿 9.0 毫米
细轮 粗字
罗伯昭旧藏

大宋通宝钱

　　理宗宝庆年间（1225~1227 年）铸造。青铜质。钱文"大宋通宝"背"当拾"。楷书，对读。有大字、小字、阔宝、狭宝等多种版式。仅见当拾大钱一种币值。背穿上"当"下"拾"纪值，钱径 4.7~5.25 厘米，重 30.2~37 克。

2782　**大宋通宝折十钱 楷书 背当拾**

一级　　　径 52.5、穿 11.0 毫米　　　狭大 俯通 背小当　　　平尾赞平旧藏

2783

大宋通宝折十钱 楷书 背当拾

一级　　径 52.3、穿 11.2 毫米　　大字 昂宝　　曾泽禄藏

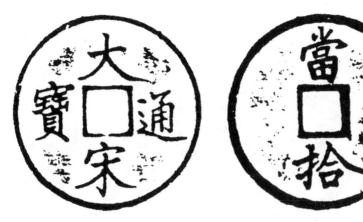

2784

大宋通宝折十钱 楷书 背当拾

一级　　径 52.0、穿 11.3 毫米；重 35.0 克　　大字 阔宋　　上海博物馆藏

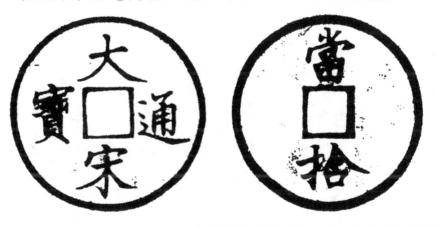

2785

大宋通宝折十钱 楷书 背当拾

一级　　径 51.0、穿 12.0 毫米；重 32.6 克　　阔通 昂宝　　上海博物馆藏

2786

大宋通宝折十钱 楷书 背当拾

一级　　径 52.0、穿 11.0 毫米；重 31.0 克　　粗字 进宋　　郭若愚旧藏

2787

大宋通宝折十钱 楷书 背当拾

一级　　径 51.6、穿 11.2 毫米；重 37.0 克　　狭轮 细字 狭通　　殷国清藏

2788

大宋通宝折十钱 楷书 背当拾

一级　　径 51.3、穿 12.0 毫米；重 30.2 克　　中字 进宋　　陶菊隐旧藏

2789 **大宋通宝折十钱　楷书　背当拾**

一级　　径 51.3、穿 11.0 毫米　　大字　进宋　昂宝　　戴葆庭旧藏

2790 **大宋通宝折十钱　楷书　背当拾**

一级　　径 51.2、穿 10.8 毫米　　进宋　背粗字　背阔郭　　张叔驯旧藏

2791 **大宋通宝折十钱　楷书　背当拾**

一级　　径 51.1、穿 11.5 毫米　　小字　背狭字　　陶庭跃旧藏

2792

大宋通宝折十钱 楷书 背当拾

一级　　径 51.0、穿 12.0 毫米　　仰阔通　　孙鼎旧藏

2793

大宋通宝折十钱 楷书 背当拾

一级　　径 51.0、穿 11.3 毫米　　狭宋 昂宝　　燕子堂藏

2794

大宋通宝折十钱 楷书 背当拾

一级　　径 50.8、穿 12.0 毫米　　进宋 仰通　　戴葆庭旧藏

2795

大宋通宝折十钱 楷书 背当拾

一级　　径 50.4、穿 12.0 毫米　　阴郭　进宋　　中村孔固亭旧藏

2796

大宋通宝折十钱 楷书 背当拾

一级　　径 50.2、穿 11.0 毫米　　狭轮　细字　昂宝　　选自《中国珍稀钱币》

2797

大宋通宝折十钱 楷书 背当拾

一级　　径 49.0、穿 11.5 毫米　　小字　俯通　小样　　桐乡市钟旭洲钱币艺术博物馆"藏

2798 　大宋通宝折十钱 楷书 背当拾

一级　　径 47.0、穿 11.0 毫米　　粗大字　　仰通 小样　　罗伯昭旧藏

附：私铸大宋元宝小平钱

　　理宗宝庆年间（1225~1227 年）铸造。青铜质。钱文"大宋元宝"，楷书，旋读。私铸。一般制作粗劣。文字浅平，肉薄、平背。重量轻。一般小平钱径 23.2~24 毫米，重 2.3~2.9 克。

2799 　私铸大宋元宝小平钱 楷书 平背

五级
径 25.6、穿 6.3、厚 1.3 毫米；重 3.8 克
阔轮 仰宝

2800 　私铸大宋元宝小平钱 楷书 平背

五级
径 25.4、穿 6.4、厚 1.4 毫米；重 4.1 克
阔轮 退元 俯宝

2801 **私铸大宋元宝小平钱 楷书 平背**

五级

径 25.4、穿 6.3、厚 1.3 毫米；重 4.0 克

花穿 狭大 狭宝

绍定钱

宋理宗绍定年间（1228~1233 年）铸造的钱币。铜钱有绍定元宝、绍定通宝两种钱文，楷书，对读。有小平钱、折二钱、折十钱等面值。

绍定元宝钱

宋理宗绍定年间（1228~1233 年）铸造的钱币。青铜质。钱文"绍定元宝"，楷书，对读。折十试样钱。钱径 42、穿 12 毫米。

2802 **绍定元宝折十钱**
楷书 光背 试样钱

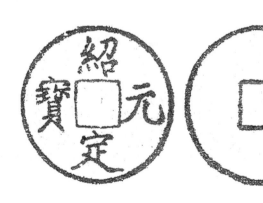

一级

径 42、穿 12 毫米

狭轮 正字

选自《历代古钱图说》

马定祥批注：张叔驯有真品

绍定通宝钱

理宗绍定年间（1228~1233 年）铸造。青铜质。钱文"绍定通宝"，楷书，有对读和旋读。有小平钱、折二钱两种币值。小平钱有光背、背纪年元至六等；折二钱有光背、背纪年元至六、铁母背春五（蕲州蕲春监，今湖北境内）等。按钱币文字和特点分，有许多版别。小平钱一般径 23~25.6 毫米，重 2~5.6 克；折二钱径 28~33 毫米，重 4~9.9 克。

2803　**绍定通宝小平钱 楷书 光背**

四级
径 24.7、穿 6.0、厚 1.1 毫米；重 3.8 克
阔轮 粗字 扁定

2804　**绍定通宝小平钱 楷书 光背**

四级
径 24.3、穿 6.2、厚 1.2 毫米；重 2.9 克
阔绍 阔宝

2805　**绍定通宝小平钱 楷书 光背**

四级
径 23.7、穿 6.0、厚 1.1 毫米；重 2.8 克
退绍 仰通

2806　**绍定通宝小平钱 楷书 光背**

四级
径 23.7、穿 6.4、厚 1.0 毫米；重 2.0 克
狭轮 背细郭

2807　**绍定通宝小平钱 楷书 光背**

五级
径 23.6、穿 6.2、厚 1.2 毫米；重 3.6 克
粗字 小样

2808 | **绍定通宝小平钱 楷书 背纪年元**

四级
径 24.6、穿 6.0、厚 1.6 毫米；重 5.3 克
仰通 背小元

2809 | **绍定通宝小平钱 楷书 背纪年元**

四级
径 24.3、穿 6.0、厚 1.3 毫米；重 4.4 克
仰绍 进定

2810 | **绍定通宝小平钱 楷书 背纪年元**

五级
径 24.3、穿 6.0、厚 1.7 毫米；重 4.9 克
进仰定 俯宝

2811 | **绍定通宝小平钱 楷书 背纪年元**

四级
径 24.3、穿 6.0、厚 1.3 毫米；重 4.4 克
俯定

2812 | **绍定通宝小平钱 楷书 背纪年元**

五级
径 24.2、穿 6.2、厚 1.7 毫米；重 4.3 克
花穿 狭定

2813 | **绍定通宝小平钱 楷书 背纪年元**

四级
径 24.1、穿 6.0、厚 1.3 毫米；重 4.1 克
阔绍

2814　**绍定通宝小平钱 楷书 背纪年元**

　　四级
　　径 24.1、穿 6.0、厚 1.0 毫米；重 2.5 克
　　进定　仰通

2815　**绍定通宝小平钱 楷书 背纪年元**

　　五级
　　径 24.0、穿 6.0、厚 1.6 毫米；重 5.3 克
　　大字　俯定

2816　**绍定通宝小平钱 楷书 背纪年元**

　　五级
　　径 23.9、穿 6.2、厚 1.0 毫米；重 2.7 克
　　仰绍　俯宝

2817　**绍定通宝小平钱 楷书 背纪年元**

　　四级
　　径 23.8、穿 6.0、厚 1.0 毫米；重 2.9 克
　　粗大字　阔宝

2818　**绍定通宝小平钱 楷书 背纪年元**

　　五级
　　径 23.8、穿 6.2、厚 1.4 毫米；重 3.5 克
　　进定

2819　**绍定通宝小平钱 楷书 背纪年元**

　　五级
　　径 23.6、穿 6.0、厚 1.4 毫米；重 3.3 克
　　昂宝　小样

2820 **绍定通宝小平钱 楷书 背纪年二**

四级
径 24.7、穿 6.0、厚 1.5 毫米；重 4.5 克
粗大字 阔绍

2821 **绍定通宝小平钱 楷书 背纪年二**

四级
径 24.6、穿 6.0、厚 1.4 毫米；重 4.0 克
细字 俯宝

2822 **绍定通宝小平钱 楷书 背纪年二**

四级
径 24.4、穿 6.0、厚 1.3 毫米；重 3.1 克
粗字 仰通

2823 **绍定通宝小平钱 楷书 背纪年二**

五级
径 24.2、穿 6.0、厚 1.2 毫米；重 3.5 克
退定

2824 **绍定通宝小平钱 楷书 背纪年二**

四级
径 24.1、穿 6.0、厚 1.3 毫米；重 3.3 克
俯通 俯宝

2825 **绍定通宝小平钱 楷书 背纪年二**

四级
径 24.0、穿 6.0、厚 1.0 毫米；重 3.0 克
粗字 退定

2826 **绍定通宝小平钱 楷书 背纪年二**

五级
径 23.8、穿 6.2、厚 1.0 毫米；重 2.6 克
狭轮 狭宝

2827 **绍定通宝小平钱 楷书 背纪年二**

四级
径 23.7、穿 6.0、厚 1.1 毫米；重 3.2 克
俯定

2828 **绍定通宝小平钱 楷书 背纪年二**

四级
径 23.6、穿 6.2、厚 1.0 毫米；重 2.7 克
细字 退定

2829 **绍定通宝小平钱 楷书 背纪年二**

五级
径 23.5、穿 6.2、厚 1.0 毫米；重 2.4 克
粗字 小样

2830 **绍定通宝小平钱 楷书 背纪年三**

五级
径 25.6、穿 6.2、厚 1.1 毫米；重 3.6 克
广郭 细字 退定

2831 **绍定通宝小平钱 楷书 背纪年三**

四级
径 25.0、穿 6.3、厚 2.0 毫米；重 3.5 克
粗大字 阔宝

2832　**绍定通宝小平钱 楷书 背纪年三**

四级
径 24.2、穿 6.2、厚 1.5 毫米；重 4.2 克
退定　俯通

2833　**绍定通宝小平钱 楷书 背纪年三**

四级
径 24.1、穿 6.2、厚 1.2 毫米；重 3.1 克
粗字　俯定

2834　**绍定通宝小平钱 楷书 背纪年三**

五级
径 24.1、穿 6.2、厚 1.6 毫米；重 4.0 克
俯通

2835　**绍定通宝小平钱 楷书 背纪年三**

四级
径 24.0、穿 6.2、厚 1.2 毫米；重 3.8 克
扁定

2836　**绍定通宝小平钱 楷书 背纪年三**

五级
径 23.9、穿 6.2、厚 1.2 毫米；重 3.0 克
退定　俯定

2837　**绍定通宝小平钱 楷书 背纪年三**

五级
径 23.8、穿 6.2、厚 1.3 毫米；重 3.3 克
粗字　仰宝

2838　　**绍定通宝小平钱 楷书 背纪年三**

四级
径 23.8、穿 6.5、厚 1.1 毫米；重 2.4 克
细字 退定 仰宝

2839　　**绍定通宝小平钱 楷书 背纪年三**

四级
径 23.8、穿 6.2、厚 1.2 毫米；重 3.3 克
花穿 仰通

2840　　**绍定通宝小平钱 楷书 背纪年三**

五级
径 23.5、穿 6.2、厚 1.0 毫米；重 2.2 克
细字 狭通 小样

2841　　**绍定通宝小平钱 楷书 背纪年四**

四级
径 25.0、穿 6.3、厚 1.3 毫米；重 3.67 克
花穿 背狭四

2842　　**绍定通宝小平钱 楷书 背纪年四**

四级
径 24.8、穿 7.0、厚 1.5 毫米；重 3.9 克
粗字 俯宝

2843　　**绍定通宝小平钱 楷书 背纪年四**

五级
径 24.6、穿 7.0、厚 1.4 毫米；重 4.0 克
小字 俯宝

2844　**绍定通宝小平钱 楷书 背纪年四**

四级
径 24.4、穿 6.0、厚 1.4 毫米；重 3.9 克
狭通

2845　**绍定通宝小平钱 楷书 背纪年四**

四级
径 24.4、穿 6.0、厚 1.5 毫米；重 4.3 克
大字 俯绍

2846　**绍定通宝小平钱 楷书 背纪年四**

四级
径 24.2、穿 7.0、厚 1.3 毫米；重 3.5 克
粗字 退定

2847　**绍定通宝小平钱 楷书 背纪年四**

四级
径 24.2、穿 7.0、厚 1.2 毫米；重 2.9 克
细郭 狭绍

2848　**绍定通宝小平钱 楷书 背纪年四**

四级
径 24.2、穿 7.0、厚 1.2 毫米；重 3.2 克
粗字 阔通

2849　**绍定通宝小平钱 楷书 背纪年四**

五级
径 24.2、穿 7.0、厚 1.4 毫米；重 3.1 克
仰通 俯宝

2850　**绍定通宝小平钱 楷书 背纪年四**

四级
径 24.1、穿 7.0、厚 1.1 毫米；重 3.0 克
退定　俯宝

2851　**绍定通宝小平钱 楷书 背纪年四**

五级
径 24.0、穿 7.0、厚 1.1 毫米；重 2.6 克
退定　俯宝

2852　**绍定通宝小平钱 楷书 背纪年四**

四级
径 23.8、穿 6.2、厚 1.1 毫米；重 2.8 克
俯绍　俯通

2853　**绍定通宝小平钱 楷书 背纪年四**

四级
径 23.8、穿 7.0、厚 1.2 毫米；重 3.0 克
粗字　正字

2854　**绍定通宝小平钱 楷书 背纪年四**

五级
径 23.6、穿 6.2、厚 1.1 毫米；重 2.7 克
俯定　小样

2855　**绍定通宝小平钱 楷书 背纪年四**

五级
径 23.5、穿 6.3、厚 1.3 毫米；重 3.1 克
长郭　小样

2856 **绍定通宝小平钱 楷书 背纪年五**

五级
径 25.5、穿 7.0、厚 1.6 毫米；重 3.88 克
粗字 扁定

2857 **绍定通宝小平钱 楷书 背纪年五**

四级
径 24.9、穿 6.4、厚 1.3 毫米；重 3.4 克
细字 小定 狭宝

2858 **绍定通宝小平钱 楷书 背纪年五**

四级
径 24.4、穿 6.3、厚 1.8 毫米；重 4.5 克
广郭 俯宝

2859 **绍定通宝小平钱 楷书 背纪年五**

四级
径 24.3、穿 6.2、厚 1.2 毫米；重 2.9 克
俯绍 俯通

2860 **绍定通宝小平钱 楷书 背纪年五**

五级
径 24.2、穿 6.2、厚 1.5 毫米；重 4.2 克
小字 正字

2861 **绍定通宝小平钱 楷书 背纪年五**

四级
径 24.2、穿 6.3、厚 1.5 毫米；重 4.2 克
广郭 退定

2862　**绍定通宝小平钱 楷书 背纪年五**

五级
径 24.1、穿 6.3、厚 1.1 毫米；重 3.3 克
粗字 俯定

2863　**绍定通宝小平钱 楷书 背纪年五**

五级
径 23.8、穿 6.3、厚 1.2 毫米；重 2.8 克
俯宝

2864　**绍定通宝小平钱 楷书 背纪年五**

五级
径 23.8、穿 6.2、厚 1.1 毫米；重 3.3 克
大字 阔绍

2865　**绍定通宝小平钱 楷书 背纪年五**

四级
径 23.5、穿 6.4、厚 1.1 毫米；重 2.96 克
阔宝

2866　**绍定通宝小平钱 楷书 背纪年五**

五级
径 23.0、穿 7.0、厚 1.2 毫米；重 2.2 克
细字 狭宝 小样

2867　**绍定通宝小平钱 楷书 背纪年六**

四级
径 25.1、穿 7.0、厚 1.5 毫米；重 3.8 克
昂宝

2868　**绍定通宝小平钱 楷书 背纪年六**

四级
径 24.8、穿 7.0、厚 1.4 毫米；重 3.9 克
正字

2869　**绍定通宝小平钱 楷书 背纪年六**

五级
径 24.6、穿 7.0、厚 1.4 毫米；重 3.4 克
仰绍

2870　**绍定通宝小平钱 楷书 背纪年六**

四级
径 24.6、穿 7.0、厚 1.3 毫米；重 3.6 克
广郭 退定

2871　**绍定通宝小平钱 楷书 背纪年六**

四级
径 24.5、穿 6.2、厚 1.5 毫米；重 3.6 克
退定 斜宝

2872　**绍定通宝小平钱 楷书 背纪年六**

五级
径 24.4、穿 6.2、厚 1.2 毫米；重 3.0 克
俯通 俯定

2873　**绍定通宝小平钱 楷书 背纪年六**

四级
径 34.2、穿 6.2、厚 1.7 毫米；重 4.3 克
退定

2874　**绍定通宝小平钱 楷书 背纪年六**

四级
径 24.2、穿 6.3、厚 1.3 毫米；重 3.7 克
细字 狭通

2875　**绍定通宝小平钱 楷书 背纪年六**

五级
径 24.0、穿 7.0、厚 1.2 毫米；重 3.1 克
仰阔宝

2876　**绍定通宝小平钱 楷书 背纪年六**

五级
径 23.9、穿 6.3、厚 1.2 毫米；重 3.0 克
粗大字 俯阔通

2877　**绍定通宝小平钱 楷书 背纪年六**

五级
径 23.7、穿 7.0、厚 1.3 毫米；重 28.8 克
狭轮 细字 小样

2878　**绍定通宝小平钱 楷书 背纪年六**

四级
径 23.4、穿 7.0、厚 1.4 毫米；重 4.1 克
粗大字 小样

2879　**绍定通宝折二钱 楷书 光背**

四级
径 29.3、穿 8.0、厚 1.4 毫米；重 5.5 克
俯通 仰宝

2880 **绍定通宝折二钱 楷书 光背**

四级
径 28.8、穿 8.0、厚 1.5 毫米；重 5.46 克
细字 俯宝

2881 **绍定通宝折二钱 楷书 光背**

四级
径 28.4、穿 7.2、厚 1.5 毫米；重 4.9 克
俯定

2882 **绍定通宝折二钱 楷书 光背**

四级
径 28.3、穿 7.3、厚 1.3 毫米；重 5.46 克
大字 阔宝

2883 **绍定通宝折二钱 楷书 光背**

四级
径 28.3、穿 7.3、厚 1.5 毫米；重 4.6 克
仰绍 俯宝

2884 **绍定通宝折二钱 楷书 光背**

四级
径 28.3、穿 7.3、厚 1.2 毫米；重 4.9 克
粗大字 阔通

2885 **绍定通宝折二钱 楷书 光背**

四级
径 28.2、穿 7.3、厚 1.4 毫米；重 5.3 克
俯绍 俯宝

2886　**绍定通宝折二钱 楷书 光背**

四级
径 27.8、穿 8.0、厚 1.4 毫米；重 4.0 克
粗字 阔绍

2887　**绍定通宝折二钱 楷书 光背**

四级
径 27.4、穿 8.0、厚 1.6 毫米；重 4.9 克
细字 斜宝 小样

2888　**绍定通宝折二钱 楷书 背巨星**

四级
径 29.9、穿 8.0、厚 1.9 毫米；重 8.2 克
进定 背右上巨星

2889　**绍定通宝折二钱 楷书 背纪年元**

五级
径 30.8、穿 7.2、厚 1.8 毫米；重 7.6 克
仰定

2890　**绍定通宝折二钱 楷书 背纪年元**

四级
径 30.4、穿 7.3、厚 1.7 毫米；重 9.9 克
广郭 阔绍

2891　**绍定通宝折二钱 楷书 背纪年元**

四级
径 30.1、穿 8.0、厚 1.6 毫米；重 6.5 克
广郭 正字

2892　**绍定通宝折二钱 楷书 背纪年元**

四级
径 30.0、穿 7.3、厚 1.6 毫米；重 7.5 克
仰通

2893　**绍定通宝折二钱 楷书 背纪年元**

五级
径 30.0、穿 7.2、厚 1.5 毫米；重 6.3 克
俯通　俯宝

2894　**绍定通宝折二钱 楷书 背纪年元**

四级
径 29.6、穿 7.3、厚 1.6 毫米；重 6.7 克
俯通　仰定

2895　**绍定通宝折二钱 楷书 背纪年元**

四级
径 29.5、穿 7.2、厚 1.7 毫米；重 7.2 克
细字　正字

2896　**绍定通宝折二钱 楷书 背纪年元**

五级
径 29.4、穿 7.2、厚 1.5 毫米；重 6.1 克
仰定　俯宝

2897　**绍定通宝折二钱 楷书 背纪年元**

五级
径 29.3、穿 8.0、厚 1.5 毫米；重 5.8 克
仰绍　俯通

2898 **绍定通宝折二钱 楷书 背纪年元**

五级
径 29.3、穿 7.4、厚 1.5 毫米；重 6.6 克
进定

2899 **绍定通宝折二钱 楷书 背纪年元**

四级
径 29.0、穿 8.0、厚 1.4 毫米；重 6.0 克
俯通 背狭元

2900 **绍定通宝折二钱 楷书 背纪年元**

五级
径 28.6、穿 8.0、厚 1.2 毫米；重 4.4 克
小字 斜定 小样

2901 **绍定通宝折二钱 楷书 背纪年二**

四级
径 30.8、穿 7.2、厚 1.6 毫米；重 7.2 克
阔轮 花穿 大样

2902 **绍定通宝折二钱 楷书 背纪年二**

四级
径 30.5、穿 7.2、厚 1.7 毫米；重 7.3 克
阔轮大字 退定

2903 **绍定通宝折二钱 楷书 背纪年二 下巨星**

四级
径 30.3、穿 7.0、厚 1.5 毫米；重 7.0 克
扁定 背下巨星

2904	**绍定通宝折二钱 楷书 背纪年二** 五级 径 30.1、穿 7.0、厚 1.6 毫米；重 7.2 克 仰通		
2905	**绍定通宝折二钱 楷书 背纪年二** 五级 径 30.0、穿 7.0、厚 1.7 毫米；重 6.8 克 正字		
2906	**绍定通宝折二钱 楷书 背纪年二** 四级 径 30.0、穿 7.0、厚 1.5 毫米；重 5.8 克 粗字 阔俯定		
2907	**绍定通宝折二钱 楷书 背纪年二** 四级 径 29.8、穿 7.0、厚 1.8 毫米；重 7.4 克 花穿 仰绍 仰通		
2908	**绍定通宝折二钱 楷书 背纪年二** 四级 径 29.7、穿 7.2、厚 1.5 毫米；重 6.8 克 仰绍 俯宝		
2909	**绍定通宝折二钱 楷书 背纪年二** 五级 径 29.4、穿 7.2、厚 1.4 毫米；重 4.9 克 进绍 仰通		

2910 **绍定通宝折二钱 楷书 背纪年二**

五级
径 29.3、穿 7.0、厚 1.6 毫米；重 6.6 克
仰绍

2911 **绍定通宝折二钱 楷书 背纪年二**

四级
径 28.8、穿 7.2、厚 1.6 毫米；重 6.8 克
正字 小样

2912 **绍定通宝折二钱 楷书 背纪年二**

五级
径 28.5、穿 7.2、厚 1.4 毫米；重 4.9 克
仰通 斜宝

2913 **绍定通宝折二钱 楷书 背纪年三**

四级
径 30.0、穿 7.6、厚 1.6 毫米；重 7.0 克
仰通 昂宝

2914 **绍定通宝折二钱 楷书 背纪年三**

四级
径 30.0、穿 7.6、厚 1.7 毫米；重 7.6 克
狭仰宝

2915 **绍定通宝折二钱 楷书 背纪年三**

四级
径 29.9、穿 7.3、厚 1.7 毫米；重 7.5 克
退定 昂宝

2916 **绍定通宝折二钱 楷书 背纪年三**

五级
径 29.7、穿 8.0、厚 1.6 毫米；重 6.0 克
仰绍

2917 **绍定通宝折二钱 楷书 背纪年三**

五级
径 29.4、穿 7.3、厚 1.6 毫米；重 6.1 克
大字 阔定

2918 **绍定通宝折二钱 楷书 背纪年三**

四级
径 29.0、穿 7.4、厚 1.4 毫米；重 5.9 克
狭定

2919 **绍定通宝折二钱 楷书 背纪年三**

五级
径 29.0、穿 7.6、厚 1.7 毫米；重 6.9 克
仰绍 仰宝

2920 **绍定通宝折二钱 楷书 背纪年三**

四级
径 27.6、穿 8.0、厚 1.1 毫米；重 4.0 克
细郭 仰宝 小样

2921 **绍定通宝折二钱 楷书 背纪年四**

五级
径 30.6、穿 8.0、厚 1.9 毫米；重 7.1 克
阔绍 大样

2922 **绍定通宝折二钱 楷书 背纪年四**

四级
径 30.1、穿 7.3、厚 1.9 毫米；重 6.4 克
进绍

2923 **绍定通宝折二钱 楷书 背纪年四**

五级
径 29.8、穿 7.0、厚 1.7 毫米；重 7.4 克
仰宝

2924 **绍定通宝折二钱 楷书 背纪年四**

五级
径 29.2、穿 7.2、厚 1.8 毫米；重 6.6 克
进定

2925 **绍定通宝折二钱 楷书 背纪年四**

五级
径 29.1、穿 7.0、厚 1.4 毫米；重 5.0 克
仰进绍

2926 **绍定通宝折二钱 楷书 背纪年四**

五级
径 29.0、穿 7.2、厚 1.5 毫米；重 5.8 克
仰绍 退定

2927 **绍定通宝折二钱 楷书 背纪年四**

四级
径 29.0、穿 7.3、厚 1.7 毫米；重 6.4 克
大字 正字

2928　**绍定通宝折二钱 楷书 背纪年四**

五级
径 29.0、穿 7.0、厚 1.7 毫米；重 5.9 克
进绍　背斜四

2929　**绍定通宝折二钱 楷书 背纪年四**

四级
径 29.0、穿 7.2、厚 1.6 毫米；重 5.5 克
细字　退定

2930　**绍定通宝折二钱 楷书 背纪年四**

五级
径 28.7、穿 7.2、厚 1.6 毫米；重 6.1 克
细字　进绍

2931　**绍定通宝折二钱 楷书 背纪年四**

五级
径 28.6、穿 7.0、厚 1.8 毫米；重 6.8 克
仰定

2932　**绍定通宝折二钱 楷书 背纪年四**

四级
径 28.0、穿 7.0、厚 1.5 毫米；重 5.8 克
俯宝　小样

2933　**绍定通宝折二钱 楷书 背纪年五**

四级
径 30.5、穿 7.1、厚 1.6 毫米；重 7.0 克
广郭　俯通

2934　**绍定通宝折二钱 楷书 背纪年五**

四级
径 30.4、穿 7.2、厚 1.9 毫米；重 7.7 克
广郭　阔定

2935　**绍定通宝折二钱 楷书 背纪年五**

四级
径 30.4、穿 7.3、厚 1.6 毫米；重 6.8 克
仰定　俯宝

2936　**绍定通宝折二钱 楷书 背纪年五**

五级
径 30.3、穿 7.2、厚 1.7 毫米；重 6.7 克
大字　阔绍　俯宝

2937　**绍定通宝折二钱 楷书 背纪年五**

五级
径 30.3、穿 7.2、厚 1.6 毫米；重 6.3 克
阔仰通　背狭五

2938　**绍定通宝折二钱 楷书 背纪年五**

四级
径 30.1、穿 7.0、厚 1.6 毫米；重 6.9 克
大字　背阔五

2939　**绍定通宝折二钱 楷书 背纪年五**

五级
径 30.0、穿 7.6、厚 1.7 毫米；重 6.7 克
进定　俯宝

2940 **绍定通宝折二钱 楷书 背纪年五**

五级
径 30.0、穿 7.3、厚 1.6 毫米；重 7.1 克
仰定 俯通

2941 **绍定通宝折二钱 楷书 背纪年五**

四级
径 30.0、穿 7.2、厚 1.5 毫米；重 7.1 克
进绍 俯通

2942 **绍定通宝折二钱 楷书 背纪年五**

四级
径 29.9、穿 7.6、厚 1.5 毫米；重 7.0 克
俯通 俯宝

2943 **绍定通宝折二钱 楷书 背纪年五**

五级
径 29.8、穿 7.2、厚 1.7 毫米；重 6.5 克
细字 狭定 俯通

2944 **绍定通宝折二钱 楷书 背纪年五**

五级
径 29.6、穿 7.6、厚 1.4 毫米；重 5.6 克
仰定

2945 **绍定通宝折二钱 楷书 背纪年五**

四级
径 29.6、穿 7.2、厚 1.6 毫米；重 7.2 克
小字 正字

2946 **绍定通宝折二钱 楷书 背纪年五**

四级
径 29.4、穿 7.3、厚 1.4 毫米；重 5.1 克
斜定

2947 **绍定通宝折二钱 楷书 背纪年五**

四级
径 29.3、穿 7.2、厚 1.6 毫米；重 6.8 克
俯通

2948 **绍定通宝折二钱 楷书 背纪年五**

五级
径 39.2、穿 7.2、厚 1.8 毫米；重 6.2 克
细字 进定

2949 **绍定通宝折二钱 楷书 背纪年五**

五级
径 29.0、穿 7.2、厚 1.5 毫米；重 6.1 克
仰绍 进定

2950 **绍定通宝折二钱 楷书 背纪年六**

四级
径 33.0、穿 8.0、厚 1.0 毫米；重 5.4 克
阔轮 俯宝 大样

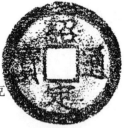

2951 **绍定通宝折二钱 楷书 背纪年六**

五级
径 30.9、穿 8.0、厚 1.7 毫米；重 6.1 克
俯通

2952 | 绍定通宝折二钱 楷书 背纪年六

四级
径 30.6、穿 7.2、厚 1.7 毫米；重 7.8 克
粗字 阔绍 俯通

2953 | 绍定通宝折二钱 楷书 背纪年六

五级
径 30.6、穿 7.2、厚 1.8 毫米；重 7.8 克
广郭 俯宝

2954 | 绍定通宝折二钱 楷书 背纪年六

五级
径 30.2、穿 7.2、厚 1.6 毫米；重 6.1 克
细字 仰绍

2955 | 绍定通宝折二钱 楷书 背纪年六

四级
径 30.1、穿 7.2、厚 1.8 毫米；重 8.5 克
俯定 俯通

2956 | 绍定通宝折二钱 楷书 背纪年六

五级
径 29.9、穿 7.3、厚 1.5 毫米；重 5.5 克
细字 进定

2957 | 绍定通宝折二钱 楷书 背纪年六

五级
径 29.7、穿 7.0、厚 1.5 毫米；重 5.7 克
粗字 仰定

南宋钱汇
铜钱编

2958	绍定通宝折二钱 楷书 背纪年六		
	四级 径 29.6、穿 7.0、厚 1.6 毫米；重 6.7 克 粗字 俯宝		

2959	绍定通宝折二钱 楷书 背纪年六		
	五级 径 29.6、穿 7.3、厚 1.4 毫米；重 5.5 克 小字 俯通		

2960	绍定通宝折二钱 楷书 背纪年六		
	五级 径 29.5、穿 7.0、厚 1.4 毫米；重 6.6 克 俯进定		

2961	绍定通宝折二钱 楷书 背纪年六		
	五级 径 29.1、穿 7.0、厚 1.6 毫米；重 6.7 克 俯宝 小样		

2962	绍定通宝折二钱 楷书 背春五 铁母		
	二级 径 25、穿 8 毫米；重 4.75 克 粗字 退绍 选自《中国珍稀钱币》		

附：私铸绍定通宝小平钱、折二钱

　　理宗绍定年间（1228~1133 年）铸造。青铜质。钱文"绍定通宝"，楷书，对读。私铸。有小平钱、折二钱两种币值。一般制作粗劣，文字浅平，肉薄，平背，重量轻。小平钱径 23.6 毫米，重 3.6 克；折二钱径 27.7~28.4 毫米，重 3.4~4.9 克。

524

2963　**私铸绍定通宝小平钱 楷书 光背**

五级
径 23.6、穿 6.5、厚 1.2 毫米；重 3.6 克
广郭 粗字

2964　**私铸绍定通宝折二钱 楷书 光背**

五级
径 28.4、穿 8.0、厚 1.3 毫米；重 4.9 克
阔绍 斜宝

2965　**私铸绍定通宝折二钱 楷书 光背**

五级
径 27.7、穿 8.0、厚 1.1 毫米；重 3.4 克
斜肩

端平钱

　　宋理宗端平年间（1234~1236 年）铸造的钱币。铜钱有"端平元宝""端平通宝""端平重宝" 3 种。元宝有小平钱、折二钱、折五钱、折十钱 4 种币值。楷书，旋读、对读两种读法。通宝有小平钱、折五钱两种币值。另有铅钱元宝小平钱。

端平元宝钱

　　理宗端平年间（1234~1236 年）铸造。青铜质。钱文"端平元宝"，楷书、旋读。有小平钱、折二钱、折五钱、折十钱四种币值。小平钱有光背、背纪年元、背纪年午。折二钱仅有光背阔轮狭穿四川版。折五钱铁母背定伍东上、背定伍东下、背定伍北上、背定伍北下、背邛五等纪监纪值（纪方位的信息。其中，"定"指嘉定府丰远监、今四川境内，"邛"指邛州惠民监，今四川境内）。折十钱铁母背折十利（"利"指利州绍兴监，今四川境内）。按钱币文字和特点分，有多种版式。一般小平钱径 22.4~25.2 毫米，重 2.53~5.3 克；折二钱径 29.5~29.9 毫米，重 6.6~8.6 克；折五钱径 32.8~35 毫米；折十钱径 41.45 毫米。

2966 **端平元宝小平钱 楷书 光背**

四级
径 25.1、穿 6.0、厚 1.0 毫米；重 2.9 克
阔轮 粗字 昂宝

2967 **端平元宝小平钱 楷书 光背**

四级
径 25.0、穿 6.2 毫米；重 4.1 克
阔轮 粗字 俯宝

2968 **端平元宝小平钱 楷书 光背**

四级
径 24.6、穿 6.3、厚 1.4 毫米；重 4.1 克
阔轮 粗字 狭平

2969 **端平元宝小平钱 楷书 光背**

四级
径 24.0、穿 7.0 毫米
阔轮 狭元
郑再生藏

2970 **端平元宝小平钱 楷书 光背**

四级
径 24.0、穿 6.2 毫米；重 4.0 克
阔平

2971 **端平元宝小平钱 楷书 光背**

四级
径 23.9、穿 6.0、厚 0.7 毫米；重 2.53 克
粗大字 阔端

2972　**端平元宝小平钱 楷书 光背**

四级
径 23.6、穿 6.0 毫米；重 3.5 克
粗字　正字
郑再生藏

2973　**端平元宝小平钱 楷书 光背**

四级
径 22.4、穿 6.0、厚 1.3 毫米；重 2.8 克
进元

2974　**端平元宝小平钱 楷书 背纪年元**

四级
径 25.2、穿 6.0、厚 1.6 毫米；重 4.7 克
广郭　昂宝

2975　**端平元宝小平钱 楷书 背纪年元**

四级
径 25.0、穿 6.1、厚 1.5 毫米；重 4.5 克
俯端　仰平

2976　**端平元宝小平钱 楷书 背纪年元**

四级
径 25.0、穿 6.2、厚 1.3 毫米；重 3.4 克
昂端

2977　**端平元宝小平钱 楷书 背纪年元**

四级
径 25.0、穿 6.3、厚 2.0 毫米；重 4.8 克
粗字　阔端

2978 **端平元宝小平钱 楷书 背纪年元**

四级
径 24.8、穿 6.0、厚 1.0 毫米；重 3.44 克
广郭 俯端

2979 **端平元宝小平钱 楷书 背纪年元**

四级
径 24.8、穿 6.0、厚 1.6 毫米；重 4.4 克
俯宝

2980 **端平元宝小平钱 楷书 背纪年元**

四级
径 24.6、穿 6.0、厚 1.2 毫米；重 3.9 克
仰平

2981 **端平元宝小平钱 楷书 背纪年元**

四级
径 24.3、穿 6.0、厚 1.0 毫米；重 3.44 克
阔轮 昂宝

2982 **端平元宝小平钱 楷书 背纪年元**

四级
径 24.2、穿 6.0、厚 1.2 毫米；重 4.69 克
俯端 狭宝

2983 **端平元宝小平钱 楷书 背纪年元**

四级
径 24.1、穿 6.3、厚 1.5 毫米；重 3.8 克
仰平 俯宝

2984 　**端平元宝小平钱　楷书　背纪年元**

四级
径 24.0、穿 6.0、厚 1.4 毫米；重 3.5 克
异版　阔元　背小元

2985 　**端平元宝小平钱　楷书　背纪年元**

四级
径 24.0、穿 6.0、厚 1.6 毫米；重 4.4 克
粗字　俯端

2986 　**端平元宝小平钱　楷书　背纪年元**

四级
径 23.8、穿 6.0、厚 1.4 毫米；重 3.7 克
昂端

2987 　**端平元宝小平钱　楷书　背纪年元**

四级
径 23.7、穿 6.0、厚 1.7 毫米；重 4.1 克
细字　进俯端

2988 　**端平元宝小平钱　楷书　背纪年元**

四级
径 23.6、穿 6.0、厚 1.6 毫米；重 3.8 克
广郭　昂宝

2989 　**端平元宝小平钱　楷书　背纪年元**

四级
径 23.3、穿 6.0、厚 1.5 毫米；重 3.6 克
进端　俯宝

2990 端平元宝小平钱 楷书 背纪年元

四级
径 23.3、穿 6.0、厚 1.6 毫米；重 3.8 克
俯端 阔平

2991 端平元宝小平钱 楷书 背纪年元

四级
径 23.3、穿 6.0、厚 1.6 毫米；重 4.1 克
进狭元

2992 端平元宝小平钱 楷书 背纪年元

四级
径 23.0、穿 6.0、厚 1.5 毫米；重 3.0 克
俯端 背阔元

2993 端平元宝小平钱 楷书 背纪年元

四级
径 23.0、穿 6.0、厚 0.9 毫米；重 2.85 克
细轮 细字 斜宝

2994 端平元宝小平钱 楷书 背纪年午

三级
径 24.8、穿 6.0、厚 1.0 毫米；重 4.07 克
阔轮 粗字 背阔午

2995 端平元宝小平钱 楷书 背纪年午

三级
径 24.2、穿 6.0、厚 0.7 毫米；重 3.05 克
阔轮 粗字 阔宝

2996 **端平元宝折二钱 楷书 光背**

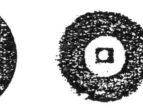

四级
径 30.0、穿 4.2 毫米
阔轮 小字 小郭 背削边

2997 **端平元宝折二钱 楷书 光背**

三级
径 29.9、穿 4.2、厚 2.0 毫米；重 8.6 克
阔轮 小字 小郭

2998 **端平元宝折二钱 楷书 光背**

三级
径 29.5、穿 4.2、厚 1.6 毫米；重 6.6 克
阔轮 小字 小郭 阔端

2999 **端平元宝折五钱 楷书 背定伍东上 铁母**

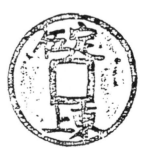

一级
径 35.0、穿 10 毫米
俯端 斜平
选自《中国珍稀钱币》

3000 **端平元宝折五钱 楷书 背定伍东下 铁母**

一级
径 34.0、穿 10 毫米；重 11.2 克
粗字 阔元
上海博物馆藏

3001　**端平元宝折五钱 楷书 背定伍东下 铁母**

一级
径 34.0、穿 10 毫米
狭郭 俯端 背狭字
戴葆庭旧藏

3002　**端平元宝折五钱 楷书 背定伍东下 铁母**

一级
径 33.5、穿 9.0 毫米
斜平 仰宝
戴葆庭旧藏

3003　**端平元宝折五钱 楷书 背定伍东下 铁母**

一级
径 32.8、穿 10 毫米
短脚平 长元
王荫嘉旧藏

3004　**端平元宝折五钱 楷书 背定伍北上 铁母**

一级
径 35.0、穿 9.0 毫米
粗大字 长脚平
戴葆庭旧藏

3005　**端平元宝折五钱 楷书 背定伍北下 铁母**

一级
径 35.0、穿 10 毫米
粗大字 阔宝
选自《中国珍稀钱币》

3006　**端平元宝折五钱 楷书 背定伍北下 铁母**

一级
径 34.5、穿 10 毫米
细轮 狭端
戴葆庭旧藏

3007　**端平元宝折五钱 楷书 背邛伍 铁母**

一级
径 33.4、穿 10 毫米
粗字 狭平
选自《中国古钱谱》

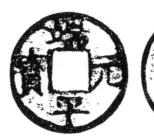

3008　**端平元宝折十钱
楷书 背折十利 铁母**

一级
径 41.45、穿 13、厚 2.36 毫米
大字 阔元
选自北京保利 2019 年春拍

端平通宝钱

　　理宗端平年间（1234~1236 年）铸造。青铜质。钱文"端平通宝"，楷书，对读。有小平钱、折五钱两种币值。小平钱仅有铁母，背"春元"纪监纪年，"春"指蕲州蕲春监，今湖北境内）；折五钱有长脚平、短脚平、小字体、异书版等。铁母有背惠伍·東中、背惠伍·西上，"惠"纪监（指邛州惠民监，今四川境内）。"東中""西上"记方位。按钱币文字和特点分，有许多版别。一般小平钱径 26 毫米。折五钱径 33.1~27.6 毫米，重7.8~18.93 克。

3009 **端平通宝小平钱 楷书 背春元 铁母**

二级

径 26、穿 8 毫米

阔端 斜平

选自《历代古钱图说》

3010 **端平通宝折五钱 楷书 长脚 光背**

四级

径 37.6、穿 10、厚 2.7 毫米

重 11.9 克

仰端

3011 **端平通宝折五钱 楷书 长脚 光背**

四级

径 36.2、穿 10 毫米；重 17.2 克

细字 俯通

南宋钱币博物馆藏

3012 **端平通宝折五钱 楷书 长脚 光背**

四级

径 37.0、穿 10、厚 3.2 毫米

重 17.54 克

仰通

3013 **端平通宝折五钱 楷书 长脚 光背**

四级

径 37.0、穿 10、厚 3.2 毫米

重 18.93 克

俯平 俯宝

3014　**端平通宝折五钱　楷书　长脚　光背**

四级
径 36.8、穿 10、厚 3.2 毫米
重 7.8 克
粗大字　阔端

3015　**端平通宝折五钱　楷书　长脚　光背**

四级
径 36.7、穿 10 毫米；重 14.8 克
俯宝
存云亭藏

3016　**端平通宝折五钱　楷书　长脚　光背**

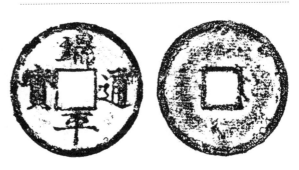

四级
径 36.6、穿 10、厚 2.8 毫米
重 16.7 克
粗字　退端
选自《中国珍稀钱币》

3017　**端平通宝折五钱　楷书　长脚　光背**

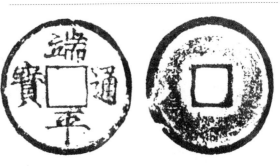

四级
径 36.3、穿 10、厚 3.0 毫米
重 13.2 克
细字　仰通

3018　**端平通宝折五钱　楷书　长脚　光背**

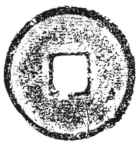

四级
径 36.6、穿 10、厚 2.7 毫米；重 11.6 克
细字　退端

3019 **端平通宝折五钱 楷书 长脚 光背**

四级
径 36.4、厚 3.0 毫米；重 14.2 克
细郭　正字　长平

3020 **端平通宝折五钱 楷书 长脚 光背**

四级
径 36.4 毫米；重 11 克
仰端　狭通
南宋钱币博物馆藏

3021 **端平通宝折五钱 楷书 长脚 光背**

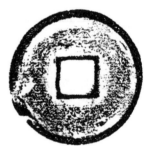

四级
径 36.3、厚 2.6 毫米；重 13.2 克
仰通

3022 **端平通宝折五钱 楷书 长脚 光背**

四级
径 35.9、穿 10 毫米；重 17.2 克
粗字　仰通　长平
南宋钱币博物馆藏

3023 **端平通宝折五钱 楷书 长脚 光背**

四级
径 36.2、穿 10、厚 2.8 毫米
重 15.42 克
粗字　正字

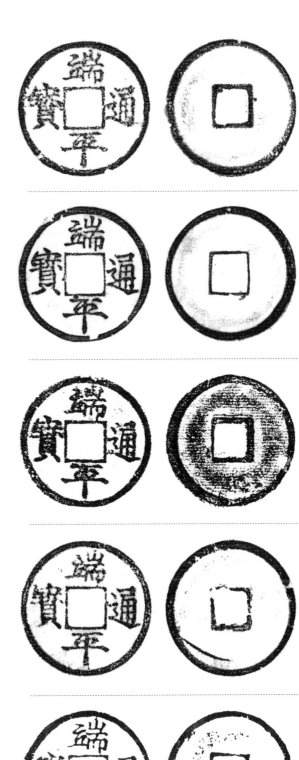
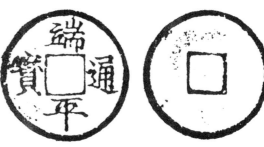

3024

端平通宝折五钱 楷书 长脚 光背

四级
径 36.2、穿 10、厚 3.1 毫米
重 16.85 克
斜平 仰宝

3025

端平通宝折五钱 楷书 长脚 光背

四级
径 36.2、穿 10、厚 2.3 毫米
重 11.44 克
细郭 正字

3026

端平通宝折五钱 楷书 长脚 光背

四级
径 36.1、厚 2.4 毫米；重 12.3 克
粗字 仰宝

3027

端平通宝折五钱 楷书 长脚 光背

四级
径 36.0、穿 10、厚 2.2 毫米
重 10.23 克
小仰端

3028

端平通宝折五钱 楷书 长脚 光背

四级
径 35.8 毫米；重 11.2 克
细字 仰端
南宋钱币博物馆藏

3029　**端平通宝折五钱 楷书 长脚 光背**

四级
径 34.8、穿 10、厚 1.9 毫米；重 11.3 克
粗字 俯通

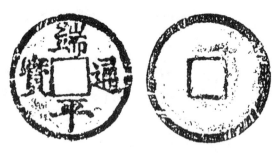

3030　**端平通宝折五钱 楷书 长脚 光背**

四级
径 34.7、厚 1.9 毫米；重 9.0 克
粗字 俯宝

3031　**端平通宝折五钱 楷书 长脚 光背**

四级
径 34.2、穿 10、厚 2.0 毫米
重 9.02 克
正字 面背细郭

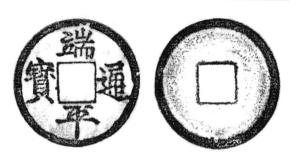

3032　**端平通宝折五钱 楷书 长脚 光背**

四级
径 33.1、厚 2.2 毫米；重 9.1 克
狭轮 细郭 俯宝

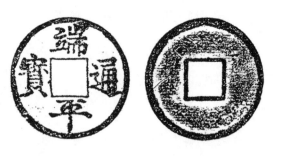

3033　**端平通宝折五钱 楷书 短脚 光背**

四级
径 37.0、穿 9.0、厚 2.3 毫米
重 10.76 克
斜平 俯通

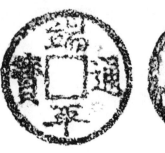 

3034　**端平通宝折五钱 楷书 短脚 光背**

四级
径 36.6、穿 9.0、厚 2.0 毫米
重 12.92 克
狭平

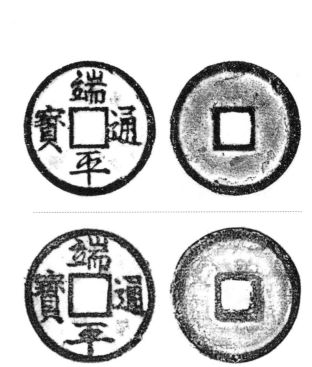

3035　**端平通宝折五钱 楷书 短脚 光背**

四级
径 36.3、穿 9.0、厚 2.3 毫米
重 16.17 克
粗大字 俯通 俯宝

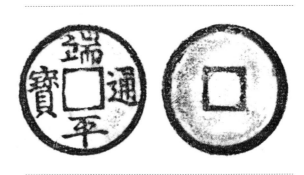

3036　**端平通宝折五钱 楷书 短脚 光背**

四级
径 36.2、穿 9.0、厚 2.2 毫米
重 10.68 克
广郭 俯通

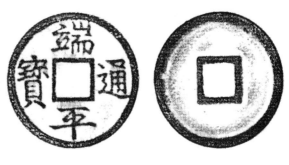

3037　**端平通宝折五钱 楷书 短脚 光背**

四级
径 36.1、穿 9.0、厚 2.1 毫米
重 12.38 克
俯平 俯通

3038　**端平通宝折五钱 楷书 短脚 光背**

四级
径 36.0、穿 9.2、厚 2.5 毫米
重 12.34 克
仰端 俯平

3039　**端平通宝折五钱 楷书 短脚 光背**

四级
径 35.8、穿 9.0、厚 2.7 毫米
重 14.19 克
面四决　俯通

3040　**端平通宝折五钱 楷书 短脚 光背**

四级
径 35.3、穿 9.0、厚 2.1 毫米
重 8.79 克
仰端　俯通

3041　**端平通宝折五钱 楷书 短脚 光背**

四级
径 35.2、穿 9.0、厚 1.9 毫米
重 10.2 克
仰端　斜宝

3042　**端平通宝折五钱 楷书 短脚 光背**

四级
径 35.2、穿 9.0、厚 2.1 毫米
重 9.28 克
粗字　斜平　俯通

3043　**端平通宝折五钱 楷书 短脚 光背**

四级
径 35.2、穿 9.0、厚 2.3 毫米
重 11.23 克
细字　俯通

3044　**端平通宝折五钱　楷书　短脚　光背**

四级
径 35.2、穿 9.0、厚 2.3 毫米
重 12.5 克
俯平　俯通

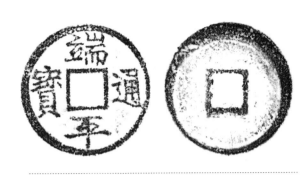

3045　**端平通宝折五钱　楷书　短脚　光背**

四级
径 35.2、穿 9.0、厚 2.1 毫米
重 11.42 克
广郭　粗大字

3046　**端平通宝折五钱　楷书　短脚　光背**

四级
径 35.1、穿 9.0、厚 2.1 毫米
重 12.58 克
昂端　俯通

3047　**端平通宝折五钱　楷书　短脚　光背**

四级
径 35.0、穿 9.0、厚 2.1 毫米
重 10.31 克
仰端　俯通

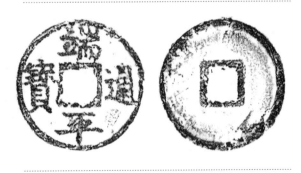

3048　**端平通宝折五钱　楷书　短脚　光背**

四级
径 35.0、穿 9.0、厚 2.2 毫米
重 10.71 克
俯通　斜宝

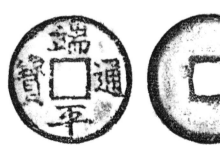

3049　**端平通宝折五钱　楷书　短脚　光背**

四级
径 35.0、厚 2.0 毫米；重 10.5 克
俯平　斜宝

3050　**端平通宝折五钱　楷书　短脚　光背**

四级
径 34.9、穿 9.2、厚 1.8 毫米
重 10.2 克
粗大字　阔端

3051　**端平通宝折五钱　楷书　短脚　光背**

四级
径 34.5、穿 10 毫米；重 10.8 克
狭轮　斜平　斜宝
南宋钱币博物馆藏

3052　**端平通宝折五钱　楷书　短脚　光背**

四级
径 34.2、穿 9.0、厚 2.4 毫米
重 12 克
阔轮大字　俯通

3053　**端平通宝折五钱　楷书　短脚　光背**

四级
径 34.1、厚 2.1 毫米；重 9.6 克
粗字　短脚斜平

3054　**端平通宝折五钱 楷书 短脚 光背**

四级
径 33.9 毫米；重 9.5 克
狭轮 狭平 小样

3055　**端平通宝折五钱 楷书 阔轮 小字 光背**

二级
径 37.0、穿 8.0 毫米；重 12.4 克
粗字 俯通
上海博物馆藏

3056　**端平通宝折五钱 楷书 阔轮 小字 光背**

二级
径 37.0、穿 8.0、厚 2.0 毫米
重 12.7 克
细字 俯通

3057　**端平通宝折五钱 楷书 阔轮 小字 光背**

三级
径 36.5、穿 8.0、厚 2.8 毫米
重 14.1 克
俯通 狭宝

3058　**端平通宝折五钱 楷书 阔轮 小字 光背**

三级
径 36.5、穿 8.0 毫米；重 14.4 克
粗大字 俯通
章国强藏

3059 端平通宝折五钱 楷书 阔轮 小字 光背

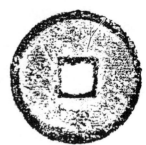

三级
径 36.2、厚 2.2 毫米；重 11.4 克
细字 阴郭 狭端

3060 端平通宝折五钱 楷书 异版 光背

二级
径 35.7、穿 8.0、厚 2.8 毫米
重 10.7 克
仰端 斜宝

3061 端平通宝折五钱 楷书 异版 光背

二级
径 35.0、穿 8.3 毫米；重 11.8 克
阔平 俯通
邬康藏

3062 端平通宝折五钱 楷书 异版 光背

二级
径 33.5、穿 7.0、厚 2.0 毫米
重 10.08 克
小字 狭平 仰宝

3063 端平通宝折五钱 楷书 背惠伍东中 铁母

一级
径 36.0、穿 11 毫米
广穿 阔平
戴葆庭旧藏

3064 **端平通宝折五钱 楷书 背惠伍西上 铁母**

一级
径 33.5、穿 9.5 毫米
粗字 广郭 狭平
陈达农旧藏

端平重宝钱

理宗端平年间（1234~1236 年）铸造。青铜质。钱文"端平重宝"。楷书，对读。有阔端、小端等多种版式。仅有折五钱一种币值。钱径 32.3~35.9 厘米，重 11.43~15 克。

3065 **端平重宝折五钱 楷书 光背**

二级
径 35.9、穿 10 毫米；重 13.6 克
阔轮 粗大字
存云亭藏

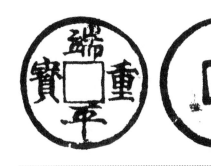

3066 **端平重宝折五钱 楷书 光背**

二级
径 35.0、穿 8.3 毫米；重 13.0 克
狭轮 仰重 俯宝
南宋钱币博物馆藏

3067 **端平重宝折五钱 楷书 光背**

二级
径 34.7、穿 8.0 毫米；重 15.0 克
细轮 狭端
上海博物馆藏

3068 端平重宝折五钱 楷书 光背

二级
径 34.5、穿 8.0 毫米；重 13.0 克
细轮 俯宝
南宋钱币博物馆藏

3069 端平重宝折五钱 楷书 光背

二级
径 34.2、穿 8.0 毫米
狭轮 斜平 背阔郭
王贵忱藏

3070 端平重宝折五钱 楷书 光背

二级
径 34.0、穿 7.0、厚 2.1 毫米
重 14.02 克
狭轮 阔平

3071 端平重宝折五钱 楷书 光背

二级
径 33.6、穿 8.2 毫米
粗字 阔重 俯宝
戴葆庭旧藏

3072 端平重宝折五钱 楷书 光背

二级
径 33.5、穿 8.0 毫米
细轮 阴郭 狭长平
张季量旧藏

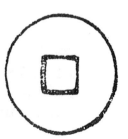

3073 **端平重宝折五钱 楷书 光背**

二级
径 33.4、穿 7.2、厚 2.3 毫米
重 11.43 克
狭轮 斜平 俯宝

3074 **端平重宝折五钱 楷书 光背**

二级
径 33.2 毫米
细轮 阴郭 长平
陈达农旧藏

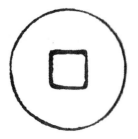

3075 **端平重宝折五钱 楷书 光背**

二级
径 32.7、穿 9.0 毫米
细轮 阴郭 狭宝
王荫嘉旧藏

3076 **端平重宝折五钱 楷书 光背**

二级
径 32.3、穿 9.0 毫米
细轮 小字 狭重
刘燕庭旧藏

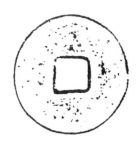

铅端平元宝钱

理宗端平元年（1234 年）铸造。铅质。钱文"端平元宝"，楷书，旋读。背纪年元。小平钱。钱径 2.44、穿宽 0.6 厘米，重 5.1 克。

3077　**铅端平元宝小平钱 楷书 背纪年元**

四级
径 24.4、穿 6.0、厚 1.6 毫米；重 5.1 克
退元　昂宝

嘉熙钱

宋理宗嘉熙年间（1237~1240 年）铸造的钱币。铜钱有"嘉熙通宝""嘉熙重宝"两种钱文。通宝有小平钱、折二钱、折十钱 3 种币值；重宝仅有折三钱。

嘉熙通宝钱

理宗嘉熙年间（1237~1240 年）铸造。青铜质。钱文"嘉熙通宝"，楷书，对读。有小平钱、折二钱、折十 3 种币值。小平钱有光背、背纪年元至四；折二钱有光背，背纪年元至四、背上月下四；折十钱有铁母背十惠西（"惠"指邛州惠民监，今四川境内）；铁母背十西二。按钱币文字和特点分，有多种版式。一般小平钱径 2.35~2.56 厘米，重 2.5~4.67 克；折二钱径 2.7~3.06 厘米，重 3.9~9.9 克；折十钱径 4 厘米。

3078　**嘉熙通宝小平钱 楷书 光背**

四级
径 24.5、穿 7.0、厚 1.2 毫米；重 3.5 克
狭嘉　阔熙

3079　**嘉熙通宝小平钱 楷书 光背**

四级
径 24.4、穿 6.0、厚 1.0 毫米；重 3.3 克
粗字　俯通

3080 **嘉熙通宝小平钱 楷书 光背**

四级
径 24.3、穿 6.0、厚 1.0 毫米；重 3.14 克
俯嘉 俯通

3081 **嘉熙通宝小平钱 楷书 光背**

四级
径 24.3、穿 6.3、厚 1.2 毫米；重 2.73 克
俯通 狭宝

3082 **嘉熙通宝小平钱 楷书 光背**

四级
径 24.2、穿 6.0、厚 1.1 毫米
重 3.38 克
粗字 阔通

3083 **嘉熙通宝小平钱 楷书 光背**

四级
径 24.2、穿 6.0、厚 1.0 毫米；重 3.38 克
进熙 俯通

3084 **嘉熙通宝小平钱 楷书 光背**

四级
径 24.0、穿 6.0、厚 1.0 毫米；重 2.99 克
斜郭 俯通

3085 **嘉熙通宝小平钱 楷书 光背**

四级
径 23.8、穿 6.0、厚 1.1 毫米；重 3.66 克
粗字 肥郭 进熙

3086　**嘉熙通宝小平钱 楷书 光背**

四级
径 23.5、穿 7.0、厚 1.1 毫米；重 2.5 克
狭轮　进嘉　小样

3087　**嘉熙通宝小平钱 楷书 背纪年元**

四级
径 24.7、穿 7.0、厚 1.7 毫米；重 4.58 克
进熙　俯通

3088　**嘉熙通宝小平钱 楷书 背纪年元**

五级
径 24.3、穿 6.1、厚 1.1 毫米；重 3.4 克
俯熙　　俯通

3089　**嘉熙通宝小平钱 楷书 背纪年元**

五级
径 24.3、穿 6.3、厚 1.2 毫米；重 3.2 克
进嘉　俯通

3090　**嘉熙通宝小平钱 楷书 背纪年元**

五级
径 24.2、穿 6.3、厚 1.5 毫米；重 4.03 克
细字　狭嘉

3091　**嘉熙通宝小平钱 楷书 背纪年元**

五级
径 24.2、穿 6.0、厚 1.5 毫米；重 4.04 克
粗字　俯通

3092 **嘉熙通宝小平钱 楷书 背纪年元**

五级
径 24.2、穿 6.2、厚 1.4 毫米；重 3.8 克
细字 俯嘉

3093 **嘉熙通宝小平钱 楷书 背纪年元**

五级
径 24.1、穿 6.2、厚 1.3 毫米；重 3.5 克
进熙 俯通

3094 **嘉熙通宝小平钱 楷书 背纪年元**

五级
径 24.1、穿 6.2、厚 1.4 毫米；重 3.7 克
进嘉 俯通

3095 **嘉熙通宝小平钱 楷书 背纪年元**

五级
径 24.0、穿 6.2、厚 1.1 毫米；重 2.5 克
进狭熙 俯通

3096 **嘉熙通宝小平钱 楷书 背纪年元**

五级
径 24.0、穿 6.2、厚 1.5 毫米；重 4.67 克
大字 阔嘉

3097 **嘉熙通宝小平钱 楷书 背纪年元**

五级
径 23.7、穿 6.0、厚 1.2 毫米；重 3.3 克
广郭 俯嘉

3098　**嘉熙通宝小平钱 楷书 背纪年元**

五级
径 23.7、穿 6.2、厚 1.2 毫米；重 2.9 克
狭熙 背斜元

3099　**嘉熙通宝小平钱 楷书 背纪年二**

五级
径 25.0、穿 7.0、厚 1.5 毫米；重 4.39 克
阔轮 进熙 大样

3100　**嘉熙通宝小平钱 楷书 背纪年二**

五级
径 24.9、穿 7.0、厚 1.2 毫米；重 3.3 克
广郭 进嘉

3101　**嘉熙通宝小平钱 楷书 背纪年二**

五级
径 24.9、穿 7.0、厚 1.2 毫米；重 2.6 克
细字 俯嘉 进熙

3102　**嘉熙通宝小平钱 楷书 背纪年二**

五级
径 24.8、穿 7.0、厚 1.2 毫米；重 3.91 克
俯通 俯宝

3103　**嘉熙通宝小平钱 楷书 背纪年二**

五级
径 24.8、穿 7.0、厚 1.0 毫米；重 2.9 克
粗字 广郭 俯熙

3104

嘉熙通宝小平钱 楷书 背纪年二

五级
径 24.7、穿 7.0、厚 1.0 毫米；重 3.20 克
细字 进熙 狭通

3105

嘉熙通宝小平钱 楷书 背纪年二

五级
径 24.6、穿 6.5、厚 1.2 毫米；重 3.6 克
细字 俯通

3106

嘉熙通宝小平钱 楷书 背纪年二

五级
径 24.4、穿 7.0、厚 1.2 毫米；重 3.9 克
粗字 俯通 仰宝

3107

嘉熙通宝小平钱 楷书 背纪年二

五级
径 24.4、穿 7.0、厚 1.2 毫米；重 3.3 克
细字 进熙

3108

嘉熙通宝小平钱 楷书 背纪年二

五级
径 24.4、穿 7.0、厚 1.4 毫米；重 3.68 克
粗字 花穿 阔宝

3109

嘉熙通宝小平钱 楷书 背纪年二

五级
径 24.2、穿 6.0、厚 1.3 毫米；重 34.6 克
小字 退嘉 仰宝

3110 　**嘉熙通宝小平钱 楷书 背纪年二**

五级
径 24.0、穿 7.0、厚 1.3 毫米；重 3.37 克
广郭 进熙 小样

3111 　**嘉熙通宝小平钱 楷书 背纪年三**

五级
径 25.2、穿 6.4、厚 1.3 毫米；重 3.9 克
花穿 仰嘉 俯通

3112 　嘉熙通宝小平钱 楷书 背纪年三

四级
径 25.0、穿 6.4、厚 1.0 毫米；重 3.08 克
阔通 背错版

3113 　嘉熙通宝小平钱 楷书 背纪年三

四级
径 24.7、穿 6.2、厚 1.1 毫米；重 3.12 克
仰嘉 狭宝

3114 　嘉熙通宝小平钱 楷书 背纪年三

四级
径 24.6、穿 6.2、厚 1.2 毫米；重 3.59 克
仰嘉 俯通

3115 　嘉熙通宝小平钱 楷书 背纪年三

五级
径 24.5、穿 6.2、厚 1.0 毫米；重 3.0 克
粗字 阔嘉 俯通

3116 **嘉熙通宝小平钱 楷书 背纪年三**

四级
径 24.5、穿 6.2、厚 1.4 毫米；重 4.45 克
退嘉

3117 **嘉熙通宝小平钱 楷书 背纪年三**

五级
径 24.4、穿 6.2、厚 1.3 毫米；重 3.51 克
广郭 俯通

3118 **嘉熙通宝小平钱 楷书 背纪年三**

四级
径 24.3、穿 6.3、厚 1.2 毫米；重 3.0 克
细郭 仰嘉 俯通

3119 **嘉熙通宝小平钱 楷书 背纪年三**

四级
径 24.2、穿 6.8、厚 1.1 毫米；重 3.4 克
退嘉 仰通

3120 **嘉熙通宝小平钱 楷书 背纪年三**

四级
径 24.1、穿 6.2、厚 1.2 毫米；重 3.8 克
仰嘉 小样

3121 **嘉熙通宝小平钱 楷书 背纪年四**

五级
径 25.6、穿 7.0、厚 1.5 毫米；重 4.1 克
阔轮 阔熙 仰宝

3122 **嘉熙通宝小平钱 楷书 背纪年四**

四级
径 25.2、穿 7.0、厚 1.2 毫米；重 3.5 克
进嘉 进熙

3123 **嘉熙通宝小平钱 楷书 背纪年四**

五级
径 25.0、穿 7.0、厚 1.0 毫米；重 2.9 克
细小字 狭进嘉

3124 **嘉熙通宝小平钱 楷书 背纪年四**

四级
径 25.0、穿 7.0、厚 1.2 毫米；重 3.7 克
粗字 广郭 进嘉

3125 **嘉熙通宝小平钱 楷书 背纪年四**

五级
径 25.0、穿 7.0、厚 1.3 毫米；重 3.4 克
细字 进嘉 仰宝

3126 **嘉熙通宝小平钱 楷书 背纪年四**

四级
径 24.9、穿 7.0、厚 1.4 毫米；重 4.2 克
大字 进熙 仰宝

3127 **嘉熙通宝小平钱 楷书 背纪年四**

五级
径 24.8、穿 7.0、厚 1.4 毫米；重 3.1 克
俯嘉 俯通

3128　**嘉熙通宝小平钱 楷书 背纪年四**

四级
径 24.8、穿 7.0、厚 1.3 毫米；重 3.53 克
细字　进嘉

3129　**嘉熙通宝小平钱 楷书 背纪年四**

四级
径 24.7、穿 7.0、厚 1.0 毫米；重 3.3 克
仰嘉　仰通

3130　**嘉熙通宝小平钱 楷书 背纪年四**

四级
径 24.5、穿 7.0、厚 1.2 毫米；重 3.4 克
阔嘉　进熙

3131　**嘉熙通宝小平钱 楷书 背纪年四**

四级
径 24.4、穿 7.0、厚 1.0 毫米；重 3.0 克
广郭　俯嘉

3132　**嘉熙通宝小平钱 楷书 背纪年四**

五级
径 24.3、穿 7.0、厚 1.3 毫米；重 3.29 克
细字　进嘉　狭通

3133　**嘉熙通宝小平钱 楷书 背纪年四**

五级
径 24.3、穿 7.0、厚 1.1 毫米；重 3.2 克
细字　狭宝

3134　**嘉熙通宝小平钱　楷书　背纪年四**

四级
径 24.2、穿 7.0、厚 1.3 毫米；重 3.6 克
广郭　进嘉　小样

3135　**嘉熙通宝折二钱　楷书　光背**

四级
径 29.7、穿 8.0、厚 1.5 毫米；重 5.4 克
大字　俯熙　俯宝

3136　**嘉熙通宝折二钱　楷书　光背**

五级
径 29.4、穿 8.0、厚 1.4 毫米；重 6.0 克
小字　仰宝

3137　**嘉熙通宝折二钱　楷书　光背**

五级
径 29.3、穿 8.0、厚 1.6 毫米；重 6.48 克
粗字　狭通　俯宝

3138　**嘉熙通宝折二钱　楷书　光背**

四级
径 28.0、穿 8.0、厚 1.3 毫米；重 4.96 克
粗字　阔通

3139　**嘉熙通宝折二钱　楷书　光背**

四级
径 27.8、穿 8.0、厚 1.5 毫米；重 5.0 克
仰嘉　进俯熙

3140	**嘉熙通宝折二钱 楷书 光背** 五级 径 29.0、穿 8.0、厚 1.7 毫米；重 5.9 克 仰通 小样		
3141	**嘉熙通宝折二钱 楷书 背纪年元** 五级 径 30.4、穿 7.0、厚 2.02 毫米；重 8.9 克 粗字 进俯嘉		
3142	**嘉熙通宝折二钱 楷书 背纪年元** 五级 径 30.2、穿 7.0、厚 2.01 毫米；重 8.0 克 广郭 俯通		
3143	**嘉熙通宝折二钱 楷书 背纪年元** 五级 径 30.0、穿 7.0、厚 1.7 毫米；重 7.0 克 大字 阔嘉 俯宝		
3144	**嘉熙通宝折二钱 楷书 背纪年元** 五级 径 29.8、穿 7.3、厚 1.9 毫米；重 6.7 克 俯通 俯宝		
3145	**嘉熙通宝折二钱 楷书 背纪年元** 五级 径 29.7、穿 7.0、厚 2.4 毫米；重 9.9 克 细字 狭嘉		

3146   **嘉熙通宝折二钱 楷书 背纪年元**

五级
径 29.4、穿 7.2、厚 1.9 毫米；重 7.9 克
粗字 俯通 背小元

3147   **嘉熙通宝折二钱 楷书 背纪年元**

五级
径 29.3、穿 7.2、厚 1.8 毫米；重 6.6 克
广郭 俯嘉

3148   **嘉熙通宝折二钱 楷书 背纪年元**

五级
径 29.2、穿 7.0、厚 1.7 毫米；重 6.9 克
广郭 俯宝

3149   **嘉熙通宝折二钱 楷书 背纪年元**

五级
径 29.1、穿 7.2、厚 1.7 毫米；重 6.9 克
俯熙 俯宝

3150   **嘉熙通宝折二钱 楷书 背纪年元**

五级
径 29.0、穿 7.1、厚 1.6 毫米；重 5.2 克
俯嘉 俯通

3151   **嘉熙通宝折二钱 楷书 背纪年元**

五级
径 29.0、穿 7.1、厚 1.7 毫米；重 6.9 克
斜宝

3152　**嘉熙通宝折二钱 楷书 背纪年元**

五级
径 29.0、穿 8.0、厚 1.9 毫米；重 6.0 克
进仰嘉　俯熙

3153　**嘉熙通宝折二钱 楷书 背纪年元**

五级
径 28.8、穿 7.2、厚 1.7 毫米；重 5.8 克
广郭　狭嘉

3154　**嘉熙通宝折二钱 楷书 背纪年元**

五级
径 28.7、穿 7.0、厚 1.8 毫米；重 6.7 克
仰嘉　斜宝

3155　**嘉熙通宝折二钱 楷书 背纪年元**

五级
径 28.5、穿 7.3、厚 1.6 毫米；重 6.2 克
进熙　仰通

3156　**嘉熙通宝折二钱 楷书 背纪年元**

五级
径 28.4、穿 8.0、厚 1.5 毫米；重 4.2 克
粗字　背阔元

3157　**嘉熙通宝折二钱 楷书 背纪年元**

五级
径 28.4、穿 7.2、厚 1.2 毫米；重 7.9 克
狭短宝

3158　**嘉熙通宝折二钱 楷书 背纪年元**

五级
径 28.3、穿 7.0、厚 1.8 毫米；重 6.7 克
粗字 俯通

3159　**嘉熙通宝折二钱 楷书 背纪年元**

五级
径 28.2、穿 7.3、厚 1.8 毫米；重 6.3 克
仰嘉 俯通

3160　**嘉熙通宝折二钱 楷书 背纪年元**

五级
径 28.2、穿 7.2、厚 1.9 毫米；重 7.3 克
广郭 俯宝

3161　**嘉熙通宝折二钱 楷书 背纪年二**

五级
径 30.6、穿 8.0、厚 1.8 毫米；重 7.5 克
阔轮 广郭 进熙

3162　**嘉熙通宝折二钱 楷书 背纪年二**

五级
径 29.9、穿 8.0、厚 1.8 毫米；重 6.8 克
进俯熙

3163　**嘉熙通宝折二钱 楷书 背纪年二**

五级
径 29.8、穿 8.0、厚 1.5 毫米；重 5.3 克
进熙 俯宝

3164 **嘉熙通宝折二钱 楷书 背纪年二**

五级
径 29.6、穿 8.0、厚 1.2 毫米；重 4.7 克
仰通

3165 **嘉熙通宝折二钱 楷书 背纪年二**

五级
径 29.6、穿 8.0、厚 1.7 毫米；重 6.3 克
俯熙 俯宝

3166 **嘉熙通宝折二钱 楷书 背纪年二**

五级
径 29.5、穿 8.0、厚 1.8 毫米；重 7.3 克
粗字 阔熙 俯宝

3167 **嘉熙通宝折二钱 楷书 背纪年二**

五级
径 29.4、穿 8.0、厚 1.8 毫米；重 7.2 克
大字 阔通

3168 **嘉熙通宝折二钱 楷书 背纪年二**

五级
径 29.4、穿 8.0、厚 1.5 毫米；重 5.3 克
进熙 俯宝

3169 **嘉熙通宝折二钱 楷书 背纪年二**

五级
径 29.3、穿 8.0、厚 1.4 毫米；重 6.1 克
细字 进熙 仰通

3170　**嘉熙通宝折二钱 楷书 背纪年二**

五级
径 29.1、穿 8.0、厚 1.6 毫米；重 6.5 克
广郭 进熙 俯宝

3171　**嘉熙通宝折二钱 楷书 背纪年二**

五级
径 29.0、穿 8.0、厚 1.6 毫米；重 6.1 克
大字 阔仰通

3172　**嘉熙通宝折二钱 楷书 背纪年二**

五级
径 28.6、穿 8.0、厚 2.0 毫米；重 7.2 克
仰通 小样 v

3173　**嘉熙通宝折二钱 楷书 背纪年三**

四级
径 30.1、穿 8.0、厚 1.8 毫米；重 6.7 克
小字 狭嘉

3174　**嘉熙通宝折二钱 楷书 背纪年三**

四级
径 30.0、穿 8.0、厚 1.7 毫米；重 5.6 克
广郭 进熙

3175　**嘉熙通宝折二钱 楷书 背纪年三**

五级
径 29.7、穿 8.0、厚 1.6 毫米；重 6.3 克
俯熙

3176 **嘉熙通宝折二钱 楷书 背纪年三**

四级
径 29.6、穿 8.0、厚 1.4 毫米；重 6.8 克
广郭 阔嘉

3177 **嘉熙通宝折二钱 楷书 背纪年三**

五级
径 29.2、穿 8.0、厚 1.7 毫米；重 6.8 克
仰嘉 进熙

3178 **嘉熙通宝折二钱 楷书 背纪年三**

四级
径 29.2、穿 8.0、厚 1.6 毫米；重 6.5 克
进熙 俯宝

3179 **嘉熙通宝折二钱 楷书 背纪年三**

五级
径 29.2、穿 8.0、厚 1.5 毫米；重 6.2 克
俯熙 斜宝

3180 **嘉熙通宝折二钱 楷书 背纪年三**

五级
径 29.0、穿 8.0、厚 1.5 毫米；重 5.4 克
细字 狭宝

3181 **嘉熙通宝折二钱 楷书 背纪年三**

五级
径 29.0、穿 8.0、厚 1.1 毫米；重 3.9 克
进熙 俯宝

3182 **嘉熙通宝折二钱 楷书 背纪年三**

四级
径 28.7、穿 8.0、厚 1.3 毫米；重 5.4 克
细字 进熙 小样

3183 **嘉熙通宝折二钱 楷书 背纪年四**

四级
径 30.4、穿 8.0、厚 1.5 毫米；重 6.7 克
阔轮 仰通

3184 **嘉熙通宝折二钱 楷书 背纪年四**

四级
径 30.3、穿 8.0、厚 1.6 毫米；重 7.4 克
进嘉 仰通

3185 **嘉熙通宝折二钱 楷书 背纪年四**

四级
径 30.2、穿 8.0、厚 1.5 毫米；重 6.0 克
花穿 仰通

3186 **嘉熙通宝折二钱 楷书 背纪年四**

四级
径 30.1、穿 8.0、厚 1.5 毫米；重 3.9 克
阔嘉 仰通

3187 **嘉熙通宝折二钱 楷书 背纪年四**

四级
径 30.0、穿 8.0、厚 1.5 毫米；重 6.2 克
进嘉

3188　**嘉熙通宝折二钱　楷书　背纪年四**

五级
径 30.0、穿 8.0、厚 1.5 毫米；重 6.7 克
粗字　退熙

3189　**嘉熙通宝折二钱　楷书　背纪年四**

四级
径 30.0、穿 7.3、厚 1.2 毫米；重 4.6 克
大字　阔嘉　背阔四

3190　**嘉熙通宝折二钱　楷书　背纪年四**

四级
径 29.4、穿 8.0、厚 1.6 毫米；重 6.6 克
粗字　仰通　斜宝

3191　**嘉熙通宝折二钱　楷书　背纪年四**

四级
径 29.2、穿 8.0、厚 1.6 毫米；重 6.1 克
进嘉　俯宝

3192　**嘉熙通宝折二钱　楷书　背纪年四**

四级
径 28.8、穿 8.0、厚 1.7 毫米；重 7.4 克
粗字　阔嘉

3193　**嘉熙通宝折二钱　楷书　背纪年四**

四级
径 28.8、穿 7.4、厚 1.7 毫米；重 7.2 克
进嘉　俯宝

3194 **嘉熙通宝折二钱 楷书 背纪年四**

五级
径 28.7、穿 8.0、厚 1.5 毫米；重 4.5 克
进嘉 俯宝

3195 **嘉熙通宝折二钱 楷书 背上月下四**

二级
径 29.8、穿 8.0、厚 1.6 毫米；重 7.3 克
进俯嘉 背上月下四
桐乡市钟旭洲钱币艺术博物馆藏

3196 **嘉熙通宝折十钱**
楷书 背上十下惠西 铁母

一级
径 40.0、穿 13 毫米
阔熙 俯通
选自《中国钱币大辞典·南宋券》

3197 **嘉熙通宝折十钱**
楷书 背上十下西二 铁母

一级
径 40 毫米
进嘉 俯通
选自城轩 2009 年秋拍

嘉熙重宝钱

　　理宗嘉熙年间（1237~1240 年）铸造。青铜质。钱文"嘉熙重宝"，楷书，旋读。有光背、背四出两种。仅有折三钱一种币值。按钱币文字和特点分，有多种版式。钱径 35~37 毫米，重 11.8~19 克。

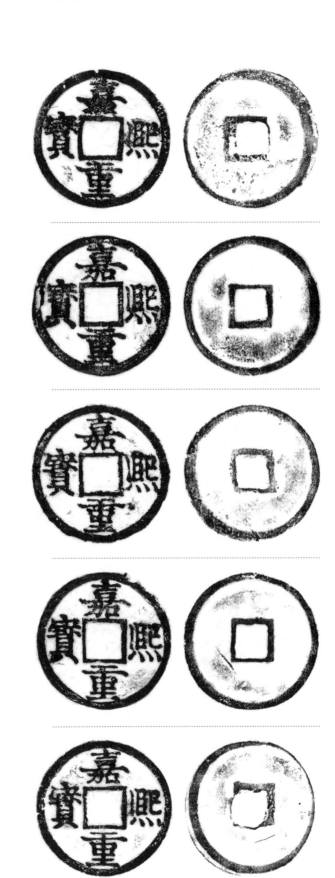

3198

嘉熙重宝折三钱 楷书 光背

四级
径 37.7、穿 10、厚 3.0 毫米
重 14 克
短嘉 大样

3199

嘉熙重宝折三钱 楷书 光背

四级
径 37.6、穿 10、厚 2.9 毫米
重 6.4 克
阔轮大字 正字

3200

嘉熙重宝折三钱 楷书 光背

四级
径 37.4、穿 10、厚 3.0 毫米
重 13 克
俯熙

3201

嘉熙重宝折三钱 楷书 光背

四级
径 37.2、穿 10、厚 2.6 毫米
重 13.6 克
仰嘉

3202

嘉熙重宝折三钱 楷书 光背

四级
径 37.1、穿 10、厚 2.8 毫米
重 14.4 克
小字 狭嘉

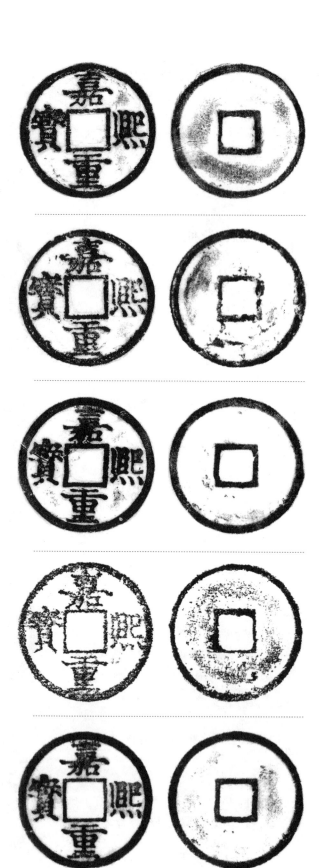

3203　**嘉熙重宝折三钱　楷书　光背**

四级
径 37.0、穿 10、厚 3.0 毫米
重 17.2 克
仰嘉 阔重

3204　**嘉熙重宝折三钱　楷书　光背**

四级
径 37.0、穿 10、厚 3.1 毫米
重 14.05 克
仰嘉 斜宝

3205　**嘉熙重宝折三钱　楷书　光背**

四级
径 37.0、穿 10、厚 2.5 毫米
重 12.8 克
粗字 仰嘉 仰宝

3206　**嘉熙重宝折三钱　楷书　光背**

四级
径 37.0、穿 10、厚 2.5 毫米
重 12.9 克
细字 狭宝

3207　**嘉熙重宝折三钱　楷书　光背**

四级
径 37.0、穿 10、厚 2.4 毫米
重 12.78 克
仰宝

3208 **嘉熙重宝折三钱 楷书 光背**

四级
径 36.9、穿 10、厚 2.5 毫米
重 11.8 克
小字 狭嘉

3209 **嘉熙重宝折三钱 楷书 光背**

四级
径 36.9、穿 10、厚 2.7 毫米
重 12.8 克
俯熙 俯宝

3210 **嘉熙重宝折三钱 楷书 光背**

四级
径 36.8、穿 10、厚 3.1 毫米
重 19 克
粗字 阔嘉

3211 **嘉熙重宝折三钱 楷书 光背**

四级
径 36.7、穿 10、厚 2.7 毫米
重 14.2 克
仰嘉 仰宝

3212 **嘉熙重宝折三钱 楷书 光背**

四级
径 36.7、穿 10、厚 2.7 毫米
重 12.4 克
阔轮 粗字 小样

3213　**嘉熙重宝折三钱 楷书 背四出**

二级
径 36.6、穿 10、厚 2.5 毫米
重 14.78 克
阔轮 仰嘉 背细四出

3214　**嘉熙重宝折三钱 楷书 背四出**

三级
径 35.0、穿 10 毫米
狭轮 小嘉 背粗四出
选自《中国珍稀钱币》

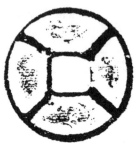

附：私铸嘉熙通宝小平钱、折二钱

　　理宗嘉熙年间（1237~1240 年）铸造。青铜质。钱文"嘉熙通宝"，楷书，对读。私铸。有小平钱、折二钱。一般制作粗劣：文字浅平，肉薄、平背。小平钱径 25 毫米，重 2.98 克；折二钱径 28.5~29.3 毫米，重 4.7~6.48 克。

3215　**私铸嘉熙通宝小平钱 楷书 光背**

五级
径 25.0、穿 6.0、厚 1.8 毫米；重 2.92 克
进嘉 俯通

3216　**私铸嘉熙通宝折二钱 楷书 光背**

五级
径 29.3、穿 8.0、厚 1.6 毫米；重 6.48 克
肥郭 粗字

3217　**私铸嘉熙通宝折二钱　楷书　光背**

五级
径 28.5、穿 9.0、厚 1.7 毫米；重 4.7 克
狭郭　俯熙

附：私铸嘉熙重宝钱

　　南宋钱币。理宗嘉熙年间（1237~1240 年）铸造。青铜质。钱文"嘉熙重宝"，楷书，旋读。平背，狭轮，阔熙，私铸。折三钱。钱径 30.5 毫米，重 7.5 克。

3218　**私铸嘉熙重宝折三钱　楷书　光背**

五级
径 30.5 毫米；重 7.5 克
狭轮　狭嘉

淳祐钱

　　宋理宗淳祐年间（1241~1252 年）铸造的钱币。铜钱有"淳祐元宝""淳祐通宝"两种钱文，楷书，旋读、对读两种读法。元宝有小平钱、折二钱 2 种币值；通宝有小平钱、折二钱、折三钱、当百大钱 4 种币值。

淳祐元宝钱

　　理宗淳祐年间（1241~1252 年）铸造。青铜质。钱文"淳祐元宝"，楷书，旋读。有小平钱、折二钱两种币值。小平钱有光背、背纪年元至十二；折二钱亦有光背、背纪年元至十二。按钱币文字和特点分，有多种版式。一般小平钱径 22.5~25.2 毫米，重 2.7~2.49 克；折二钱径 26.3~31.3 毫米，重 3.4~9.9 克。

3219　**淳祐元宝小平钱 楷书 光背**

四级
径 25.0、厚 1.2 毫米；重 3.3 克
阔轮 俯淳 仰宝

3220　**淳祐元宝小平钱 楷书 光背**

四级
径 24.6、厚 1.3 毫米；重 3.6 克
粗字 俯淳 俯宝

3221　**淳祐元宝小平钱 楷书 光背**

四级
径 24.3、厚 1.2 毫米；重 2.9 克
大字 阔祐

3222　**淳祐元宝小平钱 楷书 光背**

四级
径 24.3、厚 1.4 毫米；重 3.2 克
俯淳 进元

3223　**淳祐元宝小平钱 楷书 光背**

四级
径 23.7、厚 1.0 毫米；重 2.7 克
斜元 昂宝

3224　**淳祐元宝小平钱 楷书 光背**

四级
径 23.3、厚 1.2 毫米；重 3.0 克
仰淳 仰宝

3225　**淳祐元宝小平钱　楷书　光背**

四级
径 23.0、厚 1.0 毫米；重 2.8 克
仰淳　阔元

3226　**淳祐元宝小平钱　楷书　光背**

四级
径 22.7、厚 1.2 毫米；重 2.8 克
阔扁元

3227　**淳祐元宝小平钱　楷书　光背**

四级
径 22.5、厚 1.2 毫米；重 2.8 克
狭元　小样

3228　**淳祐元宝小平钱　楷书　背纪年元**

五级
径 25.0、穿 7.0、厚 1.5 毫米；重 4.4 克
仰淳

3229　**淳祐元宝小平钱　楷书　背纪年元**

五级
径 24.6、穿 7.0、厚 1.2 毫米；重 2.6 克
细字　俯淳

3230　**淳祐元宝小平钱　楷书　背纪年元**

四级
径 24.6、穿 7.0、厚 1.4 毫米；重 3.6 克
广郭　俯宝

3231　**淳祐元宝小平钱 楷书 背纪年元**

五级
径 24.6、穿 7.0、厚 1.6 毫米；重 4.2 克
粗字 俯淳

3232　**淳祐元宝小平钱 楷书 背纪年元**

四级
径 24.5、穿 7.0、厚 1.7 毫米；重 4.8 克
细字 俯淳 俯宝

3233　**淳祐元宝小平钱 楷书 背纪年元**

四级
径 24.4、穿 7.0、厚 1.6 毫米；重 4.1 克
广郭 退淳

3234　**淳祐元宝小平钱 楷书 背纪年元**

五级
径 24.3、穿 7.0、厚 1.5 毫米；重 3.7 克
粗字 阔淳

3235　**淳祐元宝小平钱 楷书 背纪年元**

四级
径 24.2、穿 7.0、厚 1.6 毫米；重 4.2 克
广郭 大字 俯宝

3236　**淳祐元宝小平钱 楷书 背纪年元**

五级
径 24.2、穿 7.0、厚 1.5 毫米；重 3.4 克
俯宝 背狭元

3237 **淳祐元宝小平钱 楷书 背纪年元**

五级
径 24.2、穿 7.0、厚 1.7 毫米；重 4.9 克
斜阔宝 背阔元

3238 **淳祐元宝小平钱 楷书 背纪年元**

五级
径 24.1、穿 7.0、厚 1.4 毫米；重 3.8 克
粗字 退淳

3239 **淳祐元宝小平钱 楷书 背纪年元**

五级
径 24.0、穿 7.0、厚 1.5 毫米；重 4.0 克
花穿 粗字

3240 **淳祐元宝小平钱 楷书 背纪年元**

四级
径 24.0、穿 7.0、厚 1.2 毫米；重 3.0 克
细字 正字

3241 **淳祐元宝小平钱 楷书 背纪年元**

五级
径 23.9、穿 7.0、厚 1.7 毫米；重 4.4 克
退淳 俯宝

3242 **淳祐元宝小平钱 楷书 背纪年元**

四级
径 23.5、穿 7.0、厚 1.5 毫米；重 3.6 克
大字 阔祐 小样

3243　**淳祐元宝小平钱 楷书 背纪年二**

　　四级
　　径 24.9、厚 1.3 毫米；重 4.0 克
　　退元 俯宝

3244　**淳祐元宝小平钱 楷书 背纪年二**

　　四级
　　径 24.9、厚 1.2 毫米；重 3.4 克
　　细字 俯宝

3245　**淳祐元宝小平钱 楷书 背纪年二**

　　四级
　　径 24.8、厚 1.4 毫米；重 3.8 克
　　仰淳 斜宝

3246　**淳祐元宝小平钱 楷书 背纪年二**

　　五级
　　径 24.3、厚 1.3 毫米；重 3.4 克
　　细字 仰淳

3247　**淳祐元宝小平钱 楷书 背纪年二**

　　四级
　　径 24.3、厚 1.1 毫米；重 3.0 克
　　大字 俯淳 俯宝

3248　**淳祐元宝小平钱 楷书 背纪年二**

　　五级
　　径 24.3、厚 1.2 毫米；重 3.2 克
　　退淳 俯宝

3249 **淳祐元宝小平钱 楷书 背纪年二**

五级
径 24.1、厚 1.1 毫米；重 3.0 克
阔俯宝

3250 **淳祐元宝小平钱 楷书 背纪年二**

四级
径 24.1、厚 1.1 毫米；重 3.2 克
退淳 进元

3251 **淳祐元宝小平钱 楷书 背纪年二**

五级
径 24.0、厚 1.4 毫米；重 3.8 克
俯淳 俯宝

3252 **淳祐元宝小平钱 楷书 背纪年二**

五级
径 23.9、厚 1.4 毫米；重 3.2 克
退淳 进元

3253 **淳祐元宝小平钱 楷书 背纪年二**

五级
径 23.3、厚 1.2 毫米；重 3.1 克
阔元 小样

3254 **淳祐元宝小平钱 楷书 背纪年三**

五级
径 24.9、穿 7.0、厚 1.6 毫米；重 4.2 克
阔轮 粗字 阔宝

3255 **淳祐元宝小平钱 楷书 背纪年三**

五级
径 24.2、穿 7.2、厚 1.4 毫米；重 3.5 克
小字 仰淳

3256 **淳祐元宝小平钱 楷书 背纪年三**

四级
径 24.1、穿 7.3、厚 1.2 毫米；重 2.8 克
俯宝

3257 **淳祐元宝小平钱 楷书 背纪年三**

四级
径 24.0、穿 7.1、厚 1.2 毫米；重 3.3 克
细字 进元

3258 **淳祐元宝小平钱 楷书 背纪年三**

四级
径 24.0、穿 7.2、厚 1.3 毫米；重 3.6 克
粗字 阔祐

3259 **淳祐元宝小平钱 楷书 背纪年三**

五级
径 23.8、穿 7.0、厚 1.1 毫米；重 3.4 克
仰淳 背狭三

3260 **淳祐元宝小平钱 楷书 背纪年三**

四级
径 23.5、穿 7.1、厚 1.3 毫米；重 3.5 克
阔宝

3261　**淳祐元宝小平钱 楷书 背纪年三**

四级
径 23.5、穿 7.0、厚 1.6 毫米；重 4.1 克
细字　俯淳

3262　**淳祐元宝小平钱 楷书 背纪年三**

四级
径 23.1、穿 7.0、厚 0.9 毫米；重 2.6 克
粗大字　小样

3263　**淳祐元宝小平钱 楷书 背纪年四**

四级
径 25.2、穿 7.0、厚 1.1 毫米；重 2.9 克
广郭　进淳

3264　**淳祐元宝小平钱 楷书 背纪年四**

五级
径 24.8、穿 7.0、厚 1.5 毫米；重 3.9 克
进仰狭淳

3265　**淳祐元宝小平钱 楷书 背纪年四**

四级
径 24.4、穿 7.0、厚 1.2 毫米；重 3.1 克
进淳　俯宝

3266　**淳祐元宝小平钱 楷书 背纪年四**

四级
径 24.4、穿 7.0、厚 1.2 毫米；重 3.4 克
进淳　俯祐

3267　**淳祐元宝小平钱 楷书 背纪年四**

五级
径 24.2、穿 7.0、厚 1.5 毫米；重 4.4 克
粗字 进仰淳

3268　**淳祐元宝小平钱 楷书 背纪年四**

四级
径 24.1、穿 7.0、厚 1.1 毫米；重 3.1 克
俯淳 阔宝

3269　**淳祐元宝小平钱 楷书 背纪年四**

五级
径 24.1、穿 7.0、厚 1.1 毫米；重 3.2 克
细字 进淳

3270　**淳祐元宝小平钱 楷书 背纪年四**

四级
径 24.0、穿 7.0、厚 1.0 毫米；重 3.0 克
广郭 进淳

3271　**淳祐元宝小平钱 楷书 背纪年四**

四级
径 23.8、穿 7.0、厚 1.2 毫米；重 3.0 克
粗大字 俯淳

3272　**淳祐元宝小平钱 楷书 背纪年四**

四级
径 23.7、穿 7.0、厚 1.1 毫米；重 2.8 克
细字 进淳 小样

3273　**淳祐元宝小平钱　楷书　背纪年四**

五级
径 23.5、穿 7.0、厚 1.1 毫米；重 3.0 克
俯宝　小样

3274　**淳祐元宝小平钱　楷书　背纪年五**

四级
径 24.2、穿 7.0、厚 1.3 毫米；重 3.5 克
广郭　进淳

3275　**淳祐元宝小平钱　楷书　背纪年五**

四级
径 24.1、穿 7.4、厚 1.5 毫米；重 3.9 克
进淳　俯祐

3276　**淳祐元宝小平钱　楷书　背纪年五**

四级
径 24.0、穿 7.0、厚 1.4 毫米；重 3.3 克
面四决　仰淳

3277　**淳祐元宝小平钱　楷书　背纪年五**

四级
径 23.5、穿 7.2、厚 1.3 毫米；重 3.6 克
细字　进淳

3278　**淳祐元宝小平钱　楷书　背纪年五**

四级
径 23.4、穿 7.2、厚 1.2 毫米；重 2.7 克
俯祐　进元

3279　**淳祐元宝小平钱 楷书 背纪年五**

四级
径 23.3、穿 7.0、厚 1.0 毫米；重 2.5 克
进元 俯宝

3280　**淳祐元宝小平钱 楷书 背纪年五**

四级
径 23.2、穿 7.2、厚 1.1 毫米；重 3.3 克
俯祐 进元

3281　**淳祐元宝小平钱 楷书 背纪年五**

四级
径 23.2、穿 7.2、厚 1.1 毫米；重 2.9 克
进仰淳

3282　**淳祐元宝小平钱 楷书 背纪年五**

四级
径 23.0、穿 7.0、厚 1.0 毫米；重 3.0 克
阔宝

3283　**淳祐元宝小平钱 楷书 背纪年五**

四级
径 22.9、穿 7.0、厚 1.2 毫米；重 2.9 克
进淳 昂宝

3284　**淳祐元宝小平钱 楷书 背纪年五**

四级
径 22.0、穿 7.0、厚 1.4 毫米；重 3.3 克
细轮 阔元 小样

3285 **淳祐元宝小平钱 楷书 背纪年六**

四级
径 25.0、穿 7.0、厚 1.3 毫米；重 3.9 克
阔宝 大样

3286 **淳祐元宝小平钱 楷书 背纪年六**

五级
径 25.0、穿 7.0、厚 1.3 毫米；重 3.9 克
俯淳

3287 **淳祐元宝小平钱 楷书 背纪年六**

四级
径 24.5、穿 7.0、厚 1.2 毫米；重 3.3 克
俯祐 仰宝

3288 **淳祐元宝小平钱 楷书 背纪年六**

五级
径 24.3、穿 7.0、厚 1.3 毫米；重 3.1 克
细字 斜宝

3289 **淳祐元宝小平钱 楷书 背纪年六**

四级
径 24.3、穿 7.0、厚 1.3 毫米；重 3.3 克
仰淳 俯祐

3290 **淳祐元宝小平钱 楷书 背纪年六**

四级
径 24.2、穿 7.0、厚 1.0 毫米；重 2.6 克
进淳 俯宝

3291 淳祐元宝小平钱 楷书 背纪年六

四级
径 23.9、穿 7.0、厚 1.1 毫米；重 2.9 克
细字 狭淳

3292 淳祐元宝小平钱 楷书 背纪年六

四级
径 23.7、穿 8.0、厚 1.3 毫米；重 3.5 克
广穿 俯淳

3293 淳祐元宝小平钱 楷书 背纪年六

四级
径 23.7、穿 7.0、厚 1.1 毫米；重 3.1 克
细字 进淳

3294 淳祐元宝小平钱 楷书 背纪年六

四级
径 23.0、穿 7.0、厚 1.4 毫米；重 3.5 克
粗大字 俯淳 小样

3295 淳祐元宝小平钱 楷书 背纪年七

四级
径 24.6、穿 7.0 毫米；重 3.4 克
俯淳 俯宝
上海博物馆藏

3296 淳祐元宝小平钱 楷书 背纪年七

四级
径 24.5、厚 1.5 毫米；重 3.8 克
粗字 进淳

3297　**淳祐元宝小平钱 楷书 背纪年七**

五级
径 24.5、厚 1.5 毫米；重 3.6 克
仰淳　斜宝

3298　**淳祐元宝小平钱 楷书 背纪年七**

五级
径 24.5、穿 7.0、厚 1.2 毫米；重 2.5 克
细字　俯淳

3299　**淳祐元宝小平钱 楷书 背纪年七**

四级
径 24.4、穿 7.0、厚 1.3 毫米；重 3.5 克
粗字　阔淳　背斜七

3300　**淳祐元宝小平钱 楷书 背纪年七**

四级
径 24.5、厚 1.4 毫米；重 3.3 克
粗字　俯宝

3301　**淳祐元宝小平钱 楷书 背纪年七**

四级
径 24.1 毫米
俯祐　退元
平尾丽惠庄旧藏

3302　**淳祐元宝小平钱 楷书 背纪年七**

四级
径 24.0 毫米
粗字　阔俯淳
佐藤篁泉旧藏

3303　**淳祐元宝小平钱　楷书　背纪年七**

四级
径 23.9、穿 7.0、厚 1.0 毫米；重 2.7 克
进元

3304　**淳祐元宝小平钱　楷书　背纪年七**

四级
径 23.7、穿 7.0 毫米
广郭　粗大字　小样
选自《中国古钱谱》

3305　**淳祐元宝小平钱　楷书　背纪年八**

四级
径 24.5、穿 7.0、厚 1.1 毫米；重 2.9 克
仰淳

3306　**淳祐元宝小平钱　楷书　背纪年八**

四级
径 24.4、穿 7.0、厚 1.2 毫米；重 3.2 克
仰淳　仰宝

3307　**淳祐元宝小平钱　楷书　背纪年八**

四级
径 24.3、穿 7.0、厚 1.3 毫米；重 3.3 克
斜宝

3308　**淳祐元宝小平钱　楷书　背纪年八**

五级
径 24.1、穿 7.2、厚 1.2 毫米；重 3.1 克
斜淳

3309 **淳祐元宝小平钱 楷书 背纪年八**

四级
径 24.1、穿 7.0、厚 1.2 毫米；重 3.5 克
粗字 仰淳

3310 **淳祐元宝小平钱 楷书 背纪年八**

四级
径 24.0、穿 7.0、厚 1.3 毫米；重 3.5 克
狭淳

3311 **淳祐元宝小平钱 楷书 背纪年八**

五级
径 24.0、穿 7.0、厚 1.3 毫米；重 3.6 克
阔轮 粗大字

3312 **淳祐元宝小平钱 楷书 背纪年八**

四级
径 23.8、穿 7.0、厚 1.1 毫米；重 2.8 克
斜肩宝

3313 **淳祐元宝小平钱 楷书 背纪年八**

四级
径 23.8、穿 7.0、厚 0.9 毫米；重 2.2 克
广郭 俯宝

3314 **淳祐元宝小平钱 楷书 背纪年八**

五级
径 23.7、穿 7.0、厚 1.0 毫米；重 2.9 克
仰淳 进元 小样

3315　**淳祐元宝小平钱 楷书 背纪年八**

五级
径 23.7、穿 7.0、厚 1.1 毫米；重 2.7 克
进元 昂宝

3316　**淳祐元宝小平钱 楷书 背纪年八**

五级
径 23.4、穿 7.0、厚 1.0 毫米；重 2.7 克
狭轮 细字 小样

3317　**淳祐元宝小平钱 楷书 背纪年九**

四级
径 24.7、穿 7.0、厚 1.3 毫米；重 3.5 克
阔轮 俯淳

3318　**淳祐元宝小平钱 楷书 背纪年九**

四级
径 24.5、穿 7.0、厚 1.5 毫米；重 4.1 克
俯淳 进元

3319　**淳祐元宝小平钱 楷书 背纪年九**

四级
径 24.4、穿 7.0、厚 1.3 毫米；重 3.2 克
粗字 阔宝

3320　**淳祐元宝小平钱 楷书 背纪年九**

四级
径 24.3、穿 7.0、厚 1.1 毫米；重 3.3 克
斜宝

3321　**淳祐元宝小平钱 楷书 背纪年九**

四级
径 24.2、穿 7.0、厚 1.2 毫米；重 3.1 克
进俯淳 俯祐

3322　**淳祐元宝小平钱 楷书 背纪年九**

四级
径 24.1、穿 7.0、厚 1.3 毫米；重 3.5 克
细字 进淳

3323　**淳祐元宝小平钱 楷书 背纪年九**

五级
径 24.1、穿 7.0、厚 0.9 毫米；重 2.5 克
粗字 俯淳 俯祐

3324　**淳祐元宝小平钱 楷书 背纪年九**

四级
径 24.0、穿 7.0、厚 1.1 毫米；重 3.0 克
细字 俯宝

3325　**淳祐元宝小平钱 楷书 背纪年九**

五级
径 23.8、穿 7.0、厚 0.9 毫米；重 2.3 克
粗字 俯淳 进元

3326　**淳祐元宝小平钱 楷书 背纪年九**

五级
径 23.2、穿 7.0、厚 1.2 毫米；重 2.8 克
粗大字 小样

3327 **淳祐元宝小平钱 楷书 背纪年十**

五级
径 24.6、厚 1.2 毫米；重 3.3 克
进淳

3328 **淳祐元宝小平钱 楷书 背纪年十**

五级
径 24.5、厚 1.5 毫米；重 4.1 克
俯淳

3329 **淳祐元宝小平钱 楷书 背纪年十**

五级
径 24.5、厚 1.2 毫米；重 3.4 克
俯宝

3330 **淳祐元宝小平钱 楷书 背纪年十**

四级
径 24.4、厚 1.2 毫米；重 3.3 克
粗大字 阔淳

3331 **淳祐元宝小平钱 楷书 背纪年十**

四级
径 24.4、厚 1.4 毫米；重 3.6 克
细字 进淳

3332 **淳祐元宝小平钱 楷书 背纪年十**

五级
径 24.4、厚 1.1 毫米；重 3.2 克
俯淳 俯宝

3333 **淳祐元宝小平钱 楷书 背纪年十**

五级
径 24.4、厚 1.6 毫米；重 4.5 克
斜宝

3334 **淳祐元宝小平钱 楷书 背纪年十**

五级
径 24.2、厚 1.2 毫米；重 3.5 克
俯淳 俯宝

3335 **淳祐元宝小平钱 楷书 背纪年十**

五级
径 24.1、厚 1.4 毫米；重 3.1 克
俯淳 俯祐

3336 **淳祐元宝小平钱 楷书 背纪年十一**

四级
径 25.0、厚 1.3 毫米；重 3.6 克
细字 长宝

3337 **淳祐元宝小平钱 楷书 背纪年十一**

四级
径 24.8、厚 1.3 毫米；重 3.8 克
粗字 俯淳 进元

3338 **淳祐元宝小平钱 楷书 背纪年十一**

四级
径 24.5、穿 7.0、厚 1.4 毫米；重 3.7 克
细郭 细字 俯淳

3339　**淳祐元宝小平钱 楷书 背纪年十一**

四级
径 24.5、厚 1.2 毫米；重 3.0 克
进淳　阔宝

3340　**淳祐元宝小平钱 楷书 背纪年十一**

四级
径 24.3、厚 1.3 毫米；重 3.0 克
阔祐

3341　**淳祐元宝小平钱 楷书 背纪年十一**

四级
径 24.0、厚 1.1 毫米；重 3.0 克
粗字　俯淳

3342　**淳祐元宝小平钱 楷书 背纪年十一**

四级
径 24.0、厚 1.5 毫米；重 3.3 克
狭轮　细字　斜宝

3343　**淳祐元宝小平钱 楷书 背纪年十一**

四级
径 23.8、厚 1.3 毫米；重 3.0 克
广郭　俯淳

3344　**淳祐元宝小平钱 楷书 背纪年十一**

四级
径 23.8、厚 1.0 毫米；重 2.5 克
纤字　进俯淳

3345　**淳祐元宝小平钱 楷书 背纪年十一**

四级
径 22.3、厚 1.6 毫米；重 4.3 克
粗字　昂宝　小样

3346　**淳祐元宝小平钱 楷书 背纪年十二**

五级
径 25.2、穿 7.0、厚 1.0 毫米；重 2.9 克
阔轮　退元

3347　**淳祐元宝小平钱 楷书 背纪年十二**

五级
径 25.1、穿 7.0、厚 1.5 毫米；重 2.8 克
粗字　进淳

3348　**淳祐元宝小平钱 楷书 背纪年十二**

四级
径 25.0、穿 7.0、厚 1.2 毫米；重 3.5 克
细字　狭宝

3349　**淳祐元宝小平钱 楷书 背纪年十二**

四级
径 25.0、穿 7.0、厚 1.2 毫米；重 3.6 克
大字　阔淳

3350　**淳祐元宝小平钱 楷书 背纪年十二**

五级
径 25.0、穿 7.0、厚 1.2 毫米；重 3.7 克
细字　俯进淳

3351　**淳祐元宝小平钱 楷书 背纪年十二**

五级
径 24.9、穿 7.0、厚 1.0 毫米；重 2.9 克
仰宝

3352　**淳祐元宝小平钱 楷书 背纪年十二**

五级
径 24.8、穿 7.0、厚 1.2 毫米；重 3.7 克
细字　正字

3353　**淳祐元宝小平钱 楷书 背纪年十二**

五级
径 24.6、穿 7.0、厚 1.0 毫米；重 2.6 克
仰祐　退元

3354　**淳祐元宝小平钱 楷书 背纪年十二**

五级
径 24.5、穿 7.0、厚 1.2 毫米；重 3.2 克
斜宝

3355　**淳祐元宝小平钱 楷书 背纪年十二**

五级
径 24.3、穿 7.0、厚 1.0 毫米；重 2.7 克
俯淳　阔宝　小样

3356　**淳祐元宝折二钱 楷书 光背**

四级
径 29.5、穿 8.0、厚 1.2 毫米；重 5.1 克
阔轮　广郭　俯淳

3357　**淳祐元宝折二钱 楷书 光背**

四级
径 29.5、穿 8.0、厚 1.5 毫米；重 5.6 克
阔俯淳

3358　**淳祐元宝折二钱 楷书 光背**

四级
径 29.0、穿 8.0、厚 1.3 毫米；重 5.1 克
广郭 正字

3359　**淳祐元宝折二钱 楷书 光背**

四级
径 28.1、穿 9.0、厚 1.7 毫米；重 6.4 克
小字 俯淳

3360　**淳祐元宝折二钱 楷书 光背**

四级
径 27.0、穿 8.0、厚 1.0 毫米；重 3.4 克
进淳 俯祐

3361　**淳祐元宝折二钱 楷书 背纪年元**

四级
径 32.2、穿 8.0 毫米；重 8.2 克
阔轮 仰淳
选自《杭州钱币》会刊

3362　**淳祐元宝折二钱 楷书 背纪年元**

四级
径 30.6、厚 2.0 毫米；重 6.7 克
仰淳 俯宝

3363 **淳祐元宝折二钱 楷书 背纪年元**

五级
径 30.5、厚 1.8 毫米；重 7.0 克
大字 广郭 阔元

3364 **淳祐元宝折二钱 楷书 背纪年元**

五级
径 30.4、厚 1.8 毫米；重 6.5 克
仰淳

3365 **淳祐元宝折二钱 楷书 背纪年元**

四级
径 29.6、厚 17.2 毫米；重 5.6 克
细字 仰淳

3366 **淳祐元宝折二钱 楷书 背纪年元**

五级
径 29.6、厚 1.8 毫米；重 7.3 克
狭淳 仰宝

3367 **淳祐元宝折二钱 楷书 背纪年元**

四级
径 29.5、厚 1.3 毫米；重 5.7 克
进淳 背狭元

3368 **淳祐元宝折二钱 楷书 背纪年元**

四级
径 29.2、厚 1.6 毫米；重 6.4 克
仰淳 背阔元

3369　**淳祐元宝折二钱 楷书 背纪年元**

五级
径 29.2、厚 1.7 毫米；重 6.1 克
仰淳　退元

3370　**淳祐元宝折二钱 楷书 背纪年元**

四级
径 29.2、厚 1.7 毫米；重 5.5 克
狭轮　阔祐

3371　**淳祐元宝折二钱 楷书 背纪年元**

四级
径 29.2、厚 1.6 毫米；重 6.7 克
退元　阔宝

3372　**淳祐元宝折二钱 楷书 背纪年元**

五级
径 29.1、厚 1.6 毫米；重 5.6 克
退元

3373　**淳祐元宝折二钱 楷书 背纪年元**

四级
径 28.9、厚 1.8 毫米；重 6.7 克
俯祐　斜宝

3374　**淳祐元宝折二钱 楷书 背纪年元**

五级
径 28.7、厚 1.6 毫米；重 5.9 克
小字　仰淳　背狭元

3375　**淳祐元宝折二钱 楷书 背纪年元**

四级
径 28.0、厚 1.7 毫米；重 5.5 克
仰宝 小样

3376　**淳祐元宝折二钱 楷书 背纪年二**

五级
径 30.2、穿 8.0、厚 1.5 毫米；重 6.3 克
四决 仰淳

3377　**淳祐元宝折二钱 楷书 背纪年二**

五级
径 30.2、穿 8.0、厚 1.7 毫米；重 6.2 克
俯淳 俯宝

3378　**淳祐元宝折二钱 楷书 背纪年二**

四级
径 29.9、穿 8.0、厚 1.5 毫米；重 6.1 克
广郭 俯祐

3379　**淳祐元宝折二钱 楷书 背纪年二**

四级
径 29.8、穿 8.0、厚 1.5 毫米；重 6.9 克
退淳 俯宝

3380　**淳祐元宝折二钱 楷书 背纪年二**

五级
径 29.8、穿 8.3、厚 1.4 毫米；重 5.1 克
进元

3381 **淳祐元宝折二钱 楷书 背纪年二**

四级
径 29.6、穿 8.2、厚 1.5 毫米；重 5.9 克
大字 阔元

3382 **淳祐元宝折二钱 楷书 背纪年二**

四级
径 29.6、穿 8.0、厚 1.3 毫米；重 5.2 克
仰淳 进元

3383 **淳祐元宝折二钱 楷书 背纪年二**

五级
径 29.1、穿 8.0、厚 1.7 毫米；重 5.8 克
仰淳 俯祐

3384 **淳祐元宝折二钱 楷书 背纪年二**

五级
径 28.9、穿 8.0、厚 1.5 毫米；重 5.4 克
俯淳 俯宝

3385 **淳祐元宝折二钱 楷书 背纪年二**

五级
径 28.8、穿 8.0 毫米；重 9.9 克
粗字 仰淳
存云亭藏

3386 **淳祐元宝折二钱 楷书 背纪年二**

四级
径 28.7、穿 8.0、厚 1.7 毫米；重 7.0 克
俯宝

3387　**淳祐元宝折二钱 楷书 背纪年二**

五级
径 28.7、穿 8.0、厚 1.5 毫米；重 4.2 克
仰淳 俯宝

3388　**淳祐元宝折二钱 楷书 背纪年二**

五级
径 28.6、穿 8.2、厚 1.3 毫米；重 5.1 克
仰淳 仰宝

3389　**淳祐元宝折二钱 楷书 背纪年二**

五级
径 28.5、穿 8.4、厚 1.4 毫米；重 4.1 克
俯淳 仰宝

3390　**淳祐元宝折二钱 楷书 背纪年二**

五级
径 28.5、穿 8.3、厚 1.6 毫米；重 5.7 克
大字 仰淳

3391　**淳祐元宝折二钱 楷书 背纪年二**

五级
径 28.2、穿 8.0、厚 1.5 毫米；重 6.0 克
仰淳 小样

3392　**淳祐元宝折二钱 楷书 背纪年三**

五级
径 29.1、穿 8.0、厚 1.5 毫米；重 6.8 克
俯淳 斜肩宝

3393　**淳祐元宝折二钱 楷书 背纪年三**

四级
径 28.9、穿 8.2、厚 1.3 毫米；重 5.0 克
狭淳　退元

3394　**淳祐元宝折二钱 楷书 背纪年三**

四级
径 28.3、穿 8.2、厚 1.3 毫米；重 5.7 克
细字　俯淳

3395　**淳祐元宝折二钱 楷书 背纪年三**

五级
径 28.2、穿 8.0、厚 1.4 毫米；重 5.6 克
俯淳　退元

3396　**淳祐元宝折二钱 楷书 背纪年三**

五级
径 28.1、穿 8.0、厚 1.7 毫米；重 6.1 克
退元　仰宝

3397　**淳祐元宝折二钱 楷书 背纪年三**

五级
径 28.0、穿 8.0、厚 1.3 毫米；重 4.6 克
俯祐　退元

3398　**淳祐元宝折二钱 楷书 背纪年三**

四级
径 27.8、穿 8.3、厚 1.7 毫米；重 5.7 克
阔元　俯宝

3399 **淳祐元宝折二钱 楷书 背纪年三**

四级
径 27.8、穿 8.0、厚 1.5 毫米；重 5.8 克
粗字 退元 仰宝

3400 **淳祐元宝折二钱 楷书 背纪年三**

五级
径 27.7、穿 8.0、厚 1.6 毫米；重 4.7 克
小俯淳 退元

3401 **淳祐元宝折二钱 楷书 背纪年三**

四级
径 27.6、穿 8.0、厚 1.7 毫米；重 6.1 克
退元 俯宝

3402 **淳祐元宝折二钱 楷书 背纪年三**

五级
径 27.6、穿 8.2、厚 1.3 毫米；重 4.2 克
俯淳

3403 **淳祐元宝折二钱 楷书 背纪年三**

五级
径 27.2、穿 8.0、厚 1.7 毫米；重 6.4 克
俯淳 斜宝

3404 **淳祐元宝折二钱 楷书 背纪年三**

五级
径 27.0、穿 8.0、厚 1.4 毫米；重 4.5 克
细字 仰宝

3405　**淳祐元宝折二钱 楷书 背纪年三**

五级
径 26.3、穿 8.0、厚 1.5 毫米；重 4.2 克
狭轮　大字　小样

3406　**淳祐元宝折二钱 楷书 背纪年四**

四级
径 31.0、穿 8.3、厚 1.6 毫米；重 7.7 克
阔轮　大样　背小四

3407　**淳祐元宝折二钱 楷书 背纪年四**

四级
径 29.5、穿 8.0、厚 1.8 毫米；重 6.7 克
粗字　阔俯淳

3408　**淳祐元宝折二钱 楷书 背纪年四**

四级
径 28.7、穿 8.2、厚 1.4 毫米；重 5.5 克
俯淳　仰宝

3409　**淳祐元宝折二钱 楷书 背纪年四**

五级
径 28.3、穿 8.2、厚 1.4 毫米；重 6.1 克
粗字　狭祐

3410　**淳祐元宝折二钱 楷书 背纪年四**

四级
径 28.1、穿 8.0、厚 1.5 毫米；重 5.6 克
面四决　退元

3411　**淳祐元宝折二钱 楷书 背纪年四**

五级
径 27.8、穿 8.0、厚 1.6 毫米；重 5.9 克
细字 退元 俯宝

3412　**淳祐元宝折二钱 楷书 背纪年四**

五级
径 27.7、穿 8.2、厚 1.5 毫米；重 4.5 克
退元 仰宝

3413　**淳祐元宝折二钱 楷书 背纪年四**

四级
径 27.5、穿 8.0、厚 1.2 毫米；重 3.9 克
正字

3414　**淳祐元宝折二钱 楷书 背纪年四**

四级
径 27.2、穿 8.0、厚 1.9 毫米；重 6.5 克
进俯淳 退元

3415　**淳祐元宝折二钱 楷书 背纪年四**

五级
径 27.2、穿 8.0、厚 1.7 毫米；重 5.7 克
俯淳 俯元

3416　**淳祐元宝折二钱 楷书 背纪年四**

四级
径 27.1、穿 8.0、厚 2.6 毫米；重 6.8 克
退元 俯宝

3417 **淳祐元宝折二钱 楷书 背纪年四**

四级
径 26.6、穿 8.2、厚 1.5 毫米；重 4.6 克
俯淳 小样

3418 **淳祐元宝折二钱 楷书 背纪年五**

四级
径 27.9、穿 8.0、厚 1.4 毫米；重 5.2 克
阔轮 广郭 俯宝

3419 **淳祐元宝折二钱 楷书 背纪年五**

四级
径 27.9、穿 8.0、厚 1.6 毫米；重 5.4 克
粗字 斜淳 俯宝

3420 **淳祐元宝折二钱 楷书 背纪年五**

四级
径 27.5、穿 8.0、厚 1.4 毫米；重 5.0 克
仰淳 俯宝

3421 **淳祐元宝折二钱 楷书 背纪年五**

四级
径 27.4、穿 8.0、厚 1.7 毫米；重 5.3 克
仰淳 背斜五

3422 **淳祐元宝折二钱 楷书 背纪年五**

四级
径 27.2、穿 8.0、厚 1.6 毫米；重 5.0 克
粗字 俯宝

3423 **淳祐元宝折二钱 楷书 背纪年五**

四级

径 27.0、穿 8.0 毫米；重 5.6 克

粗大字 俯淳 背斜五

存云亭藏

3424 **淳祐元宝折二钱 楷书 背纪年五**

四级

径 26.9、穿 8.0、厚 1.5 毫米；重 5.3 克

粗字 仰淳

3425 **淳祐元宝折二钱 楷书 背纪年五**

四级

径 26.9、穿 8.0、厚 1.6 毫米；重 5.2 克

粗大字 阔淳

3426 **淳祐元宝折二钱 楷书 背纪年五**

四级

径 27.0、穿 0.82、厚 1.3 毫米；重 3.8 克

粗字 扁淳

3427 **淳祐元宝折二钱 楷书 背纪年五**

四级

径 26.8、穿 0.8、厚 1.4 毫米；重 3.8 克

大字 仰淳

3428 **淳祐元宝折二钱 楷书 背纪年五**

四级

径 26.2、穿 8.0 毫米；重 5.6 克

俯淳 俯宝

3429　**淳祐元宝折二钱 楷书 背纪年五**

四级
径 26、穿 8.0、厚 1.6 毫米；重 4.2 克
狭轮　大字　阔宝

3430　**淳祐元宝折二钱 楷书 背纪年六**

四级
径 29.7、厚 1.5 毫米；重 5.8 克
广郭　俯淳

3431　**淳祐元宝折二钱 楷书 背纪年六**

四级
径 29.7、穿 8.0、厚 1.7 毫米；重 6.1 克
大字　俯祐

3432　**淳祐元宝折二钱 楷书 背纪年六**

四级
径 29.5、厚 1.8 毫米；重 7.0 克
细字　进淳

3433　**淳祐元宝折二钱 楷书 背纪年六**

四级
径 29.2、厚 1.8 毫米；重 6.3 克
进淳　俯宝

3434　**淳祐元宝折二钱 楷书 背纪年六**

四级
径 28.8、厚 1.6 毫米；重 6.0 克
细小字　进俯淳

3435 **淳祐元宝折二钱 楷书 背纪年六**

四级
径 28.7、厚 1.8 毫米；重 5.4 克
俯淳 斜宝

3436 **淳祐元宝折二钱 楷书 背纪年六**

四级
径 28.4、厚 1.7 毫米；重 6.7 克
广郭 小宝

3437 **淳祐元宝折二钱 楷书 背纪年六**

四级
径 27.6、厚 1.4 毫米；重 4.4 克
进淳 斜宝 小样

3438 **淳祐元宝折二钱 楷书 背纪年六**

四级
径 27.0、穿 8.2、厚 1.8 毫米；重 5.5 克
进淳 扁元

3439 **淳祐元宝折二钱 楷书 背纪年六**

四级
径 26.3、穿 8.2、厚 1.6 毫米；重 4.9 克
进淳 进元

3440 **淳祐元宝折二钱 楷书 背纪年六**

五级
径 25.8、穿 8.2、厚 1.3 毫米；重 4.0 克
狭轮 仰宝 小样

3441	**淳祐元宝折二钱 楷书 背纪年七** 四级 径 29.9、穿 8.0、厚 1.7 毫米；重 7.3 克 平阔 进俯淳		
3442	**淳祐元宝折二钱 楷书 背纪年七** 四级 径 29.8、穿 7.8、厚 1.4 毫米；重 5.9 克 进俯淳 进元		
3443	**淳祐元宝折二钱 楷书 背纪年七** 四级 径 29.8、穿 8.0、厚 1.6 毫米；重 6.4 克 进元 仰宝		
3444	**淳祐元宝折二钱 楷书 背纪年七** 四级 径 29.4、穿 8.0、厚 1.4 毫米；重 5.4 克 大字 广郭 进元		
3445	**淳祐元宝折二钱 楷书 背纪年七** 五级 径 29.3、穿 8.0、厚 1.3 毫米；重 5.1 克 俯淳 俯元		
3446	**淳祐元宝折二钱 楷书 背纪年七** 四级 径 29.0、穿 8.0、厚 1.4 毫米；重 6.6 克 俯淳 阔宝		

3447 **淳祐元宝折二钱 楷书 背纪年七**

五级
径 28.8、穿 8.0、厚 1.2 毫米；重 5.3 克
俯淳 扁元

3448 **淳祐元宝折二钱 楷书 背纪年七**

四级
径 28.7、穿 8.0、厚 1.4 毫米；重 5.2 克
俯淳 阔祐

3449 **淳祐元宝折二钱 楷书 背纪年七**

四级
径 28.3、穿 8.0、厚 1.4 毫米；重 5.3 克
俯淳 俯元

3450 **淳祐元宝折二钱 楷书 背纪年七**

五级
径 28.0、穿 8.0、厚 1.6 毫米；重 5.6 克
粗字 俯淳

3451 **淳祐元宝折二钱 楷书 背纪年八**

五级
径 29.6、穿 8.0、厚 2.0 毫米；重 8.4 克
阔轮 俯淳

3452 **淳祐元宝折二钱 楷书 背纪年八**

四级
径 29.5、穿 8.0、厚 0.7 毫米；重 5.8 克
仰淳 背小八

3453 **淳祐元宝折二钱 楷书 背纪年八**

四级
径 29.2、穿 8.0、厚 1.6 毫米；重 5.8 克
仰淳

3454 **淳祐元宝折二钱 楷书 背纪年八**

四级
径 29.0、穿 8.0、厚 1.4 毫米；重 5.5 克
细字 正字

3455 **淳祐元宝折二钱 楷书 背纪年八**

五级
径 29.0、穿 8.0、厚 2.1 毫米；重 7.6 克
花穿 俯宝

3456 **淳祐元宝折二钱 楷书 背纪年八**

五级
径 28.8、穿 8.0、厚 1.6 毫米；重 6.3 克
仰淳 仰宝

3457 **淳祐元宝折二钱 楷书 背纪年八**

四级
径 28.7、穿 8.0、厚 1.4 毫米；重 5.1 克
广郭 俯淳

3458 **淳祐元宝折二钱 楷书 背纪年八**

四级
径 28.7、穿 8.0、厚 1.5 毫米；重 6.0 克
阔仰淳

3459 **淳祐元宝折二钱 楷书 背纪年八**

四级
径 28.4、穿 8.0、厚 1.3 毫米；重 4.8 克
细字 阔宝

3460 **淳祐元宝折二钱 楷书 背纪年八**

五级
径 28.3、穿 8.0、厚 1.4 毫米；重 5.1 克
进淳 背进八

3461 **淳祐元宝折二钱 楷书 背纪年八**

四级
径 27.6、穿 8.0、厚 1.3 毫米；重 4.0 克
仰淳 背斜八

3462 **淳祐元宝折二钱 楷书 背纪年九**

四级
径 30.2、穿 8.0、厚 1.3 毫米；重 4.7 克
阔轮 阔淳

3463 **淳祐元宝折二钱 楷书 背纪年九**

四级
径 29.8、穿 8.0、厚 1.6 毫米；重 6.9 克
仰祐

3464 **淳祐元宝折二钱 楷书 背纪年九**

五级
径 29.7、穿 8.0、厚 1.7 毫米；重 7.2 克
仰祐 仰宝

3465 **淳祐元宝折二钱 楷书 背纪年九**

四级
径 29.6、穿 8.0、厚 1.3 毫米；重 4.7 克
进淳 仰宝

3466 **淳祐元宝折二钱 楷书 背纪年九**

四级
径 29.5、穿 8.0、厚 1.3 毫米；重 4.9 克
大字 阔祐

3467 **淳祐元宝折二钱 楷书 背纪年九**

五级
径 29.4、穿 8.0、厚 1.3 毫米；重 4.7 克
仰淳 仰宝

3468 **淳祐元宝折二钱 楷书 背纪年九**

四级
径 29.4、穿 8.0、厚 1.4 毫米；重 5.4 克
细字 进淳

3469 **淳祐元宝折二钱 楷书 背纪年九**

五级
径 29.2、穿 8.0、厚 1.6 毫米；重 5.4 克
细字 仰祐

3470 **淳祐元宝折二钱 楷书 背纪年九**

四级
径 29.1、穿 8.0、厚 1.6 毫米；重 6.4 克
细字 进淳 仰宝

3471　**淳祐元宝折二钱 楷书 背纪年九**

五级
径 29.1、穿 8.0、厚 1.3 毫米；重 4.9 克
广郭　仰祐

3472　**淳祐元宝折二钱 楷书 背纪年九**

五级
径 29.0、穿 8.0、厚 1.5 毫米；重 5.7 克
广郭　仰宝

3473　**淳祐元宝折二钱 楷书 背纪年九**

四级
径 28.9、穿 8.0、厚 1.3 毫米；重 5.1 克
广郭　正字

3474　**淳祐元宝折二钱 楷书 背纪年十**

四级
径 31.3、穿 8.0、厚 2.5 毫米；重 9.9 克
阔俯淳　大样

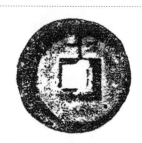

3475　**淳祐元宝折二钱 楷书 背纪年十**

四级
径 30.2、穿 8.0、厚 1.8 毫米；重 7.5 克
正字

3476　**淳祐元宝折二钱 楷书 背纪年十**

五级
径 29.6、穿 8.0、厚 1.3 毫米；重 5.6 克
细字　俯淳

3477	**淳祐元宝折二钱 楷书 背纪年十** 五级 径 29.4、穿 8.0、厚 1.6 毫米；重 5.2 克 大字 退元		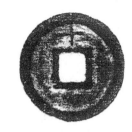
3478	**淳祐元宝折二钱 楷书 背纪年十** 五级 径 29.3、穿 8.0、厚 1.5 毫米；重 6.1 克 粗字 扁元		
3479	**淳祐元宝折二钱 楷书 背纪年十** 四级 径 29.2、穿 7.4、厚 1.6 毫米；重 6.5 克 俯淳 退元		
3480	**淳祐元宝折二钱 楷书 背纪年十** 四级 径 29.1、穿 7.4、厚 1.5 毫米；重 6.8 克 大字 退元		
3481	**淳祐元宝折二钱 楷书 背纪年十** 五级 径 29.0、穿 8.0、厚 1.5 毫米；重 4.9 克 俯淳 俯祐		
3482	**淳祐元宝折二钱 楷书 背纪年十** 四级 径 29.0、穿 7.8、厚 1.4 毫米；重 5.6 克 大字 阔祐		

3483　**淳祐元宝折二钱 楷书 背纪年十**

五级
径 28.9、穿 7.2、厚 1.6 毫米；重 6.6 克
广郭　正字

3484　**淳祐元宝折二钱 楷书 背纪年十**

五级
径 28.2、穿 8.0、厚 1.2 毫米；重 4.3 克
俯淳

3485　**淳祐元宝折二钱 楷书 背纪年十**

五级
径 27.4、穿 8.0、厚 1.2 毫米；重 4.1 克
狭轮　俯淳　俯宝

3486　**淳祐元宝折二钱 楷书 背纪年十一**

四级
径 29.8、穿 8.0、厚 1.5 毫米；重 6.0 克
俯淳　退元

3487　**淳祐元宝折二钱 楷书 背纪年十一**

四级
径 29.8、穿 8.0、厚 1.6 毫米；重 6.1 克
粗大字　退元

3488　**淳祐元宝折二钱 楷书 背纪年十一**

五级
径 29.6、穿 8.0、厚 1.5 毫米；重 6.3 克
进淳　退元

3489 **淳祐元宝折二钱 楷书 背纪年十一**

四级
径 29.3、穿 8.0、厚 1.6 毫米；重 5.8 克
广郭 粗字 正字

3490 **淳祐元宝折二钱 楷书 背纪年十一**

四级
径 29.1、穿 7.4、厚 1.3 毫米；重 5.1 克
俯淳 仰宝

3491 **淳祐元宝折二钱 楷书 背纪年十一**

四级
径 29.0、穿 8.0、厚 2.0 毫米；重 7.8 克
细字 退元

3492 **淳祐元宝折二钱 楷书 背纪年十一**

五级
径 29.0、穿 8.0、厚 1.3 毫米；重 5.3 克
俯淳 退元

3493 **淳祐元宝折二钱 楷书 背纪年十一**

四级
径 29.0、穿 8.0、厚 1.6 毫米；重 5.8 克
俯淳 俯祐

3494 **淳祐元宝折二钱 楷书 背纪年十一**

四级
径 28.8、穿 8.0、厚 1.6 毫米；重 6.5 克
广郭 退元

3495 **淳祐元宝折二钱 楷书 背纪年十一**

五级
径 28.7、穿 8.0、厚 1.4 毫米；重 4.8 克
退元 俯宝

3496 **淳祐元宝折二钱 楷书 背纪年十一**

四级
径 28.7、穿 8.0、厚 2.0 毫米；重 5.3 克
俯淳 退元

3497 **淳祐元宝折二钱 楷书 背纪年十一**

五级
径 28.0、穿 7.6、厚 1.0 毫米；重 3.7 克
粗字 退狭元

3498 **淳祐元宝折二钱 楷书 背纪年十二**

四级
径 31.1、穿 8.0、厚 1.6 毫米；重 7.3 克
阔轮 进淳 大元

3499 **淳祐元宝折二钱 楷书 背纪年十二**

四级
径 31.1、穿 8.0 毫米；重 8.4 克
阔轮 进淳 阔宝
选自《杭州钱币》会刊

3500 **淳祐元宝折二钱 楷书 背纪年十二**

五级
径 30.9、穿 8.0、厚 1.7 毫米；重 7.2 克
粗字 进淳

3501　**淳祐元宝折二钱 楷书 背纪年十二**

四级
径 30.8、穿 8.0、厚 1.6 毫米；重 7.7 克
细字　仰宝

3502　**淳祐元宝折二钱 楷书 背纪年十二**

五级
径 30.6、穿 8.0、厚 1.3 毫米；重 6.1 克
粗字　狭元

3503　**淳祐元宝折二钱 楷书 背纪年十二**

五级
径 30.6、穿 8.0、厚 1.7 毫米；重 6.4 克
粗字　俯淳

3504　**淳祐元宝折二钱 楷书 背纪年十二**

四级
径 30.4、穿 8.0、厚 1.5 毫米；重 6.8 克
进淳　俯祐

3505　**淳祐元宝折二钱 楷书 背纪年十二**

五级
径 30.2、穿 8.0、厚 1.6 毫米；重 6.6 克
花穿　斜宝

3506　**淳祐元宝折二钱 楷书 背纪年十二**

四级
径 29.8、穿 8.0、厚 1.5 毫米；重 6.2 克
细字　进俯淳

3507　**淳祐元宝折二钱 楷书 背纪年十二**

五级
径 29.7、穿 8.0、厚 1.4 毫米；重 5.6 克
进淳　俯祐

3508　**淳祐元宝折二钱 楷书 背纪年十二**

五级
径 29.6、穿 8.0、厚 1.5 毫米；重 5.3 克
俯淳　进元

3509　**淳祐元宝折二钱 楷书 背纪年十二**

四级
径 29.4、穿 7.4、厚 1.4 毫米；重 5.6 克
广郭　俯宝

3510　**淳祐元宝折二钱 楷书 背纪年十二**

五级
径 29.2、穿 7.6、厚 1.6 毫米；重 6.9 克
进淳　俯宝

3511　**淳祐元宝折二钱 楷书 背纪年十二**

四级
径 29.2、穿 8.0、厚 1.5 毫米；重 6.9 克
进淳　阔元

3512　**淳祐元宝折二钱 楷书 背纪年十二**

五级
径 29.0、穿 8.0、厚 1.4 毫米；重 4.8 克
细字 进俯淳

3513 **淳祐元宝折二钱 楷书 背纪年十二**

五级
径 28.4、穿 8.0、厚 1.5 毫米；重 4.8 克
俯淳 狭元

3514 **淳祐元宝折二钱 楷书 背纪年十二**

五级
径 28.0、穿 8.0、厚 1.3 毫米；重 3.5 克
小淳 小样

淳祐通宝钱

　　南宋钱币。理宗淳祐年间（1241~1252 年）铸造。青铜质。钱文"淳祐通宝"，楷书，对读。有小平钱、折二钱、折三钱、当百大钱 4 种币值。小平钱、折二钱、折三钱皆背四决纹。背当百大钱有光背，背当百有小样钱、中样钱、大样钱等。按钱币文字和特征分，有阔淳、狭淳、长淳、阔祐、狭祐等多种版式。一般小平钱径 23.8~25.1 毫米，重 3.6~5 克；折二钱径 28~30.2 毫米，重 6.7 克；折三钱径 34~35.1 毫米，重 11.68~20.8 克；背当百小样钱径 34.8~36.4 毫米，重 9.3~16.4 克；背当百中样钱径 41 毫米，重 19.7 克；背当百大样钱径 50.9~54 毫米，重 27.7~50.9 克。

3515 **淳祐通宝小平钱 楷书 背四决**

二级
径 25.1、穿 6.0 毫米；重 3.8 克
四决 粗字 仰通
王荫嘉旧藏

3516 淳祐通宝小平钱 楷书 背四决

二级
径 25.0、穿 6.0 毫米
四决 仰淳 仰通
燕子堂藏

3517 淳祐通宝小平钱 楷书 背四决

二级
径 25.0、穿 6.0 毫米
四决 退淳 仰通
选自《历代古钱图说》

3518 淳祐通宝小平钱 楷书 背四决

二级
径 24.7、穿 6.0、厚 2.0 毫米；重 5.0 克
四决 小字 俯宝

3519 淳祐通宝小平钱 楷书 背四决

二级
径 24.7、穿 6.0 毫米；重 3.6 克
四决 阔通
孙鼎旧藏

3520 淳祐通宝小平钱 楷书 背四决

二级
径 24.6、穿 6.0、厚 1.6 毫米；重 4.46 克
四决 粗大字 阔祐

3521 淳祐通宝小平钱 楷书 背四决

三级
径 24.3、穿 6.0、厚 1.5 毫米；重 3.85 克
四决 仰淳 俯宝

3522 **淳祐通宝小平钱 楷书 背四决**

二级
径 24.1 毫米
四决 仰淳 仰宝
戴葆庭旧藏

3523 **淳祐通宝小平钱 楷书 背四决**

二级
径 24.0 毫米
四决 小淳 俯祐
增田氏旧藏

3524 **淳祐通宝小平钱 楷书 背四决**

二级
径 23.8 毫米
四决 小字 进祐
平尾赞平旧藏

3525 **淳祐通宝折二钱 楷书 背四决**

一级
径 30.2、穿 7.0 毫米
四决 阔轮 粗字 斜宝
燕子堂藏

3526 **淳祐通宝折二钱 楷书 背四决**

一级
径 30.0、穿 7.2 毫米；重 6.7 克
四决 细字 俯宝
上海博物馆藏

3527 **淳祐通宝折二钱 楷书 背四决**

一级
径 29.0、穿 7.2 毫米
四决 退仰淳 俯宝
戴葆庭旧藏

3528   **淳祐通宝折二钱 楷书 背四决**

一级
径 28.9、穿 7.2 毫米
四决 粗字 俯宝
刘燕庭旧藏

3529   **淳祐通宝折二钱 楷书 背四决**

二级
径 28.0 毫米
狭轮 阴郭 背四决
李正天藏

3530   **淳祐通宝折三钱 楷书 背四决**

一级
径 25.1 毫米
粗大字 俯淳
方药雨提供

3531   **淳祐通宝折三钱 楷书 背四决**

一级
径 35.0 毫米；重 13.2 克
俯淳 俯宝
上海博物馆藏

3532   **淳祐通宝折三钱 楷书 背四决**

一级
径 35.0、穿 8.0、厚 2.7 毫米
重 11.68 克
退淳 斜宝

3533   **淳祐通宝折三钱 楷书 背四决**

一级
径 35.0 毫米
细郭 退淳
平尾丽惠庄旧藏

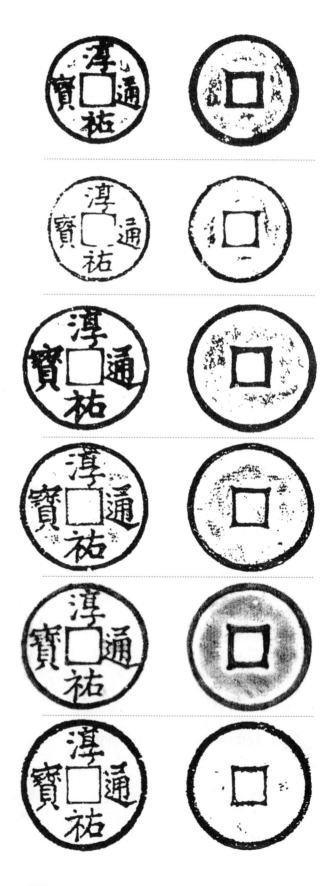

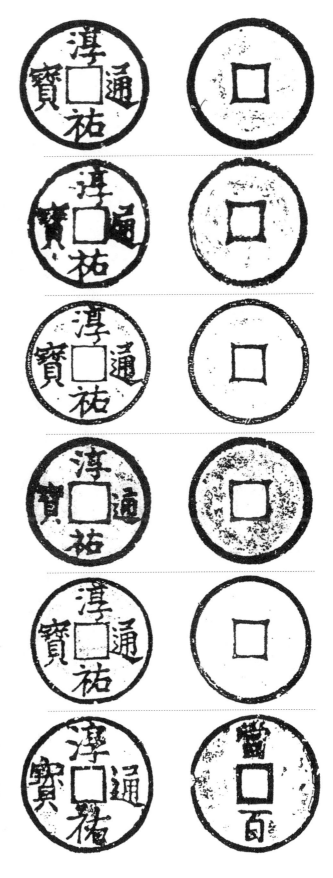

3534 淳祐通宝折三钱 楷书 背四决

一级
径 34.7 毫米
粗字 退俯淳
选自《历代古钱图说》

3535 淳祐通宝折三钱 楷书 背四决

一级
径 34.5 毫米；重 20.8 克
粗字 退狭淳
南宋钱币博物馆藏

3536 淳祐通宝折三钱 楷书 背四决

一级
径 34.3 毫米
俯淳 俯通
戴葆庭旧藏

3537 淳祐通宝折三钱 楷书 背四决

一级
径 34.2 毫米
粗短字 俯淳 进祐
选自《古钱大辞典》

3538 淳祐通宝折三钱 楷书 背四决

一级
径 34.0 毫米
狭轮 俯淳 俯宝
选自《中国珍稀钱币》

3539 淳祐通宝 楷书 背当百 小样

三级
径 36.4、穿 7.0 毫米；重 16.4 克
大字 阔淳
上海博物馆藏

3540 淳祐通宝 楷书 背当百 小样

三级
径 36.4、穿 7.0 毫米
细字 仰淳 仰宝
林田随神轩旧藏

3541 淳祐通宝 楷书 背当百 小样

四级
径 36.3、穿 7.4、厚 2.6 毫米
重 13.0 克
大字 仰通

3542 淳祐通宝 楷书 背当百 小样

三级
径 36.3、穿 7.0 毫米；重 14.2 克
仰淳 仰通
村云亭藏

3543 淳祐通宝 楷书 背当百 小样

三级
径 36.3、厚 2.6 毫米；重 13.4 克
仰淳 仰通 背斜当

3544 淳祐通宝 楷书 背当百 小样

三级
径 36.3 毫米；重 14.6 克
俯通 降宝
村云亭藏

3545　淳祐通宝 楷书 背当百 小样

三级
径 36.2、厚 2.9 毫米；重 13.9 克
仰淳 短脚宝

3546　淳祐通宝 楷书 背当百 小样

三级
径 36.1、穿 8.0、厚 2.2 毫米
重 11.6 克
细轮 仰淳 仰通

3547　淳祐通宝 楷书 背当百 小样

三级
径 36.0、穿 7.2 毫米
细字 仰通 仰宝
平尾丽惠庄旧藏

3548　淳祐通宝 楷书 背当百 小样

三级
径 36.0、穿 8.0 毫米
大字 俯淳 俯宝
选自《华夏古钱价格图录》

3549　淳祐通宝 楷书 背当百 小样

三级
径 35.8、穿 8.0 毫米；重 9.6 克
仰淳 背粗字当百
南宋钱币博物馆藏

3550　**淳祐通宝 楷书 背当百 小样**

三级
径 35.8、穿 8.5 毫米
细郭 昂宝 背阔当
王荫嘉旧藏

3551　**淳祐通宝 楷书 背当百 小样**

三级
径 35.7、穿 7.2 毫米；重 15.2 克
仰通 仰宝
上海博物馆藏

3552　**淳祐通宝 楷书 背当百 小样**

三级
径 35.7、穿 8.2 毫米
粗大字 阔淳
蔡养吾旧藏

3553　**淳祐通宝 楷书 背当百 小样**

三级
径 35.0、穿 7.0、厚 2.5 毫米
重 9.3 克
仰淳 背粗字阔当百

3554　**淳祐通宝 楷书 背当百 小样**

三级
径 36.2、穿 8.0 毫米；重 13.2 克
大字 仰通
上海博物馆藏

3555　**淳祐通宝 楷书 背当百 小样**

三级
径 35.8、穿 7.2、厚 2.9 毫米
重 16.1 克
仰淳　仰宝

3556　**淳祐通宝 楷书 背当百 小样**

三级
径 35.5、穿 7.2 毫米；重 11.8 克
俯淳　俯宝
存云亭藏

3557　**淳祐通宝 楷书 背当百 小样**

三级
径 35.5、穿 8.0 毫米；重 13.8 克
大字　仰淳　仰宝
存云亭藏

3558　**淳祐通宝 楷书 背当百 小样**

三级
径 35.3、穿 8.4、厚 2.4 毫米
重 12.5 克
大字　阔淳

3559　**淳祐通宝 楷书 背当百 小样**

三级
径 35.1、穿 9.0、厚 2.3 毫米
重 12.4 克
细字　背狭当

3560　**淳祐通宝 楷书 背当百 小样**

三级
径 35.1、穿 8.0、厚 2.5 毫米
重 11.6 克
纤轮 阴郭 背小百

3561　**淳祐通宝 楷书 背当百 小样**

三级
径 35.0、穿 8.0 毫米；重 14.0 克
粗大字 仰淳 仰通
陈小陶藏

3562　**淳祐通宝 楷书 背当百 小样**

三级
径 35.0、穿 7.2 毫米
大字 正字
平尾丽惠庄旧藏

3563　**淳祐通宝 楷书 背当百 小样**

三级
径 35.0、穿 7.0 毫米
阔轮 俯淳 背阔当百
中村孔固亭旧藏

3564　**淳祐通宝 楷书 背当百 小样**

三级
径 34.8、穿 8.0 毫米
细轮 俯通 背小当百
刘燕庭旧藏

3565

淳祐通宝 楷书 背当百 中样

一级

径 41.0、穿 10 毫米；重 19.7 克

俯通 俯宝

3566

淳祐通宝 楷书 背当百 中样

一级

径 41.0、穿 10.0 毫米

中样 进淳 斜祐

罗伯昭旧藏

3567

淳祐通宝 楷书 光背当百 大样

二级　　径 50.0、穿 12.0 毫米　　狭轮 粗字 进淳　　选自《历代古钱图说》

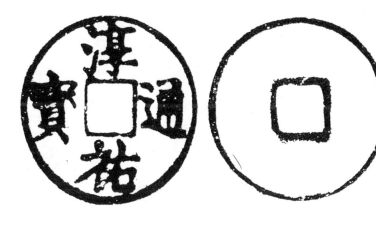

3568 淳祐通宝 楷书 背当百 大样

二级　　径 54.0、穿 11.0、厚 4.1 毫米；重 41.9 克　　广郭 正字

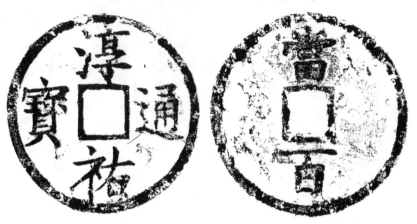

3569 淳祐通宝 楷书 背当百 大样

二级　　径 53.7、穿 13.0 毫米；重 31.2 克　　俯通 阔宝　　上海博物馆藏

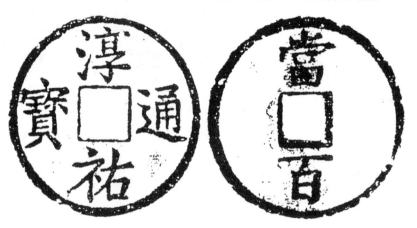

3570 淳祐通宝 楷书 背当百 大样

二级　　径 53.2、穿 12.0 毫米；重 48.4 克　　进淳 俯宝 背斜百　　上海博物馆藏

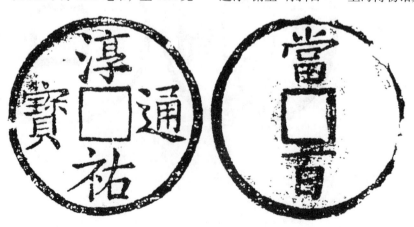

3571

淳祐通宝 楷书 背当百 大样

二级　　径 53.0、穿 12.0 毫米；重 31.2 克　　仰宝 背粗大字当百　　南宋钱币博物馆藏

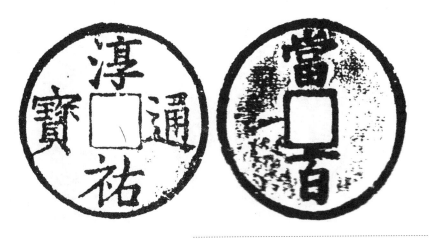

3572

淳祐通宝 楷书 背当百 大样

二级　　径 53.0、穿 12.0 毫米；重 35.0 克　　细字 进淳　　南宋钱币博物馆藏

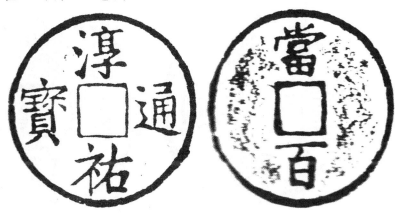

3573

淳祐通宝 楷书 背当百 大样

二级　　径 52.8、穿 12.0、厚 3.4 毫米；重 27.7 克　　进仰淳

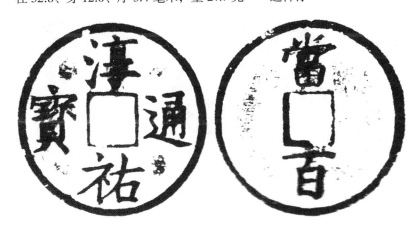

3574

淳祐通宝 楷书 背当百 大样

二级　　径 52.4、穿 12.0 毫米；重 36.8 克　　粗大字 阔淳　　背粗大字当百　　存云亭藏

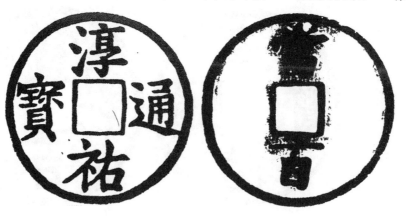

3575

淳祐通宝 楷书 背当百 大样

二级　　径 52.0 毫米；重 35.5 克　　狭郭 正字　　陈小陶藏

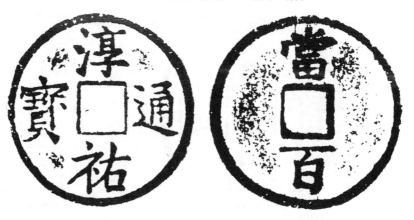

3576

淳祐通宝 楷书 背当百 大样

三级　　径 51.9、穿 12.0 毫米；重 28.4 克　　粗大字 俯淳 阔通　　存云亭藏

3577

淳祐通宝 楷书 背当百 大样

二级　　　径 51.7、穿 12.0、厚 3.9 毫米；重 50.9 克　　　俯通　背斜百

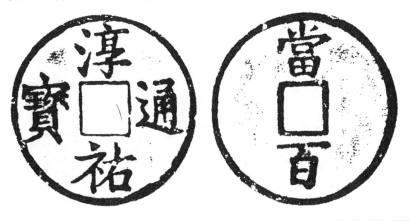

3578

淳祐通宝 楷书 背当百 大样

二级　　　径 51.6、穿 12.0 毫米；重 32.3 克　　　正字　　　蔡养吾旧藏

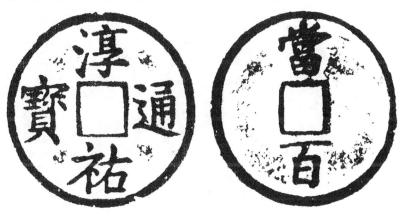

3579

淳祐通宝 楷书 背当百 大样

二级　　　径 51.5 毫米　　　进淳 背粗字阔当百　　　燕子堂藏

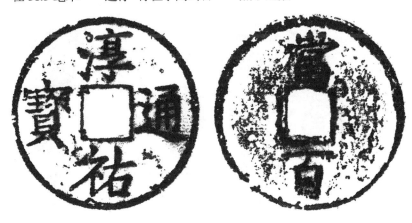

淳祐通宝 楷书 背当百 大样

3580

二级　　径 50.5、穿 12.0 毫米　　狭轮 细郭 背斜百

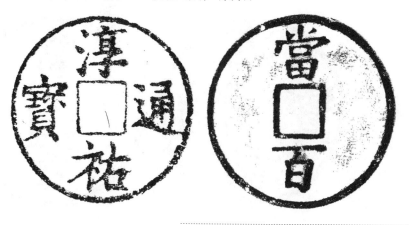

淳祐通宝 楷书 背当百 大样

3581

二级　　径 50.0、穿 12.0 毫米；重 35.0 克　　仰淳　　选自《孙国宝藏钱选粹》

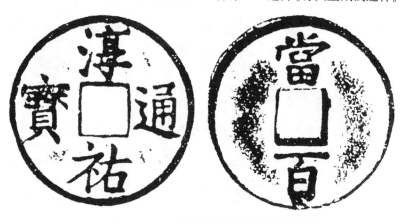

淳祐通宝 楷书 背当百 大样

3582

二级　　径 49.8、穿 12.0 毫米；重 31.5 克　　狭轮 粗字 进淳　　曾泽禄藏

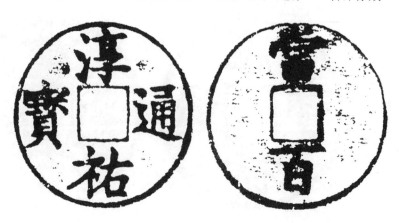

3583 **淳祐通宝 楷书 背当百 大样**

二级　　径 52.4、穿 13.0 毫米；重 35.6 克　　俯淳 狭通　　上海博物馆藏

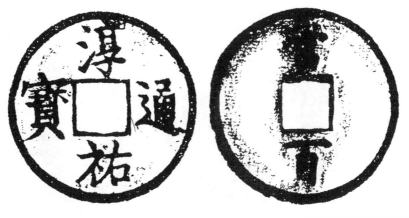

3584 **淳祐通宝 楷书 背当百 大样**

二级　　径 52.2、穿 13.0 毫米；重 36.8 克　　俯淳 背狭当百　　存云亭藏

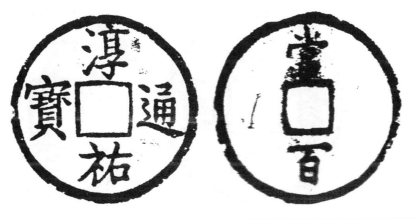

3585 **淳祐通宝 楷书 背当百 大样**

二级　　径 52.1、穿 13.0、厚 3.4 毫米；重 42.9 克　　小字 斜祐　　背狭当百

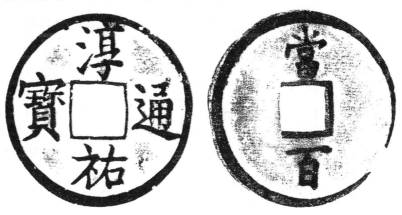

3586 淳祐通宝 楷书 背当百 大样

二级　　径 51.7、穿 13.0、厚 3.1 毫米；重 37.1 克　　俯淳 斜宝

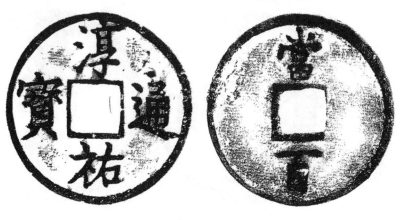

3587 淳祐通宝 楷书 背当百 大样

二级　　径 51.7、穿 12.0 毫米　　粗大字　　斜祐 粗字 俯通　　选自《历代古钱图说》

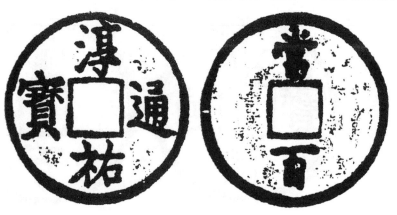

3588 淳祐通宝 楷书 背当百 大样

二级　　径 51.3、穿 13.0 毫米　　粗字 阴郭　　仰淳 阔宝　　崔家平旧藏

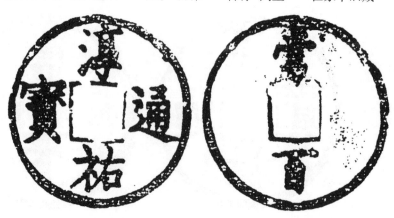

淳祐通宝 楷书 背当百 大样

3589

二级　　　径 51.2、穿 14.0 毫米；重 33.6 克　　　粗字 俯淳 俯宝　　　上海博物馆藏

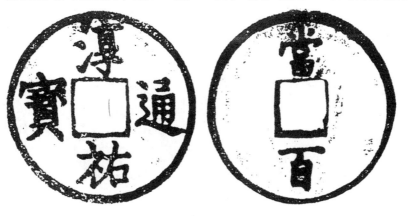

淳祐通宝 楷书 背当百 大样

3590

二级　　　径 50.9、穿 14.0 毫米　　　仰淳　　　刘燕庭旧藏

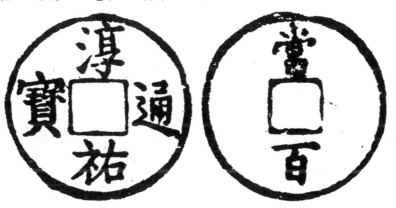

附：私铸淳祐元宝小平钱、折二钱

　　理宗淳祐年间（1241~1252 年）铸造。青铜质。钱文"淳祐元宝"，楷书，旋读。私铸。有小平钱、折二钱两种币值。一般制作粗劣：文字浅平，肉薄，平背，重量轻。小平钱径 23~24 毫米，重 2.3~3.6 克；折二钱径 28.7 毫米，重 7 克。

私铸淳祐元宝小平钱 楷书 平背

3591

五级

径 24.0、穿 7.0、厚 1.1 毫米；重 3.6 克

进淳 退元

3592　　**私铸淳祐元宝小平钱　楷书　平背**

五级
径 23.0、穿 6.2、厚 0.9 毫米；重 2.3 克
粗字　进俯淳

3593　　**私铸淳祐元宝折二钱　楷书　平背**

四级
径 28.7、穿 8.0、厚 1.7 毫米；重 7 克
俯淳　退元

皇宋钱

宋理宗宝祐年间（1253~1258）铸造的钱币。仅有铜质一种币材。未铸年号钱，铸有国号钱"皇宋元宝"一种钱文，楷书，旋读。有小平钱、折二钱两种。

皇宋元宝钱

理宗宝祐年间（1253~1258 年）铸造。青铜质。钱文"皇宋元宝"，楷书，旋读。宝祐年间末铸年号钱，而铸皇宋国号钱。有小平钱、折二钱两种币值。小平钱有光背、背纪年元至六。折二钱有光背和背纪年元至六。其中折二钱背三，皇字书作"凰"字，堪与北宋之九叠篆皇宋并称，仅见。按钱币文字和特点分，有多种版式。一般小平钱径 21~25.7 毫米，重 2.1~4.2 克；折二钱径 26.4~32 毫米，重 3.2~10 克。

3594　　**皇宋元宝小平钱　楷书　光背**

四级
径 25.1、穿 6.5、厚 0.9 毫米；重 2.7 克
阔轮　粗大字

3595　　**皇宋元宝小平钱　楷书　光背**

四级
径 25.1、穿 6.4、厚 1.1 毫米；重 3.7 克
阔轮　俯宋

3596　**皇宋元宝小平钱 楷书 光背**

四级

径 25.0、穿 7.0、厚 1.3 毫米；重 3.2 克

花穿 细字 阔皇

3597　**皇宋元宝小平钱 楷书 光背**

四级

径 25.0、穿 6.2、厚 0.9 毫米；重 3.0 克

阔轮 粗字 俯宋

3598　**皇宋元宝小平钱 楷书 光背**

四级

径 24.9、穿 6.0、厚 1.0 毫米；重 3.3 克

细小字 俯宋 俯宝

3599　**皇宋元宝小平钱 楷书 光背**

四级

径 24.5、穿 6.4、厚 1.2 毫米；重 2.7 克

粗字 阔宋

3600　**皇宋元宝小平钱 楷书 光背**

四级

径 23.9、穿 6.3、厚 0.9 毫米；重 2.2 克

阔轮 小字 狭宝

3601　**皇宋元宝小平钱 楷书 光背**

四级

径 23.8、穿 6.3、厚 1.0 毫米；重 2.1 克

细字 俯宋 俯宝

3602 **皇宋元宝小平钱 楷书 光背**

四级
径 23.5、厚 0.9 毫米；重 2.2 克
粗大字 俯皇

3603 **皇宋元宝小平钱 楷书 光背**

四级
径 22.7、穿 6.8、厚 1.0 毫米；重 2.2 克
俯宝 小样

3604 **皇宋元宝小平钱 楷书 光背**

四级
径 22.3、穿 6.2、厚 1.0 毫米；重 2.1 克
俯皇 俯宋 小样

3605 **皇宋元宝小平钱 楷书 背纪年元**

四级
径 25.6、穿 7.0、厚 1.6 毫米；重 3.8 克
俯宋 俯宝

3606 **皇宋元宝小平钱 楷书 背纪年元**

五级
径 25.6、穿 7.0、厚 1.4 毫米；重 3.7 克
进皇 狭宝

3607 **皇宋元宝小平钱 楷书 背纪年元**

五级
径 25.2、穿 7.0、厚 1.4 毫米；重 4.0 克
俯皇

3608　**皇宋元宝小平钱 楷书 背纪年元**

四级
径 25.2、穿 7.0、厚 1.3 毫米；重 3.6 克
进皇 俯宋

3609　**皇宋元宝小平钱 楷书 背纪年元**

五级
径 25.2、穿 7.0、厚 1.4 毫米；重 3.9 克
俯宋 俯宝

3610　**皇宋元宝小平钱 楷书 背纪年元**

五级
径 25.0、穿 7.0、厚 1.0 毫米；重 2.7 克
粗字 小宋

3611　**皇宋元宝小平钱 楷书 背纪年元**

四级
径 24.8、穿 7.0、厚 1.3 毫米；重 3.3 克
阔宋 俯宝

3612　**皇宋元宝小平钱 楷书 背纪年元**

四级
径 24.7、穿 7.0、厚 1.3 毫米；重 3.3 克
俯宝 俯宝

3613　**皇宋元宝小平钱 楷书 背纪年元**

五级
径 24.6、穿 7.0、厚 1.3 毫米；重 3.5 克
短宝

3614　**皇宋元宝小平钱 楷书 背纪年元**

五级
径 24.4、穿 7.0、厚 1.2 毫米；重 3.3 克
俯皇　俯宋　背狭元

3615　**皇宋元宝小平钱 楷书 背纪年元**

五级
径 24.4、穿 7.0、厚 0.9 毫米；重 2.2 克
俯皇　俯宋

3616　**开禧通宝折二钱 楷书 背纪年三**

五级
径 23.7、穿 7.0、厚 0.9 毫米；重 2.9 克
粗字　背大元　小样

3617　**皇宋元宝小平钱 楷书 背纪年二**

五级
径 25.7、厚 1.2 毫米；重 3.7 克
阔轮　正字

3618　**皇宋元宝小平钱 楷书 背纪年二**

四级
径 25.5、厚 1.0 毫米；重 3.3 克
细字　阔元

3619　**皇宋元宝小平钱 楷书 背纪年二**

四级
径 25.3、厚 1.2 毫米；重 4.0 克
平阔　正字

3620 **皇宋元宝小平钱 楷书 背纪年二**

四级
径 25.0、厚 1.0 毫米；重 2.9 克
阔宋 狭宝

3621 **皇宋元宝小平钱 楷书 背纪年二**

五级
径 25.0、厚 1.0 毫米；重 2.9 克
粗字 仰宝

3622 **皇宋元宝小平钱 楷书 背纪年二**

五级
径 24.8、厚 0.9 毫米；重 2.4 克
大字 正字

3623 **皇宋元宝小平钱 楷书 背纪年二**

五级
径 24.8、厚 1.2 毫米；重 2.9 克
小字 俯宝

3624 **皇宋元宝小平钱 楷书 背纪年二**

四级
径 24.6、厚 1.0 毫米；重 3.2 克
粗大字 阔皇 阔宝

3625 **皇宋元宝小平钱 楷书 背纪年二**

五级
径 24.7、厚 0.9 毫米；重 2.5 克
小字 狭皇

3626 **皇宋元宝小平钱 楷书 背纪年二**

四级
径 24.7、厚 0.9 毫米；重 2.8 克
广郭 仰宝

3627 **皇宋元宝小平钱 楷书 背纪年二**

四级
径 24.5、厚 0.9 毫米；重 2.8 克
粗字 正字

3628 **皇宋元宝小平钱 楷书 背纪年二**

五级
径 24.0、厚 1.2 毫米；重 2.3 克
小字 背进二

3629 **皇宋元宝小平钱 楷书 背纪年三**

四级
径 25.5、厚 1.0 毫米；重 3.3 克
小字 俯皇

3630 **皇宋元宝小平钱 楷书 背纪年三**

四级
径 25.4、穿 7.0、厚 1.2 毫米；重 3.9 克
俯皇 阔宋

3631 **皇宋元宝小平钱 楷书 背纪年三**

五级
径 25.2、厚 1.3 毫米；重 3.7 克
粗字 阔皇

3632　**皇宋元宝小平钱 楷书 背纪年三**

五级
径 24.9、厚 1.2 毫米；重 3.5 克
细字 俯宝

3633　**皇宋元宝小平钱 楷书 背纪年三**

四级
径 24.7、厚 1.2 毫米；重 3.2 克
粗字 正字

3634　**皇宋元宝小平钱 楷书 背纪年三**

四级
径 24.6、厚 1.2 毫米；重 3.3 克
小字 俯皇

3635　**皇宋元宝小平钱 楷书 背纪年三**

四级
径 224.6、穿 7.0、厚 1.2 毫米；重 3.3 克
广郭 粗字 俯宝

3636　**皇宋元宝小平钱 楷书 背纪年三**

四级
径 24.5、厚 1.4 毫米；重 4.1 克
细字 俯元

3637　**皇宋元宝小平钱 楷书 背纪年三**

四级
径 24.5、厚 1.0 毫米；重 3.3 克
俯宋

3638　**皇宋元宝小平钱 楷书 背纪年三**

四级
径 24.0、厚 0.9 毫米；重 1.8 克
狭轮 俯元 小样

3639　**皇宋元宝小平钱 楷书 背纪年四**

四级
径 25.4、穿 7.0、厚 1.5 毫米；重 4.2 克
俯皇 阔宝

3640　**皇宋元宝小平钱 楷书 背纪年四**

四级
径 25.1、穿 7.0、厚 1.4 毫米；重 3.9 克
俯皇 狭宝

3641　**皇宋元宝小平钱 楷书 背纪年四**

四级
径 25.0、穿 7.0、厚 1.0 毫米；重 3.3 克
大字 阔皇

3642　**皇宋元宝小平钱 楷书 背纪年四**

四级
径 24.7、穿 7.0、厚 1.1 毫米；重 3.3 克
细字 狭元 斜宝

3643　**皇宋元宝小平钱 楷书 背纪年四**

五级
径 24.5、穿 7.0、厚 1.1 毫米；重 2.8 克
粗字 俯宋

3644 **皇宋元宝小平钱 楷书 背纪年四**

五级
径 24.5、穿 7.0、厚 1.3 毫米；重 3.4 克
广郭 大字 阔元

3645 **皇宋元宝小平钱 楷书 背纪年四**

四级
径 24.4、穿 7.0、厚 1.0 毫米；重 3.1 克
细字 长宋

3646 **皇宋元宝小平钱 楷书 背纪年四**

五级
径 24.3、穿 7.0、厚 1.0 毫米；重 2.9 克
细小字 小皇

3647 **皇宋元宝小平钱 楷书 背纪年四**

五级
径 24.3、穿 7.0、厚 1.1 毫米；重 3.2 克
阔宋 狭宝

3648 **皇宋元宝小平钱 楷书 背纪年四**

五级
径 23.0、穿 7.0、厚 1.1 毫米；重 2.9 克
斜宝 小样

3649 **皇宋元宝小平钱 楷书 背纪年五**

四级
径 25.3、穿 7.0、厚 1.3 毫米；重 2.6 克
阔轮 细字 俯宝

3650 **皇宋元宝小平钱 楷书 背纪年五**

五级
径 25.2、穿 7.0、厚 1.6 毫米；重 3.7 克
粗字 俯宋

3651 **皇宋元宝小平钱 楷书 背纪年五**

四级
径 24.9、穿 7.0、厚 1.0 毫米；重 3.0 克
斜宝

3652 **皇宋元宝小平钱 楷书 背纪年五**

五级
径 24.5、穿 7.0、厚 1.1 毫米；重 2.0 克
细字 进元

3653 **皇宋元宝小平钱 楷书 背纪年五**

四级
径 24.5、穿 7.0、厚 1.2 毫米；重 3.4 克
细字 进元 俯宝

3654 **皇宋元宝小平钱 楷书 背纪年五**

四级
径 24.4、穿 7.0、厚 1.0 毫米；重 2.5 克
俯皇

3655 **皇宋元宝小平钱 楷书 背纪年五**

五级
径 24.3、穿 7.0、厚 1.1 毫米；重 3.2 克
广郭 进元 背狭五

3656　**皇宋元宝小平钱 楷书 背纪年五**

四级
径 24.0、穿 7.0、厚 1.1 毫米；重 2.9 克
大字 阔皇

3657　**皇宋元宝小平钱 楷书 背纪年五**

五级
径 23.9、穿 7.0、厚 1.1 毫米；重 2.6 克
细字 俯皇

3658　**皇宋元宝小平钱 楷书 背纪年五**

四级
径 23.8、穿 7.0、厚 1.2 毫米；重 3.0 克
粗字 阔元 小样

3659　**皇宋元宝小平钱 楷书 背纪年五**

五级
径 23.7、穿 7.0、厚 1.0 毫米；重 2.9 克
俯宋 狭元 小样

3660　**皇宋元宝小平钱 楷书 背纪年六**

五级
径 24.7、穿 7.0、厚 1.2 毫米；重 3.5 克
粗字 阔郭 斜宋

3661　**皇宋元宝小平钱 楷书 背纪年六**

四级
径 24.6、穿 7.0、厚 1.3 毫米；重 4.1 克
广郭 斜宝

3662 皇宋元宝小平钱 楷书 背纪年六

四级
径 24.4、穿 7.0、厚 1.1 毫米；重 3.1 克
俯宋 俯宝

3663 皇宋元宝小平钱 楷书 背纪年六

五级
径 24.4、穿 7.0、厚 1.1 毫米；重 3.0 克
细字 狭元

3664 皇宋元宝小平钱 楷书 背纪年六

五级
径 24.4、穿 7.0、厚 1.1 毫米；重 2.7 克
粗字 俯宋

3665 皇宋元宝小平钱 楷书 背纪年六

四级
径 24.3、穿 7.0、厚 1.2 毫米；重 3.5 克
细字 狭宝

3666 皇宋元宝小平钱 楷书 背纪年六

四级
径 24.3、穿 7.0、厚 1.1 毫米；重 3.9 克
大字 阔宋

3667 皇宋元宝小平钱 楷书 背纪年六

五级
径 24.3、穿 7.0、厚 1.1 毫米；重 3.2 克
细字 俯宝

3668　**皇宋元宝小平钱 楷书 背纪年六**

五级
径 24.0、穿 7.0、厚 0.8 毫米；重 2.2 克
粗字 阔皇 小样

3669　**皇宋元宝小平钱 楷书 背纪年六**

五级
径 24.0、穿 7.0、厚 1.0 毫米；重 2.5 克
俯宋 进元 小样

3670　**皇宋元宝折二钱 楷书 光背**

四级
径 29.7 毫米；重 6.5 克
小字 进皇 俯宝
南宋钱币博物馆藏

3671　**皇宋元宝折二钱 楷书 光背**

四级
径 29.3、穿 8.0、厚 1.3 毫米；重 4.3 克
大字 阔宋

3672　**皇宋元宝折二钱 楷书 光背**

四级
径 28.4、厚 1.3 毫米；重 4.6 克
进元 狭宝

3673　**皇宋元宝折二钱 楷书 光背**

四级
径 28.3 毫米；重 4.2 克
粗字 阔元 斜宝
南宋钱币博物馆藏

3674　**皇宋元宝折二钱 楷书 光背**

四级
径 28.2、厚 1.2 毫米；重 3.9 克
细字 俯皇

3675　**皇宋元宝折二钱 楷书 光背**

四级
径 27.6、厚 1.5 毫米；重 4.9 克
粗字 俯皇

3676　**皇宋元宝折二钱 楷书 光背**

四级
径 27.2、厚 1.7 毫米；重 5.1 克
进皇 扁元

3677　**皇宋元宝折二钱 楷书 光背**

四级
径 26.7、厚 1.1 毫米；重 3.6 克
粗字 进元 仰宝

3678　**皇宋元宝折二钱 楷书 光背**

四级
径 26.8、穿 6.2、厚 2.1 毫米；重 3.1 克
广郭 正字 小样

3679　**皇宋元宝折二钱 楷书 光背**

四级
径 26.4、穿 8.2、厚 1.2 毫米；重 3.2 克
狭轮 长穿 仰宝

3680	**皇宋元宝折二钱 楷书 背纪年元** 四级 径 32.3、穿 8.0 毫米；重 7.7 克 阔轮 小字 进皇 上海博物馆藏		
3681	**皇宋元宝折二钱 楷书 背纪年元** 四级 径 32.2、穿 8.0 毫米；重 9.3 克 进皇 阔宋 南宋钱币博物馆藏		
3682	**皇宋元宝折二钱 楷书 背纪年元** 四级 径 32.0、穿 7.2、厚 1.7 毫米；重 8.2 克 平阔 进皇 进元 孙仲汇提供		
3683	**皇宋元宝折二钱 楷书 背纪年元** 五级 径 32.0、穿 8.0、厚 1.3 毫米；重 5.2 克 进皇 阔元		
3684	**皇宋元宝折二钱 楷书 背纪年元** 五级 径 31.6、穿 8.0、厚 2.0 毫米；重 9.6 克 粗字 进皇 进元		
3685	**皇宋元宝折二钱 楷书 背纪年元** 四级 径 31.2、穿 8.0、厚 1.5 毫米；重 6.9 克 小字 进皇 俯宝		

3686　**皇宋元宝折二钱 楷书 背纪年元**

五级
径 30.8、穿 8.0、厚 1.7 毫米；重 6.3 克
进俯皇 背进元

3687　**皇宋元宝折二钱 楷书 背纪年元**

五级
径 30.4、穿 8.0、厚 1.5 毫米
重 6.4 克
进俯皇 俯宋

3688　**皇宋元宝折二钱 楷书 背纪年元**

四级
径 30.2、穿 8.0、厚 2.0 毫米
重 6.9 克
进皇 进元

3689　**皇宋元宝折二钱 楷书 背纪年元**

五级
径 30.2、穿 7.4、厚 1.4 毫米
重 6.1 克
进皇 阔宋

3690　**皇宋元宝折二钱 楷书 背纪年元**

五级
径 30.1、穿 7.6、厚 1.6 毫米
重 6.4 克
小字 进皇 进元

3691　**皇宋元宝折二钱 楷书 背纪年元**

五级
径 29.5、穿 8.0、厚 1.6 毫米
重 5.0 克
粗字 进皇 阔宝

3692 **皇宋元宝折二钱 楷书 背纪年元**

五级
径 29.5、穿 8.0、厚 1.5 毫米
重 5.5 克
进皇 小宝 小样

3693 **皇宋元宝折二钱 楷书 背纪年二**

四级
径 32.0、穿 8.0、厚 2.0 毫米
重 10.0 克
阔轮 进皇 仰宝

3694 **皇宋元宝折二钱 楷书 背纪年二**

四级
径 31.5、穿 8.0 毫米；重 8.1 克
进皇 阔元
选自《杭州钱币》会刊

3695 **皇宋元宝折二钱 楷书 背纪年二**

四级
径 31.2、穿 8.0、厚 1.2 毫米
重 6.8 克
进皇 俯宋

3696 **皇宋元宝折二钱 楷书 背纪年二**

四级
径 31.0、穿 8.0、厚 1.7 毫米
重 7.6 克
大字 俯皇 阔宋

3697 **皇宋元宝折二钱 楷书 背纪年二**

四级
径 30.9、厚 1.4 毫米；重 6.1 克
大字 俯皇 阔元

3698 **皇宋元宝折二钱 楷书 背纪年二**

五级
径 30.2、厚 1.3 毫米；重 6.4 克
小字 进皇 短宝

3699 **皇宋元宝折二钱 楷书 背纪年二**

四级
径 30.1、厚 1.6 毫米；重 5.0 克
狭轮 大字 阔元

3700 **皇宋元宝折二钱 楷书 背纪年二**

五级
径 30.0、厚 1.5 毫米；重 7.0 克
小字 广郭 进皇

3701 **皇宋元宝折二钱 楷书 背纪年二**

四级
径 30.0、穿 8.0、厚 1.6 毫米；重 6.1 克
狭轮 阔宋

3702 **皇宋元宝折二钱 楷书 背纪年二**

四级
径 30.0、穿 8.0、厚 1.9 毫米；重 7.7 克
狭轮 大字 俯皇

3703 **皇宋元宝折二钱 楷书 背纪年二**

四级
径 29.8、穿 8.0、厚 1.3 毫米；重 5.6 克
小字 进皇

3704 **皇宋元宝折二钱 楷书 背纪年二**

五级
径 29.8、穿 8.0、厚 1.6 毫米；重 5.7 克
狭轮 阔宋

3705 **皇宋元宝折二钱 楷书 背纪年二**

五级
径 29.4、穿 8.0、厚 1.6 毫米
重 6.2 克
小字 进皇 背进二

3706 **皇宋元宝折二钱 楷书 背纪年二**

五级
径 29.4、穿 8.0、厚 1.3 毫米
重 6.0 克
小字 狭皇 进元

3707 **皇宋元宝折二钱 楷书 背纪年二**

五级
径 29.3、穿 8.0、厚 1.6 毫米；重 5.9 克
大字 阔俯皇

3708 **皇宋元宝折二钱 楷书 背纪年二**

五级
径 29.2、穿 7.4、厚 1.5 毫米；重 5.2 克
小字 进皇 背进二

3709 **皇宋元宝折二钱 楷书 背纪年三**

径 31.4、穿 8.0 毫米；重 7.1 克
阔轮 正字
选自《杭州钱币》会刊

3710　**皇宋元宝折二钱 楷书 背纪年三**

四级
径 31.0、穿 8.0、厚 1.4 毫米
重 5.3 克
大字　阔皇

3711　**皇宋元宝折二钱 楷书 背纪年三**

五级
径 30.2、穿 8.0、厚 1.8 毫米
重 7.4 克
广郭　正字

3712　**皇宋元宝折二钱 楷书 背纪年三**

四级
径 29.9、穿 8.0、厚 1.4 毫米；重 6.1 克
大字　狭元　背斜三

3713　**皇宋元宝折二钱 楷书 背纪年三**

五级
径 29.6、穿 8.0、厚 1.5 毫米；重 6.5 克
粗字　仰宋　背小三

3714　**皇宋元宝折二钱 楷书 背纪年三**

四级
径 29.5、穿 8.0、厚 1.3 毫米；重 4.8 克
细字　正字

3715　**皇宋元宝折二钱 楷书 背纪年三**

四级
径 29.4、穿 8.0、厚 1.3 毫米；重 5.4 克
大字　俯宝

3716　**皇宋元宝折二钱 楷书 背纪年三**

五级
径 29.3、穿 8.0、厚 1.4 毫米；重 5.2 克
俯宋

3717　**皇宋元宝折二钱 楷书 背纪年三**

四级
径 29.0 穿 8.0、厚 1.3 毫米；重 5.4 克
长郭 小字 俯皇

3718　**皇宋元宝折二钱 楷书 背纪年三**

五级
径 28.9、穿 7.2、厚 1.3 毫米；重 5.1 克
广郭 正字

3719　**皇宋元宝折二钱 楷书 背纪年三**

五级
径 28.9、穿 7.4、厚 1.5 毫米；重 6.2 克
粗字 俯宝 背进三

3720　**皇宋元宝折二钱 楷书 背纪年三**

四级
径 28.5、穿 7.4、厚 1.2 毫米；重 4.7 克
正字 小样

3721　**皇宋元宝折二钱 楷书 背纪年四**

四级
径 29.8、穿 8.0 毫米；重 6.9 克
阔轮 广郭 俯皇
上海博物馆藏

3722　**皇宋元宝折二钱 楷书 背纪年四**

五级
径 29.8、穿 8.0、厚 1.6 毫米；重 6.2 克
广郭 仰宝
桐乡市钟旭洲钱币艺术博物馆藏

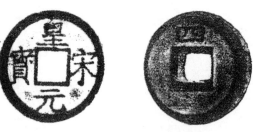

3723　**皇宋元宝折二钱 楷书 背纪年四**

五级
径 29.1、穿 8.0、厚 1.5 毫米；重 6.4 克
粗字 阔宋 仰宝

3724　**皇宋元宝折二钱 楷书 背纪年四**

五级
径 29.0、穿 8.0、厚 1.4 毫米；重 6.0 克
俯皇

3725　**皇宋元宝折二钱 楷书 背纪年四**

四级
径 29.0、穿 8.0、厚 1.4 毫米；重 5.5 克
阔皇

3726　**皇宋元宝折二钱 楷书 背纪年四**

四级
径 28.8、穿 8.0、厚 1.3 毫米；重 4.9 克
细字 进元

3727　**皇宋元宝折二钱 楷书 背纪年四**

五级
径 28.8、穿 8.0、厚 1.6 毫米；重 5.4 克
进皇 仰宝

3728 **皇宋元宝折二钱 楷书 背纪年四**

四级
径 28.7、穿 8.0、厚 1.4 毫米；重 5.6 克
狭轮 俯宝

3729 **皇宋元宝折二钱 楷书 背纪年四**

五级
径 30.8、厚 1.4 毫米；重 6.0 克
阔轮 花穿 进元

3730 **皇宋元宝折二钱 楷书 背纪年四**

四级
径 29.8、厚 1.6 毫米；重 6.2 克
仰宝 背进四

3731 **皇宋元宝折二钱 楷书 背纪年四**

四级
径 29.6、厚 1.3 毫米；重 4.9 克
阔宋 斜宝

3732 **皇宋元宝折二钱 楷书 背纪年四**

五级
径 29.5、厚 1.5 毫米；重 5.2 克
粗字 俯宋 俯宝

3733 **皇宋元宝折二钱 楷书 背纪年四**

四级
径 29.5、厚 1.3 毫米；重 5.4 克
小宝

3734 **皇宋元宝折二钱 楷书 背纪年四**

五级
径 29.4、厚 1.6 毫米；重 5.6 克
阔宋

3735 **皇宋元宝折二钱 楷书 背纪年四**

五级
径 29.3、厚 1.4 毫米；重 4.8 克
花穿 狭皇 狭宝

3736 **皇宋元宝折二钱 楷书 背纪年四**

五级
径 29.2、厚 1.4 毫米；重 5.4 克
阔皇 斜宝

3737 **皇宋元宝折二钱 楷书 背纪年四**

五级
径 28.6、穿 8.0、厚 1.2 毫米；重 4.6 克
细字 狭皇 背进四

3738 **皇宋元宝折二钱 楷书 背纪年四**

四级
径 28.2、穿 7.4、厚 1.3 毫米；重 4.9 克
广郭 粗字 小样

3739 **皇宋元宝折二钱 楷书 背纪年五**

四级
径 30.1、穿 8.0 毫米；重 6.6 克
阔轮 细字 俯宝
上海博物馆藏

3740　皇宋元宝折二钱 楷书 背纪年五

四级
径 29.6、穿 8.0、厚 1.3 毫米；重 5.0 克
大字 阔元

3741　皇宋元宝折二钱 楷书 背纪年五

四级
径 29.6、穿 8.0、厚 1.5 毫米；重 6.5 克
细字 狭宝

3742　皇宋元宝折二钱 楷书 背纪年五

五级
径 29.5、穿 8.0 毫米；重 7.3 克
粗字 俯宋
南宋钱币博物馆藏

3743　皇宋元宝折二钱 楷书 背纪年五

五级
径 29.4、穿 8.0、厚 1.6 毫米；重 5.8 克
细字 俯宝

3744　皇宋元宝折二钱 楷书 背纪年五

径 29.3、穿 8.0、厚 1.5 毫米；重 6.1 克
粗大字 阔宝

3745　皇宋元宝折二钱 楷书 背纪年五

五级
径 29.1、穿 8.0、厚 1.7 毫米；重 5.8 克
正字

3746　皇宋元宝折二钱　楷书　背纪年五

四级
径 29.0、穿 8.0、厚 1.3 毫米；重 5.7 克
粗字　俯宝

3747　皇宋元宝折二钱　楷书　背纪年五

五级
径 29.0、穿 8.0、厚 1.6 毫米；重 6.6 克
小字　俯皇

3748　皇宋元宝折二钱　楷书　背纪年五

五级
径 29.0、穿 8.0、厚 1.5 毫米；重 5.7 克
花穿　大字　阔元

3749　皇宋元宝折二钱　楷书　背纪年五

五级
径 28.9、穿 8.0、厚 1.5 毫米；重 4.9 克
小字　俯皇　俯宝

3750　皇宋元宝折二钱　楷书　背纪年五

四级
径 28.7、穿 8.0、厚 1.4 毫米；重 5.1 克
狭轮　大字　俯宋

3751　皇宋元宝折二钱　楷书　背纪年五

五级
径 28.7、穿 8.0、厚 1.5 毫米；重 5.8 克
细字　俯皇　俯元

3752 **皇宋元宝折二钱 楷书 背纪年五**

五级
径 28.7、穿 8.0、厚 1.6 毫米；重 5.7 克
细字 背狭五

3753 **皇宋元宝折二钱 楷书 背纪年五**

四级
径 28.0、穿 8.0、厚 1.4 毫米；重 4.6 克
狭轮 俯皇 俯宋

3754 **皇宋元宝折二钱 楷书 背纪年五**

五级
径 27.2、穿 8.0、厚 1.5 毫米；重 4.8 克
粗字 狭宝 小样

3755 **皇宋元宝折二钱 楷书 背纪年六**

四级
径 31.1、穿 8.0、厚 1.7 毫米
重 7.1 克
阔轮 细字 俯皇

3756 **皇宋元宝折二钱 楷书 背纪年六**

四级
径 29.9、穿 7.6、厚 1.5 毫米
重 5.9 克
粗字 阔皇

3757 **皇宋元宝折二钱 楷书 背纪年六**

四级
径 29.7、穿 8.0、厚 1.5 毫米
重 5.7 克
粗字 阔宝

3758 皇宋元宝折二钱 楷书 背纪年六

五级
径 29.5、穿 7.4、厚 1.5 毫米
重 6.0 克
俯短宋

3759 皇宋元宝折二钱 楷书 背纪年六

四级
径 24.0、穿 7.0、厚 1.6 毫米；重 6.5 克
仰皇 俯宝

3760 皇宋元宝折二钱 楷书 背纪年六

五级
径 29.3、穿 7.0、厚 1.4 毫米；重 5.7 克
俯宋 俯宝

3761 皇宋元宝折二钱 楷书 背纪年六

四级
径 29.2、穿 7.0、厚 1.5 毫米；重 6.0 克
俯皇 俯宝

3762 皇宋元宝折二钱 楷书 背纪年六

五级
径 29.1、穿 7.4、厚 1.5 毫米；重 6.8 克
俯宋 仰宝

3763 皇宋元宝折二钱 楷书 背纪年六

五级
径 28.9、穿 7.6、厚 1.4 毫米；重 4.7 克
俯宝 背小六

3764 **皇宋元宝折二钱 楷书 背纪年六**

四级
径 28.9、穿 7.4、厚 1.3 毫米；重 5.0 克
俯皇 俯宋

3765 **皇宋元宝折二钱 楷书 背纪年六**

五级
径 28.6、穿 8.0、厚 1.5 毫米；重 5.5 克
狭轮 阔宋 俯宝

3766 **皇宋元宝折二钱 楷书 背纪年六**

五级
径 28.6、穿 8.0、厚 1.4 毫米；重 4.9 克
阔俯宋 背进六

3767 **皇宋元宝折二钱 楷书 背纪年六**

四级
径 28.2、穿 7.0、厚 1.4 毫米；重 5.2 克
细字 正字

3768 **皇宋元宝折二钱 楷书 背纪年六**

五级
径 27.7、穿 7.3、厚 1.4 毫米；重 5.1 克
狭轮 花穿 小样

3769 **皇宋元宝折二钱 楷书 背纪年六**

五级
径 27.7、穿 7.4、厚 1.4 毫米；重 3.6 克
阔轮 细字 小样

3770 **皇宋元宝折二钱 楷书 背三**
皇字从凰异书 大珍

一级
径 28、穿 7.4 毫米
皇书作凰
桐乡市钟旭洲钱币艺术博物馆藏

附：私铸皇宋元宝小平钱、折二钱

　　理宗宝祐年间（1253~1258 年）铸造。青铜质。钱文"皇宋元宝"，楷书，旋读。私铸。有小平钱、折二钱两种币值。一般制作粗劣，文字浅平，肉薄，平背，重量轻。小平钱径 22.3~24.1 毫米，重 2~3.1 克；折二钱径 26.6~29.1 毫米，重 3.1~4.4 克。

3771 **私铸皇宋元宝小平钱 楷书 光背**

五级
径 24.1、穿 7.0、厚 1.4 毫米；重 3.1 克
俯宋 俯宝

3772 **私铸皇宋元宝小平钱 楷书 光背**

五级
径 23.6、穿 7.0、厚 1.0 毫米；重 2.6 克
粗字 阔皇

3773 **私铸皇宋元宝小平钱 楷书 光背**

五级
径 22.3、穿 7.0、厚 1.0 毫米；重 2 克
小字 狭皇

| 3774 | **私铸皇宋元宝折二钱 楷书 光背**

五级
径 29.1、穿 8.0 毫米；重 4.3 克
大宋 阔元 |   |

| 3775 | **私铸皇宋元宝折二钱 楷书 光背**

五级
径 27.2、穿 7.5、厚 1.0 毫米；重 4.2 克
俯宋 仰宝 |   |

| 3776 | **私铸皇宋元宝折二钱 楷书 光背**

五级
径 26.6、穿 8.0、厚 1.0 毫米；重 3.1 克
俯宋 阔宝 |   |

| 3777 | **私铸皇宋元宝折二钱 楷书 光背**

五级
径 26.6、穿 7.5、厚 1.4 毫米；重 4.4 克
广郭 小样 |   |

开庆钱

宋理宗开庆元年（1259 年）铸造的钱币。仅有铜质一种币材。有"开庆通宝"一种钱文，楷书，对读。有小平钱和折二钱两种。

开庆通宝钱

理宗开庆元年（1259 年）铸造。青铜质。钱文"开庆通宝"，楷书，对读。有小平钱和折二钱两种币值。小平有光背、背纪年元。折二亦有光背背纪年元。按钱币文字和特点分，有阔开、狭开等多种版式。一般小平钱径 24~25.5 毫米，重 2~42 克；折二钱径 27~31 毫米，重 3.3~7.4 克。

3778 **开庆通宝小平钱 楷书 光背**

四级
径 25.0、穿 6.0 毫米；重 3.8 克
进阔庆 斜宝

3779 **开庆通宝小平钱 楷书 光背**

四级
径 24.6、穿 6.0、厚 0.9 毫米；重 3.08 克
粗字 阔开 俯通

3780 **开庆通宝小平钱 楷书 光背**

四级
径 24.0、穿 6.0、厚 1.0 毫米；重 37.8 克
粗字 仰开 俯通

3781 **开庆通宝小平钱 楷书 背纪年元**

四级
径 25.5、穿 6.4、厚 1.2 毫米；重 3.2 克
平阔 大样

3782 **开庆通宝小平钱 楷书 背纪年元**

四级
径 25.3、穿 7.0、厚 1.3 毫米；重 3.6 克
肥郭 阔开

3783	开庆通宝小平钱 楷书 背纪年元 四级 径 25.3、穿 7.0、厚 1.2 毫米；重 3.5 克 细字 俯通		
3784	开庆通宝小平钱 楷书 背纪年元 四级 径 25.1、穿 7.0、厚 1.2 毫米；重 3.2 克 仰开 阔庆		
3785	开庆通宝小平钱 楷书 背纪年元 四级 径 25.1、穿 7.0、厚 1.1 毫米；重 3.1 克 细字 俯通 仰宝		
3786	开庆通宝小平钱 楷书 背纪年元 四级 径 25.1、穿 7.0 毫米；重 3.7 克 粗字 仰通 仰宝 上海博物馆藏		
3787	开庆通宝小平钱 楷书 背纪年元 四级 径 25.1、穿 6.4、厚 1.4 毫米；重 4.2 克 广郭 进庆		
3788	开庆通宝小平钱 楷书 背纪年元 四级 径 25.0、穿 7.0、厚 1.3 毫米；重 3.6 克 阔开 仰通 仰宝		

3789 **开庆通宝小平钱 楷书 背纪年元**

四级
径 25.0、穿 7.0、厚 1.4 毫米；重 3.8 克
仰宝 背扁元

3790 **开庆通宝小平钱 楷书 背纪年元**

四级
径 24.9、穿 7.0、厚 1.2 毫米；重 3.5 克
粗字 阔开

3791 **开庆通宝小平钱 楷书 背纪年元**

四级
径 24.6、穿 6.4、厚 1.2 毫米；重 3.6 克
俯通 仰宝

3792 **开庆通宝小平钱 楷书 背纪年元**

四级
径 24.5、穿 6.4、厚 0.9 毫米；重 2.0 克
狭开 狭庆

3793 **开庆通宝小平钱 楷书 背纪年元**

四级
径 24.5、穿 6.4、厚 1.0 毫米；重 3.0 克
广郭 仰宝

3794 **开庆通宝小平钱 楷书 背纪年元**

四级
径 24.5、穿 7.0、厚 0.9 毫米；重 2.0 克
仰开 进庆

3795 **开庆通宝小平钱 楷书 背纪年元**

四级
径 24.5、穿 6.4、厚 1.4 毫米；重 4.1 克
粗大字 阔庆 仰宝

3796 **开庆通宝小平钱 楷书 背纪年元**

四级
径 24.4、穿 7.0、厚 1.0 毫米；重 3.0 克
细字 仰通

3797 **开庆通宝小平钱 楷书 背纪年元**

四级
径 24.2、穿 7.0、厚 1.0 毫米；重 2.8 克
小字 仰宝 小样

3798 **开庆通宝小平钱 楷书 背纪年元**

四级
径 24.0、穿 7.0、厚 1.2 毫米；重 2.7 克
狭轮 俯庆 小样

3799 **开庆通宝折二钱 楷书 光背**

四级
径 27.0、穿 10 毫米；重 3.2 克
粗字 进庆

3800 **开庆通宝折二钱 楷书 背纪年元**

四级
径 31.0、穿 8.0 毫米；重 5.6 克
阔轮 阔开 大样
选自《杭州钱币》会刊

3801 **开庆通宝折二钱 楷书 背纪年元**

四级
径 30.3、穿 8.0、厚 1.9 毫米
重 6.7 克
仰宝

3802 **开庆通宝折二钱 楷书 背纪年元**

四级
径 29.6、穿 8.0、厚 1.5 毫米；重 6.0 克
广郭 进庆

3803 **开庆通宝折二钱 楷书 背纪年元**

四级
径 29.5、穿 8.0、厚 1.5 毫米；重 6.5 克
仰开 进庆

3804 **开庆通宝折二钱 楷书 背纪年元**

四级
径 29.4、穿 8.0、厚 1.4 毫米；重 6.2 克
广郭 俯通 仰宝

3805 **开庆通宝折二钱 楷书 背纪年元**

四级
径 29.3、穿 8.0、厚 1.5 毫米；重 6.2 克
仰开 斜宝

3806 **开庆通宝折二钱 楷书 背纪年元**

四级
径 29.4、穿 7.6、厚 1.9 毫米
重 7.4 克
进庆 仰通

3807	**开庆通宝折二钱 楷书 背纪年元** 四级 径 29.0、穿 7.4、厚 1.5 毫米 重 7.0 克 进庆 仰宝	 
3808	**开庆通宝折二钱 楷书 背纪年元** 四级 径 28.1、穿 8.0、厚 1.4 毫米；重 4.3 克 阴郭 仰开 仰宝	 
3809	**开庆通宝折二钱 楷书 背纪年元** 四级 径 27.7、穿 8.0、厚 1.4 毫米 重 5.4 克 进庆 仰宝	 
3810	**开庆通宝折二钱 楷书 背纪年元** 四级 径 27.7、穿 8.0、厚 1.0 毫米；重 3.7 克 俯通 仰宝	 
3811	**开庆通宝折二钱 楷书 背纪年元** 四级 径 27.5、穿 8.0、厚 1.0 毫米；重 3.3 克 俯通 背狭元	 

景定钱

宋理宗景定年间（1260~1264 年）铸造的钱币。仅有铜质一种币材。有"景定元宝"一种钱文，楷书，对读。有小平钱和折二钱两种币值。

景定元宝钱

　　理宗景定年间（1260~1264 年）铸造。青铜质。钱文"景定元宝"，楷书，对读。有小平钱和折二两种币值，均有光背、背纪年元至五。按钱币文字和特点分，有阔景、狭景、阔定、狭定等多种版别。一般小平钱径 23.2~25.2 毫米，重 2.4~4.7 克；折二钱径 26.2~32.3 毫米，重 2.97~7.7 克。

3812	**景定元宝小平钱 楷书 光背** 四级 径 24.6、穿 6.2、厚 0.9 毫米；重 2.8 克 进景 仰定	
3813	**景定元宝小平钱 楷书 光背** 四级 径 24.6、穿 6.0 毫米；重 2.4 克 粗字 阔定 存云亭藏	
3814	**景定元宝小平钱 楷书 光背** 四级 径 24.3、穿 6.0、厚 0.8 毫米；重 2.6 克 阔轮 阔昂宝	
3815	**景定元宝小平钱 楷书 光背** 四级 径 24.1、穿 7.0、厚 0.9 毫米；重 2.5 克 狭轮 小字 狭元	

3816 **景定元宝小平钱 楷书 光背**

四级
径 24.0、穿 6.2、厚 0.8 毫米；重 2.6 克
俯定 昂宝

3817 **景定元宝小平钱 楷书 光背**

四级
径 24.0、穿 6.3、厚 1.2 毫米；重 2.8 克
狭轮 退定 俯宝

3818 **景定元宝小平钱 楷书 光背**

四级
径 23.8、穿 6.0、厚 1.1 毫米；重 2.7 克
狭轮 广郭 进景

3819 **景定元宝小平钱 楷书 背纪年元**

五级
径 25.2、厚 1.5 毫米；重 4.0 克
细字 退定

3820 **景定元宝小平钱 楷书 背纪年元**

四级
径 25.2、厚 1.5 毫米；重 4.2 克
狭元 仰宝

3821 **景定元宝小平钱 楷书 背纪年元**

四级
径 25.0、厚 1.4 毫米；重 3.6 克
细字 进景

3822 **景定元宝小平钱 楷书 背纪年元**

五级
径 24.9、厚 1.5 毫米；重 3.8 克
退定 阔宝

3823 **景定元宝小平钱 楷书 背纪年元**

四级
径 24.7、厚 1.1 毫米；重 3.1 克
俯定 阔元

3824 **景定元宝小平钱 楷书 背纪年元**

五级
径 24.7、厚 1.1 毫米；重 3.2 克
进景 俯宝

3825 **景定元宝小平钱 楷书 背纪年元**

四级
径 24.5、厚 1.1 毫米；重 2.4 克
退定 仰宝

3826 **景定元宝小平钱 楷书 背纪年元**

五级
径 24.4、厚 1.1 毫米；重 2.5 克
细字 狭宝

3827 **景定元宝小平钱 楷书 背纪年元**

五级
径 24.3、厚 1.1 毫米；重 2.8 克
广郭 正字

3828　**景定元宝小平钱　楷书　背纪年元**

五级
径 24.2、厚 1.1 毫米；重 2.9 克
小字　进景

3829　**景定元宝小平钱　楷书　背纪年二**

五级
径 24.7、穿 7.0、厚 1.3 毫米；重 4.0 克
细字　仰宝

3830　**景定元宝小平钱　楷书　背纪年二**

四级
径 24.5、穿 7.0、厚 1.1 毫米；重 3.2 克
进景　退定

3831　**景定元宝小平钱　楷书　背纪年二**

五级
径 24.5、穿 7.0、厚 1.3 毫米；重 4.2 克
进景　狭定

3832　**景定元宝小平钱　楷书　背纪年二**

四级
径 24.5、穿 7.0 毫米；重 2.6 克
粗字　进景　阔宝
上海博物馆藏

3833　**景定元宝小平钱　楷书　背纪年二**

四级
径 24.4、穿 7.0、厚 1.3 毫米；重 3.6 克
细字　仰定　仰宝

3834　**景定元宝小平钱 楷书 背纪年二**

五级
径 24.3、穿 7.0、厚 1.0 毫米；重 2.8 克
俯景 退定

3835　**景定元宝小平钱 楷书 背纪年二**

五级
径 24.3、穿 7.0、厚 1.3 毫米；重 3.2 克
细字 狭景

3836　**景定元宝小平钱 楷书 背纪年二**

五级
径 24.2、穿 7.0、厚 1.2 毫米；重 3.3 克
仰定 斜宝

3837　**景定元宝小平钱 楷书 背纪年二**

五级
径 24.2、穿 7.0、厚 1.0 毫米；重 2.7 克
细字 进景 仰宝

3838　**景定元宝小平钱 楷书 背纪年二**

五级
径 23.9、穿 7.0、厚 1.0 毫米；重 2.7 克
进景 小样

3839　**景定元宝小平钱 楷书 背纪年二**

五级
径 23.7、穿 6.4、厚 1.3 毫米；重 3.3 克
狭轮 仰宝 小样

3840 **景定元宝小平钱 楷书 背纪年三**

五级
径 24.9、穿 7.0、厚 1.1 毫米；重 2.6 克
退定

3841 **景定元宝小平钱 楷书 背纪年三**

四级
径 24.7、穿 7.0、厚 1.5 毫米；重 4.7 克
斜宝

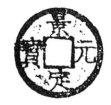

3842 **景定元宝小平钱 楷书 背纪年三**

四级
径 24.6、穿 7.0、厚 1.3 毫米；重 4.1 克
俯定 阔元

3843 **景定元宝小平钱 楷书 背纪年三**

四级
径 24.5、穿 7.0、厚 1.1 毫米；重 3.5 克
退定 阔宝

3844 **景定元宝小平钱 楷书 背纪年三**

四级
径 24.5、穿 7.0、厚 1.3 毫米；重 4.0 克
阔轮 细字 狭景

3845 **景定元宝小平钱 楷书 背纪年三**

五级
径 24.3、穿 7.0、厚 1.0 毫米；重 2.6 克
退定 仰宝

3846 **景定元宝小平钱 楷书 背纪年三**

五级
径 24.2、穿 7.0、厚 1.2 毫米；重 3.4 克
细字 仰景 斜定

3847 **景定元宝小平钱 楷书 背纪年三**

五级
径 24.0、穿 7.0、厚 1.0 毫米；重 2.8 克
仰景 昂宝

3848 **景定元宝小平钱 楷书 背纪年三**

五级
径 23.9、穿 7.0、厚 1.3 毫米；重 3.6 克
狭轮 仰元 小样

3849 **景定元宝小平钱 楷书 背纪年三**

四级
径 23.7、穿 7.0、厚 1.3 毫米；重 3.3 克
狭轮 细字 阔定

3850 **景定元宝小平钱 楷书 背纪年四**

四级
径 24.8、穿 7.0、厚 1.3 毫米；重 3.1 克
进景 仰宝

3851 **景定元宝小平钱 楷书 背纪年四**

四级
径 24.6、穿 7.0、厚 1.2 毫米；重 3.6 克
进定 狭元

3852　**景定元宝小平钱 楷书 背纪年四**

四级
径 24.5、穿 7.0、厚 1.0 毫米；重 3.0 克
粗字 阔宝

3853　**景定元宝小平钱 楷书 背纪年四**

五级
径 24.4、穿 7.0 毫米；重 3.7 克
粗字 仰元
上海博物馆藏

3854　**景定元宝小平钱 楷书 背纪年四**

四级
径 24.2、穿 7.0、厚 1.2 毫米；重 3.5 克
阔景 仰宝

3855　**景定元宝小平钱 楷书 背纪年四**

五级
径 24.2、穿 7.0、厚 0.9 毫米；重 2.3 克
细字 仰元

3856　**景定元宝小平钱 楷书 背纪年四**

四级
径 23.8、穿 7.0、厚 1.2 毫米；重 3.6 克
进景 进定 仰元

3857　**景定元宝小平钱 楷书 背纪年四**

五级
径 23.7、穿 7.0、厚 1.0 毫米；重 2.7 克
仰景 进定

3858　**景定元宝小平钱 楷书 背纪年四**

五级
径 23.7、穿 7.0、厚 1.2 毫米；重 3.2 克
进定　仰宝

3859　**景定元宝小平钱 楷书 背纪年四**

四级
径 23.2、穿 7.0、厚 1.0 毫米；重 2.6 克
狭轮　仰元　小样

3860　**景定元宝小平钱 楷书 背纪年五**

四级
径 24.7、穿 7.0、厚 1.3 毫米；重 3.8 克
粗字　阔宝

3861　**景定元宝小平钱 楷书 背纪年五**

四级
径 24.7、穿 7.0、厚 1.3 毫米；重 3.8 克
小元　斜宝

3862　**景定元宝小平钱 楷书 背纪年五**

四级
径 24.6、穿 7.0、厚 1.4 毫米；重 3.8 克
进景　仰宝

3863　**景定元宝小平钱 楷书 背纪年五**

四级
径 24.6、穿 7.0、厚 1.4 毫米；重 3.7 克
细字　仰阔元

3864　**景定元宝小平钱　楷书　背纪年五**

四级
径 24.5、穿 7.0、厚 1.3 毫米；重 4.2 克
粗字　退定　小样

3865　**景定元宝小平钱　楷书　背纪年五**

四级
径 24.2、穿 7.2、厚 0.9 毫米；重 2.3 克
进景　仰元

3866　**景定元宝小平钱　楷书　背纪年五**

四级
径 24.1、穿 7.0、厚 1.0 毫米；重 2.4 克
细字　退定

3867　**景定元宝小平钱　楷书　背纪年五**

四级
径 24.0、穿 7.0、厚 1.0 毫米；重 2.6 克
斜定　斜宝

3868　**景定元宝小平钱　楷书　背纪年五**

四级
径 23.9、穿 7.0、厚 1.2 毫米；重 3.5 克
仰元

3869　**景定元宝小平钱　楷书　背纪年五**

四级
径 23.9、穿 7.0、厚 0.7 毫米；重 2.0 克
仰宝　小样

3870 **景定元宝折二钱 楷书 光背**

四级
径 29.9、厚 1.7 毫米；重 6.7 克
阔轮 进景

3871 **景定元宝折二钱 楷书 光背**

四级
径 28.7、厚 1.4 毫米；重 3.1 克
阔宝

3872 **景定元宝折二钱 楷书 光背**

四级
径 28.2、厚 1.7 毫米；重 6.0 克
仰元

3873 **景定元宝折二钱 楷书 光背**

四级
径 28.0、厚 1.2 毫米；重 3.46 克
阔元

3874 **景定元宝折二钱 楷书 光背**

四级
径 28.0、厚 1.4 毫米；重 5.3 克
长穿 粗字 俯景

3875 **景定元宝折二钱 楷书 光背**

四级
径 27.5、厚 1.2 毫米；重 2.99 克
粗字 斜宝

3876 **景定元宝折二钱 楷书 光背**

四级
径 27.5、厚 1.1 毫米；重 4.2 克
退定 仰元

3877 **景定元宝折二钱 楷书 光背**

四级
径 27.4、厚 1.2 毫米；重 4.0 克
粗字 阔定 斜宝

3878 **景定元宝折二钱 楷书 光背**

四级
径 27.2、穿 9.0、厚 1.3 毫米；重 3.5 克
阴郭 仰元 狭宝

3879 **景定元宝折二钱 楷书 光背**

四级
径 27.2、厚 1.3 毫米；重 4.4 克
小字 退定 俯宝

3880 **景定元宝折二钱 楷书 光背**

四级
径 27.0、厚 1.1 毫米；重 3.6 克
仰宝

3881 **景定元宝折二钱 楷书 光背**

四级
径 26.9、厚 1.0 毫米；重 2.9 克
阔景 仰宝

3882　景定元宝折二钱　楷书　光背

四级
径 26.4、厚 1.2 毫米；重 3.6 克
仰元　斜宝　小样

3883　景定元宝折二钱　楷书　背纪年元

四级
径 32.0、穿 8.0、厚 1.4 毫米
重 6.49 克
俯景　仰元

3884　景定元宝折二钱　楷书　背纪年元

四级
径 31.3、穿 8.0、厚 1.8 毫米
重 7.6 克
进定　仰元

3885　景定元宝折二钱　楷书　背纪年元

四级
径 30.0、穿 8.0、厚 1.8 毫米
重 7.3 克
细字　阔元

3886　景定元宝折二钱　楷书　背纪年元

四级
径 29.8、穿 8.0、厚 1.2 毫米
重 4.95 克
进景

3887　景定元宝折二钱　楷书　背纪年元

四级
径 29.8、穿 8.0、厚 1.5 毫米
重 6.44 克
细字　进定　仰元

3888　**景定元宝折二钱 楷书 背纪年元**

四级
径 29.8、穿 7.0、厚 1.5 毫米
重 5.67 克
斜贝宝

3889　**景定元宝折二钱 楷书 背纪年元**

五级
径 29.7、穿 7.3、厚 1.8 毫米
重 7.38 克
俯景 俯宝

3890　**景定元宝折二钱 楷书 背纪年元**

四级
径 29.5、穿 8.0、厚 1.6 毫米
重 6.6 克
俯景 阔宝

3891　**景定元宝折二钱 楷书 背纪年元**

五级
径 29.1、穿 8.0、厚 1.3 毫米；重 5.2 克
细字 退定 仰元

3892　**景定元宝折二钱 楷书 背纪年元**

四级
径 29.0、穿 8.0、厚 1.2 毫米；重 5.27 克
粗字 仰元 仰宝

3893　**景定元宝折二钱 楷书 背纪年元**

四级
径 29.0、穿 8.0、厚 1.3 毫米；重 4.95 克
细字 狭景

3894 景定元宝折二钱 楷书 背纪年元

五级
径 28.0、穿 8.0、厚 1.4 毫米；重 4.35 克
粗字 仰元 小样

3895 景定元宝折二钱 楷书 背纪年二

四级
径 30.3、穿 8.0、厚 1.5 毫米
重 6.8 克
平阔 细大字 俯景

3896 景定元宝折二钱 楷书 背纪年二

五级
径 30.0、穿 8.0、厚 1.0 毫米
重 5.3 克
仰宝

3897 景定元宝折二钱 楷书 背纪年二

四级
径 29.8、穿 8.0、厚 1.2 毫米
重 6.61 克
斜阔宝

3898 景定元宝折二钱 楷书 背纪年二

四级
径 29.3、穿 8.0、厚 1.2 毫米
重 6.0 克
俯景 仰宝

3899 景定元宝折二钱 楷书 背纪年二

四级
径 29.3、穿 8.0、厚 1.2 毫米
重 5.1 克
细字 阔元 仰宝

3900 **景定元宝折二钱 楷书 背纪年二**

五级

径 29.2、穿 8.0、厚 1.6 毫米

重 6.3 克

细字 狭景

3901 **景定元宝折二钱 楷书 背纪年二**

四级

径 29.2、穿 8.0、厚 1.3 毫米

重 5.63 克

大字 俯景 背错版

3902 **景定元宝折二钱 楷书 背纪年二**

五级

径 29.0、穿 8.0、厚 1.2 毫米

重 5.72 克

小字 斜宝

3903 **景定元宝折二钱 楷书 背纪年二**

四级

径 29.0、穿 8.0、厚 1.0 毫米

重 5.19 克

俯景 仰宝

3904 **景定元宝折二钱 楷书 背纪年二**

四级

径 29.0、穿 8.0、厚 1.3 毫米

重 5.96 克

细字 退定

3905 **景定元宝折二钱 楷书 背纪年二**

四级

径 28.8、穿 8.0、厚 1.1 毫米

重 5.99 克

斜贝宝

3906　**景定元宝折二钱 楷书 背纪年二**

四级

径 28.6、穿 8.0、厚 1.2 毫米

重 5.0 克

仰景 进定

3907　**景定元宝折二钱 楷书 背纪年二**

五级

径 28.6、穿 8.0、厚 1.2 毫米

重 5.29 克

俯景 斜宝

3908　**景定元宝折二钱 楷书 背纪年二**

五级

径 27.5、穿 8.0、厚 1.1 毫米

重 3.7 克

狭轮 斜定 小样

3909　**景定元宝折二钱 楷书 背纪年三**

四级

径 229.7、穿 8.0 毫米；重 5.8 克

广郭 昂宝

上海博物馆藏

3910　**景定元宝折二钱 楷书 背纪年三**

四级

径 29.3、穿 8.0、厚 1.6 毫米；重 7.0 克

细字 进元

3911　**景定元宝折二钱 楷书 背纪年三**

四级

径 29.1、穿 8.0、厚 1.6 毫米

重 6.23 克

细字 仰宝

3912　**景定元宝折二钱 楷书 背纪年三**

四级
径 29.0、穿 8.0、厚 1.2 毫米；重 5.8 克
退景

3913　**景定元宝折二钱 楷书 背纪年三**

五级
径 29.0、穿 8.0、厚 1.8 毫米；重 5.86 克
狭定

3914　**景定元宝折二钱 楷书 背纪年三**

四级
径 28.9、穿 8.0、厚 1.4 毫米；重 5.2 克
斜阔宝

3915　**景定元宝折二钱 楷书 背纪年三**

四级
径 28.8、穿 8.0、厚 1.1 毫米
重 4.84 克
细字 仰元

3916　**景定元宝折二钱 楷书 背纪年三**

五级
径 28.5、穿 8.0、厚 1.3 毫米
重 4.9 克
细字 狭景

3917　**景定元宝折二钱 楷书 背纪年三**

四级
径 28.5、穿 8.0、厚 1.2 毫米
重 5.66 克
面四决 仰元

3918 **景定元宝折二钱 楷书 背纪年三**

五级
径 28.2、穿 8.0、厚 1.1 毫米
重 4.69 克
狭轮 细字 小景

3919 **景定元宝折二钱 楷书 背纪年三**

五级
径 28.2、穿 8.0、厚 1.2 毫米
重 5.39 克
细字 狭定

3920 **景定元宝折二钱 楷书 背纪年三**

五级
径 28.0、穿 8.0、厚 1.0 毫米；重 4.5 克
粗字 花穿 斜宝

3921 **景定元宝折二钱 楷书 背纪年三**

四级
径 27.5、穿 8.0、厚 1.4 毫米；重 4.9 克
广郭 退定 小样

3922 **景定元宝折二钱 楷书 背纪年四**

四级
径 32.2、穿 8.0、厚 1.5 毫米
重 7.4 克
阔轮 阔景 大样

3923 **景定元宝折二钱 楷书 背纪年四**

四级
径 30.4、穿 8.0、厚 1.4 毫米
重 6.2 克
细字 昂宝

| 3924 | **景定元宝折二钱 楷书 背纪年四**

五级
径 30.0、穿 8.0、厚 1.4 毫米
重 5.6 克
进定 狭元 |  |  |

| 3925 | **景定元宝折二钱 楷书 背纪年四**

四级
径 29.9、穿 8.0、厚 1.6 毫米；重 6.5 克
俯定 |  |  |

| 3926 | **景定元宝折二钱 楷书 背纪年四**

五级
径 29.2、穿 8.0、厚 1.2 毫米
重 5.45 克
小字 进景 进定 |  |  |

| 3927 | **景定元宝折二钱 楷书 背纪年四**

四级
径 29.1、穿 8.0、厚 1.3 毫米
重 5.82 克
大字 进定 |  |  |

| 3928 | **景定元宝折二钱 楷书 背纪年四**

五级
径 29.0、穿 8.0、厚 1.5 毫米
重 4.98 克
进定 斜宝 |  |  |

| 3929 | **景定元宝折二钱 楷书 背纪年四**

四级
径 28.9、穿 8.0、厚 1.6 毫米
重 5.32 克
阔景 |  |  |

3930 **景定元宝折二钱 楷书 背纪年四**

四级
径 28.8、穿 8.0、厚 1.3 毫米；重 5.5 克
仰元

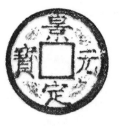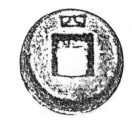

3931 **景定元宝折二钱 楷书 背纪年四**

四级
径 28.7、穿 8.0、厚 1.7 毫米；重 6.72 克
仰元 斜宝 背斜四

3932 **景定元宝折二钱 楷书 背纪年四**

五级
径 27.5、穿 8.0、厚 1.3 毫米；重 4.6 克
狭景 进定

3933 **景定元宝折二钱 楷书 背纪年四**

径 27.2、穿 8.0、厚 1.1 毫米；重 3.78 克
阴郭 仰景 进定

3934 **景定元宝折二钱 楷书 背纪年四**

五级
径 26.2、穿 8.0、厚 1.0 毫米；重 3.2 克
进定 斜宝 背斜四

3935 **景定元宝折二钱 楷书 背纪年五**

四级
径 29.6、穿 8.0 毫米；重 6.3 克
粗字 阔仰宝
上海博物馆藏

3936　**景定元宝折二钱　楷书　背纪年五**

四级
径 29.5、穿 8.0、厚 1.2 毫米；重 5.3 克
细字　正字

3937　**景定元宝折二钱　楷书　背纪年五**

四级
径 29.2、穿 8.0、厚 1.8 毫米；重 7.7 克
广郭　阔景

3938　**景定元宝折二钱　楷书　背纪年五**

五级
径 28.9、穿 8.0、厚 1.3 毫米；重 5.1 克
仰景　进定

3939　**景定元宝折二钱　楷书　背纪年五**

四级
径 28.8、穿 8.0、厚 1.3 毫米；重 5.94 克
粗字　仰宝

3940　**景定元宝折二钱　楷书　背纪年五**

五级
径 28.6、穿 8.0、厚 1.1 毫米；重 4.4 克
阴郭　仰元

3941　**景定元宝折二钱　楷书　背纪年五**

五级
径 28.7、穿 8.0、厚 1.2 毫米；重 4.56 克
进定　仰宝

3942　**景定元宝折二钱 楷书 背纪年五**

四级
径 28.4、穿 8.0、厚 1.2 毫米
重 5.16 克
仰景　小定

3943　**景定元宝折二钱 楷书 背纪年五**

四级
径 28.4、穿 8.0、厚 1.0 毫米
重 3.85 克
仰元　仰宝

3944　**景定元宝折二钱 楷书 背纪年五**

五级
径 28.3、穿 8.0、厚 1.2 毫米
重 5.3 克
短景　仰宝

3945　**景定元宝折二钱 楷书 背纪年五**

四级
径 28.1、穿 8.0、厚 1.2 毫米
重 4.52 克
进定　阔元

3946　**景定元宝折二钱 楷书 背纪年五**

四级
径 27.2、穿 8.0、厚 1.1 毫米；重 3.9 克
广郭　仰宝　小样

附：私铸景定元宝折二钱

　　理宗景定年间（1260~1264 年）铸造。青铜质。钱文"景定元宝"楷书，对读。私铸。一般制作粗劣，文字浅平，肉薄，平背，重量轻。折二钱径 26.3~28.6 毫米，重 2.7~5.4 克。

3947 **私铸景定元宝折二钱 楷书 平背**

五级
径 28.6、穿 8.0、厚 1.3 毫米；重 4.3 克
细字 退定

3948 **私铸景定元宝折二钱 楷书 平背**

五级
径 28.0、穿 8.0、厚 1.2 毫米；重 3.3 克
小字 小元

3949 **私铸景定元宝折二钱 楷书 平背**

五级
径 27.8、穿 8.0、厚 1.1 毫米；重 4.0 克
阔轮 进定

3950 **私铸景定元宝折二钱 楷书 平背**

五级
径 27.7、穿 8.0、厚 1.1 毫米；重 3.5 克
仰阔元

3951 **私铸景定元宝折二钱 楷书 平背**

五级
径 27.7、穿 8.0、厚 1.0 毫米；重 3.3 克
进狭定

3952　　**私铸景定元宝折二钱　楷书　平背**

五级
径 27.6、穿 8.0、厚 1.2 毫米；重 3.6 克
进定　仰宝

3953　　**私铸景定元宝折二钱　楷书　平背**

五级
径 27.4、穿 8.0、厚 1.5 毫米；重 4.9 克
粗字　俯宝

3954　　**私铸景定元宝折二钱　楷书　平背**

五级
径 27.3、穿 8.0、厚 1.6 毫米；重 5.4 克
阔景　进定

3955　　**私铸景定元宝折二钱　楷书　平背**

五级
径 26.7、穿 8.0、厚 1.2 毫米；重 2.7 克
进定　仰元

3956　　**私铸景定元宝折二钱　楷书　平背**

五级
径 26.3、穿 8.0、厚 1.1 毫米；重 3.2 克
俯景　俯宝

度宗朝钱

　　宋度宗在位期间（1265~1274 年）仅有"咸淳"一个年号，铜钱铸造了"咸淳元宝"一种钱文。

咸淳钱

宋度宗咸淳年间（1265~1274 年）铸的钱币。铜钱有"咸淳元宝"一种钱文，楷书，对读。有小平钱、折二钱、折三钱。

咸淳元宝钱

度宗咸淳年间（1265~1274 年）铸造。青铜质。钱文"咸淳元宝"，楷书，对读。有小平钱、折二钱、折三钱 3 种币值。小平钱、折二钱皆有光背和背纪年元至八，折三钱仅见背九纪年钱。按钱币文字和特点分，有阔咸、狭咸、阔淳、狭淳、阔轮细字大样等多种版式。一般小平钱径 22.1~24.5 毫米，重 2~4.7 克；折二钱径 26~31.2 毫米，重 3~8.7 克；折三钱径 36.5 毫米，重 11.5 克。

3957	**咸淳元宝小平钱 楷书 光背** 四级 径 24.1、穿 7.0、厚 1.1 毫米；重 3.1 克 仰元 仰宝	 
3958	**咸淳元宝小平钱 楷书 光背** 四级 径 23.6、穿 7.0、厚 1.0 毫米；重 2.8 克 进淳 俯宝	 
3959	**咸淳元宝小平钱 楷书 光背** 四级 径 23.5、穿 7.0、厚 1.1 毫米；重 3.1 克 粗字 阔宝	 

3960 **咸淳元宝小平钱 楷书 光背**

四级
径 23.5、穿 7.0、厚 1.1 毫米；重 2.9 克
斜肩宝 背错版

3961 **咸淳元宝小平钱 楷书 光背**

四级
径 23.5、穿 7.0、厚 1.1 毫米；重 3.0 克
粗字 阔宝

3962 **咸淳元宝小平钱 楷书 光背**

四级
径 23.4、穿 7.0、厚 1.0 毫米；重 2.6 克
广郭 正字 小样

3963 **咸淳元宝小平钱 楷书 背纪年元**

四级
径 24.6、穿 7.0、厚 1.1 毫米；重 3.5 克
平阔 进淳

3964 **咸淳元宝小平钱 楷书 背纪年元**

四级
径 24.5、穿 7.0、厚 1.1 毫米；重 3.5 克
平阔 俯淳 仰元

3965 **咸淳元宝小平钱 楷书 背纪年元**

五级
径 24.3、穿 7.0、厚 1.1 毫米；重 3.2 克
小元 仰宝

3966 **咸淳元宝小平钱 楷书 背纪年元**

五级
径 24.3、穿 7.0、厚 1.3 毫米；重 3.6 克
进淳 仰元

3967 **咸淳元宝小平钱 楷书 背纪年元**

四级
径 24.2、穿 7.0、厚 1.2 毫米；重 3.7 克
仰元 俯宝

3968 **咸淳元宝小平钱 楷书 背纪年元**

四级
径 24.2、穿 7.0、厚 1.2 毫米；重 3.5 克
仰元 仰宝

3969 **咸淳元宝小平钱 楷书 背纪年元**

五级
径 24.2、穿 7.0、厚 0.9 毫米；重 2.3 克
进淳 背阔元

3970 **咸淳元宝小平钱 楷书 背纪年元**

四级
径 24.2、穿 7.0、厚 1.1 毫米；重 3.2 克
广郭 进淳 仰宝

3971 **咸淳元宝小平钱 楷书 背纪年元**

五级
径 24.1、穿 7.0、厚 1.3 毫米；重 3.9 克
细字 仰元

3972 **咸淳元宝小平钱 楷书 背纪年元**

四级
径 24.0、穿 7.0、厚 1.1 毫米；重 2.9 克
仰元 仰宝

3973 **咸淳元宝小平钱 楷书 背纪年元**

四级
径 24.0、穿 7.0、厚 1.2 毫米；重 3.3 克
进淳 仰元

3974 **咸淳元宝小平钱 楷书 背纪年元**

五级
径 23.8、穿 7.0、厚 1.1 毫米；重 2.7 克
俯淳 仰元 小样

3975 **咸淳元宝小平钱 楷书 背纪年二**

四级
径 24.9、穿 7.0、厚 1.3 毫米；重 3.5 克
仰元 仰宝

3976 **咸淳元宝小平钱 楷书 背纪年二**

四级
径 24.3、穿 7.0、厚 1.0 毫米；重 3.1 克
进淳 仰宝

3977 **咸淳元宝小平钱 楷书 背纪年二**

四级
径 24.2、穿 7.0 毫米；重 3.5 克
仰元 仰宝
上海博物馆藏

3978 咸淳元宝小平钱 楷书 背纪年二

五级
径 24.2、穿 7.0、厚 1.2 毫米；重 3.3 克
进淳 仰元

3979 咸淳元宝小平钱 楷书 背纪年二

五级
径 24.1、穿 7.0、厚 1.2 毫米；重 3.5 克
粗字 退咸 仰宝

3980 咸淳元宝小平钱 楷书 背纪年二

四级
径 23.9、穿 7.0、厚 1.0 毫米；重 2.5 克
细字 仰元

3981 咸淳元宝小平钱 楷书 背纪年二

四级
径 23.7、穿 7.0、厚 1.4 毫米；重 3.5 克
进淳 俯宝

3982 咸淳元宝小平钱 楷书 背纪年二

五级
径 23.6、穿 7.0、厚 1.2 毫米；重 3.4 克
狭咸 俯淳

3983 咸淳元宝小平钱 楷书 背纪年二

四级
径 23.5、穿 7.0、厚 1.2 毫米；重 3.4 克
粗大字 仰元

3984　**咸淳元宝小平钱 楷书 背纪年二**

五级
径 23.4、穿 7.0、厚 1.0 毫米；重 3.0 克
粗字 阔宝

3985　**咸淳元宝小平钱 楷书 背纪年二**

五级
径 23.0、穿 7.0、厚 1.3 毫米；重 3.7 克
小字 小样

3986　**咸淳元宝小平钱 楷书 背纪年三**

五级
径 24.5、穿 7.0、厚 1.2 毫米；重 3.7 克
退淳

3987　**咸淳元宝小平钱 楷书 背纪年三**

四级
径 24.5、穿 7.0、厚 1.1 毫米；重 3.5 克
细字 俯宝

3988　**咸淳元宝小平钱 楷书 背纪年三**

五级
径 24.2、穿 7.0、厚 1.1 毫米；重 3.1 克
细字 狭淳

3989　**咸淳元宝小平钱 楷书 背纪年三**

五级
径 24.1、穿 6.6 毫米；重 3.8 克
粗字 俯淳
上海博物馆藏

3990 | **咸淳元宝小平钱 楷书 背纪年三**

五级
径 24.0、穿 7.0、厚 1.1 毫米；重 3.4 克
粗字 仰淳

3991 | **咸淳元宝小平钱 楷书 背纪年三**

四级
径 24.0、穿 7.0、厚 1.1 毫米；重 3.0 克
粗字 正字

3992 | **咸淳元宝小平钱 楷书 背纪年三**

四级
径 23.9、穿 7.0、厚 1.1 毫米；重 3.0 克
细字 仰淳

3993 | **咸淳元宝小平钱 楷书 背纪年三**

五级
径 23.9、穿 7.0、厚 1.1 毫米；重 3.1 克
细字 仰宝

3994 | **咸淳元宝小平钱 楷书 背纪年三**

五级
径 23.9、穿 7.0、厚 1.9 毫米；重 3.3 克
细字 退淳

3995 | **咸淳元宝小平钱 楷书 背纪年三**

五级
径 33.7、穿 7.0、厚 1.2 毫米；重 3.1 克
粗字 狭淳

3996　**咸淳元宝小平钱　楷书　背纪年三**

五级
径 23.7、穿 6.4、厚 1.2 毫米；重 3.6 克
仰狭宝

3997　**咸淳元宝小平钱　楷书　背纪年三**

四级
径 23.4、穿 7.0、厚 0.9 毫米；重 2.6 克
广郭　粗字　仰元

3998　**咸淳元宝小平钱　楷书　背纪年三**

五级
径 23.3、穿 7.0、厚 1.1 毫米；重 2.8 克
斜淳

3999　**咸淳元宝小平钱　楷书　背纪年三**

五级
径 23.2、穿 7.0、厚 1.3 毫米；重 3.6 克
细字　俯宝

4000　**咸淳元宝小平钱　楷书　背纪年三**

五级
径 22.9、穿 7.0、厚 1.0 毫米；重 2.6 克
狭咸　小样

4001　**咸淳元宝小平钱　楷书　背纪年四**

五级
径 24.1、穿 7.0、厚 1.1 毫米；重 3.1 克
细字　仰淳

4002 **咸淳元宝小平钱 楷书 背纪年四**

五级
径 24.1、穿 7.0、厚 1.4 毫米；重 3.3 克
粗字 阔淳 仰宝

4003 **咸淳元宝小平钱 楷书 背纪年四**

四级
径 23.9、穿 7.0、厚 1.2 毫米；重 3.5 克
俯淳 斜宝

4004 **咸淳元宝小平钱 楷书 背纪年四**

五级
径 23.6、穿 7.0、厚 1.1 毫米；重 2.9 克
仰淳 狭宝

4005 **咸淳元宝小平钱 楷书 背纪年四**

四级
径 23.6、穿 7.0、厚 1.0 毫米；重 2.8 克
俯淳

4006 **咸淳元宝小平钱 楷书 背纪年四**

五级
径 23.5、穿 7.0、厚 1.0 毫米；重 2.6 克
细字 进狭淳

4007 **咸淳元宝小平钱 楷书 背纪年四**

四级
径 23.5、穿 7.0、厚 1.2 毫米；重 3.7 克
粗字 俯淳

4008 **咸淳元宝小平钱 楷书 背纪年四**

四级
径 23.4、穿 7.0、厚 1.1 毫米；重 2.8 克
斜淳 俯宝

4009 **咸淳元宝小平钱 楷书 背纪年四**

四级
径 23.3、穿 7.0、厚 1.2 毫米；重 3.0 克
仰淳 阔宝

4010 **咸淳元宝小平钱 楷书 背纪年四**

五级
径 23.3、穿 7.0、厚 1.2 毫米；重 3.2 克
进斜淳

4011 **咸淳元宝小平钱 楷书 背纪年四**

五级
径 23.3、穿 7.0、厚 1.2 毫米；重 3.0 克
进淳

4012 **咸淳元宝小平钱 楷书 背纪年四**

四级
径 23.2、穿 7.0、厚 1.1 毫米；重 3.4 克
仰淳 斜宝

4013 **咸淳元宝小平钱 楷书 背纪年四**

五级
径 23.1、穿 7.0、厚 1.1 毫米；重 2.8 克
进阔淳 小样

4014 **咸淳元宝小平钱 楷书 背纪年五**

四级
径 23.7、穿 7.0、厚 1.0 毫米；重 3.2 克
阔轮　正字

4015 **咸淳元宝小平钱 楷书 背纪年五**

五级
径 23.6、穿 7.0 毫米；重 4.0 克
狭淳　俯元
上海博物馆藏

4016 **咸淳元宝小平钱 楷书 背纪年五**

五级
径 23.4、穿 7.0、厚 1.3 毫米；重 3.4 克
广郭　仰淳

4017 **咸淳元宝小平钱 楷书 背纪年五**

四级
径 23.3、穿 7.0、厚 1.4 毫米；重 3.0 克
俯宝　背斜五

4018 **咸淳元宝小平钱 楷书 背纪年五**

四级
径 23.2、穿 7.0、厚 1.2 毫米；重 3.5 克
狭咸　仰淳

4019 **咸淳元宝小平钱 楷书 背纪年五**

五级
径 23.2、穿 7.0、厚 1.4 毫米；重 3.4 克
粗字　斜淳

4020　**咸淳元宝小平钱　楷书　背纪年五**

四级
径 23.2、穿 7.0、厚 1.0 毫米；重 2.2 克
进淳

4021　**咸淳元宝小平钱　楷书　背纪年五**

五级
径 23.0、穿 7.0、厚 1.1 毫米；重 2.4 克
小字　俯淳

4022　**咸淳元宝小平钱　楷书　背纪年五**

四级
径 22.9、穿 7.1、厚 1.1 毫米；重 2.9 克
斜淳

4023　**咸淳元宝小平钱　楷书　背纪年五**

四级
径 22.1、穿 7.0、厚 1.2 毫米；重 2.8 克
狭轮　阔宝　小样

4024　**咸淳元宝小平钱　楷书　背纪年六**

四级
径 24.2、穿 7.0、厚 0.9 毫米；重 2.5 克
进斜淳

4025　**咸淳元宝小平钱　楷书　背纪年六**

四级
径 24.0、穿 7.0、厚 1.2 毫米；重 3.2 克
仰淳　仰元

4026 **咸淳元宝小平钱 楷书 背纪年六**

四级
径 23.9、穿 7.0、厚 1.1 毫米；重 2.4 克
俯淳 狭元

4027 **咸淳元宝小平钱 楷书 背纪年六**

四级
径 23.7、穿 7.0、厚 1.0 毫米；重 2.8 克
进淳 俯宝

4028 **咸淳元宝小平钱 楷书 背纪年六**

四级
径 23.6、穿 7.0、厚 1.4 毫米；重 4.7 克
进淳 仰宝

4029 **咸淳元宝小平钱 楷书 背纪年六**

四级
径 23.6、穿 7.0、厚 1.2 毫米；重 3.0 克
粗字 仰淳 背斜六

4030 **咸淳元宝小平钱 楷书 背纪年六**

四级
径 23.3、穿 7.0、厚 1.1 毫米；重 2.8 克
进咸 进淳

4031 **咸淳元宝小平钱 楷书 背纪年六**

四级
径 23.3、穿 7.0、厚 1.1 毫米；重 2.7 克
进淳 俯宝

4032 **咸淳元宝小平钱 楷书 背纪年六**

四级
径 23.3、穿 7.0、厚 1.2 毫米；重 3.1 克
细字 进淳 仰元

4033 **咸淳元宝小平钱 楷书 背纪年六**

四级
径 23.2、穿 7.0、厚 1.0 毫米；重 3.0 克
粗字 进淳

4034 **咸淳元宝小平钱 楷书 背纪年六**

四级
径 23.2、穿 7.0、厚 1.2 毫米；重 3.68 克
进仰淳 俯宝

4035 **咸淳元宝小平钱 楷书 背纪年六**

四级
径 22.9、穿 7.0、厚 1.1 毫米；重 2.6 克
进仰淳 仰元

4036 **咸淳元宝小平钱 楷书 背纪年六**

四级
径 22.9、穿 7.0、厚 1.1 毫米；重 3.0 克
仰淳 小样

4037 **咸淳元宝小平钱 楷书 背纪年七**

四级
径 24.4、穿 7.0、厚 1.0 毫米；重 3.2 克
进淳

4038　**咸淳元宝小平钱　楷书　背纪年七**

四级
径 24.0、穿 7.0、厚 1.0 毫米；重 2.8 克
大字　阔咸

4039　**咸淳元宝小平钱　楷书　背纪年七**

四级
径 24.0、穿 7.0、厚 0.9 毫米；重 3.1 克
细字　狭咸　狭宝

4040　**咸淳元宝小平钱　楷书　背纪年七**

四级
径 23.8、穿 7.0、厚 1.2 毫米；重 3.4 克
阔元　仰宝

4041　**咸淳元宝小平钱　楷书　背纪年七**

四级
径 23.8、穿 7.0、厚 1.1 毫米；重 3.4 克
进淳　斜宝

4042　**咸淳元宝小平钱　楷书　背纪年七**

四级
径 23.7、穿 7.0、厚 1.2 毫米；重 3.1 克
仰宝

4043　**咸淳元宝小平钱　楷书　背纪年七**

四级
径 23.5、穿 7.0、厚 1.2 毫米；重 3.1 克
进俯淳

4044　**咸淳元宝小平钱 楷书 背纪年七**

四级
径 23.3、穿 7.0、厚 1.4 毫米；重 2.8 克
进仰淳 俯宝

4045　**咸淳元宝小平钱 楷书 背纪年七**

四级
径 22.8、穿 7.0、厚 1.0 毫米；重 2.5 克
俯淳 仰宝

4046　**咸淳元宝小平钱 楷书 背纪年七**

四级
径 22.8、穿 7.0、厚 0.8 毫米；重 2.0 克
狭咸 小样

4047　**咸淳元宝小平钱 楷书 背纪年八**

四级
径 24.5、穿 6.2 毫米；重 3.6 克
仰阔宝
存云亭藏

4048　**咸淳元宝小平钱 楷书 背纪年八**

四级
径 24.4、穿 7.0、厚 1.0 毫米；重 2.9 克
进阔咸

4049　**咸淳元宝小平钱 楷书 背纪年八**

四级
径 23.9、穿 7.0、厚 1.3 毫米；重 3.7 克
仰元 仰宝

4050	**咸淳元宝小平钱 楷书 背纪年八** 四级 径 23.9、穿 7.0、厚 1.2 毫米；重 3.1 克 阔淳 仰元		
4051	**咸淳元宝小平钱 楷书 背纪年八** 四级 径 23.7、穿 7.0、厚 1.1 毫米；重 2.9 克 阔咸 俯宝		
4052	**咸淳元宝小平钱 楷书 背纪年八** 四级 径 23.7、穿 6.0、厚 1.3 毫米；重 3.45 克 粗字 大咸 俯淳		
4053	**咸淳元宝小平钱 楷书 背纪年八** 四级 径 23.6、穿 7.0、厚 1.2 毫米；重 3.2 克 细字 仰淳		
4054	**咸淳元宝小平钱 楷书 背纪年八** 四级 径 23.6、穿 7.0、厚 1.1 毫米；重 2.9 克 大字 阔咸		
4055	**咸淳元宝小平钱 楷书 背纪年八** 四级 径 23.6、穿 7.0、厚 1.3 毫米；重 3.6 克 仰元		

4056 咸淳元宝小平钱 楷书 背纪年八

四级
径 23.5、穿 7.0、厚 1.2 毫米；重 3.2 克
大字 阔淳

4057 咸淳元宝小平钱 楷书 背纪年八

四级
径 23.5、穿 7.0、厚 1.4 毫米；重 3.4 克
阔仰淳

4058 咸淳元宝小平钱 楷书 背纪年八

四级
径 23.5、穿 7.0、厚 0.9 毫米；重 2.4 克
狭淳 背小八

4059 咸淳元宝小平钱 楷书 背纪年八

四级
径 23.4、穿 7.0、厚 1.2 毫米；重 3.0 克
大字 仰淳

4060 咸淳元宝小平钱 楷书 背纪年八

四级
径 22.8、穿 7.0、厚 1.1 毫米；重 2.8 克
仰淳 仰宝

4061 咸淳元宝小平钱 楷书 背纪年八

四级
径 22.7、穿 7.0、厚 1.1 毫米；重 2.8 克
狭轮 仰元 仰宝

4062 **咸淳元宝小平钱 楷书 背纪年八**

四级
径 22.6、穿 7.0、厚 1.4 毫米；重 2.6 克
大字 仰淳 小样

4063 **咸淳元宝折二钱 楷书 光背**

三级
径 31.0、穿 8.2、厚 1.8 毫米
重 8.7 克
阔轮 细字 样钱

4064 **咸淳元宝折二钱 楷书 光背**

四级
径 29.0、穿 7.6、厚 1.5 毫米
重 6.1 克
进咸 阔宝

4065 **咸淳元宝折二钱 楷书 光背**

四级
径 28.8、穿 8.0、厚 1.1 毫米
重 4.7 克
大字 阔仰元

4066 **咸淳元宝折二钱 楷书 光背**

四级
径 28.8、穿 8.0、厚 1.3 毫米
重 5.5 克
俯淳

4067 **咸淳元宝折二钱 楷书 光背**

四级
径 28.6、穿 7.2、厚 1.4 毫米
重 4.7 克
异版 进咸 斜宝

4068 **咸淳元宝折二钱 楷书 光背**

四级
径 28.5、穿 7.2、厚 1.5 毫米
重 4.4 克
异版 进淳

4069 **咸淳元宝折二钱 楷书 光背**

四级
径 28.1、穿 8.0、厚 1.5 毫米
重 5.7 克
仰淳 俯宝

4070 **咸淳元宝折二钱 楷书 光背**

五级
径 27.7、穿 7.2、厚 1.4 毫米
重 3.8 克
退淳 仰宝

4071 **咸淳元宝折二钱 楷书 光背**

四级
径 27.6、穿 8.0、厚 1.4 毫米；重 5.4 克
进淳 仰元

4072 **咸淳元宝折二钱 楷书 光背**

四级
径 27.5、穿 8.0、厚 1.4 毫米；重 4.5 克
退淳

4073 **咸淳元宝折二钱 楷书 光背**

四级
径 27.4、穿 8.0、厚 1.5 毫米；重 5.3 克
大字 阔淳

4074 **咸淳元宝折二钱 楷书 光背**

四级
径 27.0、穿 8.0、厚 1.5 毫米；重 4.7 克
退淳 俯宝

4075 **咸淳元宝折二钱 楷书 光背**

四级
径 26.9、穿 8.0、厚 1.5 毫米；重 4.8 克
细字 仰淳

4076 **咸淳元宝折二钱 楷书 光背**

四级
径 26.9、穿 8.0、厚 1.3 毫米；重 4.8 克
大字 阔咸

4077 **咸淳元宝折二钱 楷书 光背**

四级
径 26.7、穿 7.3、厚 1.2 毫米；重 3.4 克
俯宝 背双郭错版

4078 **咸淳元宝折二钱 楷书 光背**

四级
径 26.6、穿 8.0、厚 1.2 毫米；重 3.3 克
粗字 仰淳

4079 **咸淳元宝折二钱 楷书 光背**

四级
径 26.2、穿 8.0、厚 1.3 毫米；重 3.5 克
大字 阔咸 小样

4080 | **咸淳元宝折二钱 楷书 光背**

四级
径 225.0、穿 8.0、厚 1.3 毫米；重 3.5 克
狭轮 细字 进淳

4081 | **咸淳元宝折二钱 楷书 背纪年元**

四级
径 30.4、穿 8.0、厚 1.9 毫米；重 7.7 克
阔淳

4082 | **咸淳元宝折二钱 楷书 背纪年元**

四级
径 29.7、穿 8.0、厚 1.4 毫米；重 5.8 克
正郭 正字

4083 | **咸淳元宝折二钱 楷书 背纪年元**

四级
径 29.4、穿 8.0、厚 1.4 毫米；重 6.0 克
进淳 斜宝

4084 | **咸淳元宝折二钱 楷书 背纪年元**

五级
径 29.1、穿 8.0、厚 1.2 毫米；重 5.3 克
进淳 仰元

4085 | **咸淳元宝折二钱 楷书 背纪年元**

五级
径 29.0、穿 8.0、厚 1.3 毫米；重 6.36 克
细字 进淳

4086 **咸淳元宝折二钱 楷书 背纪年元**

五级
径 29.0、穿 8.0、厚 1.5 毫米；重 6.28 克
粗字 进淳 仰元

4087 **咸淳元宝折二钱 楷书 背纪年元**

四级
径 28.6、穿 8.0、厚 1.3 毫米；重 4.78 克
花穿 仰宝

4088 **咸淳元宝折二钱 楷书 背纪年元**

四级
径 28.5、厚 1.4 毫米；重 5.9 克
大字 阔仰元

4089 **咸淳元宝折二钱 楷书 背纪年元**

五级
径 28.5、穿 8.0、厚 1.3 毫米；重 55.3 克
进仰淳 仰元

4090 **咸淳元宝折二钱 楷书 背纪年元**

五级
径 28.5、穿 8.0、厚 1.2 毫米；重 3.82 克
细字 仰元

4091 **咸淳元宝折二钱 楷书 背纪年元**

五级
径 28.2、穿 8.0、厚 1.5 毫米；重 5.77 克
粗字 进淳 俯宝

4092 **咸淳元宝折二钱 楷书 背纪年元**

四级
径 28.2、穿 8.0、厚 1.2 毫米；重 4.23 克
大字 俯宝

4093 **咸淳元宝折二钱 楷书 背纪年元**

四级
径 28.0、穿 8.0、厚 1.7 毫米；重 6.13 克
阔轮 仰淳

4094 **咸淳元宝折二钱 楷书 背纪年元**

五级
径 27.0、穿 10.0、厚 1.0 毫米；重 3.0 克
狭轮 广穿 小样

4095 **咸淳元宝折二钱 楷书 背纪年二**

五级
径 29.2、厚 1.2 毫米；重 4.9 克
粗字 仰淳 大样

4096 **咸淳元宝折二钱 楷书 背纪年二**

五级
径 29.0、穿 8.0、厚 1.7 毫米
重 5.33 克
进咸

4097 **咸淳元宝折二钱 楷书 背纪年二**

四级
径 38.9、穿 8.0、厚 1.5 毫米
重 5.3 克
大字 仰元

4098 **咸淳元宝折二钱 楷书 背纪年二**

四级
径 28.8、厚 1.6 毫米；重 6.7 克
大字 仰宝

4099 **咸淳元宝折二钱 楷书 背纪年二**

四级
径 28.5、穿 8.0、厚 1.3 毫米
重 5.7 克
大字 阔宝

4100 **咸淳元宝折二钱 楷书 背纪年二**

四级
径 28.3、穿 8.0、厚 1.5 毫米
重 6.95 克
广郭 仰元

4101 **咸淳元宝折二钱 楷书 背纪年二**

四级
径 28.2、穿 8.0、厚 1.3 毫米
重 5.3 克
细字 仰宝

4102 **咸淳元宝折二钱 楷书 背纪年二**

四级
径 27.9、穿 8.0、厚 1.4 毫米
重 5.56 克
粗字 退淳 背阔郭

4103 **咸淳元宝折二钱 楷书 背纪年二**

四级
径 27.8、穿 8.0、厚 1.4 毫米
重 50.9 克
斜宝

4104 **咸淳元宝折二钱 楷书 背纪年二**

五级
径 27.1、穿 8.0、厚 1.3 毫米；重 4.7 克
狭轮 狭元

4105 **咸淳元宝折二钱 楷书 背纪年二**

五级
径 26.5、穿 8.0、厚 1.3 毫米；重 3.88 克
斜淳 仰元

4106 **咸淳元宝折二钱 楷书 背纪年二**

五级
径 26.2、穿 8.0、厚 1.3 毫米；重 5.57 克
进淳

4107 **咸淳元宝折二钱 楷书 背纪年二**

五级
径 26.0、厚 1.1 毫米；重 3.0 克
仰咸 仰元

4108 **咸淳元宝折二钱 楷书 背纪年二**

五级
径 27.2、穿 7.8、厚 1.3 毫米；重 3.25 克
咸元 元淳（错版）
孙仲汇提供

4109 **咸淳元宝折二钱 楷书 背纪年三**

四级
径 30.0、厚 1.6 毫米；重 6.7 克
阔轮 广郭 俯宝

4110　**咸淳元宝折二钱　楷书　背纪年三**

四级
径 29.2、厚 1.4 毫米；重 5.7 克
广郭　正字

4111　**咸淳元宝折二钱　楷书　背纪年三**

五级
径 28.6、厚 1.6 毫米；重 5.7 克
狭轮　仰咸

4112　**咸淳元宝折二钱　楷书　背纪年三**

四级
径 28.2、穿 8.0、厚 1.1 毫米；重 3.77 克
阔轮　仰元

4113　**咸淳元宝折二钱　楷书　背纪年三**

四级
径 28.0、穿 8.0、厚 1.2 毫米；重 5.15 克
大字　阔淳

4114　**咸淳元宝折二钱　楷书　背纪年三**

四级
径 27.9、厚 1.1 毫米；重 4.3 克
大字　阔咸

4115　**咸淳元宝折二钱　楷书　背纪年三**

五级
径 27.8、穿 8.0、厚 1.2 毫米；重 4.7 克
细字　斜宝

4116　**咸淳元宝折二钱　楷书　背纪年三**

四级
径 27.5、厚 1.5 毫米；重 5.6 克
广郭　仰元

4117　**咸淳元宝折二钱　楷书　背纪年三**

四级
径 27.5、穿 8.0、厚 1.2 毫米；重 4.95 克
仰元　俯宝

4118　**咸淳元宝折二钱　楷书　背纪年三**

五级
径 27.3、穿 8.0、厚 1.1 毫米；重 3.96 克
仰淳

4119　**咸淳元宝折二钱　楷书　背纪年三**

五级
径 27.3、穿 8.0、厚 1.2 毫米；重 4.37 克
狭淳

4120　**咸淳元宝折二钱　楷书　背纪年三**

五级
径 27.0、穿 8.0、厚 1.2 毫米；重 4.46 克
大字　仰宝　小样

4121　**咸淳元宝折二钱　楷书　背纪年三**

五级
径 27.0、穿 8.0、厚 1.2 毫米；重 4.83 克
仰淳　仰元

4122	**咸淳元宝折二钱 楷书 背纪年三** 五级 径 27.0、穿 8.0、厚 1.2 毫米；重 4.8 克 狭郭 粗淳 小样

4123	**咸淳元宝折二钱 楷书 背纪年三** 五级 径 26.8、厚 1.4 毫米；重 4.2 克 仰淳 小样

4124	**咸淳元宝折二钱 楷书 背纪年四** 四级 径 29.3、厚 1.7 毫米；重 7.2 克 阔轮 正字

4125	**咸淳元宝折二钱 楷书 背纪年四** 五级 径 28.8、厚 1.6 毫米；重 5.4 克 小字 狭咸 仰元

4126	**咸淳元宝折二钱 楷书 背纪年四** 四级 径 28.5、穿 8.0、厚 1.2 毫米；重 5.34 克 细字 仰元 俯宝

4127	**咸淳元宝折二钱 楷书 背纪年四** 四级 径 28.0、穿 8.0、厚 1.1 毫米；重 3.86 克 仰淳 阔宝

4128 **咸淳元宝折二钱 楷书 背纪年四**

四级
径 28.0、穿 8.0、厚 1.5 毫米；重 5.92 克
狭仰淳

4129 **咸淳元宝折二钱 楷书 背纪年四**

五级
径 28.0、穿 8.0、厚 1.5 毫米；重 5.08 克
俯淳 俯宝

4130 **咸淳元宝折二钱 楷书 背纪年四**

五级
径 27.6、厚 1.5 毫米；重 5.3 克
退俯淳

4131 **咸淳元宝折二钱 楷书 背纪年四**

五级
径 27.5、穿 8.0、厚 1.3 毫米；重 4.79 克
狭咸 俯淳

4132 **咸淳元宝折二钱 楷书 背纪年四**

四级
径 27.2、穿 8.0、厚 1.5 毫米；重 5.07 克
广郭 俯淳

4133 **咸淳元宝折二钱 楷书 背纪年四**

五级
径 27.0、穿 8.0、厚 1.2 毫米；重 4.3 克
狭俯淳

4134 **咸淳元宝折二钱 楷书 背纪年四**

四级
径 27.0、穿 8.0、厚 1.3 毫米；重 5.29 克
大字 退淳

4135 **咸淳元宝折二钱 楷书 背纪年四**

五级
径 27.0、穿 8.0、厚 1.2 毫米；重 5.38 克
仰淳 仰元

4136 **咸淳元宝折二钱 楷书 背纪年四**

五级
径 27.0、穿 8.0、厚 1.5 毫米；重 4.72 克
狭轮 花穿 仰淳

4137 **咸淳元宝折二钱 楷书 背纪年五**

四级
径 28.6、厚 1.6 毫米；重 5.7 克
阔轮 退淳 背粗五

4138 **咸淳元宝折二钱 楷书 背纪年五**

五级
径 27.6、厚 1.5 毫米；重 5.4 克
进狭淳

4139 **咸淳元宝折二钱 楷书 背纪年五**

五级
径 27.5、厚 1.6 毫米；重 5.1 克
进淳 背小五

4140　**咸淳元宝折二钱 楷书 背纪年五**

五级
径 27.3、穿 8.0、厚 1.3 毫米；重 4.46 克
俯淳　俯宝

4141　**咸淳元宝折二钱 楷书 背纪年五**

四级
径 37.3、穿 8.0、厚 1.3 毫米；重 4.38 克
阔淳

4142　**咸淳元宝折二钱 楷书 背纪年五**

四级
径 27.2、穿 8.0、厚 1.4 毫米；重 5.49 克
大字　正字

4143　**咸淳元宝折二钱 楷书 背纪年五**

四级
径 27.2、穿 8.0、厚 1.2 毫米；重 3.73 克
仰淳　仰宝

4144　**咸淳元宝折二钱 楷书 背纪年五**

五级
径 27.2、厚 1.5 毫米；重 5.2 克
小咸　俯宝

4145　**咸淳元宝折二钱 楷书 背纪年五**

四级
径 27.0、穿 8.0、厚 1.2 毫米；重 5.16 克
阔咸　俯宝

4146　**咸淳元宝折二钱　楷书　背纪年五**

五级
径 27.0、穿 8.0、厚 1.3 毫米；重 4.64 克
仰元　斜宝

4147　**咸淳元宝折二钱　楷书　背纪年五**

五级
径 27.0、穿 8.0、厚 1.5 毫米；重 5.04 克
狭仰淳

4148　**咸淳元宝折二钱　楷书　背纪年五**

五级
径 27.0、穿 8.0、厚 1.1 毫米；重 4.2 克
俯淳　背斜五

4149　**咸淳元宝折二钱　楷书　背纪年五**

四级
径 27.0、穿 8.0、厚 1.7 毫米；重 5.43 克
进淳　仰宝

4150　**咸淳元宝折二钱　楷书　背纪年五**

四级
径 26.3、穿 8.0、厚 1.3 毫米；重 4.05 克
俯淳　斜宝

4151　**咸淳元宝折二钱　楷书　背纪年六**

二级
径 31.2、穿 8.0 毫米
阔轮　细字　样钱

4152 咸淳元宝折二钱 楷书 背纪年六

四级
径 28.5、厚 1.4 毫米；重 5.8 克
广郭 进淳 仰宝

4153 咸淳元宝折二钱 楷书 背纪年六

四级
径 28.0、穿 8.0、厚 1.2 毫米；重 4.43 克
仰淳

4154 咸淳元宝折二钱 楷书 背纪年六

四级
径 27.5、厚 1.4 毫米；重 4.9 克
细字 仰宝

4155 咸淳元宝折二钱 楷书 背纪年六

四级
径 27.4、厚 1.1 毫米；重 4.0 克
广郭 正字

4156 咸淳元宝折二钱 楷书 背纪年六

四级
径 27.3、厚 1.2 毫米；重 4.2 克
细字 进淳

4157 咸淳元宝折二钱 楷书 背纪年六

四级
径 27.3、厚 1.2 毫米；重 4.8 克
进仰淳

4158 　**咸淳元宝折二钱 楷书 背纪年六**

四级
径 27.1、厚 1.3 毫米；重 4.7 克
大字 阔元

4159 　**咸淳元宝折二钱 楷书 背纪年六**

四级
径 27.0、穿 8.0、厚 1.1 毫米；重 3.41 克
斜肩俯宝

4160 　**咸淳元宝折二钱 楷书 背纪年六**

四级
径 27.0、穿 8.0、厚 1.2 毫米；重 4.2 克
仰淳 仰元

4161 　**咸淳元宝折二钱 楷书 背纪年六**

四级
径 27.0、穿 8.0、厚 1.3 毫米；重 4.96 克
进淳 仰元

4162 　**咸淳元宝折二钱 楷书 背纪年六**

四级
径 27.0、穿 8.0、厚 1.3 毫米；重 4.14 克
仰咸 进淳

4163 　**咸淳元宝折二钱 楷书 背纪年六**

四级
径 26.9、穿 8.0、厚 1.1 毫米；重 4.06 克
狭元 俯宝

4164　**咸淳元宝折二钱 楷书 背纪年六**

四级
径 27.0、穿 8.0、厚 1.2 毫米；重 4.69 克
细字 小咸 狭宝

4165　**咸淳元宝折二钱 楷书 背纪年七**

四级
径 29.0、穿 8.0、厚 1.5 毫米；重 5.8 克
阔轮 细字 俯淳

4166　**咸淳元宝折二钱 楷书 背纪年七**

四级
径 28.7、穿 8.0、厚 1.3 毫米；重 5.14 克
狭轮 细字 进淳

4167　**咸淳元宝折二钱 楷书 背纪年七**

四级
径 28.7、厚 1.2 毫米；重 4.8 克
狭淳 仰宝

4168　**咸淳元宝折二钱 楷书 背纪年七**

四级
径 28.6、穿 8.0、厚 1.1 毫米；重 4.61 克
细字 仰淳

4169　**咸淳元宝折二钱 楷书 背纪年七**

四级
径 28.6、厚 1.2 毫米；重 5.3 克
粗大字 阔咸

4170 **咸淳元宝折二钱 楷书 背纪年七**

四级
径 28.3、穿 8.0、厚 1.3 毫米；重 6.47 克
小字 俯淳 俯宝

4171 **咸淳元宝折二钱 楷书 背纪年七**

四级
径 28.1、穿 8.0、厚 1.1 毫米；重 4.77 克
进淳 斜宝

4172 **咸淳元宝折二钱 楷书 背纪年七**

四级
径 28.0、厚 1.2 毫米；重 4.9 克
细字 俯淳

4173 **咸淳元宝折二钱 楷书 背纪年七**

四级
径 28.0、穿 8.0、厚 1.3 毫米；重 5.27 克
细字 仰宝

4174 **咸淳元宝折二钱 楷书 背纪年七**

四级
径 27.9、穿 8.0、厚 1.4 毫米；重 5.71 克
细字 进淳

4175 **咸淳元宝折二钱 楷书 背纪年七**

四级
径 27.5、穿 8.0、厚 1.0 毫米；重 3.63 克
俯淳

4176 **咸淳元宝折二钱 楷书 背纪年七**

四级
径 27.5、穿 8.0、厚 1.2 毫米；重 3.93 克
仰淳

4177 **咸淳元宝折二钱 楷书 背纪年七**

四级
径 27.5、厚 1.4 毫米；重 5.7 克
斜宝

4178 **咸淳元宝折二钱 楷书 背纪年七**

四级
径 27.3、厚 1.5 毫米；重 5.6 克
进淳 小样

4179 **咸淳元宝折二钱 楷书 背纪年八**

四级
径 29.9、厚 1.8 毫米；重 7.9 克
阔轮 细字 背扁八

4180 **咸淳元宝折二钱 楷书 背纪年八**

四级
径 29.4、厚 1.6 毫米；重 6.3 克
阔轮大字 仰淳

4181 **咸淳元宝折二钱 楷书 背纪年八**

四级
径 29.4、穿 8.0、厚 1.2 毫米；重 4.92 克
狭轮 大字 阔淳

4182 | **咸淳元宝折二钱 楷书 背纪年八**

四级
径 28.7、穿 8.0、厚 1.2 毫米；重 5.02 克
细字 仰淳

4183 | **咸淳元宝折二钱 楷书 背纪年八**

四级
径 28.6、厚 1.6 毫米；重 5.8 克
阴郭 狭宝

4184 | **咸淳元宝折二钱 楷书 背纪年八**

四级
径 28.2、穿 8.0、厚 1.2 毫米；重 4.65 克
细字 俯淳 俯宝

4185 | **咸淳元宝折二钱 楷书 背纪年八**

四级
径 28.0、穿 8.0、厚 1.3 毫米；重 4.78 克
粗大字 阔咸 仰宝

4186 | **咸淳元宝折二钱 楷书 背纪年八**

四级
径 28.2、穿 8.0、厚 1.3 毫米；重 5.56 克
仰淳 仰元

4187 | **咸淳元宝折二钱 楷书 背纪年八**

四级
径 28.0、穿 8.0、厚 1.2 毫米；重 4.39 克
粗字 俯淳 俯宝

4188 咸淳元宝折二钱 楷书 背纪年八

四级
径 27.5、穿 8.0、厚 1.0 毫米；重 3.7 克
细字 俯淳

4189 咸淳元宝折二钱 楷书 背纪年八

四级
径 27.2、穿 8.0、厚 1.0 毫米；重 4.04 克
粗字 狭元 背小八

4190 咸淳元宝折二钱 楷书 背纪年八

四级
径 27.1、穿 8.0、厚 1.5 毫米；重 5.14 克
狭轮 斜宝

4191 咸淳元宝折三钱 楷书 背纪年九

一级
径 36.5、穿 8.0、厚 1.0 毫米
重 11.5 克
阔轮 正字

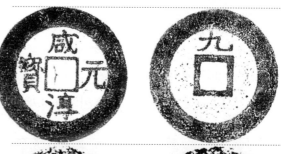

4192 咸淳元宝折三钱 楷书 背纪年九

一级
径 36.0、穿 8.0 毫米
阔轮 仰元
选自《中国珍稀钱币》

4193 咸淳元宝折三钱 楷书 背纪年九

五级
径 29、穿 8.0 毫米
阔轮 小样
新加坡陈光扬藏

附：私铸咸淳元宝小平钱、折二钱

宋度宗咸淳年间（1265~1274 年）的铸造的钱币。青铜质。钱文"咸淳元宝"，楷书，对读。有小平钱、折二钱，私铸。一般制作粗劣，文字浅平，肉薄，平背。小平钱径 23~23.5 毫米，重 2.3~3 克；折二钱径 25.3~28 毫米，重 3.3~2.8 克。

4194	**私铸咸淳元宝小平钱 楷书 平背** 五级 径 23.5、穿 7.0、厚 1.0 毫米；重 3 克 仰元 俯宝	 
4195	**私铸咸淳元宝小平钱 楷书 平背** 五级 径 23.3、穿 7.0、厚 1.0 毫米；重 2.6 克 仰淳	 
4196	**私铸咸淳元宝小平钱 楷书 平背** 五级 径 23.2、穿 7.0、厚 1.0 毫米；重 2.5 克 俯宝	 
4197	**私铸咸淳元宝小平钱 楷书 平背** 五级 径 23.0、穿 7.0、厚 1.0 毫米；重 2.6 克 进淳	 

4198 **私铸咸淳元宝折二钱 楷书 平背**

五级
径 28.0、穿 8.0、厚 1.1 毫米；重 3.4 克
仰元 仰宝

4199 **私铸咸淳元宝折二钱 楷书 平背**

五级
径 27.9、穿 8.0、厚 1.3 毫米；重 4.7 克
仰淳 仰元

4200 **私铸咸淳元宝折二钱 楷书 平背**

五级
径 27.5、穿 8.0、厚 1.3 毫米；重 4.5 克
进淳 仰元

4201 **私铸咸淳元宝折二钱 楷书 平背**

五级
径 27.5、穿 8.0、厚 1.2 毫米；重 5.3 克
进淳 俯宝

4202 **私铸咸淳元宝折二钱 楷书 平背**

五级
径 27.4、穿 8.0、厚 1.2 毫米；重 5.2 克
大字 进淳 仰宝

4203 **私铸咸淳元宝折二钱 楷书 平背**

五级
径 26.4、穿 8.0、厚 1.2 毫米；重 3.3 克
阴郭 狭咸

4204 **私铸咸淳元宝折二钱 楷书 平背**

五级
径 25.3、穿 8.0、厚 1.3 毫米；重 3.5 克
小字 进淳 仰宝 小样

钱牌

临安府钱牌

南宋都城临安府（今浙江杭州）铸造。因建炎三年改杭州为临安府，故知"临安府钱牌"为临安府铸造。但为何年铸造，其性质孰是？史籍缺确切记载。相关资料：（1）《金石契》：谓铸钱牌，乃"高宗行军缺用，此权济一时，非常法也"。（2）《七修续稿》：钱牌为"南渡国穷，救补过变"的产物。（3）宋末人吴自牧《梦粱录》卷十三"都市钱会"条："近世钱文皆著年号，景定年（1260~1264 年）铸文曰'景定元宝'，朝省因钱法不通，杭城增造镴牌（镴为铅锡合金），以便行用。"（4）《杭州府志》："钱牌之属，亦钱类。"（5）《宋史·度宗本记》卷四十六记载：咸淳元年（1265 年）七月，"督州县严钱法，禁民间用牌贴"。（6）彭信威《中国货币史》第 5 章"两宋的货币"中"钱币"条："南宋曾铸过几种钱牌，有铜、铅两种……这种钱牌，只能算是一种代币。"依据上述第 3、4、5、6 条资料，临安府钱牌铸造，当在理宗景定年间前后，时间短暂，是一种临时性质的代用货币。从出土的钱牌实物看，是特大的虚价钱，景定年间会子滞行，即用钱牌相权。因故，钱牌当是临安府地方临时性质的权钞钱（或说是权济一时的钱）。现见到的实物，有铜、铅两种币材。其基本形制为长条形，上端有约 0.6 厘米的圆孔，可以穿绳子，故有胯牌之称。面文（钱文）"临安府行用"，背文为币值。铜牌有贰百文、叁百文、伍百文；铅牌有壹拾文，贰拾文、肆拾文、陆拾文、壹佰文、伍佰文等。背文全称，如贰佰文为"准贰伯文省"（其他币值同）。其中"准"字义为平，"佰"字写作"伯"，"省"字义为省陌（即按宋统一规定七十七文为一百，称"省陌"）。

临安府铜钱牌

　　理宗景定年间（1260~1264 年）铸造。青铜质。钱牌面文"临安府行用（行使于京都临安府，今杭州），"背文有"准贰佰文省""准叁佰文省""准伍佰文省"三种币值。楷书，长条形。按钱牌文字和特点分，有多种版式。其中钱牌"贰佰文"今见有三式：一、上下折角，一般牌长 62~66.1、宽 17~19.3 毫米，重 13.51~19.6 克；二、上圆下折角，一般牌长 60~62.1、宽 16.5~17.4 毫米；三、上下圆角，一般牌长 60、宽 16.5 毫米，重 14.2 克。钱牌"叁佰文"今见有三式：一、上圆下折角，一般牌长 68.6~71.9、宽 19.3~21.3 毫米，重 13.2 克；二、上下圆角，一般牌长 64.6~67.8、宽 19~20 毫米；三、上缺下圆角，一般牌长 67.3~67.8、宽 19.2~21.3 毫米，重 21.1~22.4 克。钱牌"伍佰文"今见有四式：一、上圆下折角，一般牌长 77~79，宽 24.7~27.1 毫米，重 38.5~48 克；二、上缺下折角，一般牌头长 78.9~76 毫米，宽 27.1~25 毫米，重 48 克；三、上下圆角，一般牌长 74.8~77.9、宽 22.1~25.4 毫米；四、上下缺角，一般牌长 72~76.1、宽 22~25.1 毫米，重 32.8~41.05 克。

4205

临安府钱牌 楷书 背纪值贰佰文

一级
长 66.1、宽 17.8 毫米；重 19.6 克
斜省（上下折角）
王阴嘉旧藏

4206

临安府钱牌 楷书 背纪值贰佰文

一级
长 66.0、宽 18.7 毫米；重 14.6 克
狭准（上下折角）
方药雨旧藏

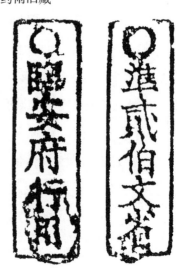

4207 **临安府钱牌 楷书 背纪值贰佰文**

一级
长 63.5、宽 19.3 毫米；重 14.6 克
小字 狭临（上下折角）
桐乡市钟旭洲钱币艺术博物馆藏

4208 **临安府钱牌 楷书 背纪值贰佰文**

一级
长 64.0、宽 19 毫米
短准（上下折角）

4209 **临安府钱牌 楷书 背纪值贰佰文**

一级
长 64.0、宽 19.0 毫米；重 13.15 克
粗字 阔临（上下折角）
戴葆庭旧藏

4210 **临安府钱牌 楷书 背纪值贰佰文**

一级
长 64.0、宽 17.5 毫米
四竖边 平阔（上下折角）
戴葆庭旧藏

4211　**临安府钱牌 楷书 背纪值贰佰文**

一级
长 62.0、宽 17.0 毫米
粗大字　阔用（上下折角）
戴葆庭旧藏

4212　**临安府钱牌 楷书 背纪值贰佰文**

一级
长 64.0、宽 18.3 毫米
阔贰（上下折角）
原金砚云旧藏

4213　**临安府钱牌 楷书 背纪值贰佰文**

一级
长 63.0、宽 18.0 毫米；重 18.49 克
细字　狭用（上下折角）
选自《珍泉集拓》

4214　**临安府钱牌 楷书 背纪值贰佰文**

一级
长 62.0、宽 18.0 毫米
小字　小样（上下折角）

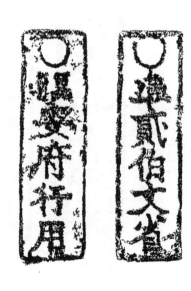

4215　临安府钱牌 楷书 背纪值贰佰文

一级
长 62.1、宽 17.4 毫米
俯临（上圆下折角）
选自《历代古钱图说》

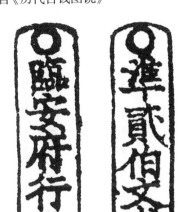

4216　临安府钱牌 楷书 背纪值贰佰文

一级
长 61.0、宽 17.2 毫米
粗大字 阔临（上圆下折角）
陕西戎畋松藏

4217　临安府钱牌 楷书 背纪值贰佰文

一级
长 60.8、宽 16.5 毫米
粗字 狭俯（上圆下折角）
戴葆庭旧藏

4218　临安府钱牌 楷书 背纪值贰佰文

一级
长 60.5、宽 16.8 毫米
狭安（上圆下折角）
戴葆庭旧藏

4219

临安府钱牌 楷书 背纪值贰佰文

一级
长 60、宽 16.5 毫米；重 14.2 克
背粗字 阔省（上下圆角）
罗伯绍旧藏

4220

临安府钱牌 楷书 背纪值叁佰文

一级
长 71.9、宽 20.7 毫米；重 13.2 克
面小字 背粗字（上圆下折角）
上海博物馆藏

4221

临安府钱牌 楷书 背纪值贰佰文

一级
长 70.6、宽 19.5 毫米
粗字 阔叁 俯省（上圆下折角）
南宋钱币博物馆提供

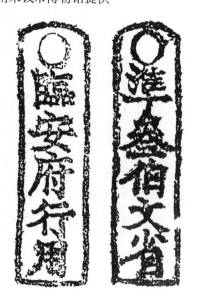

4222

临安府钱牌 楷书 背纪值叁佰文

一级
长 70.6、宽 19.3 毫米
四竖边 平阔（上圆下折角）
选自《历代古钱图说》

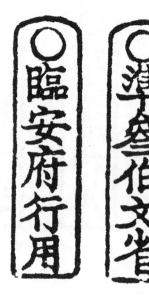

4223 **临安府钱牌 楷书 背纪值叁佰文**

一级
长 70.4、宽 20.2 毫米
粗字 阔伯（上圆下折角）
选自《历代古钱图说》

4224 **临安府钱牌 楷书 背纪值叁佰文**

一级
长 71.0、宽 19.0 毫米
正背 狭边 小字
狭省（上圆下折角）
戴葆庭旧藏

4225 **临安府钱牌 楷书 背纪值叁佰文**

一级
长 71.0、宽 18.8 毫米
阔长俯（上圆下折角）
王阴嘉旧藏

4226 **临安府钱牌 楷书 背纪值叁佰文**

一级
长 70.2、宽 20.2 毫米
狭边 小字 狭用（上圆下折角）
天津历史博物馆藏

753

4227

临安府钱牌 楷书 背纪值叁佰文

一级
长 70.0、宽 20.2 毫米
阔短准（上圆下折角）
戴葆庭旧藏

4228

临安府钱牌 楷书 背纪值叁佰文

一级
长 69.2、宽 20 毫米
正背 阔边 粗字（上圆下折角）
戴葆庭旧藏

4229

临安府钱牌 楷书 背纪值叁佰文

一级
长 69.0、宽 18.6 毫米
长目省（上圆下折角）
河北赵梓凯藏

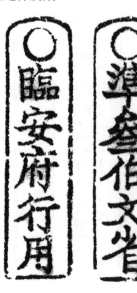

4230

临安府钱牌 楷书 背纪值叁佰文

一级
长 68.6、宽 21.3 毫米
狭准（上圆下折角）
刘燕庭藏

临安府钱牌 楷书 背纪值叁佰文

4231

一级

长已残缺上部、宽 20

短目省（上圆下折角）

临安府钱牌 楷书 背纪值叁佰文

4232

一级

长 67.8、宽 20.0 毫米

俯临（上下圆角）

戴葆庭旧藏

临安府钱牌 楷书 背纪值叁佰文

4233

一级

长 67.0、宽 19.0 毫米

阔俯（上下圆角）

平尾赞平旧藏

临安府钱牌 楷书 背纪值叁佰文

4234

一级

长 64.6、宽 19.4 毫米

粗字 阔叁（上下圆角）

马定祥提供

4235
临安府钱牌 楷书 背纪值叁佰文

一级
长 66.0、宽 20.0 毫米
狭临（上下圆角）
戴葆庭旧藏

4236
临安府钱牌 楷书 背纪值叁佰文

一级
长 69.4、宽 20.2 毫米；重 21.1 克
阔边 粗字 俯临（上缺下圆角）
桐乡市钟旭洲钱币艺术博物馆藏

4237
临安府钱牌 楷书 背纪值叁佰文

一级
长 69.4、宽 21.3 毫米
仰省（上缺下圆角）
夏建华藏

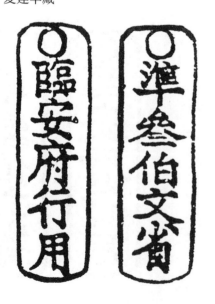

4238
临安府钱牌 楷书 背纪值叁佰文

一级
长 69.4、宽 20 毫米；重 21.1 克
狭准（上缺下圆角）
浙江省宁波钱币博物馆藏

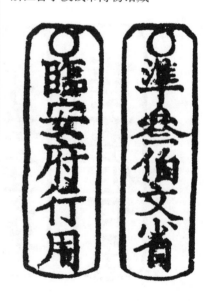

4239

临安府钱牌 楷书 背纪值叁佰文

一级
长 69.3、宽 20.2 毫米；重 22.4 克
阔俯（上缺下圆角）
上海博物馆藏

4240

临安府钱牌 楷书 背纪值叁佰文

一级
长 68.4、宽 20.6 毫米
小字 狭临（上缺下圆角）
蒋伯埙藏

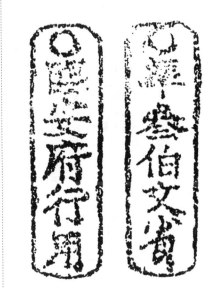

4241

临安府钱牌 楷书 背纪值叁佰文

一级
长 67.4、宽 19.2 毫米
阔边 粗大字（上缺下圆角）
戴葆庭旧藏

4242

临安府钱牌 楷书 背纪值叁佰文

一级
长 67.3、宽 20.0 毫米
俯府（上缺下圆角）
选自《舟山钱币》

4243 临安府钱牌 楷书 背纪值伍佰文

一级
长 79.4、25.2 毫米；重 38.5 克
中边 俯用（上圆下折角）
上海博物馆藏

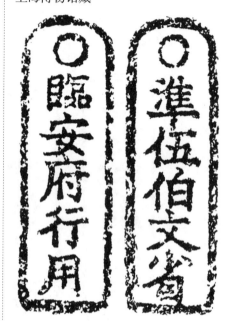

4245 临安府钱牌 楷书 背纪值伍佰文

一级
长 78.8、宽 24.7 毫米
狭边 小字 狭省（上圆下折角）
浙江省富阳市文管会藏

4244 临安府钱牌 楷书 背纪值伍佰文

一级
长 79.0、宽 26.0 毫米；重 37.7 克
阔边 粗字 阔准（上圆下折角）
上海博物馆藏

4246 临安府钱牌 楷书 背纪值伍佰文

一级
长 78.0、宽 26.0 毫米
肥边 粗字 省连边（上圆下折角）
戴葆庭旧藏

4247 临安府钱牌 楷书 背纪值伍佰文

一级
长 78.0、宽 26.0 毫米
短目 阔省（上圆下折角）
戴葆庭馆旧藏

4248 临安府钱牌 楷书 背纪值伍佰文

一级
长 78.0、宽 26.1 毫米
面小字 背大字（上圆下折角）
选自《珍泉集拓》足斋集拓

4249 临安府钱牌 楷书 背纪值伍佰文

一级
长 77.9、宽 24.9 毫米
斜准（上圆下折角）
选自《历代古钱图说》

4250 临安府钱牌 楷书 背纪值伍佰文

一级
长 77.9、宽 24.9 毫米
粗字 短阔用（上圆下折角）
马定祥提供

4251 临安府钱牌 楷书 背纪值伍佰文

一级

长 77.8、宽 26、3 毫米；重 44.2 克

阔边 狭准（上圆下折角）

4252 临安府钱牌 楷书 背纪值伍佰文

一级

长 77.3、宽 26.0 毫米

阔边 阔安（上圆下折角）

王阴嘉旧藏

4253 临安府钱牌 楷书 背纪值伍佰文

一级

长 77.2、宽 25.2 毫米

阔边 细字 狭省（上圆下折角）

马定祥提供

4254 临安府钱牌 楷书 背纪值伍佰文

一级

长 77.4、宽 24.0 毫米

阔边 斜行（上圆下折角）

4255

临安府钱牌 楷书 背纪值伍佰文

一级
长 78.9、宽 27.1 毫米；重 48.0 克
粗字 斜准（上缺下折角）
章国强藏

4256

临安府钱牌 楷书 背纪值伍佰文

一级
长 78.0、宽 25.0 毫米
小字 狭俯（上缺下折角）
中村孔固亭藏

4257

临安府钱牌 楷书 背纪值伍佰文

一级
长 77.2、宽 25.0 毫米
背文粗大字（上缺下折角）
平尾惠庄藏

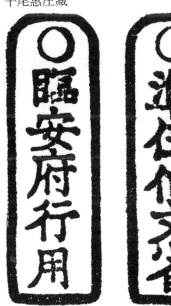

4258

临安府钱牌 楷书 背纪值伍佰文

一级
长 76.0、宽 26.0 毫米
平阔（四竖边） 阔府（上缺下折角）
戴葆庭旧藏

临安府钱牌 楷书 背纪值伍佰文

4259

一级
长 76.0、宽 25.0 毫米
阔边 狭临（上缺下折角）
王阴嘉旧藏

临安府钱牌 楷书 背纪值伍佰文

4260

一级
长 76.0、宽 25.0 毫米
阔边 俯用（上缺下折角）
李阴轩旧藏

临安府钱牌 楷书 背纪值伍佰文

4261

一级
长 77.9、宽 25.4 毫米
阔边 粗字 阔行（上下圆角）
丁福保旧藏

临安府钱牌 楷书 背纪值伍佰文

4262

一级
长 76.8、24.8 宽毫米；重 31.4
短仰用（上下圆角）

4263

临安府钱牌 楷书 背纪值伍佰文

一级
长 75.5、宽 23.3 毫米
狭边 狭仰行（上下圆角）
蒋伯埙旧藏

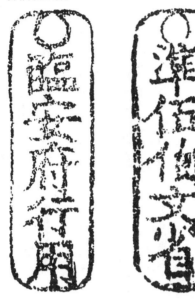

4264

临安府钱牌 楷书 背纪值伍佰文

一级
长 74.9、宽 23.6 毫米
粗大字 阔用（上下圆角）
浙江博物馆藏

4265

临安府钱牌 楷书 背纪值伍佰文

一级
长 74.8、宽 22.1 毫米；重 25.2 克
粗字 俯临（上下圆角）

4266

临安府钱牌 楷书 背纪值伍佰文

一级
长 76.7、宽 25.1 毫米
阔牌 阔字（上下缺角）
高勇勇藏

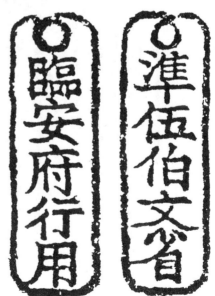

4267

临安府钱牌 楷书 背纪值伍佰文

一级
长 76.5、宽 24.3 毫米
阔边 粗字（上下缺角）
章国强藏

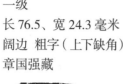

4268

临安府钱牌 楷书 背纪值伍佰文

一级
长 76.2、宽 23.8 毫米
粗大字 阔府（上下缺角）

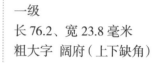

4269

临安府钱牌 楷书 背纪值伍佰文

一级
长 76.2、宽 24.3 毫米；重 41.05 克
狭边 斜准（上下缺角）

4270

临安府钱牌 楷书 背纪值伍佰文

一级
长 75.3、宽 23 毫米；重 32.8 克
阔字 阔准（上下缺角）
上海博物馆藏

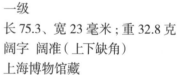

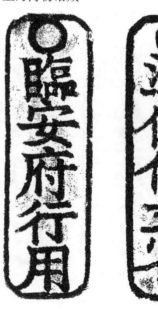

4271 **临安府钱牌 楷书 背纪值伍佰文**

一级
长 75.0、宽 24 毫米；重 31.32 克
粗字 仰行（上下缺角）

4272 **临安府钱牌 楷书 背纪值伍佰文**

一级
长 74.8、宽 24.3 毫米
面狭边 细字 背阔边粗字（上下缺角）
浙江省博物馆藏

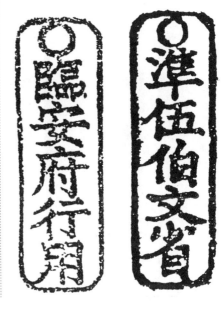

4273 **临安府钱牌 楷书 背纪值伍佰文**

一级
长 74.6、宽 22.8 毫米
粗大字 俯准（上下缺角）
南宋钱币博物馆提供

4274 **临安府钱牌 楷书 背纪值伍佰文**

一级
长 74.0、宽 24.0 毫米
粗大字 阔临（上下缺角）
李阴轩旧藏

4275 **临安府钱牌 楷书 背纪值伍佰文**

一级
长 74.0、宽 22.3 毫米
面狭边 狭安（上下缺角）
河北赵梓凯藏

4276 **临安府钱牌 楷书 背纪值伍佰文**

一级
长 74.0、宽 23 毫米
阔俯（上下缺角）
戴葆庭旧藏

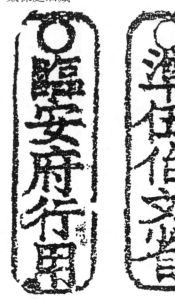

4277 **临安府钱牌 楷书 背纪值伍佰文**

一级
长 72.0、宽 22.0 毫米
狭行（上下缺角）
选自《历代古钱图说》

临安府铅钱牌

南宋钱币。理宗景定年间（1260~1264 年）铸造。铅质。钱牌面文"临安府行用"（行使京都临安府，今杭州），背文"准壹拾文省""准贰拾文省""准肆拾文省""准陆拾文省""准壹佰文省""准伍佰文省"等 6 种币值。楷书，长条形。按文字和特点分，有多种版式。其中铅牌壹拾文仅有上缺下折角一式，一般牌长 44.7~46、宽 10~10.9 厘米，重 2.9~6.87 克。铅牌贰拾文亦有上缺下折角一式，一般牌长 54~58.2、宽 13~14.7 毫米，重 7.8 克。铅牌长肆拾文也仅有上缺下折角一式，一般牌长 68.2~69.8、宽 20~20.1 毫米，重 13.1 克。铅牌陆拾文有上圆下折角、上缺下折角两式：上圆下折角，牌长 67、宽 24 毫米，重 17.6 克；上缺下折角，牌长 74、宽 24 毫米。铅牌壹佰文有上圆下折角、上缺下折角两式，一般牌长 83.8~86.6、宽 25~27 毫米，重 28.5~30 克。铅牌伍佰文有上下圆角一式，一般牌长 72~74.7、宽 22 毫米，重 26.7~32.2 克。

4278	临安府铅钱牌 楷书 背纪值壹拾文

二级
长 46、宽 10 毫米；重 6.87 克
仰临 阔省（上缺下折角）
钟旭洲提供

4279	临安府铅钱牌 楷书 背纪值壹拾文

二级
长 45、宽 10 毫米；重 6.85 克
阔府 狭省（上缺下折角）

4280

临安府铅钱牌 楷书 背纪值壹拾文

二级
长 46、宽 10 毫米；重 6.88 克
粗字 仰小省（上缺下折角）
桐乡市钟旭洲钱币艺术博物馆藏

4281

临安府铅钱牌 楷书 背纪值壹拾文

长 44.7、宽 10.9 毫米；重 3.7 克
俯临 阔准（上缺下折角）
上海博物馆藏（罗伯昭捐）

4282

临安府铅钱牌 楷书 背纪值壹拾文

长 44.7、宽 10.6 毫米；重 2.9 克
俯用 俯准（上缺下折角）
上海博物馆藏

4283

临安府铅钱牌 楷书 背纪值贰拾文

二级
长 58.2、宽 14 毫米；重 7.8 克
俯行（上缺下折角）

4284

临安府铅钱牌 楷书 背纪值贰拾文

二级

长 57.8、宽 14.7 毫米

粗字 阔府（上缺下折角）

选自《浙江钱币》

4285

临安府铅钱牌 楷书 背纪值贰拾文

二级

长 56.0、宽 13.8 毫米

大字 阔临（上缺下折角）

宋捷提供

4286

临安府铅钱牌 楷书 背纪值贰拾文

二级

长 55.0、宽 13.0 毫米

仰狭用（上缺下折角）

4287

临安府铅钱牌 楷书 背纪值贰拾文

二级

长 54.0、宽 13.0 毫米

细字 俯临（上缺下折角）

临安府铅钱牌 楷书 背纪值肆拾文

4288

二级

长 69.8、宽 20.1 毫米

大字 阔府（上缺下折角）

南宋钱币博物馆藏

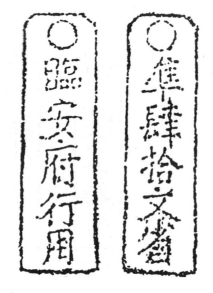

临安府铅钱牌 楷书 背纪值肆拾文

4289

二级

长 68.2、宽 20.0 毫米；重 13.1 克

狭俯 俯用（上缺下折角）

上海博物馆藏

临安府铅钱牌 楷书 背纪值陆拾文

4290

二级

长 76.0、宽 24.0 毫米；重 17.6 克

阔字 阔临 阔省

（上圆下折角）

临安府铅钱牌 楷书 背纪值陆拾文

4291

二级

长 74.0、宽 24.0 毫米

狭临 狭省（上缺下折角）

选自华夏 2010 年春拍

4292 　临安府铅钱牌　楷书　背纪值壹佰文

二级

长 86.6、宽 27.0 毫米；重 28.5 克

小字　狭省（上圆下折角）

桐乡市钟旭洲钱币艺术博物馆藏

4293 　临安府铅钱牌　楷书　背纪值壹佰文

二级

长 86.0、宽 27.0 毫米

粗字　俯临　俯省（上圆下折角）

4294 　临安府铅钱牌　楷书　背纪值壹佰文

二级

长 83.8、宽 25.0 毫米；重 30 克

大字　阔行　阔省（上缺下折角）

浙江省余杭文管会藏

4295 　临安府铅钱牌　楷书　背纪值伍佰文

二级

长 74.4、宽 22.0 毫米；重 27.4 克

粗大字（上下圆角）

4296 **临安府铅钱牌** 楷书 背纪值伍佰文

二级
长 74.4、宽 22 毫米；重 26.7 克
狭字 狭行（上下圆角）

4297 **临安府铅钱牌** 楷书 背纪值伍佰文

二级
长 72.0、宽 22 毫米；重 32.3 克
阔临 阔斜用（上下圆角）

4298 **临安府铅钱牌** 楷书 背纪值伍佰文

二级
长 71、宽 22 毫米；重 32.5 克
狭临 狭安（上下圆角）

和州铅钱牌

理宗景定年间（1260~1264 年）铸造。和州行用（行使于和州地区）。铅质。铅牌面文"和州行用使（花押）"，背文"权宜准拾捌界贰佰"，楷书。长条形，上圆下折角。

牌面文"和州行用十文（花押）"，背文"权宜准拾捌界贰百"，指折抵铜钱十文。拾捌界会子始发行于嘉熙四年（1260）九月。此牌当铸行于其后，至景定年间。楷书。长条形，上下圆角。

4299 **和州铅钱牌 楷书 背纪值拾捌界贰佰**

二级
长 75、宽 35 毫米
重 48.81 克
粗字 阔使（上圆下折角）

4300 **和州铅钱牌 楷书 背纪值拾捌界贰佰**

二级
长 74、宽 33、厚 3 毫米
重 27.2 克
狭边 细字（上下圆角）
选自《中国钱币》

4301

和州铅钱牌十文 楷书 背纪值拾捌界贰佰

二级
长 76.3、宽 35 毫米
粗边 俯权（上下圆角）
选自《中国钱币大辞典·南宋卷》

江州铅钱牌

　　理宗景定年间（1260~1264 年）铸造。江州行使（行使于江州地区）。铅质。钱牌面文"準拾捌界壹百江州行使"，背文"使（花押）"。拾捌界会子始发行于嘉熙四年（1240 年）九月，此牌当铸于其后至景定年间。楷书。长条形，上圆下折角。

4302

江州铅钱牌拾捌界壹佰 楷书 背使押

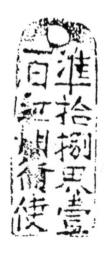

二级
重长 58、宽 24 毫米
重 30.1 克
狭边 细字（上圆下折角）
南宋钱币博物馆提供

建康府铅钱牌

　　理宗景定年间（1260~1264 年）铸造。铅质。牌面文"建康府用大使（花押）"背文"權準拾捌界贰佰文"。拾捌界会子，始发于嘉熙四年九月，此牌当铸于其后至景定年间。楷书。钟形，上园下波纹。高 66.4、腰宽 34 毫米，重 19.5 克。仅见。

建康府铅钱牌
楷书 背纪值拾捌界贰佰文

4303

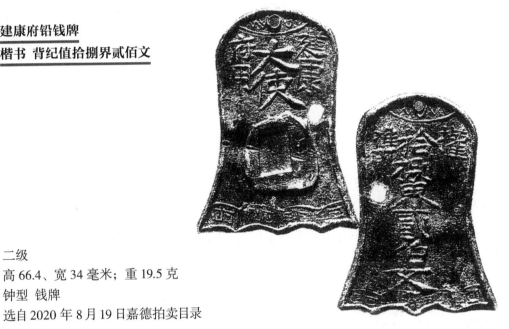

二级
高 66.4、宽 34 毫米；重 19.5 克
钟型 钱牌
选自 2020 年 8 月 19 日嘉德拍卖目录

酒库用钱牌

太平州酒库用钱牌贰佰文

　　理宗景定年间（1260~1264 年）铸造。太平州酒库用，青铜质。钱牌面文"太平州酒库用使（花押）"，背文"權準拾捌界贰百文"。十八界会子始发于嘉熙四年（1240年）九月。此牌当铸行于其后至景定年间。楷书，长条形，上圆下折角。牌长 76、宽30 毫米。

4304 **太平州酒库用钱牌**
楷书 背纪值拾捌界贰佰文

二级
长 76.0、宽 30.0 毫米
狭边 细字（上圆下折角）
选自《华夏泉拓集》，邹旭鸿藏

使府酒务铅钱牌

　　理宗景定年间（1260~1264 年）铸造。铅质。钱牌面文"使府酒务（行使于使府酒务地方）"，背文"细酒拾捌界叁佰"。指可作拾捌界会子叁佰文使用，拾捌界会子，始发行于嘉熙四年九月，此牌当铸于其后至景定年间（1260~1264 年）。楷书。长条形，上圆下折角。

4305 **使府酒务铅钱牌**
楷书 背纪值细酒拾捌界叁佰

二级
长 85、宽 35 毫米；重 30.1 克
大字 阔务（上圆下折角）
袁艺华藏

酒铅钱牌一百省

南宋钱币。铸于理宗景定年间（1260~1264）。铅质。牌面文"酒一百省"，背文上"官"，下花押。长85.6，宽18毫米，重19.7克。杭州出土。仅见。

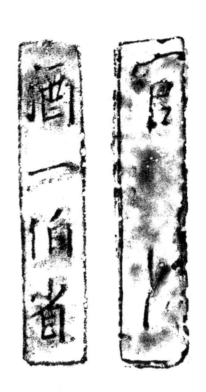

4306　**酒铅钱牌一百省 楷书 背文上"官"下花押**

二级
长 85.6、宽 18 毫米
重 19.7 克
小写"一"背"官"（花押）（上下折角）

招纳信宝（招降信钱、非流通钱）

高宗建炎四年（1130 年），南宋将领刘光世在镇江铸造"招纳信宝"钱，背文穿上使，穿下花押，铸有金、银、铜三种，现已发现有小平钱和折二钱两种。此非行用钱，只作策反金兵作招降纳叛证物之用。据《宋史·刘光世传》载：建炎四年，"（金）完颜昌屯承、楚，光世知甚众思归，欲携贰之。乃铸金银铜钱，文曰'招纳信宝'。获敌不杀，令持钱文示其徒，有欲归者，扣江执钱为信"。据关汉亨《中华珍泉追踪录》，有叶德辉《古钱杂咏》载：招纳信宝银钱，无拓本。

招纳信宝金钱

南宋高宗建炎四年（1130 年）刘光世铸造，非流通钱，仅作策反金兵招降信钱证物之用。金质。钱文"招纳信宝"，背使（花押）。楷书，旋读。径 20.2、穿宽 3.0 毫米。

4307 | **金招纳信宝小平钱 楷书 背穿上"使"下花押**
一级
径 20.2、穿宽 3.0 毫米
狭轮 粗字
选自《戴葆庭集拓中外钱币精品》

招纳信宝铜钱

南宋高宗建炎四年（1130 年）刘光世铸造，非流通钱，仅作策反金兵招降信钱证物之用。铜质。钱文"招纳信宝"，背穿上"使"，下花押。楷书，旋读。似折二钱。按钱文和特点分，大字阔招，狭招小信，粗字阔宝、小字狭宝等多种版式，一般钱径 26~28 毫米。

4308 | **招纳信宝似折二钱**
楷书 背穿上"使"下花押
二级
径 27.0、穿 6.0 毫米
粗字 阔宝
选自《古钱大辞典》

4309 | **招纳信宝似折二钱**
楷书 背穿上使"下花押
二级
径 27.0、穿 6.0 毫米
狭招 狭信
选自《戴葆庭集拓中外钱币珍品》

4310
招纳信宝似折二钱
楷书 背穿上使" 下花押

二级
径 27.0、穿 6.0 毫米
大字 阔招 阔纳
桐乡市钟旭洲钱币艺术博物馆藏

4311
招纳信宝似折二钱
楷书 背穿上使" 下花押

二级
径 26.8、穿 6.0 毫米
小字 退信 俯宝
选自《历代古钱图说》

4312
招纳信宝似折二钱
楷书 背穿上使" 下花押

二级
径 26.6、穿 5.0 毫米
小招 狭纳
选自《戴葆庭集拓中外钱币珍品》

4313
招纳信宝似折二钱
楷书 背穿上使" 下花押

二级
径 26.0、穿 6.0 毫米
粗字 俯宝 背扁阔使
选自《戴葆庭集拓中外钱币珍品》

4314
招纳信宝似折二钱
楷书 背穿上使" 下花押

二级
径 26.0、穿 6.0 毫米
粗字 退招 小样
选自《中国珍稀钱币》

赵宝重兴

　　传南宋末年抗元将领所铸。青铜。钱文读法为"兴赵重宝""赵宝重兴"，背文"当三"。钱径 3.4、穿宽 0.8 厘米。

4315　**赵宝重兴折三钱 楷书 背当三**

一级
径 34.5、穿 9.0 毫米
狭宝
沈子槎旧藏

4316　**赵宝重兴折三钱 楷书 背当三**

一级
径 34.0、穿 9.0 毫米
粗字　阔重
选自《珍泉集拓》

附：南宋会子版、关子版

　　中国是最早发明和使用纸币的国家。北宋时期四川地区民间创造的"褚券"（称为交子），以代替体重值小的铁线在当地使用。天圣元年（1023年）收归官办，禁民私造，这就产生了世界上最早由政府发行的纸币——交子。崇宁四年（1195年）改为"钱引"，即领钱的凭证。宋室南渡后，南宋称为"关子""会子"等名称的纸币发行。其行使地区由四川扩大到江淮、两浙一带。纸币的印刷木板，继而为铜版。东至钞版发现之前，已发现有两块铜版，皆为青铜质：一块流落日本收藏，是北宋纸币版；另一块收藏在中国历史博物馆，是南宋行在会子库版。

　　1983年，东至县从废品收购站一堆废铅里发现了8块版子。中国钱币学会组织专家去东至县对这批钞版进行了考察研究，其中4块为纸币版，4块印版，皆铅质，不符合钞版要求。虽确定这批是伪版，但当时伪造成风，这批伪钞版定为南宋末年当时人伪造之钞版，所印假钞混入真钞一起使用，从另一侧面比较真实地反映了当时真钞的面目。既真钞版不可求，伪钞版亦有着重要的研究价值。

行在会子库版

　　南宋钞版。会子是南宋的主要通货之一，于绍兴三十年（1160 年）开始发行。民间典卖田、宅、牛、舟、车等，钱会参半行用。会子面额为四种，最初以一贯为一会，后来在隆兴元年（1163 年）增发二百文、三百文及五百文三种。乾道四年（1168 年）宋廷议定"三年立一界，界以一千万贯为额"。嗣后每界有增至九年的，会子数量大增。此钞版为会子早期一会为一贯。钞版长 185、宽 124 毫米。

4317

南宋行在会子库版

一级
长 185、124 毫米
青铜质、官制版
选自《中国历代货币》中国历史博物馆藏

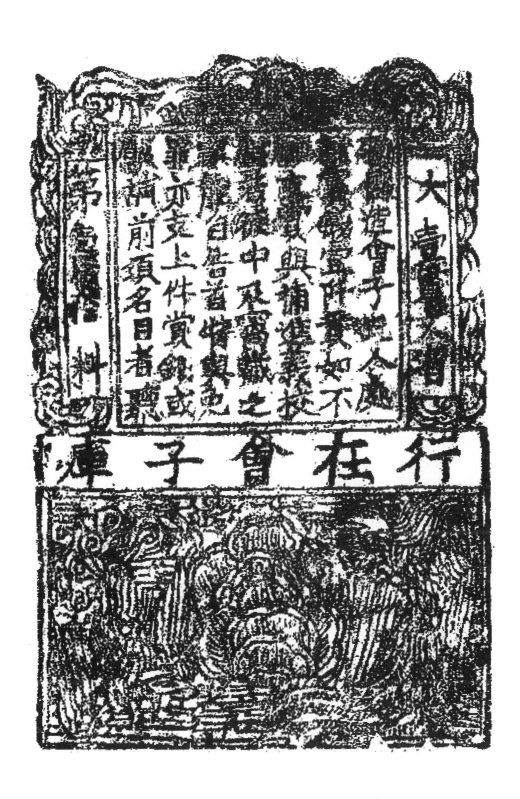

783

行在榷货务对椿金银见钱关子铅版

南宋伪钞版。南宋行在即为临安，此钞为临安印发，面版"壹贯文省"。全文意为"由行在榷货务发行的，以榷货务封桩的金现银钱为保证的关子"。此关子钞版为伪版，定为南宋末年当时人伪造之钞版，用以印制假关子混入真币使用，却比较真实地反映了当时真钞的面目。至今没有发现当时关子钞版，伪钞版亦有着重要的研究价值。伪钞版长227、宽150毫米。

4318 **铅行在权货务对椿金銀
见钱关子版（正面 版）南宋伪钞版**

一级
钞版：长 227、150 毫米
特点：钞版铅质
南宋末年当时人伪造，较真实地反映了当时真钞的面目
选自刘森《宋金纸币史》，安徽东至县发现

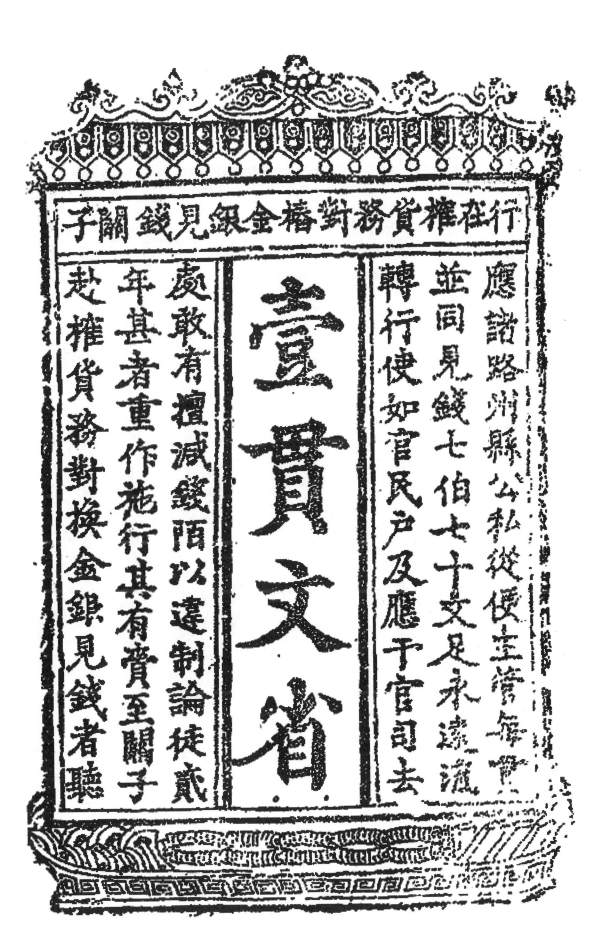

行在榷货务对桩金银见钱关子

行在榷货务对桩金银见钱关子

壹贯文省

应诸路州县公私从便主管解发
并同见钱七伯七十文足永远流
转行使如官民户及应于官司去
处敢有擅减钱陌以违制论徒贰
年甚者重作施行其有赍至关子
赴榷货务对换金银见钱者听

铅敕文版（背面版）

4319

一级

钞版：长 190、134 毫米

特点：铅质

南宋末年当时人伪造，较真实地反映了当时真版面目

选自刘森《宋金纸币史》，安徽东至县发现

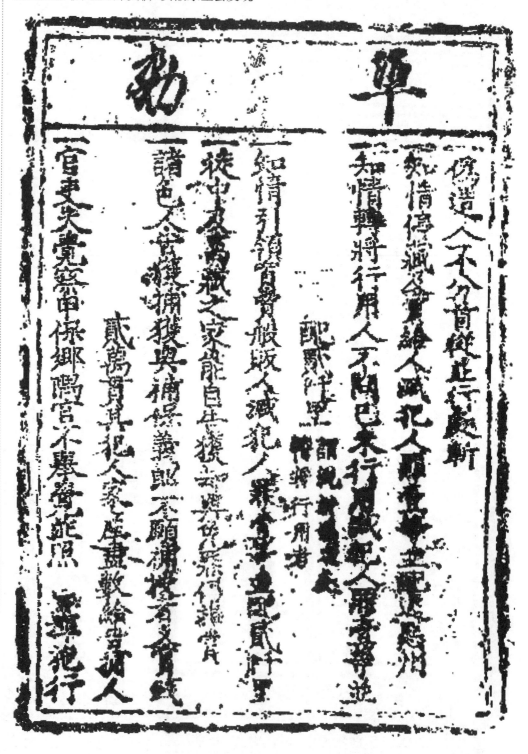

铅景定五年颁行版、花瓶版（南宋伪钞版）

4320

一级
钞版：长 149、55 毫米
选自刘森《宋金纸币史》

一级
钞版：长 165、74 毫米
选自刘森《宋金纸币史》

铅行在权货务金银见钱关子库印等四枚（南宋伪钞版印）

4321

行在榷货务金银见钱关子库印

一级
印：长 57、56 毫米
选自刘森《宋金纸币史》

国用见钱关子之印

一级
印：长 59、61 毫米
选自刘森《宋金纸币史》

金银见钱关子监造检察之印

一级
边长 55、56 毫米
选自刘森《宋金纸币史》

×××见钱关子合同印

一级
边长 55、21 毫米
选自刘森《宋金纸币史》

后　记

钟旭洲

　　南宋是我国钱币史上也是世界钱币史上首次开创纪年钱的政权。改革开放前，由于南宋钱币出土量较少，钱币界对南宋钱币的研究还不够深入。改革开放后，南宋钱币出土量较多，有几次惊人的发现，为收藏和研究南宋钱币提供了许多新的实物依据，推动了钱币界对南宋钱币的深入研究。通过不断收藏积累和整理研究，不少新的论著先后出版：《高邮出土铁钱》《中国钱币大辞典·南宋券》《历代货币大系·南宋券》《两宋铁钱》《南宋金银铤的收藏与鉴赏》等。南宋钱币的收藏与研究取得了突破性的进展，反映改革开放中南宋钱币新发现的丰硕成果。浙江省钱币学会据有南宋故都杭州的天时地利优势，一直把对南宋钱币的深入研究作为学会的首要课题。在全国对南宋钱币的收藏与研究不断取得新成果的基础上，编纂一部较系统全面反映当前南宋钱币重大新发现的品种和版别全貌的书，这是学会一直来的努力目标。浙江省钱币学会原秘书长温法仁先生一直来作为最关心的一件事，这也是热心于收藏和研究南宋钱币的我的一个夙愿，并一直得到中国钱币学会原秘书长戴志强先生的关心和支持。为此，在桐乡市政府、市文化局的重视和支持下，以桐乡市钟旭洲钱币艺术博物馆为平台，在戴志强、孙仲汇、温法仁、盛观熙先生等老一辈宋钱专家学者的关心支持和指导下，开始了编纂工作。2015年5月29~30日，在桐乡市钟旭洲钱币艺术博物馆召开了《南宋钱币大全》编委会首次会议。会上，戴志强先生作了指导性发言，对编纂工作提出要求做到"全""真""值"等三点要求。经过4年来的努力，由钟旭洲主编的《铜钱编》，李晓萍主编的《金银铤编》已完成初稿。2019年11月9日，《南宋钱币大全》审稿研讨会在桐乡市钟旭洲钱币艺术博物馆举行，会上全国到会的专家学者对书稿的书名、分类、版别等学术问题，开展了热烈的讨论，定书名为《南宋钱汇》，下分《铜钱编》《铁钱编》《金银铤编》《民俗钱币编》四编。根据编纂进展，经修改后，2021年起将由文物出版社先后出版。

在《南宋钱汇·铜钱编》这本书的编写过程中，得到了桐乡市政府、市文化局的重视和关心支持。戴志强先生对编纂工作提出了指导性意见，特别对南宋钱币版别的分类作了细致指导。孙仲汇先生认真看完了初稿，提出了意见和建议。温法仁先生一直热情关心支持编纂工作的进展。河北大学宋史研究中心研究员、博士生导师汪圣铎先生热心为本书撰写了"南宋钱币概论"。陆昕、马驰、熊建秋、苏瑞光、刘存忠、高勇勇先生热心提供了钱币资料。还有河南省钱币学会于倩、吴革胜和上海李宏先生，为本书做了大量拓片。在此，谨对本书编写过程中曾给予大力支持的领导、专家学者和参与者，表示衷心感谢！

由于我们的水平有限，本书错误及疏漏之处在所难免，希广大读者提出宝贵意见，以便我们在重印时作出修改。

钟旭洲
2020年3月

彩版图谱

建炎元宝小平钱 隶书

一级
径 23.5、穿 6.0、厚 1.4 毫米
重 3.0 克
阔轮 阴郭 仰建

建炎通宝折三钱 楷书 点建

三级
径 30、穿 7.0、厚 1.2 毫米
重 5.8 克
进炎 仰通

建炎重宝折十钱 篆书 光背

二级
径 33.8、穿 1.0、厚 1.7 毫米
重 8.0 克
细郭 正字

绍兴元宝小平钱 楷书

二级
径 24.2、穿 6.0、厚 1.5 毫米
重 3.6 克
大字 阔宝
桐乡市钟旭洲钱币艺术博物馆藏

绍兴元宝小平钱 篆书

二级
径 24、穿 5.2、厚 1.3 毫米
重 3.5 克
细字 圆足宝
桐乡市钟旭洲钱币艺术博物馆藏

绍兴元宝折十钱
篆书 光背 试样钱

一级
径 40.0、穿 12、厚 3.2 毫米
重 19.5 克
进绍 仅见
桐乡市钟旭洲钱币艺术博物馆藏

绍兴通宝小平钱 楷书 背一

二级
径 23.2、穿 6.0、厚 1.3 毫米
重 3.4 克
阔轮 粗字 俯通

绍兴通宝折二钱 楷书 背双二

一级
径 28.0、穿 8.0、厚 1.8 毫米
重 5.64 克
粗字 进兴 狭宝

绍兴通宝小平钱 仿瘦金体 试样钱

一级
径 25.0、穿 7.0、厚 1.2 毫米
重 2.68 克
广郭 退通
桐乡市钟旭洲钱币艺术博物馆藏

绍兴通宝折二钱 仿瘦金体 试样钱

一级
径 31.0、穿 9.0、厚 2.0 毫米
重 11.24 克
粗字 仰宝
桐乡市钟旭洲钱币艺术博物馆藏

绍兴通宝折三钱
仿瘦金体 试样钱

一级
径 34.0、穿 8.0、厚 2.0 毫米
重 9.52 克
大字 阔绍 背阔郭

绍兴通宝折十钱
仿瘦金体 试样钱

一级
径 41.0、穿 12、厚 2.0 毫米
重 15.4 克
阔通 仰宝
桐乡市钟旭洲钱币艺术博物馆藏

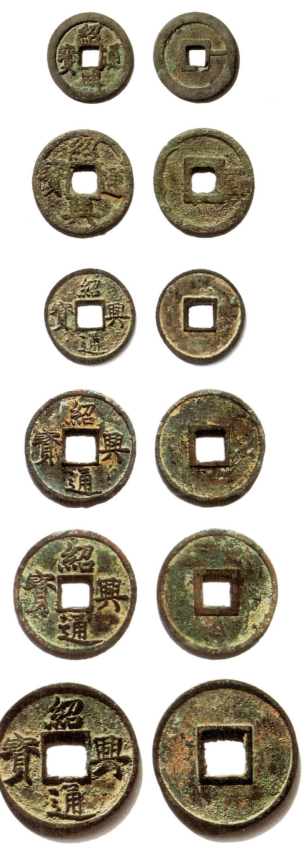

绍兴通宝折十钱 仿瘦金体
特大型 试样钱

一级
径 44.0、穿 12、厚 2.0 毫米
重 23.3 克
粗大字 阔绍 初铸大样
桐乡市钟旭洲钱币艺术博物馆藏

绍兴通宝折十钱
楷书 光背

一级
径 41 毫米
大字体（已变形）
仰通 对读
南宁附近发现（背后一枚熙宁
重宝）

隆兴重宝小平钱 楷书 铁母

一级
径 24、穿 5.8、厚 2.0 毫米；重 5.7 克
狭轮 粗大字
孙仲汇提供

隆兴元宝折二钱 篆书 阔轮 圆贝宝

三级
径 30.0、穿 7.0、厚 1.3 毫米
重 7.9 克
粗字 阔圆贝宝

乾道元宝小平钱
篆书 光背 铁母

一级
径 22.0、穿 4.6、厚 2.2 毫米；重 5.5 克
细字昂宝
孙仲汇提供

乾道元宝小平钱 篆书 光背 正用钱

一级
径 23.2、穿 6.0、厚 1.7 毫米；重 4.8 克
阔轮 正字
桐乡市钟旭洲钱币艺术博物馆藏

乾道元宝折二钱 楷书 光背 铁母

二级
径 26.8、穿 8.2 毫米
细轮 小字 俯道
选自《中国珍稀钱币》

乾道元宝折二钱 楷书 背春 铁母

一级
径 27.0、穿 7.0 毫米
粗大字 阔乾
福建林志坚藏

乾道元宝折二钱 楷书 背丰 铁母

一级
径 23.5、穿 7.0、厚 2.0 毫米；重 7.8 克
俯乾 仰宝（面削边）

乾道元宝折二钱 楷书 背正行 铁母

一级
径 26.0、穿 8.0 毫米
粗字 阔扁元
选自《简明古钱辞典》

乾道重宝折五钱 隶书
光背 试样钱

一级
径 34.0、穿 9.0 毫米
仰乾 仰道
选自《华夏古泉》

淳熙元宝折二钱 楷书 背同捌 铁母

二级
径 28.0、穿 7.0 毫米
细字 俯淳
选自《中国珍稀钱币》

淳熙元宝折二钱 楷书 背舒同右月 铁母

二级
径 27.5 毫米
进狭淳
选自中国嘉德 2009 年春拍

淳熙元宝折二钱 楷书 背同 铁母

二级
钱径 28.0、穿 7.0、重 8.42 克
俯淳

淳熙元宝折二钱 篆书 背利 铁母

一级
径 29.3、穿 6.5、厚 2.5 毫米；重 8.8 克
狭轮 纤字 背仰利
孙仲汇藏

淳熙通宝 楷书 背星月 试样钱

一级
钱径：29.9 毫米
选自嘉德 2015 年秋拍

**淳熙元宝折三钱 楷书
光背 试样钱**

一级
径 34.0、穿 8.0、厚 2.6 毫米；重 11 克
粗字 阔熙

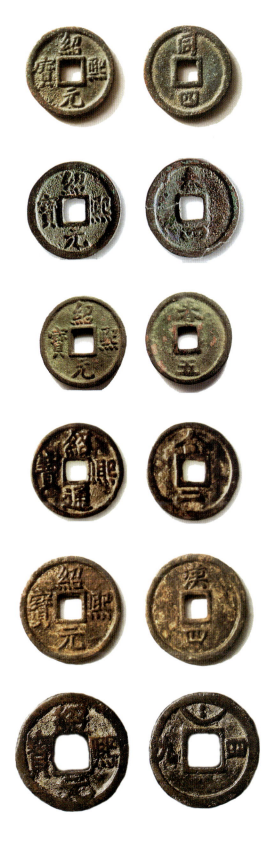

绍熙元宝小平钱 楷书 背同四 铁母

二级
径 24.2、穿 6.0、厚 2.0 毫米；重 5.86 克
广郭 小字 背四决

绍熙元宝 楷书旋读 小平
背春四 铁母

二级
钱径：26 毫米
选自嘉德 2010 秋拍

绍熙元宝小平钱 楷书
背春五 铁母

二级
径 24.0、穿 6.0、厚 2.0 毫米；重 6.29 克
广郭 小字 狭熙

绍熙通宝折二 楷书 背合二 铁母 试样钱

一级
径 26.0、穿 6 毫米
大字 阔熙
选自嘉德 2010 年秋拍

绍熙元宝折二钱 楷书 背汉四 铁母

一级
径 29.0、穿 7.0、厚 2.4 毫米；重 8.0 克
广郭 俯宝
桐乡市钟旭洲钱币艺术博物馆藏

绍熙元宝折三钱 楷书
背孕双星四七 铁母

一级
径 33.0、厚 1.0 毫米；重 9.5 克
广穿 粗字 俯元
戴葆庭旧藏

庆元通宝小平钱 楷书
背春五 铁母

二级
径 23.9、穿 6.0、厚 2.3 毫米；重 6.7 克
进庆 退通
桐乡市钟旭洲钱币艺术博物馆藏

庆元通宝小平钱 楷书
背同六 铁母

二级
径 24.0、穿 6.0、厚 2 毫米；重 4.8 克
阔通 仰宝

庆元通宝折二钱 楷书
背同二 铁母

二级
径 28.2、穿 7.5、厚 2.6 毫米；重 8.6 克
广郭 小字 背仰同

庆元通宝折三钱 楷书
背孕双星 铁母

二级
径 32.0、穿 10.6、厚 2.2 毫米；重 11 克
进仰庆

庆元通宝折三钱 楷书
背三 试样钱

二级
径 32.5、穿 8.2、厚 1.0 毫米；重 8.7 克
粗字 退通

庆元通宝折三钱 楷书
背川卅四 铁母

一级
钱径：32.5 毫米
孙仲汇提供

嘉泰通宝小平钱 楷书 背春二 铁母

二级
径 25.0、穿 7.0 毫米
俯通 背仰春
选自《中国钱币大辞典·南宋卷》

嘉泰通宝折二钱 楷书
背春二 铁母

二级
径 28.5、穿 8.0、厚 2.0 毫米；重 7.3 克
粗字 俯通

嘉泰通宝折二钱 楷书
背春三 铁母

二级
径 29.3、穿 7.0、厚 2.5 毫米；重 9.6 克
细字 昂宝
桐乡市钟旭洲钱币艺术博物馆藏

嘉泰通宝折二钱 楷书
背汉二 铁母

钱径：28.9 毫米

嘉泰元宝折二钱 楷书
背川二卅八 铁母

一级
径 30、穿 9.0 毫米；重 18.3 克
粗字 正字
戴葆庭旧藏

嘉泰元宝折二钱 楷书
背川二卅九 铁母

一级
径 30、穿 9.0 毫米；重 18.3 克
粗字 正字
戴葆庭旧藏

开禧通宝小平钱 楷书
背同二 铁母

二级
径 24.7、穿 6.0 毫米
重 5.73 克
仰禧 背进二

开禧通宝折二钱 楷书
背汉二 铁母

二级
径 27.3、穿 6.0、厚 2.8 毫米
重 9.5 克
大禧 仰宝

开禧通宝折二钱 楷书
背同二 铁母

一级
径 27.5、穿 7.0 毫米
八字开 仰通
戴葆庭旧藏

开禧通宝折三钱 楷书
背利 试样钱

一级
径 29.8、穿 1.0、厚 1.6 毫米
重 9.5 克
细字 退开 降宝

开禧通宝折三钱 楷书
背利 试样钱

一级
径 32.0、穿 1.0、厚 2.0 毫米
重 8.14 克
粗字 仰通 降宝
桐乡市钟旭洲钱币艺术博物馆藏

开禧通宝折十钱 楷书
背利 试样钱

一级
径 42.0、穿 14.0、厚 2.4 毫米
重 17.6 克
退开 降宝
桐乡市钟旭洲钱币艺术博物馆藏

开禧通宝折十钱
楷书 特大型
光背 试样钱

一级
径 48.0、穿 16.0
厚 3.0 毫米
重 33.64 克
粗字 退开 仰宝
桐乡市钟旭洲钱币艺术博物馆藏

嘉定元宝小平钱 楷书
背利州一 铁母

一级
径 25.0、穿 7.0 毫米
广郭 阔嘉
戴葆庭旧藏

嘉定通宝折二钱 楷书
背同三 铁母

二级
径 27.0、穿 8.0 毫米
正字
戴葆庭旧藏

嘉定通宝折二钱 楷书
背春八 铁母

二级
径 26.8、穿 8.2 毫米
细字 正字
戴葆庭旧藏

嘉定永宝折三钱 楷书
背定三 铁母

二级
径 34.0、穿 9.6 毫米
阔永
选自 2018 年保利春拍

嘉定之宝折三钱 楷书
背利州行使 铁母

二级
径 31.5、穿 9.7、厚 1.7 毫米
重 7.5 克
粗字 阔嘉
孙仲汇藏

嘉定元宝折五钱 楷书
背利州伍 铁母

一级
径 32.8、穿 1.0 毫米
重 10.3 克
粗字 广郭 仰定
戴葆庭旧藏

嘉定元宝折五钱 楷书
背利壹五 铁母

一级
径 35.4、穿 1.0、厚 2.6 毫米
重 13.4 克
细郭 阔定
孙仲汇提供

嘉定元宝折五钱 楷书
光背 试样钱

一级
径 37.2、穿 1.0 毫米
进嘉
湖州高勇勇提供

嘉定元宝折十钱
楷书 光背

二级
径 50 毫米
光背
选自嘉德 2010 年
秋拍

嘉定元宝折十钱 楷书
背利 试样钱

一级
径 53.0、穿 12.0
厚 2.3 毫米
重 27.2 克
粗字 短嘉 背利
桐乡市钟旭洲钱币艺术博物馆藏

宝庆元宝折二钱 楷书
背汉月 铁母

一级
径 28.0、穿 7.0 毫米
正字
选自中国嘉德 2011 年春拍

大宋元宝折三钱 楷书
背利州行使 铁母

一级
径 30.4、穿 9.6、厚 2.4 毫米
重 8.8 克
细郭 纤字 退元
孙仲汇藏

大宋元宝折三钱 楷书
背利州行使 铁母

一级
径 29.9、穿 9.0 毫米
阔轮 粗字
选自上海崇源 2014 年春拍

大宋通宝折十钱
楷书 背当拾

一级
径 49.0、穿 11.5 毫米
小字 俯通 小样
桐乡市钟旭洲钱币艺术博物馆"藏

端平重宝折五钱
楷书 光背

二级
径 34.0、穿 7.0、厚 2.1 毫米
重 14.02 克
狭轮 阔平

端平元宝折五钱 楷书
背定伍北上 铁母

一级
径 35.0、穿 9.0 毫米
粗大字 长脚平
戴葆庭旧藏

端平元宝折五钱 楷书
背定伍北下 铁母

一级
径 35.0、厚 1.0 毫米
粗大字 阔宝
选自《中国珍稀钱币》

端平元宝折五钱 楷书
背定伍北中 铁母

钱径：35.3 毫米

端平元宝折十钱 楷书
背折十利 铁母

一级
径 41.45、穿 13、厚 2.36 毫米
大字 阔元
选自北京保利 2019 年春拍

嘉熙重宝折三钱
楷书 背四出

二级
径 36.6、穿 1.0、厚 2.5 毫米
重 14.78 克
阔轮 仰嘉 背细四出

嘉熙通宝折十钱 楷书
背上十下西二 铁母

一级
径 40 毫米
进嘉 俯通
选自城轩 2009 年秋拍

嘉熙通宝折二钱 楷书
背上月下四

二级
径 29.8、穿 8.0、厚 1.6 毫米
重 7.3 克
进俯嘉 背上月下四
桐乡市钟旭洲钱币艺术博物馆藏

淳祐通宝小平钱
楷书 背四决

二级
径 24.6、穿 6.0、厚 1.6 毫米
重 4.46 克
四决 粗大字 阔祐

淳祐通宝 楷书
光背当百 大样

二级
径 50.0、穿 12.0 毫米
狭轮 粗字 进淳
选自《历代古钱图说》

皇宋元宝折二钱 楷书 背三
皇字从凰异书 大珍

一级
径 28、穿 7.4 毫米
皇书作凰，仅见
桐乡市钟旭洲钱币艺术博物馆藏

咸淳元宝折三钱
楷书 背纪年九

一级
径 36.5、穿 8.0、厚 1.0 毫米，
重 11.5 克
阔轮 正字

招纳信宝似折二钱 楷书
背穿上使"下花押

二级
径 27.0、穿 6.0 毫米
大字 阔招 阔纳
桐乡市钟旭洲钱币艺术博物馆藏

临安府钱牌 楷书 背纪值贰佰文

一级
长 63.5、宽 19.3 毫米；重 14.6 克
小字 狭临（上下折角）
桐乡市钟旭洲钱币艺术博物馆藏

临安府钱牌 楷书 背纪值叁佰文

一级
长 69.4、宽 20.2 毫米；重 21.1 克
阔边 粗字 俯临（上缺下圆角）
桐乡市钟旭洲钱币艺术博物馆藏

临安府钱牌 楷书 背纪值伍佰文

一级
长 76.8、24.8 宽毫米；重 31.4
短仰用（上下圆角）
桐乡市钟旭洲钱币艺术博物馆藏

铅临安府钱牌 楷书 背纪值壹拾文

二级
长 45、宽 10 毫米；重 6.85 克
阔府 狭省（上缺下折角）

临安府钱牌 楷书 背纪值伍佰文

一级
长 79.0、宽 26.0 毫米；重 37.7 克
阔边 粗字 阔准（上圆下折角）
上海博物馆藏

铅临安府钱牌 楷书 背纪值贰拾文

二级
长 58.2、宽 14 毫米；重 7.8 克
俯行（上缺下折角）

铅临安府钱牌 楷书 背纪值陆拾文

二级
长 74.0、宽 24.0 毫米
狭临 狭省（上缺下折角）
选自华夏 2010 年春拍

铅临安府钱牌 楷书 背纪值伍佰文

二级
长 74.4、宽 22 毫米；重 26.7 克
狭字 狭行（上下圆角）

铅临安府钱牌 楷书 背纪值壹佰文

二级
长 86.6、宽 27.0 毫米；重 28.5 克
小字 狭省（上缺下折角）
桐乡市钟旭洲钱币艺术博物馆藏

铅和州钱牌 楷书 背纪值拾捌界贰佰

二级
长 75、宽 35 毫米；重 48.81 克
粗字 阔使（上下圆角）

"行在权货务对椿金银见钱关子"铅钞版（正面）南宋伪钞版

一级 长 227、150 毫米 钞版铅质
南宋末年当时人伪造，较真实地反映了当时真钞的面目
选自《中国钱币》1994 年第 3 期（安徽东至县发现）

长 227、宽 150 毫米
选自《中国钱币》2011 年第 1 期

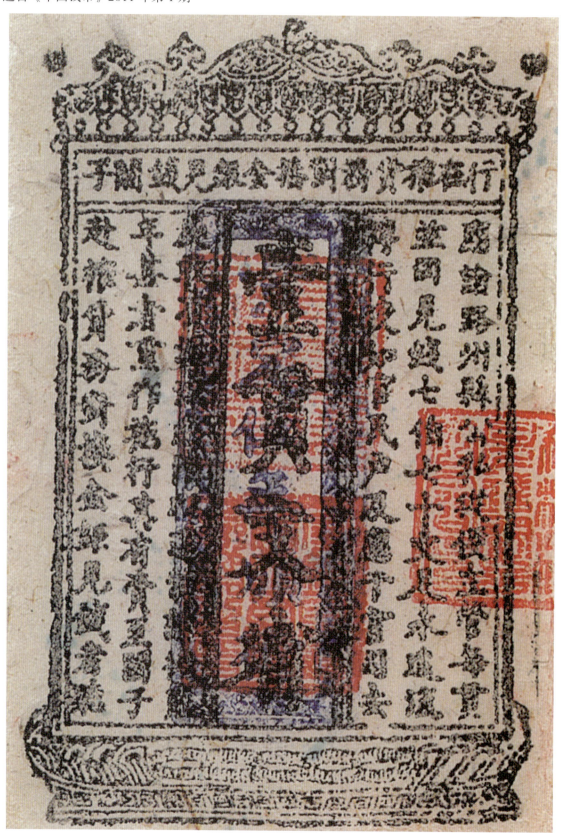

南宋关子铅钞版背面敕文版

一级 长 190、134 毫米 铅质
南宋末年当时人伪造，较真实地反映了当时真版面目
选自《中国钱币》1994 年第 3 期（安徽东至县发现）

长 190、宽 134 毫米
选自《中国钱币》2011 年第 1 期